Gütersloher Taschenbücher / Siebenstern 611

Sören Kierkegaard
Gesammelte Werke

Herausgegeben von
Emanuel Hirsch und Hayo Gerdes

15. Abteilung

Sören Kierkegaard

Stadien auf des Lebens Weg

Band 2

Gütersloher Verlagshaus
Gerd Mohn

Aus dem Dänischen unter Mitarbeit von Rose Hirsch
übersetzt von Emanuel Hirsch

CIP-Kurztitelaufnahme der Deutschen Bibliothek

Kierkegaard, Søren:
Gesammelte Werke / Sören Kierkegaard. Hrsg. von
Emanuel Hirsch u. Hayo Gerdes. – Gütersloh:
Gütersloher Verlagshaus Mohn
Teilw. ohne Angabe d. Hrsg.

NE: Hirsch, Emanuel [Hrsg.]; Kierkegaard, Søren:
[Sammlung ⟨dt.⟩]

Abt. 15. Studien auf des Lebens Weg / [aus d. Dän.
unter Mitarb. von Rose Hirsch übers. von Emanuel Hirsch].
Bd. 2 (1982).
(Gütersloher Taschenbücher Siebenstern; 611)
ISBN 3-579-00611-8

NE: GT

ISBN 3-579-00611-8

Lizenzausgabe mit freundlicher Genehmigung
des Eugen Diederichs Verlages, Düsseldorf und Köln

Gesamtherstellung: Clausen & Bosse, Leck
Umschlagentwurf: Dieter Rehder, Aachen
Printed in Germany

INHALTSVERZEICHNIS

„Schuldig?" – „Nicht Schuldig?"

Eine Leidensgeschichte
Psychologisches Experiment
von Frater Taciturnus

„SCHULDIG?“ – „NICHT SCHULDIG?“

Eine Leidensgeschichte

Psychologisches Experiment

von

FRATER TACITURNUS

Bekanntmachung VI 177

Ein jedes Kind weiß, daß Schloß Søeburg eine Ruine ist, welche im nördlichen Seeland liegt, ungefähr eine halbe Meile von der Küste, bei einem kleinen Ort gleichen Namens[214]. Obwohl das Schloß schon lange zerstört ist, hat es im Gedächtnis des Volkes sich erhalten und wird sich weiter erhalten, da es von einer reichen Vergangenheit in Geschichte, Sage und Dichtung zu zehren hat. In gewissem Sinne gilt das Gleiche von dem zum Schlosse gehörenden und nach ihm heißenden See. Er hat eine ursprüngliche Größe von ein paar Meilen und eine Tiefe von mehreren Faden zu verzehren, daher ist er noch nicht verschwunden und wird wohl noch eine geraume Zeit sein Dasein als See behaupten, obwohl das feste Land ihm eine Übergangsformation nach der andern abgewinnt und so ihn immer mehr in beängstigende Enge treibt.

Es war im vorigen Sommer, daß ich in Helsingøer auf einen älteren Freund traf, einen Naturforscher, welcher die Küste von Kopenhagen an nordwärts bereist hatte, um Beobachtungen über Seepflanzen anzustellen. Seine Absicht war, nunmehr die Gegend um Søeborg zu besuchen, die ihm nach seiner Vermutung eine reiche Ausbeute gewähren mußte. Er schlug mir vor, mitzukommen, ich nahm den Vorschlag an.

Es ist nicht eben leicht, an den See heranzukommen; denn er ist rings von einem ziemlich weit sich dehnenden Moorgürtel umgeben. Hier ist es, da Tag und Nacht zwischen dem See und dem festen Lande der Grenzstreit geführt wird. Es liegt etwas Wehmütiges in diesem Kampf, der doch nirgends durch eine Spur der Zerstörung sich kund macht, denn was das Land allmählich dem See abgewinnt, verwandelt sich in eine lachende und überaus fruchtbare Aue. Der arme Binnensee aber, welcher dergestalt hinschwindet! Niemand hat Mitleid mit ihm, niemand fühlt mit ihm, denn weder der Pfarrer, dessen Ländereien auf der einen Seite an

VI 178 den See grenzen, noch auch die angrenzenden Bauern auf der andern Seite haben etwas darwider, einen Wiesengrund nach dem andern zu gewinnen. Der arme See, sowohl auf der einen wie auf der andern Seite ist er preisgegeben!

Was dem See noch mehr das Gepräge der Eingeschlossenheit verleiht, ist, daß der Moorgrund das üppigste Schilfrohr trägt; in ganz Dänemark findet sich Ähnliches nicht, so meinte wenigstens mein Freund, der Naturforscher. Nur an einer Stelle tut sich eine schmale Fahrtrinne auf; hier liegt ein Flachboot, auf dem wir beide uns hinausstakten, er der Wissenschaft halben, ich der Freundschaft und Neugier halben. Nur mit Mühe brachten wir das Boot von der Stelle, denn die Wasserrinne ist wohl kaum einen Fuß tief. Der Rohrwuchs hingegen ist dicht und gedrängt, fast ein Wald, wohl an die vier Ellen hoch; und von ihm gedeckt ist man der Welt gleichsam auf ewig verloren, vergessen in der lautlosen Stille, die allein durch unsre Mühsal mit dem Boot unterbrochen wird, oder wenn eine Rohrdommel, diese heimliche Stimme der Einsamkeit, zu dreien Malen ihren Ruf tut, bis daß sie endlich ihn noch einmal tut. Wunderlicher Vogel, warum seufzest, klagest du so, du hast doch einen Wunsch nur, den, daß einsam du bleibst!

Endlich gelangten wir aus dem Röhricht hinaus, und spiegelklar lag vor uns der See, flimmernd im Nachmittagslicht. Alles war so still, Schweigen ruhte über dem See. Während wir uns durch den Schilfwald stakten, war mir zumute gewesen, als wäre ich versetzt in Indiens wuchernde Fruchtbarkeit; jetzt war mir, als läge ich draußen auf dem Stillen Ozean. Es ward mir beinahe bange: so unendlich fern von Menschen sein, in einer Nußschale auf dem Weltmeer liegen! Nun ließ ein wirrer Lärm sich hören, ein Durcheinander von mancherlei Vogelschreien, und dann gewann wiederum Stille die Oberhand, so daß es fast beängstigend war, als der Schall plötzlich abbrach und das Ohr vergeblich eine Stütze suchte im Unendlichen.

Mein Freund der Naturforscher nahm sein Gerät zur Hand, mit dem er die Seepflanzen hochholte; er warf aus und begann mit seiner Arbeit. Derweilen saß ich am andern Ende des Boots, hinträumend in der mich umfangenden Natur. Er hatte bereits ein gut Teil heraufgezogen, und fing an, sich mit dem Gewonnenen zu schaffen zu machen, da bat ich ihn, das Gerät entleihen zu dürfen.

Ich nahm wieder meinen alten Platz ein und warf aus. Mit dumpfem Laut versank es in der Tiefe. Vielleicht war es, weil ich nicht Bescheid wußte, aber es kam mir bei dem Versuch, wieder hoch zu ziehen vor, als leiste da etwas Widerstand, so stark, daß ich fast fürchtete, der Schwächere zu sein. Ich zog an, da stieg aus der Tiefe eine Luftblase empor. Sie hielt sich einen Augenblick, sie barst und nunmehr gelang es. Mir war recht wunderlich zumute geworden, und doch ließ ich mir nicht das Mindeste träumen von der Art meines Fundes. Wenn ich jetzt daran denke, jetzt, wo ich alles weiß, so begreife ich es, ich begreife, es war ein Seufzer von drunten her, ein Seufzer de profundis, ein Seufzer, daß ich dem Wasser VI 179
seinen anvertraüten Schatz entwand, ein Seufzer aus dem verwunschenen See, ein Seufzer aus der verschlossenen Seele, der ich ihr Geheimnis entwand. Hätte ich zwei Minuten früher es geahnt, ich hätte mich nicht getraut, anzuziehn.

Der Naturforscher saß ganz in seine Arbeit versunken da, er warf lediglich eine Frage hinüber, ob ich etwas gefunden, ein Ausruf, der keine Antwort zu erwarten schien, da er mit Fug annahm, mein Fischen gehe nicht auf Rechnung der Wissenschaft. Nun ja, ich hatte auch nicht gefunden, worauf er aus war, sondern etwas ganz andres. Und so saßen wir denn, ein jeder an seinem Bootsende, ein jeder mit seinem Funde beschäftigt, er der Wissenschaft halben, ich der Freundschaft und Neugier halben.

In Wachstuch eingeschlagen, das mit mehreren Siegeln versehen war, lag eine kleine Truhe aus Palisanderholz. Die Truhe war geschlossen, und als ich sie mit Gewalt öffnete, lag der Schlüssel drinnen: so in sich gekehrt ist die Verschlossenheit allezeit. In der Truhe fand sich ein Heft mit Blättern aus sehr dünnem Briefpapier, sehr sorgfältig und zierlich geschrieben. In dem Ganzen war eine Ordnung, eine Zierlichkeit und doch auch eine Feierlichkeit, als wäre es geschehen vor Gottes Angesicht[215+]. Daß ich denn so mit meiner Einmischung Unordnung bringen mußte in die Archive der himmlischen Gerechtigkeit! Jedoch nunmehr ist es zu spät, ich bitte den Himmel und den Unbekannten um Verzeihung. Unleugbar war das Versteck gut gewählt worden, und der See von Søeborg ist verläßlicher als die feierlichste Erklärung: ‚völlige Verschwiegenheit wird zugesichert'; denn er gibt noch nicht einmal diese Erklärung. Wie absonderlich: sind Glück und Unglück auch noch so verschieden, in einem Wunsche sind sie unterweilen einig, in dem nach Verschwiegenheit. Einen Lotteriekollekteur, welcher die Gewinne des Glücks auszahlt, preist man, wenn er den Namen des Glücklichen verschweigt, damit diesem das Glück nicht zur Plage werde; jedoch auch der Unglückliche, welcher sein ganzes Vermögen verspielt hat, wünscht, daß sein Name verschwiegen werde.

In der Truhe fanden sich außerdem auch Preziosen, einige davon sogar von bedeutendem Wert, Schmuckstücke und kostbare Steine, ach, kostbare Steine, spräche wohl der Eigentümer, kostbare, teuer erkaufte, obwohl er selbst ja das Recht hatte, sie zu behalten. Dieser wertvolle Fund ist es, den ich mich verpflichtet fühle, öffentlich bekannt zu machen. Es fand sich ein flacher Goldring mit eingraviertem Datum, ein am Halse zu tragendes Brillantkreuz an lichtblauem Seidenbande. Das Übrige ist teils schlechterdings wertlos gewesen, ein Stück von einem Komödienzettel, ein herausgerissenes Stück des neuen Testaments, ein jedes für sich
VI 180 in einer sorgfältigen Hülle aus Büttenpapier, eine verwelkte Rose in einer silberglänzenden Kapsel[216] und anderes derart, das allein für den Eigentümer gleichen Wert gehabt haben kann mit Brillanten von je zwei Karat.

Denn hiermit wird der Eigentümer einer Sommer 1844[217+] im See von Søeburg gefundenen Truhe aufgerufen, in einem versiegelten Umschlag mit den Kennbuchstaben F. T. durch Vermittlung der Reitzelschen Buchhandlung an mich sich zu wenden. Um indes alle möglichen Weitläuftigkeiten beizeiten abzukürzen, gestatte ich mir die Bemerkung, daß die Handschrift den Eigentümer unverzüglich verraten wird, sowie daß jedermann, der mich etwa mit einer Zuschrift irgend welcher Art beehren möchte, daraus, daß er keine Antwort erhält, mit Sicherheit schließen darf, die Handschrift sei nicht die rechte, und allein diese darf ja Anspruch auf eine Antwort erheben. Dagegen sei es zum Trost für den Eigentümer ausdrücklich gesagt: obwohl ich mir erlaubt habe, sein Manuskript herauszugeben, welches seiner Beschaffenheit nach, anders als die Handschrift, niemand kenntlich macht, habe ich es mir nicht erlaubt, auch nur einer einzigen Person die Handschrift oder das Brillantkreuz und das Übrige zu zeigen.

Herr Kandidat Bonfils hat eine Tabelle herausgegeben, mit deren Hilfe man aus angegebenen Daten das Jahr errechnen kann. Seine diesbezüglichen Verdienste sind auch mir zugute gekommen, ich habe gerechnet, und gerechnet und endlich herausbekommen, daß das Jahr, welches den angegebenen Daten entspricht, das Jahr 1751 ist, d. h. das denkwürdige Jahr, in welchem Gregr. Rothfischer zur lutherischen Kirche übergetreten ist, ein Jahr, welches für jemand, der mit einem Auge des Tiefsinns cyklopisch das Wunderbare im Gang der Weltgeschichte betrachtet, zugleich die Merkwürdigkeit besitzt, daß genau fünf Jahre später der Siebenjährige Krieg ausgebrochen ist.[218+] Man ist somit genötigt, ziemlich weit in der Zeit zurückzugehen, falls man nicht annehmen will, daß ein Fehler unterlaufen ist in den Angaben oder in meinen Berechnungen. Will man zu derartigen Vermutungen nicht genötigt werden, so könnte man auch ‚mir nichts dir nichts' annehmen, ein armer Psycholog, welcher für psychologische Experimente und unwirkliche Konstruktionen nur auf bescheidenes Wohlwollen rechnen dürfe, habe einen Versuch gemacht, den oder jenen dadurch anzulocken, daß er der Sache einen novellistischen Anstrich gab. Denn eine psychologisch richtige Zeichnung, die danach, ob solch ein Mensch gelebt habe, nicht fragt, findet vielleicht weniger Interesse in unsrer Zeit, in der sogar die Dichtung nach dem Mittel gegriffen hat, als Wirklichkeit wirken zu wollen. Ein bißchen Psychologie, ein bißchen Beobachtung von sogenannten wirklichen Menschen möchte man allerdings haben; wenn aber diese Wissenschaft oder Kunst ihrer eignen Neigung nachgibt,
wenn sie von den mangelhaften Ausdrücken für Seelenzustände VI 181
absieht, welche die Wirklichkeit bietet, wenn sie sich davon macht, um mit sich allein, aus ihrem eigenen Wissen eine Individualität zu bilden, und in dieser Individualität einen Gegenstand ihrer Beobachtung zu finden, so wird manch einer es leid. In der Wirklichkeit steht es nämlich so, daß Leidenschaften, Seelenzustände u.s.f. nur bis zu einem gewissen Grade vorkommen. Auch daran freut sich die Psychologie, zugleich aber hat sie eine ganz andere Freude daran, die Leidenschaft bis zu ihrer äußersten Grenze gebracht zu sehen.

Was die Rezensenten betrifft, so würde ich wünschen, daß meine Bitte einfältig und ganz so wie die Worte lauten, als meine aufrichtige Meinung genommen werden möge, und daß dann das Ergebnis dem, was die Bitte begehrt, entspreche: so daß also das Buch überhaupt nicht Gegenstand irgend einer kritischen Besprechung würde, ganz gleich, ob diese nun Erkenntlichkeit zeige oder Anerkennung oder Verkennung. Wenn man den Anspruch auf eines Menschen Dankbarkeit so leicht sich erwerben kann, sollte man ihm immerhin doch zu Willen sein.

F. T.

Der reiche Bauer in Norwegen setzt für jedes Tausend mehr, das er erwirbt, einen neuen Kupferkessel über seine Tür; und der Wirtshaushalter setzt für jedes Mal, daß der Schuldner etwas mehr schuldig wird, einen neuen Strich auf den Balken: ebenso setze ich ein neues Wort hinzu für jedes Mal, das ich meinen Reichtum und meine Armut bedenke.

Periissem nisi periissem.

Ich wäre umgekommen, wenn ich nicht umgekommen wäre.[219]

den 3. Januar morgens. VI 185

Also heute vor einem Jahr habe ich sie zum ersten Mal gesehen, will heißen zum ersten Mal mit entschlossenem Herzen. Ich war kein Phantast, hatte nicht die Gewohnheit, mich in großen Worten und kurzen Träumen zu berauschen; daher bedeutete mein Entschluß für mich freilich nicht, daß ich sterben wolle, falls sie nicht mein würde. Auch meinte ich nicht, daß meine Seele zersplittert, mein Leben ganz und gar inhaltlos werden müsse, falls sie nicht mein würde; dazu besaß ich zu viele religiöse Voraussetzungen. Mein Entschluß bedeutete für mich: sie oder du verheiratest dich überhaupt nicht. Dies war der Einsatz. Daß ich sie liebe, des hatte ich keinen Zweifel im Herzen, ich wußte aber auch, es stünden einem solchen Schritt so viele Mißlichkeiten im Wege, daß er für mich zur allerschwierigsten Aufgabe werde. Eine Individualität wie die meine setzt sich nicht leicht in Bewegung; ich kann nicht sprechen: ‚krieg ich die eine nicht, so nehm ich die andre'; ich getraue mich nicht, die Voraussetzung zu machen, die vielen so leicht fällt, man selber sei allemal gut genug, wenn nur das andre Teil es auch wert sei, einen zu bekommen. Was mich angeht, mußte der Nachdruck auf einer andern Stelle liegen — ob ich auch imstande sei, meinem Leben einen Ausdruck von der Art zu geben, wie die Ehe es heischt. Verliebt war ich trotz einem, obschon wohl nicht viele verstehen würden, daß ich meine Verliebtheit für mich selbst behalten hätte, wofern meine Überlegung mir eine Werbung nicht gestattet hätte. Ich heirate sie, oder ich verheirate mich überhaupt nicht.

Darf ein Grenzsoldat verheiratet sein? Darf ein Grenzsoldat, geistig verstanden, sich verheiraten, ein vorgeschobener Posten, welcher Tag und Nacht im Kampfe liegt, zwar nicht eben mit Tartaren und Skythen, wohl aber mit den Räuberbanden einer angeborenen Schwermut, ein vorgeschobener Posten, welcher auch VI 186 dann, wenn er nicht Tag und Nacht wirklich kämpft, auch dann, wenn er eine geraume Frist Frieden hat, doch niemals zu wissen vermag, in welchem Augenblick der Krieg von neuem beginnt, sintemal er diese Ruhezeit noch nicht einmal einen Waffenstillstand nennen darf?

Mein Wesen ist Schwermut, wohl wahr, aber Dank sei der Macht, die mir, wenn sie mich gleich in solche Bande geschlagen, doch auch einen Trost gegeben hat. Es gibt Tiere, welche wider ihre Feinde schlecht gerüstet sind, aber die Natur hat ihnen eine List geschenkt, mit der sie sich gleichwohl retten. Solch eine List ist auch mir vergönnt worden, eine Gewalt der List, die mich ebenso stark macht wie jeden, mit dessen Kraft ich mich gemessen. Meine List ist, daß ich meine Schwermut zu verhehlen vermag; gerade so tief wie meine Schwermut ist, gerade so listig ist mein Täuschen. Das ist keine leere Einbildung. Ich habe mich darin eingeübt und übe mich noch täglich. Oft denke ich an einen kleinen Jungen, den ich einmal in der Esplanade gesehen habe. Er ging an Krücken, aber er vermochte mit seinen Krücken beinahe mit dem Allergesündesten um die Wette zu hüpfen, zu springen, zu laufen. Schon in ganz jungen Jahren hab ich mich geübt; nachdem ich ‚sie' gesehen und mich verliebt, habe ich die anstrengendsten Übungen gemacht, bevor da die Rede sein konnte von dem Fassen eines Entschlusses. Zu jeder beliebigen Zeit des Tages kann ich mich meiner Schwermut entledigen oder richtiger das Gewand des Betruges anlegen, denn die Schwermut wartet bloß auf mich, bis ich wieder allein bin. Ist jemand zugegen, es sei, wer es sei, so bin ich nie ganz wie ich bin. Werde ich in einem unbewachten Augenblick überrascht, so vermag ich mit meinem Reden jedem, mit dem ich je im Leben zu tun gehabt habe, binnen weniger als einer halben Stunde den empfangenen Eindruck zu entwinden. Ich suche nicht durch Übermut zu täuschen. Bei Schwermut ist Übermut die der Natur nächstliegende Täuschung, die eben deshalb sofort Verdacht erregen würde, sogar bei einem mittelmäßigen Beobachter. Am sichersten täuschen Verständigkeit, leidenschaftslose Reflexion und vor allem freier, offener Blick und

offenherziges Wesen. Und hinter dieser trügerischen soliden Le-
benssicherheit eine immerwache tausendzüngige Reflexion, welche,
sobald die eingenommene Haltung unsicher wird, alles in Verwir-
rung bringt, bis daß der, mit dem man im Kampf liegt, weder aus
noch ein weiß und man seine Sicherheit zurückgewinnt. Und dann
im Allerinnersten — die Schwermut. Es ist wahr, sie bleibt erhal-
ten, und ist und bleibt mein Elend. Mit diesem Elend aber wünsche
ich keineswegs einen andern Menschen zu beladen. Sicherlich nicht
deshalb wünsche ich mich zu verheiraten.

Sollte ich am Ende gegen mich selber etwas sophistisch sein?
Verliebt bin ich, sollte es etwa der Verliebtheit Lust sein, die mir
einbildet, dies vermöge ich? Indes, ich habe mich ja so viele Jahre
lang einexerziert, und bisher ist es mir noch nie fehlgeschlagen.
Mein Vater ist doch verheiratet gewesen, und er war der schwer-
mütigste Mensch, den ich gekannt. Den ganzen Tag war er ruhig VI 187
und heiter, er benutzte eine nächtliche Stunde, um gleich dem
Weibe Lokis die Schale der Bitterkeit zu leeren, dann war er
wiederum genesen. So viel Zeit hab ich noch nicht einmal nötig.
Ich bedarf lediglich eines Augenblicks je nach Zeit und Gelegen-
heit, so läuft alles seinen geordneten Gang. Aus der Bitterkeit
der Schwermut wird eine Lebensfreude herausdestilliert, eine Sym-
pathie, eine Innigkeit, welche sicherlich keinem Menschen das
Leben verbittern können. Meine Freude, so wie sie unterweilen
überschwenglich in meinem Herzen sich regt, wird ganz und gar
‚ihr' zu eigen sein; redlich arbeite ich für den täglichen Bedarf,
um den Lebensunterhalt der Freude für ‚sie' zu erwerben; ledig-
lich die vereinzelten düsteren Augenblicke behalte ich für mich
selbst, sie soll darunter nicht zu leiden haben.

So also steht die Sache. Bei allen Helden, welche meiner Ein-
bildungskraft vorschweben, steht es ja mehr oder minder so, daß
sie tief und heimlich ein Leid tragen, in das sie niemand einweihen
können oder wollen. Ich verheirate mich nicht, um einen andern
Menschen unter meiner Schwermut fronen zu lassen. Es ist mir
meine Ehre, mein Stolz, meine Begeisterung, daß ich verschlossen
halte, was verschlossen sein soll, daß ich es auf so knappe Ratio-
nen setze als nur möglich; es ist meine Freude, meine Seligkeit,
mein erstes, mein einziges Verlangen, ‚ihr' zu gehören, ihr, die
ich mir um jeden Preis mit meinem Blut und Leben erkaufen will,

die ich aber nicht schwach und zunichte machen will, indem ich sie in meine Leiden einweihe.

Sie oder ich verheirate mich niemals. Mehr als einmal nimmt man diese Anstrengungen nicht auf sich, denen allein eine Verliebtheit alle zauberhafte Herrlichkeit verleihen kann. Denn das freilich begreife ich, daß für mich eine Ehe die schwierigste Aufgabe sein wird, eine sorgenvolle Sache, wenn diese auch mein höchstes Verlangen ist.

den 3. Januar. Mitternacht.

Wenn ein Verzweifelter durch eine Seitenstraße des Daseins stürzt, um in einem Kloster Frieden zu finden, so tut er wohl, erst einmal zu bedenken, ob da nicht in seinen Lebensverhältnissen etwas sei, das bis auf weiteres ihn binde und ihm die Pflicht auferlege, erst einen andern flott zu machen, falls dieser andere zu retten ist. Hat er alles das Seine dazu getan, so darf er, auch wenn er im Leben nicht Ritter geworden, sich auf die Ehre Hoffnung
VI 188 machen, welche das Mittelalter dem Scholastiker bei seinem Tode zugestanden hat, auf die Ehre, als Ritter begraben zu werden. Darum still. Es gilt, so apathisch und unentschieden als nur möglich zu bleiben. Ich bin ja ein Mörder, ich habe ja ein Menschenleben auf meinem Gewissen! Aber dann darf man doch mit Fug und Recht Zuflucht suchen in einem Kloster? Nein! Das Einzige, darauf ansonst ein Mörder zu warten hat, ist sein Urteil, ich warte auf ein Urteil, welches entscheiden wird, ob ich ein Mörder gewesen, denn annoch lebt sie ja. O! grauenhaft, falls es eine Übertreibung gewesen, eine augenblickliche Stimmung, falls es ein ohnmächtiger Trotz gewesen, was dies Wort ihr und ihrer Umgebung auf die Lippen gelegt! O! tiefer Hohn auf das Dasein, falls es niemand gäbe in der ganzen Welt als mich allein, der dies Wort ernst genommen! Mein Verstand fällt aus einem Verdacht in den andern, der Dämon des Gelächters pocht fort und fort ans Tor, ich weiß, was er möchte, er möchte ‚sie' umherwirbeln wie ein Abracadabra. Weiche von mir, unreiner Geist! Meine Ehre, mein Stolz gebieten mir ihr zu glauben; meine Schwermut späht nach dem geheimsten Gedanken meines Innern, auf daß es mir nicht durchgelassen werde, mich von etwas zu drücken. Auf ihr und den andern liegt die Verantwortung, daß sie das schreckliche

Wort gesprochen, auf mich legt sich die Verantwortung, falls ich mich nicht genau an das Wort halte. Ich bin ja kein bloßer Beobachter, kein Gewissensrat, sondern ein Handelnder, d. h. ein Schuldiger. Es ist meiner Phantasie somit erlaubt, mir ihre Gestalt in ihrem ganzen Elend auszumalen, und meiner Schwermut, daraus auf mich den Schluß zu ziehen: du bist der Mörder. Wird es jemals wahr, jenes erste Wort, das ich im Augenblick der Trennung bei mir selbst gesprochen: ‚sie wählt das Schreien, ich wähle den Schmerz' — wird es jemals wahr, so will ich es jetzt nicht wissen, und kann nicht wissen, ob es je wahr werden wird.

O, daß sie doch nicht sterben möge, o, daß sie doch nicht hinwelken möge! Falls es möglich gewesen wäre, Gott im Himmel, du weißt, es ist mein einziger Wunsch gewesen, es ist es noch — falls es also denn möglich gewesen wäre und es nunmehr zu spät wäre!

Ich habe sie gestern nachmittag auf der Straße gesehen. Wie bleich sie war, wie leidend, wie so ganz gleich einer Gestalt, die einen vorlädt vor den ewigen Stuhl. Dieser fast gebrochene Blick, dies Erschauern meiner Seele, weil der Tod mich anhaucht. Dennoch, ich will nichts vergessen, nichts, allein der Zuverlässigkeit einer geängstigten Einbildungskraft, die mir das ihr Anvertraute schrecklicher wiedergibt, allein dem Gedächtnis eines beschwerten Gewissens, welches die Schuld zu höherem Zinsfuß anlegt, allein einer Redlichkeit solcher Art darf und will ich mich anvertrauen! — Sie stirbt. Und ich, der ich für einen Augenblick der Schläue des Verstandes zu glauben vermocht oder beinahe gehört auf den Dämon des Gelächters, abscheulich.

Und doch, vielleicht war sie nur deshalb so bleich, weil sie mich sah. ‚Vielleicht!' Welch ein gemeiner Plagegeist wohnt doch in diesem Worte? Ist es nicht so, wie wenn ein Kind den Schmetterling lang genug gequält hat, wenn dieser jeden Augenblick daran VI 189
ist zu sterben und das Kind ihn dann aufreizt, so daß er für eine Sekunde wieder nach dem Leben tastet, mit den Flügeln nach der Freiheit tastet.

Stirbt sie aber, ich vermag sie nicht zu überleben, ich vermag es nicht. Jedoch auch nicht einen Augenblick früher, daß ihr mein Tod nicht etwa eine Erklärung gebe: ich habe ja mein Leben gerade opfern wollen, um ihr das fern zu halten.

Also kalt, ruhig, besonnen, unverändert. Es ist recht sonderbar: als ich um sie freite, war ich so bange davor, Intrigue zu spielen, jetzt bin ich gezwungen, es zu tun.

den 5. Januar. Mitternacht.[220+]

Die stille Verzweiflung

Als Swift[221] ein alter Mann geworden, ward er in das Irrenhaus aufgenommen, das er selber in seinen jungen Jahren errichtet hatte. Man erzählt, er habe dort oft vor einem Spiegel gestanden mit der Ausdauer eines eitlen und wollüstigen Weibes, wenn auch nicht eben mit den Gedanken eines solchen. Er betrachtete sich selbst und sagte: armer alter Mann!

Es war einmal ein Vater und ein Sohn. Ein Sohn gleicht einem Spiegel, darin der Vater sich selbst erblickt, und für den Sohn wiederum ist der Vater wie ein Spiegel, darin er sich selbst erblickt so, wie er dermaleinst sein wird. Sie betrachteten sich indes selten auf diese Art; denn die Munterkeit einer heiteren lebhaften Unterhaltung bestimmte ihren täglichen Umgang. Nur geschah es ein paar Male, daß der Vater anhielt, mit seinem betrübten Gesicht vor dem Sohne stand, ihn betrachtete und sagte: ‚armes Kind, da gehst du in einer stillen Verzweiflung'. Weiter ward darüber nie gesprochen, wie dies denn zu verstehen sei, wie wahr es doch sei. Und der Vater glaubte, er sei an des Sohnes Schwermut schuld, und der Sohn glaubte, er sei es, welcher dem Vater Kummer bereite – aber es ward darüber nie ein Wort getauscht.

Dann starb der Vater. Und der Sohn sah viel, hörte viel, erlebte viel und ward versucht in mancherlei Versuchungen, jedoch nach einem nur trug er Verlangen, eines nur bewegte ihn: es war jenes Wort und war des Vaters Stimme, da er es sprach.

Dann ward auch der Sohn ein alter Mann; jedoch, wie Liebe denn allerfinderisch ist, so lehrten die Sehnsucht und das Vermissen ihn freilich nicht, dem Schweigen der Ewigkeit eine Mitteilung zu entringen, wohl aber lehrten sie ihn des Vaters Stimme
VI 190 nachzubilden bis zu einem Gleichklang, der für ihn ein Trug nicht war. Er betrachtete sich also nicht in einem Spiegel wie der alte

Swift, denn der Spiegel war ja nicht mehr da, sondern er tröstete sich in der Einsamkeit damit, des Vaters Stimme zu vernehmen: ‚armes Kind, da gehst du in einer stillen Verzweiflung.' Denn der Vater war der Einzige, der ihn verstanden, und doch wußte er ja nicht, ob er auch ihn verstanden habe; und der Vater war der einzige Vertraute, den er gehabt, doch die Vertraulichkeit war von der Art, daß sie die gleiche war, ob der Vater nun lebte oder starb.

den 8. Januar morgens.

Heute vor einem Jahr habe ich sie bei ihrem Onkel gesehen, bei dem ich mit ihr in Gesellschaft war. Wie geheimnisvoll brüte ich über meiner Verliebtheit, wie verstohlen sauge ich der Verliebtheit Nahrung ein! Und weshalb so geheimnisvoll? Wahrlich, es ist nicht etwa, weil die Verliebtheit des Reizmittels der Mystifikation bedürfte; sondern teils bin ich von früherer Zeit her dergleichen gewöhnt und bin es mehr noch von der Zeit der Vorbereitung auf diese strenge Prüfung (tentamen rigorosum) her, teils scheint es mir, daß ich ihr dies schuldig bin. Es ist doch unverantwortlich, wenn ein Mann den freieren Umgang mit dem andern Geschlecht, den unsre Verhältnisse gestatten, dazu mißbraucht, um, wie man so sagt, Cour zu machen. Es ist gänzlich unberechenbar, inwieweit und auf welche Weise diese Courmacherei auf ein Mädchen verwirrend wirken kann, oder verwirrend auf den wirken kann, dem sie einmal gehören wird. Ich weiß freilich, eine Verliebtheit kann unbedeutende Sorgen fernhalten; dennoch, wo ich in ein Mädchen verliebt wäre, würde es mich stets schmerzen, stets mich unangenehm berühren, wissen zu müssen, sie sei Gegenstand der Aufmerksamkeit eines Courmachers gewesen. Weit lieber möge sie wirklich verlobt oder verheiratet gewesen sein, denn kein ernsthafterer Ausdruck des Erotischen stört dermaßen wie dies Unbestimmbare, welches eben deshalb Buhlschaft ist. Ich möchte wünschen, daß ein andrer dergestalt von mir denke und ebenso will ich mit Bezug auf ihn denken; denn ganz ferne liegt mir die Dreistigkeit, so ohne weiteres anzunehmen, daß sie mir gehören wird. Indes, werde sie nun mein oder werde sie nicht mein (unsre Sprache weiß kurzen Prozeß zu machen, und doch ist die Sprache zu andern Zeiten in liebendem Einverständnis mit der

Weitläuftigkeit des Leides), mein Urteil bleibt unverändert. Wird sie etwa einem andern gehören, so ist es mein Wunsch, daß mein Gedanke geschwinde totgeschlagen in mein eignes Innere zurückflüchten und im Äußeren nichts, nichts von einer Spur hinterlassen möge.

Auch nicht deshalb bin ich verschlossen, weil ich den Wunsch hätte, mittels einer Mystifikation sie zu übereilen. Was hülfe
VI 191 es mir? Ich müßte dann ja voraussetzen, ich sei ein vortrefflicher Gesell, der sie mit der Zeit schon glücklich zu machen vermöge, wenn sie nur gut genug sei. Ich weiß nicht, ob in eines Verliebten Hirn ein solcher Gedanke aufkommen kann, in dem meinen hat er keine Stätte. Ich empfinde die Verantwortung nur zu wohl, und was hieße es da, sie mit einer List zu übereilen, also — das Gewicht der Verantwortung listig mir aufzubürden. Würde sie mein und ich müßte mir gestehen, daß ich wider sie Klugheit gebraucht hätte, so wäre ich in allem meinem Glück wie vernichtet, denn das Vergangene könnte nicht umgeändert werden, ja auch nicht in der Phantasie konstruiert werden, weil ja sogar eine Erklärung von ihr nichts darüber enthalten würde, in welchem Sinne alles anders geworden wäre, wenn ich dies nicht getan hätte. Ich weiß nicht, ob jemals List mit dem Erotischen sich vereinigen läßt, das aber weiß ich: wenn man mit Gott und mit sich selber darum ringt, dem Winken der Verliebtheit folgen zu *dürfen*, nach dem Erwünschten, welches des Auges Lust und des Herzens Verlangen ist, greifen zu dürfen, so ist man vor solchem Irrweg sicher. Nein, so vorsichtig, vorsichtig bis zum letzten Augenblick bin ich deshalb, damit ich, wenn ach innen in mir eine Gegenorder käme, alsdann nicht schon in Vermessenheit störend eingegriffen hätte und nicht bloß den Schmerz einer unglücklichen Liebe tragen, sondern auch den Rückzug der Reue antreten müßte. Gäbe es ein Zauberwort, gäbe es eine Rune, dadurch ich sie mir verschaffen könnte, ich weiß nicht, ob ich mit Bezug auf das Erotische hinreichend Ernst hätte, hinreichend Sinn, um das Unschöne eines solchen Mittels zu erkennen, hinreichend Stärke, um es zu verschmähen, aber das weiß ich: wenn man so in Banden liegt wie ich es tue, dann ist man nicht in Versuchung.

Indes, die Fülle der Zeit naht sich. Wohl ein ganzes Jahr, seitdem ich zum ersten Mal merkte, daß ich in sie verliebt sei (denn

gesehen habe ich sie auch vor diesem Zeitpunkt), hab ich mich heimlich und verstohlen dieser Verliebtheit hingegeben. Ich habe sie in Gesellschaft gesehen, sie bei ihr zu Hause gesehen, bin unbemerkt ihren Gängen gefolgt. Letzteres ist mir gewissermaßen das Liebste gewesen, teils, weil es der Heimlichkeit der Liebe genugtat, teils weil es mich nicht mit der Befürchtung ängstigte, daß es jemand entdecken würde, etwas, das sie hätte kränken können und mich vor der Zeit ohne Abschluß aus der Übungsschule herausreißen. Dies Jahr, das Übungsjahr, hat für mich einen eigenen Zauber. Durch alles, was ich sonst unternahm, zog der Liebe Seidenschnur sich hindurch, gleich dem roten Faden im amerikanischen Ankertau; und was ich sonst unternahm, hatte eine enge Beziehung hierzu. Während das Ankertau ohne Ahnung
sein kann von den Stürmen, in denen es erprobt werden soll, VI 192
stellte ich mir vielerlei Schrecken vor und übte mich darin, indessen der Verliebtheit Lust ihr Liedchen sang zur Arbeit. Ein verliebter Student studiert fleißig auf sein Examen, um wieviel mehr mußte also ich begeistert sein für die Vornahme solcher Übungen, die in noch einem ganz andern Sinne die unerläßliche Bedingung (conditio sine qua non) für mich waren.[222]

Wie sehr ich entwickelt worden bin, begreift nur, wer versteht, was es heißen will, nichts zu unternehmen außer in Kraft von Reflexion, und das ist ebenso, wie wenn einer zum Gehen sich eines künstlichen Beins bedienen müßte und ohne es auch nicht einen Schritt tun könnte, und zugleich es vor den Menschen (was ja gelingen kann, wo es um die Reflexion sich handelt) verhehlen wollte, daß es ein künstliches Bein ist. Der Mensch sollte nur wissen, wie viel er unmittelbar tut, dann würde er wissen, was es heißt, auch nicht das Geringste ohne Berechnung zu tun. Er sollte wissen, welch einen Unterschied es macht, in den heiteren Kreis zu treten und ohne weiteres fröhlich zu sein, und im Gegensatz dazu aus der äußersten Finsternis der Schwermut zu kommen und gleichwohl genau auf den Schlag der Stunde zu kommen, auf welche die Einladung lautet und die Art Heiterkeit mitzubringen, welche Gesellschaft und Umgebung erheischen. Ist man nicht verliebt, so wird man unterwegs müde.

Einmal wöchentlich ging sie zur Singstunde, das wußte ich. Ich wußte, wo der Gesanglehrer wohnte. Ich war weit davon, etwa

ein Eindringen in diese Kreise zu versuchen, hatte lediglich den Wunsch, ‚sie' heimlich zu sehen. Nun traf es sich so glücklich, daß in der gleichen Straße ein Conditor wohnte[223], an dessen Laden sie vorüberging auf dem Wege hin zur Stunde und zurück von der Stunde. Hier hatte ich meinen Betplatz. Hier saß ich und wartete, hier sah ich sie, selber ungesehn, hier wuchs und gedieh der Liebe heimliche Blume in aller Gemächlichkeit vor meinen Augen. Es war ein Conditor zweiten Rangs, ich konnte ziemlich sicher davor sein, von jemand überrascht zu werden. Einige meiner Umgangsfreunde wurden gleichwohl aufmerksam. Diesen redete ich ein, der Kaffee dort sei ohne Vergleich der beste in ganz Kopenhagen, ja, ich forderte sie sogar mit gewaltigem Pathos auf, es selber zu probieren. Ein paar von ihnen gingen eines Tages hin und versuchten den Kaffee – und fanden ihn natürlich mittelmäßig wie er war. Ich stritt darwider mit allem Eifer. Die Folge war die: als eines Tages an drittem Orte zwischen diesen Freunden und einigen andern die Rede darauf kam, weshalb ich immer zu diesem Conditor gehe, sagte einer von ihnen: „ach, das ist ja bloß sein gewöhnlicher Eigensinn. Er hat aus irgend einer Laune
VI 193 behauptet, der Kaffee sei ausgezeichnet, und nun zwingt er sich, rein um Recht zu behalten, dazu, die Lorke zu trinken. So ist er einmal, ein guter Kopf, aber der streitsüchtigste Mensch, und man rächt sich an ihm wie an Diogenes[224] nicht, indem man ihm widerspricht, sondern indem man sich nicht kümmert um ihn und in diesem Fall um seine Conditoreibesuche." Ein andrer meinte, ich hätte eine starke Anlage zu fixen Ideen und fand es amüsant, daß ich imstande sei, den Kaffee wirklich für gut zu halten. Im Grunde hatten sie allesamt Unrecht, denn der Kaffee schmeckte auch mir schlecht. Nicht Unrecht dagegen hatten sie damit, daß sie sich an mir rächten, indem sie mir meinen Wunsch, mich mit meinem Conditor und seinem Kaffee in Ruhe zu lassen, erfüllten. Hätte ich sie darum gebeten, so hätte ich schwerlich so sicher sein dürfen. Ich trank den Kaffee, achtete seiner nicht groß, denn hier, hier wartete ich, hier nährte ich meine Liebe mit der Sehnsucht, und erquickte sie mit dem Anblick, und von hier nahm ich viel mit mir nach Hause, wenn nichts mehr zu erblicken war. Am Fenster zu sitzen getraute ich mich nie; aber mein Auge konnte, wenn ich mitten im Zimmer saß, die Straße und den Bürgersteig gegen-

über, den sie entlang ging, überblicken; die Vorübergehende aber konnte mich nicht sehen. O schöne Zeit, o reizende Erinnerung, o süße Unruhe, o seliger Anblick, da ich mein verstecktes Dasein mit dem Zauber der Liebe ausschmückte.

Als Knabe hatte ich in der Gelehrtenschule einen Lateinlehrer, an den ich öfters denke. Er war sehr tüchtig, es war beileibe nicht so, daß man bei ihm nichts gelernt hätte; unterweilen aber war er etwas sonderbar oder, wenn man so will, etwas zerstreut. Seine Zerstreutheit bestand jedoch nicht darin, daß er in Gedanken fiel, verstummte usw., sondern darin, daß er zwischendurch auf einmal mit einer ganz andern Stimme sprach, und aus einer ganz andern Welt heraus. Unter anderm lasen wir mit ihm den Phormio des Terenz. Hier wird von Phaedria erzählt, er sei, in eine Citherspielerin verliebt, darauf beschränkt gewesen, ihr auf dem Wege zur und von der Schule zu folgen. Nun heißt es beim Dichter:

Der Schule gegenüber
Lag eines Baders Raum; und oftmals war'n wir dort,
Und warteten b i s sie, nach Hause g e h e fort.

ex advorsum ei loco
Tonstrina erat quaedam; hic solebamus fere
Plerumque eam opperiri, d u m inde r e d i r e t domum.

Der Lateinlehrer fragte den Schüler mit dem würdigen Ernst VI 194
des Unterrichts, warum regiert dum hier den Konjunktiv. Der Schüler antwortete: weil es hier die Bedeutung von dummodo hat. ‚Richtig', erwiderte der Lehrer, begann aber darauf zu erklären, man dürfe das Konjunktivische nicht rein äußerlich betrachten, so als ob es die Konjunktion als solche sei, welche den Konjunktiv regiere. Der Modus werde bestimmt durch das Innerliche, das Seelische, hier z. B. durch die Leidenschaft des Wünschens, das Sehnen der Ungeduld, das Bewegtsein der Seele in der Erwartung. Darauf wurde seine Stimme völlig anders und er fuhr fort: 'wer nämlich hier sitzt und wartet im Raum jenes Baders, wie wenn er bei einem Conditor oder an sonst so einem öffentlichen Ort wäre, ist kein gleichgiltiger Mann, sondern ein Verliebter, der auf die Geliebte wartet. Ja, wäre es ein Dienstmann, ein Sänftenträger,

ein Bote oder ein Droschkenkutscher gewesen, der gewartet hätte, so müßte man das Warten sich eigentlich denken als das zugleich die Zeit Ausfüllende, in welcher das Mädchen in der Musik- oder Gesangstunde war, und das ist nicht konjunktivisch sondern indikativisch gedacht, außer wenn etwa die betreffenden Herren auf Bezahlung warteten, welches eine höchst mäßige Leidenschaft ist. Eigentlich dürfte die Sprache gar nicht erlauben, daß solch eine Leidenschaft durch einen Konjunktiv ausgedrückt wird. Aber es ist Phaedria, welcher wartet, und er wartet, ob sie denn nicht, wann sie denn wohl, ob sie nicht endlich gleich, gleich zurückkomme; und dies alles ist recht eigentlich konjunktivisch.' Es war da in seiner Stimme eine Feierlichkeit und eine Leidenschaft, daß die Schüler saßen, als hätten sie eine Geisterstimme vernommen. Er verstummte, darauf räusperte er sich und sagte mit der gewohnten ernsten Würde des Unterrichts: der Nächste.

Dies wäre also eine Erinnerung aus meiner Schulzeit, ich sehe nun deutlich, daß mein unvergeßlicher Lateinlehrer, obwohl er sich lediglich mit Latein befaßte, auch anderer Gebiete sich hätte annehmen können.

Am Abend, heute vor einem Jahr, begleitete ich sie nach Hause. Es war kein andrer da, den man hätte bitten können. Fröhlich ging ich an ihrer Seite, in Gesellschaft mit mehreren. Und doch dünkte ich mich beinahe glücklicher in meinem Versteck; daß man der Wirklichkeit so nahe kommt, ohne ihr doch in Wirklichkeit näher zu sein, erzeugt Ferne; indessen der Abstand der Verstecktheit den Gegenstand an sich heranzieht. Falls das Ganze eine Einbildung wäre? Unmöglich. Warum also fühle ich mich denn im Abstand der Möglichkeit glücklicher? Aus dem von mir selbst angegebenen Grunde. Alles andre ist eine finstere Einbildung; sie ist doch die
VI 195 Einzige, die ich liebe, geliebt habe, ich werde nie eine andre lieben. Aber ich will meine Seele auch nicht entwürdigen durch das, was man so sie kennen lernen nennt, durch das Erproben und Erforschen ihres Wesens. Sie ist meine Geliebte, und meiner Verliebtheit heimliches Tun ist es, alles Liebenswerte von ihr zu denken, bis daß ich beinahe umkomme vor Ungeduld. Zeit und Stunde müssen wohl nahe sein, meine Seele ist entschlossen.

den 9. Januar morgens.

Heute vor einem Jahr. Ich zähle die Augenblicke; sobald mir nur eine Gelegenheit vergönnt ist, mit ihr zu reden, ist das Los geworfen. Ich habe das Ganze von neuem überdacht — sie oder gar nicht. Gott im Himmel! daß es jetzt glücklich ausgehen möge! Um sie beten, das würde ich mich nicht getrauen, außer mit jenem unendlichen Vorbehalt, welcher macht, daß ich nicht um sie bitte, sondern um das, was zu meinem Besten ist. Gott auf andre Weise um etwas zu bitten hab ich nie gewagt, habe auch nie begehrt, anders zu beten, auf dem Richtwege der Resignation ist Gott dem Menschen gewißlich am allernächsten, jedoch dieser Richtweg ist eine ganze Reise rund um das Dasein. In gewissem Sinne fürchte ich ihr Ja beinahe mehr als ihr Nein. Bei meiner Vertrautheit mit Schweigen und düsteren Gedanken paßt ein Nein besser zu mir. Jedoch ein Ja — ja, es ist mein einziger Wunsch. Es soll ja auch nicht passen zu dem Übrigen; es soll für mich dies bedeuten: ebenso wie ich in meiner Seele einen dunklen Winkel habe, in dem ich bei der Schwermut hause, ebenso soll nun auch die Freude bei mir wohnen, wenn ich ‚ihr' gehöre, und ich werde imstande sein, meine ganze Seele zu sammeln, um ‚sie' so glücklich zu machen als es mir möglich ist. Mehr verlange ich nicht in der Welt, nur dies, daß meine Seele doch e i n e Zuflucht haben möge, allwo die Freude zu Hause ist, e i n e n Gegenstand, auf den ich mich sammeln kann, um Freude zu schaffen und froh zu sein.

Ich hatte mir keine Sorge und Mühe darum gemacht, sie zu erproben oder, wie man so sagt, sie kennen zu lernen. Durch mein Gedächtnis geht immerzu das Wort: ‚Martha, Martha, du machst dir viel Sorge und Mühe, Eins ist not.'[225] Das was not ist, es ist da: sie ist die Geliebte. Also meine ich, wir passen zu einander: bin ich gut genug, sie ist es allemal. Gefahren fürcht' ich nicht, Opfer desgleichen nicht, so ganz und gar nicht, daß ich fast Freude finde in dem unsinnigen Wunsch, sie möge unglücklich sein. Wahrlich, VI 196
das Einzige, das ich fürchte, ist, daß sie etwa ohne mich weit glücklicher würde.

Ihre Umgebung, ihre Lebensverhältnisse habe ich dagegen nahezu ausspioniert. Glücklicherweise sind diese mir günstig. Ihre Familie lebt in einer nahezu idyllischen Ruhe. Ihr Vater ist ein ernster

Mann, und der Tod der Mutter hat sein Wesen milder werden lassen und über ihn eine Freundlichkeit gebreitet, die freilich etwas Wehmütiges, zugleich aber etwas Offenes und Einladendes hat. Die Heiterkeit ist von diesen Orten nicht gewichen, aber man sucht die Lebensfreude nicht außerhalb oder in weitläuftiger Gesellschaft mit Krethi und Plethi. Der Tod der Mutter hat den Kindern dazu gedient, sich ernster zusammenzuschließen und ihre Gedanken auf die Familie zu richten, in welcher der Vater nicht ohne Wehmut aber um so sorgsamer die Kinder umschirmt und mit einer gewissen Freundlichkeit durch der Jugend berechtigte Lebensansprüche sich verjüngen läßt. Gerade so wünsche ich es mir. Ihre Umgebung ist von der Art, daß sie mein Vorhaben und mein künftiges Glück mehr begünstigt, als eine Kammerfrau die Verständigung des Ritters mit der Geliebten. Ein Mädchen aus ihrer gewohnten Umgebung herausreißen und sie in eine fremde Lebensweise verpflanzen, das würde ich nicht wagen. So komme denn, gelegene Stunde. Ich will mit ihr sprechen, will nicht schreiben, nicht an eine Mittelsperson mich wenden. Es ist mein Glaube: eine aufrichtige Liebe, eine innige Überzeugtheit, eine Entschlossenheit der Wahl, sie verleihen dem kurzen Wort, verleihen der Stimme selber einen Ausdruck, eine Verläßlichkeit, die für die Betreffende überzeugender und genugsamer sind als das Ergebnis der Überlegung von Verwandten und Freunden, die einen doch nicht kennen. Was ich will, läßt sich kurz sagen; je kürzer um so besser, nur daß es von Angesicht zu Angesicht gesagt werde. Hätte ich Beredsamkeit, hätte ich Macht zu betören, wie ängstlich würde ich dann nicht sein, sie zu brauchen, und falls ich sie brauchte, so wäre es mein Teil, das sehr teuer zu bezahlen. Niemand fürchte ich doch so wie mich selbst: weh mir, falls ich entdeckte, es sei da auch nur ein trügerisches Wort in meinem Munde gewesen, ein einziges Wort, mit dem ich versucht hätte, sie zu überreden.

den 11. Januar morgens.

Heute vor einem Jahr. Es ist doch anstrengend, nahezu über meine Kräfte, die Seele auf dem Gipfel des Entschlusses zu halten. Ebenso schwingt ein Holzhacker die Axt über seinem Kopf, und diese Stellung verdoppelt, vervielfacht die Wucht; er stemmt sich

gleichsam selber entgegen mit äußerster Macht, jeder Muskel bebt VI 197
bei der Anstrengung. Es ist nur ein Augenblick. O daß diese Augenblicke verkürzt werden möchten! O daß ich nicht fehlgreife! Wofern ich in diesem beinahe übernatürlichen Zustande nicht eine Wirklichkeit ergreife, wofern diese Übersteigerung sich im Dienst einer neuen Reflexion wider mich selber kehrt, so bin ich entkräftet, vielleicht zunichte gemacht für immer. O Zeit, Zeit, wie schrecklich ist es, mit dir im Zwist zu sein! O Mensch, wie absonderlich bist du doch zusammengefügt: so stark sein können und fallen können durch ein Nichts! Denn fühle ich mich jetzt stark, stark wie ein griechischer Gott, so sehe ich auch ein: geschieht nichts, so bin ich zermalmt.

Dann traf ich sie also. Wir begegneten uns, als wir beide die Familie in der Kronprinzessinnenstr. besuchen wollten[226]. Die Hausfrau war oben bei den Großeltern im zweiten Stock; weil ich ein Anliegen an sie hatte, war die Tochter so artig, sie herunter holen zu wollen. – Wir waren also allein. Eine günstigere Gelegenheit, ein so sicherer Augenblick würde vielleicht so bald sich nicht bieten. Die Großmutter war etwas schwerhörig, aber, wie alte Leute es häufig sind, sehr neugierig; somit mußte alles laut und deutlich erklärt werden, und das kostet einige Zeit; Juliane hatte beim Hinauseilen die Entréetür hinter sich zugeschlagen und so sich selbst und ihre Frau Mutter ausgesperrt. Dahingegen war die Situation einer weitläuftigeren Erklärung und dem natürlichen Gaukelwerk einer glühenden Empfindung nicht eben günstig, sondern mußte die Geliebte zwingen, alle ihre Kraft daran zu setzen, daß niemand etwas merkte, und endlich, wenn die Zurückkehrenden sie gegen sonst ein wenig verändert finden sollten, so würden sie dies natürlich sich aus dem Mangel an Takt erklären, mit dem Juliane uns allein gelassen hatte, und dies um so mehr, als der Umstand, daß ich herausgehn und aufmachen mußte, zu ein bißchen Ausgelassenheit Anlaß geben würde. Das Dramatische ist doch weit geschwinder; eine halbe Minute genügte mir, um das zu überblicken, was sich mir umständlich in die Länge zieht, wenn ich es für die Erinnerung zurückrufe.

Bin ich denn nicht heimtückisch, ist denn nicht etwas Berechnendes in allem, was ich vornehme? Ach lieber Gott! wenn ich gerade aus Fürsorge für sie meine Klugheit brauche, was kann ich denn da mehr tun? Das gesprochene Wort konnte nunmehr ein Geheimnis zwischen ihr und mir bleiben, niemand, selbst Satan nicht, konnte darauf verfallen, daß solch ein Augenblick auf diese Art benutzt würde, das gesprochene Wort konnte tot und kraftlos sein, als wäre es nie gesprochen, falls dies etwa ihr so gefiel. So wie die Umstände waren, mußten sie gerade hinderlich sein, falls sie etwa ansonst in ihrer Gemütsbewegung irgend ein Wort zu jemand geäußert hätte, ein Wort, das sie vielleicht bitter bereuen mußte.

Was ich gesagt habe, weiß ich nicht, aber es war ein Schauer in mir; und meine Stimme war bei aller Ruhe doch bewegt; auf
VI 198 welche Weise, das kann ich nicht beschreiben, nur daß es unbeschreiblich lindernd war, mir Luft zu schaffen. Ich bin überzeugt: das, was ich gesagt habe, hat die ganze innere Wahrheit meiner Leidenschaft gehabt. Sie ward wie versteinert, sie zitterte sichtbar, sie erwiderte nicht ein Wort. — Ich hörte Schritte auf der Treppe, es wurde geschellt, ich öffnete, das Gelächter half über alles fort, die Unterhaltung hob an; es ging gut. Mein Wunsch war nun, sie möge zuerst gehen und dadurch vermeiden, daß wir miteinander zu gehen hätten, was Verdacht hätte wecken können; damit, daß sie zuerst ging, verhütete sie auch jede Frage. Vermutlich hat sie selber das Gleiche gedacht; sie ging. Ich blieb eine ganze Stunde, um abzulenken.

Darauf ging ich nach Hause und wandte mich schriftlich an ihren Vater und hielt um ihre Hand an. Nunmehr wäre alles weltliche Überlegen, alle teilnehmende und besorgte Betrachtung anläßlich eines so wichtigen Schrittes mir lieb und nach meiner Auffassung durchaus zur Sache gehörig. Ich wünsche in keiner Weise mich dem zu entziehen, im Gegenteil, ich wünsche, daß jede Schwierigkeit, jedes Bedenken bestimmt zu Worte komme, jede Gefahr ihr deutlich werde. Jedoch mein erstes Wort, meine Liebeserklärung soll unangetastet bleiben, sie soll in solche Überlegungen nicht hineingezogen werden als ein Aktenstück mehr. Hab ich so lange geschwiegen, so hab ich auch das Recht, das Wort auszusprechen, ohne Kunst, ohne Trug, sondern so wie meine Stimmung es verlangt, wenn sie die volle Kraft einer stillen Leidenschaft in einem entscheidenden Wort und einem entscheidenden Augenblick sammelt. Diesen Eindruck soll sie nach meinem Willen von mir haben, diesen Eindruck will ich selber haben, das Übrige lege ich in Gottes Hand, wie denn auch jenes, wenn auch auf andre Weise.

Habe ich sie überwältigt; habe ich einen zu starken Eindruck gemacht; vermag ein Mädchen vielleicht das Unerwartete und den in eins gesammelten Ausbruch einer Leidenschaft nicht zu ertragen? Warum hat sie geschwiegen? Warum hat sie gezittert? Warum ist ihr nahezu bange vor mir geworden? Wenn das Burgtor viele Jahre lang nicht geöffnet worden ist, so läßt es sich nicht lautlos auftun wie eine Zwischentür, die sich in den Angeln dreht! Wenn des Schweigens Tor länger verschlossen gewesen, so klingt das Wort nicht wie das Gutentag und Lebwohl einer geschwind laufenden Zunge; wenn man mit einem einzigen Wort alles zum Einsatz bringen soll, wenn man seit Jahr und Tag nur Eines gewollt und es nun endlich aussprechen soll, nicht gegen einen Freund, sondern gegen den Menschen, in dessen Hand die Erfüllung liegt, so ist die Stimme nicht gleichmütig wie die eines Wächters, welcher die Stunde ausruft, und ist auf andre Art beteiligt als die eines Menschen, der Torfstücke zählt. Warum bin ich denn in Furcht,
warum bin ich unruhig, warum ist die Reflexion bereits im Be- VI 199
griff, mich zu versehren, als läge da etwas Tückisches in einem so langen Schweigen, etwas Dämonisches in der Kraft dazu, etwas Listiges im Ausnützen des Augenblicks, etwas Unverantwortliches im Anwenden des einfachsten Mittels und des redlichsten Verfahrens, weil diese vielleicht am stärksten wirken.

den 12. Januar morgens.

Heute vor einem Jahr. Es ist entschieden. Man hat mir also die Prüfungszeit kurz gemacht; nun, das hatte ich auch nötig, denn ich bin recht angestrengt. Du muskelstarke, geschmeidige Athletin, o Möglichkeit, dich sucht man vergebens vom Boden zu heben[227], auf daß man dir deine Kraft nehme, denn du läßt dich dehnen zur Länge einer Ewigkeit und stehst dennoch da auf festen Füßen; dich sucht man vergebens sich vom Leibe zu halten; denn du bist man selbst. Ja ich weiß es, du, du wirst eines Tages mir das Leben nehmen, dieses Mal aber nicht. Laß mich los, du dürre Hexe, deren Umarmung mir widerlich ist, wie es die der Hexe im Walde für Rolands Knappen[228] war, schrumpfe zu dem Nichts, das du bist, lieg da gleich einer vertrockneten Natter, bis daß wieder Leben in dich kommt, und du wieder zäh wirst und geschmeidig und meiner Seele das Leben aussaugst. In diesem Augenblick ist deine Macht gebrochen. Die Prüfungszeit ist vorüber, möge sie nur ja nicht zu kurz gewesen sein, möge nur ja nicht jemand das Mädchen getrieben haben, einen Entschluß zu fassen, möge man nur ja ihr die Sache schwer genug gemacht haben.

So sei denn fröhlich, mein Herz! Sie ist mein. Gott im Himmel, ich sage dir Dank! Nun ein kleiner Ruhetag, daß ich mich recht an ihr freuen möge, denn ich weiß sehr wohl, ich kann doch nichts, gar nichts mir vornehmen, ohne Blick und Gedanken auf sie zu richten.

Der erste Kuß, welch eine Seligkeit! Ein Mädchen mit fröhlichem Sinn, glücklich in ihrer Jugend! Und sie ist mein. Alle trüben Gedanken und Einbildungen, wie sind sie doch nur einem Spinnweb gleich; und die Schwermut, wie ist sie doch nur gleich einem Nebel, welcher die Wirklichkeit flieht, gleich einer Krankheit, die geheilt ist und geheilt wird durch den Anblick dieser Gesundheit, dieser Gesundheit, die nun (es ist ja die ihre) mein ist, mein Leben, meine Zukunft. Reichtum besitzt sie nicht, das weiß ich, weiß ich sehr
VI 200 wohl, er ist auch nicht nötig, sondern sie kann sprechen wie der Apostel zu dem Lahmen gesprochen hat[229]: ‚Silber und Gold habe ich nicht; was ich aber habe, das gebe ich dir, stehe auf, sei gesund'.

Bin ich gestern gleichsam zehn Jahre älter geworden, so bin ich heute zehn Jahre jünger geworden, nein, jünger als ich je gewesen. Ist dies eine Krisis? Ist dies der Entscheidung Schwebe? Ist etwa der Streit noch nicht entschieden? (Estne adhuc sub judice lis?[230]) Soll ich noch zehn Jahre älter geworden sein, ich der ich fast schon ein Greis gewesen bin, — das arme Mädchen, das mit einem Verstorbenen sich abgeben soll; oder bin ich so jung geworden, wie ich es niemals gewesen bin — beneidenswertes Los, einem Menschen so viel sein zu dürfen.

den 12. Januar. Mitternacht.

Alles schläft; die Toten allein steigen jetzt empor aus ihrem Grabe und kommen wieder zum Leben. Und noch nicht einmal dies tue ich, denn da ich nicht gestorben bin, kann ich ja nicht ins

Leben zurückkehren, und wenn ich gestorben wäre, könnte ich ebenfalls nicht ins Leben zurückkehren, denn ich habe nie gelebt.

Um mein nächtliches Treiben so versteckt wie möglich zu halten, übe ich die Vorsicht, um neun Uhr zu Bett zu gehn. Um 12 Uhr stehe ich wieder auf. Darauf verfällt niemand, auch die teilnehmenden Leute nicht, die genug Teilnahme haben, um sich darüber aufzuhalten, daß ich so früh zu Bett gehe.

Ist es ein Zufall gewesen, der uns so nahe zusammengebracht, oder welche Macht verfolgt mich mit ihr, mit ihr, die ich fliehe, und der ich doch nicht entfliehen will. Sie zu sehen weckt mir Grauen, so wie es dem Sünder Grauen wecken muß, das Todesurteil verkündigt zu hören; gleichwohl wage ich mich diesem Anblick nicht zu entziehen, so wenig, wie ich ihn zu suchen wage, etwas, das auf sie gerade so störend wirken könnte. Wäre ich mir bewußt, daß ich von meinem gewöhnlichen Wege einen Schritt abgewichen wäre, um ihr auszuweichen, daß ich einem Orte, an den ich zu kommen pflege, fern geblieben wäre, um ihr auszuweichen: ich glaube, ich würde den Verstand verlieren. Allein durch Dulden und Leiden, allein dadurch, daß ich mich jedem Argument wider meine zerrissene Seele beuge, halte ich in meinem Dasein einen Sinn aufrecht. Ginge ich eine Straße, um sie zu treffen: beim ersten Schritt, glaube ich, würde ich den Verstand verlieren aus Kummer
darüber, daß ich sie vielleicht verhindert habe, sich selber zu hel- VI 201
fen. Ich wage nichts zu unternehmen, nichts zu unterlassen; mein Zustand gleicht der Qual der ewig Verdammten.

Und der heutige Tag ist unser Verlobungstag gewesen! Sie wollte vom Fahrdamm auf den Bürgersteig biegen, ich ging auf den breiten Steinen und hatte das Vortrittsrecht. Sie hatte keine Möglichkeit, ihren Fuß auf das Brett des Rinnsteins zu setzen, ehe ich vorüber war; ein vorbeifahrender Wagen machte es ihr unmöglich, auf den Fahrdamm auszuweichen. Hätte ich mit ihr reden wollen: die Situation wäre so günstig wie nur möglich gewesen. Doch nein, nicht ein Wort, nicht einen Ton, nicht eine Lippenbewegung, nicht eine unklare Andeutung im Blick, nichts, nichts von meiner Seite. Großer Gott, falls sie Fieber hätte, falls dies Wort von mir das Glas kalten Wassers wäre, danach sie verlangte, müßte ich es dann weigern? Dann bin ich also ein Unmensch! Nein, mein kleines Fräulein, nein! Wir haben hinreichend miteinander gesprochen. O daß ich in meinen Gedanken derart von ihr sprechen kann, von ihr, für die ich alles wagen würde, wo ich nur begreife, daß es ihr dienlich ist. Aber warum verfolgt sie mich? Ich habe Unrecht, wahrlich, sicherlich, himmelschreiendes Unrecht. Doch bin ich nicht gestraft, hab ich nicht einen Mord auf meinem Gewissen? Habe ich also überhaupt keine Rechte? Wird sie denn überhaupt nicht verstehen können, was ich leide? Ist das ein liebendes Mädchen, das so handelt? Und warum sieht sie mich in dieser Weise an? Weil sie meint, im Innersten macht es einen Eindruck auf mich. Somit glaubt sie noch etwas Gutes von mir. Und dann den Gepeinigten verwunden wollen!

Ich streckte den Augenblick so sehr als möglich. Bei solch einem Aufeinandertreffen entsteht allemal ein Aufenthalt, weil der eine warten muß, bis der andre vorüber ist. So nützte ich den Vorteil aus, um mir über ihr Aussehen und womöglich über ihren Seelenzustand ein Urteil zu bilden. Ich hatte mein Taschentuch herausgezogen, und gleich wie man es in aller Gemächlichkeit auseinanderfaltet, um zu sehn, welchen Teil man benutzen will, so stand ich phlegmatisch da, als kennte ich sie nicht, obwohl ich sie betrachtete und das mit der Genauigkeit der Verzweiflung. Indes kein Wort, jeder meiner Gesichtszüge so nichtssagend als möglich. Ja, brause nur da drinnen, denn auch ich habe warmes Blut, vielleicht nur allzu warmes; sprenge das Herz, daß ich tot umfalle, das wäre erträglich, darein findet man sich; poche bebend in den Fingerspitzen, wenn es sein muß, poche inwendig mit entsetzten Schlägen gegen das Hirn, aber nicht sichtbar in den Schläfen, nicht in den Lippen, nicht im Auge, das will ich nicht, ich will es nicht. Warum hat man mich gehetzt, warum hat man mich gezwungen zu entdecken, welche Verstellungsmacht ich besitze, wenn es eine gute Sache gilt!

Sie war nicht ganz so bleich, vielleicht aber war die frische Luft daran schuld, vielleicht hatte sie einen längeren Weg hinter sich.
VI 202 Ihr Blick machte einen Versuch, mich zu verurteilen, dann aber schlug sie das Auge nieder, sie sah beinahe bittend aus. Eines Weibes Bitten! Wer hat dem Weibe unverantwortlich diese Waffe in die Hand gegeben, wer gibt einer Rasenden ein Schwert, und wie ohnmächtig ist der Mann nicht gegen der Ohnmächtigen Bitte!

Als ich um die Ecke bog, mußte ich mich an den Häusern halten.

Hätte ich nun einen Vertrauten, zu dem ich sagte: ‚so steht die Sache, ich kann ganz ruhig und leidenschaftslos aussehn, aber wenn ich um die Ecke biege, bin ich nahe daran, in Ohnmacht zu fallen‘, und wäre dieser Vertraute nun ein Neugieriger, der mich ausspionieren wollte, was dann? Dann würde ich darauf aufmerksam werden, denn gleich wie Kaspar Hauser[231] Metall durch unzählige Lagen Stoffes hindurch zu fühlen vermochte, ebenso fühle ich Täuschung und List durch jegliche Hülle hindurch, also was dann, dann würde ich nicht schwindlig werden beim um die Ecke Biegen, aber wenn ich dann jene Straße durchgangen wäre, und der Neugierige nichts gesehen hätte, so würde ich die nächste Querstraße aufsuchen, um umzusinken.

Schlafe nun wohl, schlafe wohl, meine Geliebte! Gebe Gott, sie möge allen ihren Schmerz wegschlafen und morgen fröhlich und mit roten Wangen erwachen. Ist Seiltänzern, die Eltern sind, etwa keine Vater- und Mutterliebe eigen, fehlt es ihnen daran, wenn sie das Kind auf das schmale Seil stellen und in Todesangst darunter entlang gehen? Hat man den Spruch, daß ich ein Mörder sei, nicht feierlich verkündigt, was kann also Schlimmeres geschehen, als daß sie stirbt; indes dafür ist noch keine Wahrscheinlichkeit. Entweder, sie ist unter den Mädchen die seltene Ausnahme, so wird eben meine Verfahrensweise das ihre dazu tun, daß sie nicht darin gestört ist, das Ausgezeichnete zu werden, ein Mädchen, dessen Apotheose nicht mit dem Tode sondern mit dem Leide begonnen, — oder sie ist, ja, ich mag es nicht sagen, sie hat sich eingebildet usw., und danach wird sie verständig usw., d. h. bildet sich ein, verständig geworden zu sein usw. — halt! ich besitze keine tatsächliche Aufklärung, die mir das Recht zu einem Schlusse gibt. Somit verbleibe ich in meinem Elend und halte sie in Ehren. Mein Verstand aber, mein Verstand, der sagt es mir, ja der sagt es mir um mich zu kränken, denn es ist ja nicht mein Wunsch gewesen, daß sie sich als kleiner erweise, als sie zu sein schien, und ich möchte doch weder um ihret- noch um meinetwillen wünschen, auf die Art heil davon zu kommen, d. h. auf die Art zum Narren zu werden.

Jedoch nichts, nichts ist da, das mir helfen könnte mit einer kleinen Aufklärung. Vergebens werfe ich mich ungeduldig bald auf die eine, bald auf die andre Seite; wenn man auf der Folter- VI 203 bank liegt, so nagt es allenthalben. Sie kann mich verachten – großer Gott! Das will ich gerade, daraufhin arbeite ich gerade, und doch graut es mir bei dem Gedanken an ein solches Martyrium auf Lebenszeit. Ob ich es aushalten kann, ob ich nicht ganz und gar verzweifeln werde, ich weiß es nicht; das aber weiß ich, und das weiß jene Macht, die ihrem Wesen zufolge Zeuge unsrer heimlichsten Gedanken ist, ja, sie weiß es, daß ich an der Schnur des Sturzbades gezogen habe. Ob es mich zermalmen wird, weiß ich nicht. – Sie kann ihre Seele in Geduld schicken, kann unbeschädigten Gewissens den Trauerschleier nehmen, was kann ich? Wo berge ich mich vor mir selber, wo ist die Ruhestatt, da der Ermüdete neue Kraft sammeln kann, wo wird das Nachtlager bereitet, auf dem ich still und erquickend schlummern kann. Im Grabe? Nein, denn es ist unwahr, was die Schrift sagt, daß im Grabe kein Erinnern sei[232], ich werde mich an sie erinnern. In der Ewigkeit? Ist dort Zeit zum Schlafen? In der Ewigkeit! Auf welche Weise werde ich sie wiedersehn? Wird sie dort anklagend und richtend vortreten? Entsetzlich! Oder wird sie etwa das Ganze ausgeschwitzt haben als eine Kinderei? Widerlich! Und doch nicht widerlich, sondern ärger, denn wäre nicht das Schweigen von mir schuld daran, daß sie so eine geworden? Von mir, der ich doch gerade gefürchtet habe, ein Wort von mir könnte sie redselig machen und zur Ruhe bringen in Geschwätz[233].

den 15. Januar morgens.

Heute vor einem Jahr. Geht es einem so mit dem Verlobtsein? Denn was verliebt sein heißt, das hab ich gewußt, aber dies Neue, daß man sich des Gegenstandes des Verliebtseins sicher ist, daß man weiß: sie ist mein, mein für ewig.

‚Geht es einem also mit dem Muttersein', klagte Rahel[234], als der Streit der Zwillinge in der Mutter Leib sich erhob, und ebenso hat wohl mancher bei sich selbst gesprochen, wenn das, danach es ihn verlangt hatte, erreicht war: geht es damit also?

Und ist nicht in mir ein Zwist, als wären da zwei Wesen: bin ich zehn Jahre älter geworden oder bin ich zehn Jahre jünger geworden.

Wie sonderbar muß es nicht sein, ein junges Mädchen zu sein, so frischweg in das Leben hineinzuleben. Ich glaubte, ich würde befreit sein, würde verwandelt sein, ich hätte mich verliebt gesehen und würde, indem ich verliebt auf sie sehe, mich gerettet sehen, so daß ich wie sie gleich einem Vogel auf dem Ast wäre, ein Wonnesang der Jugendzeit, wir würden wie zusammen aufgewachsen sein, unser Leben würde in dem Einswerden für uns glücklich sein, in seinem Glück für andre verständlich, gleich dem Gruße des Fröhlichen, wenn er an uns vorübereilt und uns eine Kußhand zuwirft. VI 204

Viel verstehe ich; mit jeglicher Reflexion, die ich höre oder lese, bin ich so vertraut, als wäre sie mein eigen. Jedoch dies Leben verstehe ich nicht. An nichts denken, und doch so liebreizend sein, Weisheit und Torheit so durcheinander leben, daß man nicht weiß, was das eine ist und was das andre. Wofern ein Juwelier, welcher seine Kenntnis echter Steine so sehr entwickelt hätte, daß er sein Leben in dieser Unterscheidung hat, wofern er ein Kind sähe, das mit allerlei Steinen spielte, echten und unechten, die es durcheinander mischte und hätte dabei gleiche Freude an beiden, — ich meine, es würde dem Juwelier grauen, die absolute Unterscheidung aufgehoben zu sehn; aber wo er das Glück des Kindes sähe, dessen vergnügten Sinn über dem Spiel, so würde er sich vielleicht darunter demütigen und gefesselt werden von diesem Grauen weckenden Anblick. Ebenso gibt es für den unmittelbaren Menschen keine absolute Unterscheidung zwischen dem echten Glanz, mit dem die Idee in Gedanke und Sprache sich bricht gleich dem Edelstein in den Lichtstrahlen und dem unechten Glanz, in dem dies fehlt; es gibt keine absolute Unterscheidung, welche das eine zu dem Allerköstlichsten macht, das andre zu einem Nichts, das Eine zu dem alles Bestimmenden, das andre zu dem, was in Beziehung auf dies gänzlich unbestimmbar bleibt.

Liebende dürfen ja keine Zwischenrechnung miteinander führen. Ach, ach! wir sind zu kurze Zeit vereinigt gewesen, um irgend eine Zwischenrechnung zu haben, — wir haben nichts zwischen uns, und dann haben wir eine Welt zwischen uns liegen, ja eine ganze Welt.

In den einzelnen Augenblicken bin ich glücklich, vollkommen glücklich, glücklicher als ich je geträumt; es ist dies für mich ein redliches Entgelt für meinen Schmerz; möge sie nur nichts ahnen, so ist alles gut.

Sie ist schweigsam, mindestens stiller als sie sonst zu sein pflegt, aber nur, wenn wir miteinander allein sind. Ob sie nachdenkt? Wenn sie bloß nicht anfängt zu reflektieren!

den 17. Januar morgens.

Heute vor einem Jahr. Was ist das? Was will das bedeuten, ich
bin so bewegt, dem Walde gleich, der im angstvollen Wirbel steht
wider das Unwetter. Was ist das für eine Ahnung, die mich zu-
VI 205 sammenpreßt? Ich kenne mich selbst nicht wieder. Ist das Ver-
liebtheit? O nein! So viel verstehe ich recht wohl: nicht mit ihr,
nicht mit Eros soll ich kämpfen. Religiöse Krisen sind es, die sich
über mir zusammenziehn. Meine Lebensanschauung ist mir ver-
dächtig geworden, wieso weiß ich jetzt noch nicht einmal zu sagen.
Und mein Leben gehört ‚ihr', aber sie ahnt nichts.

den 17. Januar. Mitternacht.

Was ich des Morgens schreibe, kommt aus dem Vergangenen und gehört dem vergangenen Jahre zu; was ich jetzt schreibe, diese meine „Nachtgedanken"[235], ist das Tagebuch des gegenwärtig laufenden Jahrs. Das laufende Jahr! Welch ein schrecklicher Hohn über mich liegt doch in diesem Wort. Hätte ein Mensch die Sprache erfunden, so würde ich glauben, er habe dies Wort erfunden, um mich zu höhnen. In alten Tagen wandte man beim Militär eine sehr grausame Strafe an, das Reiten auf dem hölzernen Pferde. Der Unglückliche wurde mit Gewichten auf ein hölzernes Pferd niedergepreßt, dessen Rücken überaus scharfkantig war. Als einmal diese Strafe vollstreckt wurde und der arme Sünder sich in Schmerzen wand, kam ein Bauer auf dem Wall gegangen, blieb stehen, um auf den Exerzierplatz hinunter zu blicken, auf dem der Sünder seine Strafe erlitt. Vor Schmerz verzweifelt, empört über den Anblick solch eines Störenfrieds, rief der Unglückliche dem Bauern zu: ‚was glotzest du da'? Der Bauer erwiderte: ‚kannst du es nicht ertragen, daß man dich anguckt, so kannst du ja eine andre Straße reiten'. Gleich wie jener reitende Sünder am Reiten war, ebenso ist das laufende Jahr am Laufen für mich.

Etwas muß getan werden für sie. Mein Kopf spinnt von Morgen

bis Abend nichts als Intriguen. Hat mein Verhalten, ehe denn sie mein wurde, mit aller Aufrichtigkeit alles, was wie List aussehen konnte, ängstlich vermieden, so bin ich jetzt um so intriganter geworden. Wer würde mich nicht für einen Narren halten, wenn ich zu ihm sagte, sie beschäftige mich jetzt in diesem laufenden Jahr mehr denn je. Jedoch die Schwierigkeit ist die, daß ich nicht das Geringste unternehmen darf, denn die entfernteste Ahnung davon, wie sehr sie mich beschäftigt, wäre unbedingt das Gefährlichste, es könnte sie am Ende ins Unbestimmte hinauslocken mit einer Hoffnung, und sie in Halbheit die Rettung, d. h. den Untergang, das Verderben finden lassen.

Jede Aufklärung, jedes Wort mit Gold aufwiegen wollen und es nicht dürfen, weil es lebensgefährlich ist, da es ihren Verdacht VI 206
wecken und sie stören könnte in der Aufgabe, sich selbst zu helfen! Auf tausend krummen Wegen sich eine beiläufige Äußerung erbetteln müssen, wenn man Mitteilungen im Überfluß haben könnte, aber es nicht darf, es um ihretwillen nicht darf! Bewahrte ich gegen meine sogenannten Nächsten schlechthinniges Schweigen, so könnte dies ebenfalls leicht einen Verdacht erwecken. Darum hab ich mir eine Formel zurecht gemacht, die ich ihnen hersage. Nur sage ich sie nicht wie eine Formel, sondern ich deklamiere sie, so merkt man nicht, daß es eine Formel ist. Dies kann man von einem Prediger lernen. Der weiß sehr gut, daß er eine alte längst abgedankte Predigt aufsagt, aber wenn er deklamiert und sich den Schweiß abwischt, so meint der Hörer, es sei eine Rede. So meinen die Betreffenden auch, daß ich rede, obwohl ich doch bloß eine Formel hersage, welche durchaus stereotyp und in jedem Worte lang überlegt ist. Der Gegensatz[236] ist ebenfalls brauchbar, nämlich davon zu sprechen nach dem Muster: ‚Ihr sehr Geehrtes vom 25. neuen Stils richtig empfangen‘. Nichts macht die Leidenschaft dermaßen undurchsichtig wie Kontor- Buchhalter- und Geschäftsstil. Dies Letztere ist das Beste. Ich habe die Sache studiert bei meinem Umgang mit einem Verschlossenen, daher weiß ich Bescheid. Man sollte nie auf einen Verschlossenen eindringen, dann hat man verloren; jedoch ähnlich wie bei einem Gichtkranken, der Angst vor Zug hat, darf man ihn anrühren mittels einer zufälligen leichten Andeutung, die man nicht weiter verfolgt. Oder man habe acht auf ihn, wenn er sich zufällig einmal ein bißchen

Luft gemacht hat. Man kann seine Verschlossenheit rasch danach beurteilen, wie schwer ihm das Abbrechen fällt. Er bereut, daß er etwas gesagt hat, er will den Eindruck verwischen, man schweigt, nun wird er mißtrauisch gegen sich selbst, daß es ihm nicht gelungen ist, er will einen Gesprächsübergang machen, das mißlingt, man schweigt, die Pause verdrießt ihn, er verrät immer mehr, wenn nicht auf andre Weise, so durch seinen Eifer im Verbergenwollen. Weiß man aber das alles, so macht man beizeiten seine Übungen. Und die Kunst ist, ein bißchen davon zu sprechen (denn daß man ganz und gar schweigt, das wäre unklug) und also eine verzehrende Leidenschaft am Zügel der Unterhaltung so schmiegsam zu halten, daß man gleich einem Reiter sie mit einem Seidenfaden lenken und gleich einem Kutscher sie die Figur einer Acht laufen lassen kann.

Intriguieren ist immerhin eine Zerstreuung; Zeugen abhören und Nachrichten entgegennehmen, konferieren und kontrollieren, sich die Sohlen ablaufen, auf den Augenblick lauern, das heißt immerhin etwas unternehmen, auch wenn nichts dabei herauskommt; unerträglich aber ist es, dazusitzen und Wind zu gebären,
VI 207 den einen Plan sinnreicher als den andern zu finden, und es nicht zu wagen, von ihm Gebrauch zu machen, weil es noch klüger ist, die Sache sein zu lassen, damit man nicht verraten werde; diese tantalisch lockenden Früchte sehen zu müssen, welche das Mitgefühl versuchen, indem sie alles versprechen! Leidenschaft zu haben gleich einem Spieler und sich nicht von der Stelle rühren zu dürfen, und lediglich durch sich selbst gebunden zu sein! Tollkühnen Mut in der Seele zu tragen und Pläne im Hirn, und das Wort gegenwärtig zu haben, und dann eine Feder zu halten, die nicht schreiben kann, oder mühselig alle zwei Stunden einen Buchstaben. Leidenschaft zu haben wie ein Fischer, zu wissen, wo sie anbeißen, und die Angel nicht auswerfen zu dürfen, oder den Schwimmkorken sich rühren zu sehen und nicht anziehen zu dürfen, auf daß diese Bewegung nicht etwas verrate. Den in seiner Gewalt zu haben, der alles sagen könnte, das Messer an seiner Kehle zu haben, falls er etwas verriete, und ihn doch nicht verwenden zu können, weil doch für mich kein Verhältnis besteht zwischen der Rache an ihm und dem Schaden, den er ihr tun könnte. Anstelle solcher Aufklärungen sich begnügen zu müssen

mit dem zufälligen Wort einer Magd, eines Dieners, eines Mietkutschers, eines Vorübergehenden; und daraus etwas herausholen zu müssen, weil es für einen dabei um die ewige Seligkeit geht. Suppe kochen zu müssen aus einem Wursthölzchen[237] – aber Kraftsuppe kochen müssen aus einem Wursthölzchen und es zu müssen, weil es für einen das Allerwichtigste ist! Hier sitzen zu müssen in der Nacht und die Rede der verschiedenen Menschen nachzumachen, daß die Stimme nichts verraten hat, daß der Ton der Unterhaltung gewahrt worden ist! Niemand trauen zu dürfen! Was will es denn auch heißen, wenn der jemand trauen wollte, der einem Mädchen nicht zu trauen gewagt, das er liebte, und das er mit hundert spähenden Beobachtungen dicht umgeben konnte! Falls man einem zu trauen wagte, dann allein den wählen zu dürfen, dem man nicht trauen kann, d. h. sich ihm in der Form der Täuschung anzuvertrauen.

Der Einzige, durch den ich eigentlich etwas zu wissen bekomme, ist weit davon, in meinem Dienste zu stehn. Es besteht jedoch zwischen uns ein heimliches Einverständnis. Er weiß alles, vielleicht ist er der zuverlässigste von allen. Glücklicherweise haßt er mich. Er will womöglich mich quälen, ja das verstehe ich. Geradezu sagt er nie etwas, er nennt nie einen Namen, aber er erzählt mir allerlei sonderbare Geschichten. Anfangs hab ich ihn überhaupt nicht verstanden, jetzt aber weiß ich, daß er von ihr spricht, jedoch unter fingierten Namen. Er meint, ich hätte Phantasie genug, um jede Andeutung zu verstehen; das hab ich auch, aber auch Verstand genug, um zu tun, als ob nichts wäre. Ich muß indes in Rechnung stellen, daß er boshaft ist.

O daß sie gestorben wäre, o daß sie gleich gestorben wäre, o VI 208
daß sie vor meinen Augen tot umgesunken wäre im entscheidenden Augenblick, o daß die Familie herbeigestürzt wäre, o daß ich verhaftet worden wäre, o daß eine Kriminalsache daraus geworden wäre! O daß dies doch geschehen wäre! Ich hätte sofort ein Gesuch gemacht, man möge mich hinrichten, und mich nicht erst behelligen mit leeren Umständlichkeiten. Die menschliche Gerechtigkeit ist doch eine Narretei, und drei Instanzen machen den Spaß nur langweilig. Staatsanwalt und Verteidiger gleichen Harlekin und Pierrot, und die Gerechtigkeit gleicht Hieronymus oder Cassander, der genasführt wird.[238] Alles ist hier lächerlich, ein-

schließlich der Wachmannschaft, die bei der Exekution paradiert. Der Scharfrichter ist die einzige annehmbare Figur. Falls mein Gesuch also, wenn ich selbst alle Unkosten bezahlen wollte, nicht abschlägig beschieden würde, so hätte ich mit diesem meinem Vertrauten eine Gegend aufgesucht, die meinem Seelenzustand gemäß ist; dort hätte ich von ihm das verlangt, was in der Sage der Ritter von dem treuen Knappen heischt, nämlich daß er mir das Schwert in die Brust stoße, und es macht ja keinen Unterschied, ob es ein Knappe oder ein Scharfrichter ist; vielmehr hat der Letztere den Vorteil, daß er sich kein Gewissen aus der Sache zu machen braucht. — So wäre dann doch Sinn in dem Ganzen gewesen.

Aber jetzt ist kein Sinn in der Sache. Ich bin ein Schurke. Ganz recht, falls ich der wäre, den man in mir erblickt, aber ich bin das gerade Gegenteil. Was bin ich dann? Ein Narr, ein Phantast, ein überspannter Ritter, der sich das Wort eines jungen Mädchens so zu Herzen nehmen will. Wieso! Ist das wohl ein logisches[239]+ Verfahren gegen mich, wie Aristoteles es fordert? Gibt es nichts Drittes? Ist es ein unbedachtes Wort gewesen? Tod und Hölle, wenn ich ein urkundliches Zeugnis aufnehmen lasse, so tue ich es zweckdienlich. Ich habe zwei Monate darauf gewandt, ich habe Versuche gemacht in allen Stimmungen, sie hat es so entscheidend gesagt als nur möglich. Ist das ein unbedachtes Wort? Dann muß es so sein, daß ein Mädchen ihrem Wesen zufolge auch in geistigem Sinne eine Neue wird und von vorne anfängt.

Sieh, nun bin ich wohl dazu reif, zu Bett zu gehn, zum Schlafen aufgelegt, ich, der Treulose. So werde ich an nichts mehr denken und vor allem jedermann verabscheuen, dessen Lebensanschauung ein junges Mädchen durch eine Verteidigung tiefer kränkt als ich es getan. So werde ich zum Schluß an dich denken, unsterblicher Shakespeare, du weißt leidenschaftlich zu reden, ich werde an die reizende Imogen in Cymbeline denken, wie sie da 3. Akt 4. Szene spricht[240]:

VI 209 Falsch sein seinem Bett? Was heißt das falsch ihm sein?
Wachend d'rinn liegen und an ihn nur denken?
Weinend von Stund zu Stund? Erliegt Natur
Dem Schlaf, auffahren mit furchtbarem Traum
Von ihm; erwachen gleich in Schreckensthränen?

Hier würde sogar ein Dichter von Rang abbrechen, Shakespeare aber weiß die Sprache der Leidenschaft fließend zu reden, eine Sprache, welche in hervorragendem Sinne (sensu eminenti) die Eigenschaft hat, daß man sie überhaupt nicht sprechen kann, wenn man sie nicht fließend zu sprechen weiß, d. h., daß sie dann für einen überhaupt nicht existiert. Daher fährt Imogen fort:

Heißt das nun falsch sein seinem Bette? heißt es?

Möge Imogen darin recht haben, daß ‚der Männer Schwüre sind der Frauen Verräther', verflucht aber sei der schäbige Trost, daß eines Weibes Schwüre niemand betrügen können, weil sie nicht imstande sei, einen Eid abzulegen oder zu schwören.

den 20. Januar morgens.

Heute vor einem Jahr. Ich kann meine Seele bei der Unmittelbarkeit der Verliebtheit nicht festhalten. Ich sehe freilich, daß ‚sie' anmutig ist, in meinen Augen unbeschreiblich anmutig, aber mich verlangt nicht, die Leidenschaft meiner Seele in diese Richtung zu werfen. Ach, Anmut vergeht, es ist Sünde, sogleich zuzutappen. Sie soll nicht darüber klagen, daß in dieser Hinsicht ich sie erotisch irreleite[241]. Auch noch aus einem andern Grunde bin ich so zurückhaltend; denn wenn sie am schönsten ist, bin ich am unglücklichsten. Dann scheint es mir, sie habe eine so unbeschreiblich hohe Forderung an das Leben; wie ich denn begreifen kann, daß jeder Mensch eine Forderung an das Leben hat, nur ich nicht. Ich könnte wünschen, sie wäre häßlich; alles ginge dann besser. Ob Sokrates[242] diese Erklärung des Liebens der Häßlichen wohl verstünde? Jedoch, es ist an dem: Gleiches liebt nur Gleiches. Wäre sie unglücklich, so würde es helfen. Indes dies kindliche Glück, diese Leichtigkeit des Daseins, die ich nicht verstehen kann, und damit ich nicht tief und nicht wesentlich sympathisieren kann (weil meine Sympathie dafür durch Wehmut hindurchgeht, was eben den VI 210
Widerspruch erweist), — und (um doch etwas Gutes an mir namhaft zu machen) mein Ringen, mein Mut, meine Leichtigkeit im Tanzen über Abgründe, wovon sie überhaupt keine Vorstellung besitzt, und womit sie bloß unwesentlich sympathisieren kann, wie mit einer Angst weckenden Erzählung, die man liest, der man

Wirklichkeit nicht zuschreibt, d. h. wozu sie sich nur durch die Phantasie verhält, — was soll daraus werden?

So habe ich denn das Religiöse gewählt. Es liegt mir am nächsten, mein Zutrauen richtet sich auf es. So laß denn die große Schönheit anstehn, der Himmel erhalte sie ihr. Gewinne ich auf dem Wege des Religiösen einen gemeinsamen Ausgangspunkt, so komme denn, lächelnde Sorglosigkeit, ich will mit dir mich freuen, so aufrichtig ich kann, flicht junge Rosen in dein Haar; ich will es dir so leicht machen, wie es mir möglich ist, wie es dem möglich ist, der gewohnt ist, mit des Gedankens Leidenschaft unter Lebensgefahr nach dem Entscheidenden zu greifen.

Gestern hab ich ihr eine Predigt vorgelesen. Welch eine Bewegung, meine Seele ist nie so erschüttert gewesen, Tränen quellen mir in den Augen, die Ahnung eines Entsetzlichen ist über mir, tiefer und tiefer senkt sich auf mich das Gewölk des Kummers, ich vermag sie kaum noch zu sehen, wiewohl sie neben mir sitzt. Was mag sie wohl denken, die Arme! Doch möge auf diesem Wege kommen was da kommen will. Was mag sie wohl denken? Sie ist stumm, stille, doch ganz ruhig. Ob sie diese Wirkung wohl der Liebe zuschreibt, ob sie meint, daß ich mich von ihr ganz überwältigt fühle? Unmöglich, es wäre in meinen Augen das Unschönste, das ich mir denken kann. Wenn ich mich unter Gott demütige, dann zu meinen, ich täte es unter sie! Nein, derart wirkt sie nicht auf mich. Ich habe es ertragen können und ertrage es noch, ohne sie zu leben, wenn ich nur das Religiöse behalte. Aber ich ahne, es wird des Religiösen Krise, es in das hineinzubringen, was ich hier angefangen habe.

Sollte es denn möglich sein, sollte meine ganze Lebensanschauung verfehlt sein, sollte ich hier im Religiösen auf etwas gestoßen sein, bei dem es verboten ist, geheimnisvoll zu sein? Ich verstehe es nicht. Ich der ich in meiner Kunst Meister geworden, ich, der ich (ach ja, ich gestehe es) stolz mich in die Reihe der Helden gestellt, die ich in dichterischen Schilderungen fand, weil ich wußte, ich könne das von jenen Gesagte vollbringen, ich, der ich ihr und diesem Verhältnis zuliebe es darin gerade zur Vollkommenheit gebracht! Falls ein Pilger, welcher zehn Jahre lang vorangewandert ist und immer zwei Schritte voran und einen zurückgetan hat, falls er nun endlich in der Ferne die heilige Stadt

erblickte und nun zu ihm gesagt würde, das sei nicht die heilige Stadt, nun denn, so ginge er weiter; wie aber, falls ihm gesagt würde: ‚es ist die heilige Stadt, aber deine Art des Pilgerns ist VI 211
gänzlich verkehrt, du mußt es dir abgewöhnen, auf diese Weise zu gehen, wenn du willst, daß deine Pilgerfahrt dem Himmel wohlgefällig ist!‘ Ihm, der da zehn Jahre lang auf diese Art gepilgert wäre mit äußerster Anstrengung!

den 20. Januar. Mitternacht.

Hier ist doch kein Dritter? Nein. Alles ist dunkel, überall sind die Lichter gelöscht. Versteht sich: wo jemand Verdacht gegen mich hätte und neugierig wäre, wäre es ja am richtigsten, selber in einem dunklen Zimmer zu stehen. Wo es sich lohnt, verschlossen zu sein, wahrlich, ich kann nicht sagen, daß ich da meinen Lohn dahin hätte.[243]

Falls ein Dritter über mein Liebesverhältnis nachdächte, oder richtiger ein Zweiter; denn zu guter Letzt bin ich vielleicht der Einzige, der darüber nachdenkt und bin dabei noch nicht einmal selbander. Nun, eben das wünsche ich ja, dafür kämpfe ich ja. Indes, es ist beängstigend, es auf diese Art zu bedenken in der Stille der Nacht, das ganze Dasein bekommt dadurch etwas Verkehrtes, etwas Rückläufiges und dadurch etwas Gespensterhaftes. Wann wird der Augenblick kommen, da es mir erlaubt ist, genauer nachzusehen, wie es mit mir steht, was ich gelitten habe? — Mithin, falls da ein Dritter wäre, der über mein Liebesverhältnis nachdächte, dergestalt kann ich anheben, und ich kann dort beginnen, wo es sein soll, das Einzige, das ich nicht kann, ist, daß ich fertig werde. Es findet sich ein Widerspruch in meiner ganzen verzweifelten Anstrengung; ich komme mir selbst wie ein Mensch vor, der sich der Zulassungsprüfung für die Universität unterziehen wollte und mehr als sieben andere übers Maß gelernt hatte, aber nicht das Vorgeschriebene gelernt hatte und deshalb abgewiesen wurde. Ein dritter, möge es nun ein Theaterfriseur sein, ein Seiden-, Woll- oder Leinenhändler, ein Mädchen aus der höheren Töchterschule, um nicht erst von den Herren Roman- und Novellenschreibern zu sprechen, ein Dritter würde unverzüglich Bescheid wissen. Die Sache steht also wie folgt. Ich bin ein verdorbener Mensch,

welcher im Saus und Braus neuer Sünden Braut und Verlobung alsbald vergessen hat. Ei freilich: wenn das alles nur so gewiß ist, so finden wir schon einen Ausweg! Und es ist allen gewiß, das ist eben mein Trost. Freilich, ich bin nicht von vielen gekannt, wenn aber das Mädchen zu irgend einem Beliebigen, der mich kennt, ginge: es ist keiner unter ihnen, der nicht so sprechen würde. Ob es der Gehilfe des Grünkramhändlers drüben ist, wenn er da am Sonntag geputzt und verlobt spaziert, er denkt mit Abscheu an so einen Menschen; ob es einer der simpleren Liebhaber von der
VI 212 Østergade ist, er fühlt sich als Ritter, wenn er an so eine Niedertracht denkt, ob es ein Ehemann ist, der mit ehelicher Getreulichkeit seinem Weibe das Leben auspreßt, er empört sich bei dem Gedanken an so eine Falschheit. ‚Das Mädchen aber', spricht der Dritte, ‚die sitzt nun da und trauert, sie hätschelt jede kleine Erinnerung, sie lauscht auf jeden Fußtritt'. — Nun aber steht es mit dem Ersten nicht so, und so folgt denn, daß es mit dem andern auch nicht so steht. O daß dieser Schluß richtig sein möge, aber was sagt doch Aristoteles?[244]

Jedes Wortes, das sie gesprochen, jeder ihrer Mienen kann ich mich erinnern, so deutlich, als wäre es gestern und jeglicher, auch der nichtssagendste Wink betreffs ihrer wird alsogleich in den Umtrieb der hin und hergehenden Gedanken hineingezogen. Das Unbedeutendste wird Gegenstand der außerordentlichsten Anstrengungen. Es hat im Altertum Denker gegeben, welche annahmen, der Urgrund des Daseins sei ein Wirbel. Ebenso steht es mit meinem Leben. Das, was das Sieden des Wirbels erzeugt, ist mitunter ein Atom, das mit bloßem Auge nicht gesehen werden kann, ein Nichts. Mein Stolz verbietet mir, auch nur das Geringste zu verschmähen, meine Ehre tut es, und wenn man mit dieser so allein ist wie ich, muß man genau rechnen. Was ich ansonst zum einen Ohr hinein und zum andern herausfahren ließe, muß und soll nun Bedeutung haben, unbedingte Bedeutung. Wofern ein religiöser Schwärmer nur eine einzige zweifelhafte Bibelstelle hätte, sich darauf zu berufen, welche Anstrengungen würde er da nicht machen, um deren Echtheit zu beweisen, auf daß er das System auf dieser sicheren Grundfeste aufbauen könne! Und eine Bibelstelle ist immerhin etwas; aber ein Wort von ‚ihr', eine Bemerkung über Teewasser, von der sie gar nicht wußte, daß sie sie

tat, das ist wenig. Es wäre jedoch möglich, daß darin ein Geheimnis sich berge, es wäre möglich. Wer außer mir versteht das? Aber ich habe auch eine Hilfe an mir selber, denn wem würde es beikommen, daß ich so sein könne wie ich bin. *Mithin*, ja es ist richtig, schlechthin richtig: es ist möglich. Es ist möglich, daß sie ganz ebenso bewandert in Reflexion ist wie ich. Ja, preßten mich meine Ehre und mein Stolz, meine Schwermut nicht in diese Daumschrauben hinein, so empfände ich schwerlich die Kraft dieses Schlusses. Aber ich will es nicht anders. Falls es sich abändern ließe, falls es möglich wäre, o, falls es das wäre, so will ich bei mir selber wissen, daß ich nach bestem Vermögen gehandelt, daß ich alles getan habe, was Verstand, was Wahnwitz erdenken kann, damit die Abänderung nicht als ein neuer Einfall komme, sondern
als äußerste Steigerung der Folgerichtigkeit, ich will bei mir selber VI 213
wissen, daß ich alles getan habe, um sie von mir fort zu stoßen, wo etwa dies sie lösen könne, und alles getan habe, um meine Seele auf der Spitze des Wunsches zu halten, auf daß ich derselbe bleiben möge. In diesem Augenblick bin ich es noch, dem Himmel sei Dank, meine Hoffnung ist, daß ich es aushalten werde, solange es nötig ist. Nichts ist doch so stärkend wie Folgerichtigkeit, und nichts so folgerichtig wie die Folgerichtigkeit selbst. Annoch hab ich mich darüber nicht mit Fleisch und Blut besprochen[245], meiner Seele Leidenschaft läßt noch ganz und gar unverändert das Segel sich straffen vor dem Winde des Entschlusses. Gleich wie der Seemann spricht, daß das Schiff unverändert mit der gleichen Fahrt laufe, so darf ich sagen: ich stehe unverändert stille mit der gleichen Fahrt. Sie hat mich gebeten, ihre Bitte ist's, die mich zur Verzweiflung bringt.

Mein Leiden ist eine Strafe. Diese nehme ich aus Gottes Hand, ich habe sie verdient. In meiner Jugend hab ich oft in meinen stillen Gedanken über die Liebe gelächelt. Ich habe der Liebe nicht gespottet, noch auch Hand und Mund gebraucht, sie lächerlich zu machen, dazu hat sie mich zu wenig beschäftigt. Nur intellektuell hab ich gelebt. Wenn ich bei den Dichtern die Reden der Liebenden las, so hab ich gelächelt, weil ich nicht verstehen konnte, daß solch ein Verhältnis diese so sehr beschäftigen konnte. Das Ewige, ein Verhältnis zu Gott, ein Verhältnis zur Idee, das bewegte meine Seele, jedoch ein derartiges Zwischending konnte ich nicht begreifen. Nun wohl, nun leide ich, ich tue Buße, wiewohl ich auch jetzt wieder nicht rein erotisch leide.

den 25. Januar morgens.

Heute vor einem Jahr. Religiöse Voraussetzungen scheint sie überhaupt nicht zu haben. So kann denn da eine Metamorphose vor sich gehn. Dennoch, was kann denn mein bißchen Einwirkung bedeuten gegen das Ursprüngliche der Kinderzeit. Nur daß ich auch nicht zu viel Macht über sie gewinne. Nur daß nicht etwa jetzt das Unschöne sich einstelle, welches auf diesem Wege so leicht sich ereignen kann, daß ich ihr Religionslehrer werde statt ihres Geliebten, daß ich Selbstherrscher werde statt ihres Geliebten, daß ich ihr überlegen werde und das Erotische zunichte mache, daß ich barbarisch durch ihre weibliche Lieblichkeit einen Strich ziehe und mich selber behaupte. Möge es mir gelingen, sie zu erheben, oder vielmehr, möge sie sich selbst hinüberschwingen in die religiöse Freiheit, allwo sie des Geistes Macht empfinden und sich religiös gesichert und sicher fühlen wird: so geht es gut. Möge sie nicht auf unverantwortliche Weise dahin kommen, mir etwas zu schulden, möge sie nicht auf sinnlose Weise zu der Einbildung kommen,
VI 214 daß sie das tue. Mag denn auch meine Schwermut ihrer schönen Forderung an das Leben nicht genug tun (und Gott weiß, ob es nicht am Ende meine Schwermut ist, die meine Sympathie mit Übertreibungen quält), nun wohl, ich betrachte ihre Liebe als ein Opfer, das sie bringt. Kann Liebe höher geschätzt oder höher vergolten werden! In geistiger Hinsicht werde ich ihr immer etwas sein können. Wir werden denn auch beide älter, es kommt die Zeit, da Jugend nicht mehr dergestalt verlangend ist, und unsre Liebe hat also in einem eigenen Sinne die Jahre noch vor sich. Oder ist denn etwa eine Liebe gar so beneidenswert, deren schönste Zeit es war, als die Liebenden in einem Walzer über das Parkett fegen konnten!

Sie ist zurückhaltend, stille, völlig ruhig; ist jemand sonst zugegen, so ist sie munter wie gewöhnlich.

den 26. Januar. Mitternacht.

Ach, falls es möglich wäre, falls es möglich wäre! Großer Gott,
jede Nervenfaser von mir tastet gleichsam hinaus ins Dasein, sie
fühlt sich vor, ob es sich am Ende nicht doch erweisen könnte: daß
wir doch noch zueinander passen, daß mir bis dahin die Kraft
nicht versiegte, um durch so viel Fährlichkeiten (per tot discri-
mina[246]) meine Seele und meine Liebe auf der Spitze des Wunsches
zu halten, daß die Geliebte sogleich, ohne nach rechts oder links
zu blicken, das Rechte gegriffen hätte. O großer Lohn für all mein
Elend; sogar wenn dann das ganze Glück nur einen Tag währte,
wenn Hochzeitstag und Todestag in eins fielen, welch überreich-
liches Entgelt für alle meine Mühsal, für das, was ich, die Sache
komisch angesehn, äußerlich alles aufgebe, und was ich tragisch
leidend eines Gefangenen Überarbeit nenne. Namenlose Seligkeit!
Was bedeuten denn Romeo und Julia gegen ein Sichverstehen
durch solche Anfechtungen hindurch, gegen einen Sieg durch solche
Fährnisse hindurch, gegen den glücklichsten Ausgang der tiefesten
Verzweiflung! Groß, ja wahrlich groß wäre es! Wenn es geschähe
zur Winterszeit, mich dünkt, die Blüten müßten hervorbrechen
vor Freude; wenn es im Sommer wäre, mich dünkt, die Sonne
müßte hüpfen vor Freude, und zu jeder Zeit müßte das Menschen-
geschlecht stolz sein auf das Glück, welches uns viel zu selig
machte, als daß wir stolz auf das Glück würden. — Doch wenn,
doch wenn, wenn ich müde würde und die Kraft verlöre und dem
Wunsch abstürbe; wenn sie, wenn sie umkäme, doch nein, davon
ist nicht die Rede; aber wenn sie siechte und hinschwände, wenn
sie siecht, wenn sie hinschwindet! Oder falls sie nun nicht aus-
harren könnte mit mir in der Wüste der Erwartung, falls sie Ver- VI 215
langen trägt nach dem behaglicheren Leben in Ägypten; oder falls
sie sich mit einem andern verheiratete. Gottes Segen dazu, in ge-
wissem Sinne ist es ja das was ich will, wofür ich arbeite. Und doch
denke ich jetzt anders. So hab ich also mehr als einen Verstand;
ist das ein Zeichen von Klugheit oder von Verrücktheit? Oder
falls sie gänzlich unverändert wäre, nichts gelitten hätte, weder
an der Seele noch am Leibe, aber mich nicht verstünde, mich nicht
unbedingt verstünde, falls das Herz im Busen des jungen Mädchens
nicht heftig pochte wie in des Treulosen Brust, falls das jugend-
liche Blut nicht zum Kopfe strebte wie bei mir, falls es in der Seele

der Unerfahrenen ruhig strömte und nicht so wie in der kalten Seele des Verständigen, falls sie mein Leiden nicht begriffe, dessen Maß nicht begriffe, meine eisige Ruhe und deren Notwendigkeit nicht begriffe, falls das Wort Vergebung zwischen uns Ernst werden sollte, Ernst des Gerichts, nicht ein Ball, den wir beide hin und her schlagen im Liebesscherz, während die Treue über ihren Sieg jubelt, falls sie nicht schlechterdings begriffe, daß es nur ein Mittel gibt, in unserer Zeit Schwärmer zu werden und in der lachsüchtigen Verständigkeit des neunzehnten Jahrhunderts die Seelenromantik sich zu bewahren, nämlich äußerlich ebenso kalt zu sein wie man inwendig warm ist, falls sie nicht verstünde, schlechthin verstünde, daß es niedrig ist, halb zu helfen und Treue ist, eine trügerische Linderung zu versagen, falls sie in dem Augenblick, da der Himmel winkte und das Signal zu unserm Glücke gäbe, aus dem Takt gekommen wäre und ihm nicht folgen könnte — was dann, was dann, was dann? — Ja, ich kann nicht mehr, ich sinke abermals zurück. Wenn nur sie gerettet wird, mir wird schon mein Teil. Sie tue was sie will, wenn sie nur außerhalb ist, wirklich außerhalb meiner, eines andern ist, des Ganzen leid geworden ist, oder nie mich verstanden hat; wofern ich dessen gewiß wäre, welch ein Sophist würde ich, falls sie es wünschte oder falls es sich nur machen ließe (und in der Hinsicht hege ich nicht Furcht, denn darf ich meiner Leidenschaft die Zügel lassen, so schafft sie mir überall Raum), welch ein Sophist würde ich also nicht werden, um ihr zu beweisen, daß sie das Höchste gewählt habe.

So wünsche ich ihr denn alles Gute. In diesem Augenblick vermag ich mir zugleich zehn Möglichkeiten auszudenken, ja zwanzig, meiner traurigen Einseitigkeit zum Trotz, die allein für die unglücklichen Möglichkeiten Sinn hat, ich vermag für jede einzelne von ihnen eine Erklärung auszudenken, und dann wiederum eine Erklärung, die ihr beweisen wird, daß sie das Stolzeste getan hat. Gesetzt, sie wäre in dem Sinne stolz, daß sie ihre Liebe zu mir nicht zu gestehen wagte, sie, welche doch an dieser Liebe sterben
VI 216 wollte, gesetzt, sie wehrt sich, indem sie mich verhöhnt, — falls ich nur darf, so werde ich mich ihrer nicht schämen, ich werde ruhig sprechen: viel hab ich verloren, sehr viel, oder vielmehr, ich habe mir meinen liebsten Wunsch versagen müssen. Sollte ich mich etwa fürchten, eine unglückliche Liebe einzugestehn, sollte ich etwa an-

ders werden oder mein Urteil über sie ändern, weil sie gegen mich anders würde? Was ist denn eines Menschen Leben, es ist wie Gras, das da morgen welk sein wird[247], vielleicht bin auch ich morgen tot! Ob auch ein Tor über mich lacht, was beweist das andres, als daß ich weise gehandelt? Ob auch ein Verlorener über mich mitleidig die Achseln zuckt, was beweist das andres, als daß ich noch immer auf meine Erlösung hoffen darf dorten und vor Gott?

Jedoch um meinet und um unser beider willen hege ich nun einmal meinen seligsten Wunsch, der ohne alle Maßen ist und höher ist denn alle Vernunft.[248] Schlaf wohl, meine Geliebte, schlaf wohl; bleib du in meinem Traume bei mir, bei dem Einsamen, du himmlisches Vielleicht mit deiner namenlosen Seligkeit. Und nun zur Ruh:[249]

Zu Bett, zu Bett, wer einen Liebsten hätt,
Wer keinen hätt, muß auch zu Bett.

den 1. Februar morgens.

Heute vor einem Jahr. Erotisch gesprochen schade ich ihr gewiß nicht, ich gehe mit ihr scheu und schamhaft um, als wäre sie nicht meine Braut, sondern lediglich meiner Obhut anvertraut. Dies wird doch nicht etwa störend auf sie wirken, dies wird doch nicht etwa als mittelbarer Anreiz auf sie wirken? Treulose Reflexion, du Treulose, wenn man dich fest im Auge hat, da siehst du gar so verläßlich aus und gleichst einer erprobten Kämpferin, die den Sieg verbürgt; sobald man aber nur den Kopf wendet, merkt man, was du bist, eine Überläuferin, eine gewerbsmäßige Überläuferin, eine Überläuferin, der es eine Unmöglichkeit ist, irgend jemand treu zu sein. Die Geliebte merkt es kaum, daß sie von solch einer Reflexion eng umgeben ist.

Sie ist still und jeglichem religiösen Eindruck gegenüber zurückhaltend; versuche ich sie dichterisch oder in einer leichteren Plauderei ein wenig zu bewegen, so scheint sie daran Gefallen zu finden.

Wenn sie nur nicht stolz ist; alsdann muß sie mich gänzlich
mißverstehn. Ich leugne nicht, daß in einzelnen Augenblicken et- VI 217
was Derartiges sich anzudeuten scheint, im Beisein anderer bin ich

selbst sogar Gegenstand von Äußerungen gewesen, die sich sehr wohl so erklären ließen.

den 2. Februar. Mitternacht.

Gott schuf den Menschen ihm zum Bilde, zum Entgelt bildet der Mensch Gott nach seinem Bilde, sagt Lichtenberg[250], und wahr ist es, daß es auf eines Menschen Vorstellung von Gott einen wesentlichen Einfluß hat, wie er selber ist. So denke ich mir denn Gott auch als den, welcher eine Berechnung aus Fürsorge für recht und billig hält, wenn man dabei nicht an sein eignes Wohl, sondern an das eines andern Menschen denkt; ich glaube, daß er Intriguen gut heißt, und was ich da in den heiligen Büchern des Alten Testaments gelesen habe, scheint mir keine Entmutigung. Ich kann mir Gott nicht vorstellen ohne dies dichterische Wachen über den redlichen Anschlägen einer besorgten Leidenschaft. Wäre es anders, so müßte mir meiner selbst wegen angst und bange sein. Die Bibel liegt ständig auf meinem Tisch und ist das Buch, darin ich am meisten lese; eine strenge Erbauungsschrift aus dem älteren Luthertum[251] ist mein zweiter Wegweiser — und trotz alledem habe ich nichts gefunden, das mich hinderte, gegen ‚sie' so klug als möglich zu handeln, einen Plan, der so klug ist, als es mir nur möglich ist, anzulegen, wenn ich dabei nicht an mein eignes, sondern an ihr Wohl denke. Dieser Konflikt zwischen Klugheit und abstrakt verstandenen rein ethisch-religiösen Verpflichtungen ist recht schwierig. Bei großen Spekulanten und bewunderten Dichtern, deren Äußerungen bei einer Einladung auf Butterbrote man auffängt und herausgibt als einen Gegenstand der Anbetung, ähnlich den Exkrementen des Dalai Lama, erhält man den Bescheid, daß der Teufel nie ganz offen ist, daß Verschlossenheit mithin das Dämonische ist. Man übersieht dabei die Gegeninstanz, daß das ganze Alte Testament genug Beispiele aufweist für eine Klugheit, die doch als Gott wohlgefällig betrachtet wird; daß Christus[252] in seiner späteren Zeit zu den Jüngern sagt: solches habe ich euch von Anfang nicht gesagt; er habe ihnen noch mehr zu sagen, aber sie vermöchten es jetzt nicht zu tragen (mithin eine teleologische Suspension des ethischen Verhaltens, die Wahrheit frei herauszusagen). Trifft es sich dann so,
VI 218 daß als Gegenstand dichterischer Behandlung sich eine Individualität anbietet, die groß in Verschlossenheit ist[253], oder begegnet

einem eine solche im Gang der Weltgeschichte (diesen soll die Spekulation ja nachzeichnen), so pirscht man sich heran, um zu bewundern: dank der Bürgschaft des Erfolgs kann man alles gut verstehen. Welch ein Trost für den, der in seiner Not eine Wegweisung sucht! Verschlossenheit, Schweigsamkeit (die teleologische Suspension der Pflicht, die Wahrheit zu sagen), ist eine rein formelle Bestimmung, und vermag daher gleich gut dem Guten und dem Bösen als Form zu dienen. Den Konflikt dadurch zu lösen, daß man die Klugheit annulliert, das heißt eigentlich den Konflikt noch nicht einmal denken, denn es gibt ja auch eine Pflicht, welche den Gebrauch der eignen Klugheit gebietet. In eben dem Augenblick aber, da man dies erkennt, hat man von selbst Gott für die Intrigue (in gutem Sinne) gewonnen. Dadurch ist wiederum die Subjektivität in ihrem Recht geltend gemacht, so wie denn eine jede Individualität, welche gehandelt und sich nicht darauf beschränkt hat, dank der Bürgschaft des Erfolgs über andre zu schwatzen, zu dichten oder zu spekulieren, diese verstehen muß. Die meisten Menschen gelangen gar nicht hinaus in diese Bereiche, denn es gibt allezeit ihrer nur wenige, die in entscheidendem Sinne handeln. Will man nun diejenigen, welche das von jedem Menschen Erlebbare, das Handeln, wirklich erleben, von den übrigen unter einer eigenen Bezeichnung absondern, so kann man sie unter den Begriff des Dämonischen in allgemeinem Sinne stellen und des Näheren einteilen wie folgt: dämonisch ist jeder Mensch, welcher einzig und allein durch und in sich selber ohne irgend eine vermittelnde Bestimmung (hier liegt das Schweigen gegen alle andern) in einem Verhältnis zur Idee steht; ist diese Idee nun Gott, so ist der betreffende Mensch religiös, ist die Idee das Böse, so ist er dämonisch in strengerem Sinne. Auf die Art hab ich es verstanden und gefunden, daß mir geholfen sei. Die Sache ist im Grunde leicht genug außer für den, welchem einmal zu dem reichen Raube des Systems verholfen worden ist und dadurch wieder zum Bettelstab. Dann allein, wenn man so vorsichtig ist, ein System bauen zu wollen, ohne die Ethik mit aufzunehmen, geht es gut; man bekommt dann ein System, in dem man alles hat, alles was es sonst gibt und das Eine das not ist, fortgelassen hat.

Vielleicht hab ich sie gar nicht geliebt, vielleicht bin ich zu reflektiert, um überhaupt lieben zu können? Nun will ich folgender-

maßen einsetzen. Ich sollte sie gar nicht geliebt haben? Aber mein Gott, woher denn da alle diese Leiden, ist es denn nicht Liebe, daß ich Tag und Nacht an sie denke, daß ich mein Leben verzehre, bloß um sie frei zu machen, daß es mir niemals beikommt, ob es denn mit mir selber nicht furchtbar werden wird, — weil ich ganz allein an sie denke? Gleichwohl, ich habe die Sprache, habe ‚sie', habe das Menschengeschlecht, habe jedes äußere Zeugnis wider mich, habe nichts, darauf ich mich berufen kann, nichts darauf ich mich stützen kann. Liebe ich ‚sie' nicht? Heißt lieben, erwidert ‚sie' und die Sprache und das Menschengeschlecht: sie verlassen? Sieh! dies
VI 219 Zwiegespräch hab ich nicht aushalten können, kann ich nicht aushalten. Darum wende ich mich an dich, du Allwissender, bin ich dergestalt schuldig, so zerschmettere mich, ach nein, wer dürfte solchermaßen beten, so erleuchte denn meinen Verstand, daß ich meine Verirrung, meine Verderbnis sehen möge! Glaube nicht, daß ich begehre, Leiden zu entgehen, das ist meine Bitte nicht, zernichte mich, streich mich aus aus der Lebenden Zahl, widerrufe mich als einen mißglückten Gedanken, als einen mißratenen Versuch, aber laß mich niemals in dem Sinne geheilt werden, daß ich zur Unzeit nachließe mit Trauern, ermatte nicht meine Lebensglut, lösche das Feuer im Innern nicht aus, es ist doch etwas Gutes, wenn es auch durchläutert werden muß, laß mich niemals das Feilschen lernen, ich muß dennoch siegen, mag auch das Wie unendlich verschieden sein von dem, was ich zu denken vermag.

Welch ein Trost, die Sprache auf seiner Seite zu haben, so sprechen zu dürfen wie ‚sie': ich hab ihn geliebt! Anders jedoch wenn mein Vordersatz unrichtig ist: dann gibt es nämlich keinen Schlußsatz. Aber hier ist überhaupt nicht die Rede von ein paar schäbigen Sätzen, die man zu einem Schlusse zusammenfügen will, sondern von dem Grauenvollsten von allem, einer ewigen Pein: einer persönlichen Existenz, die sich selber nicht zu einem klaren Schlusse zusammenzufassen vermag.

Jetzt will ich schlafen. Einem Liebenden mag es wohl widerfahren, daß er nicht schlafen kann vor Liebesunruh, ich werde vielleicht den Schlaf nicht finden, weil ich nicht zu wissen bekommen kann, ob ich liebe oder nicht.

den 5. Februar. Mitternacht.[254+]

Selbstbetrachtung eines Aussätzigen.

(Die Szene spielt zwischen den Gräbern im Morgengrauen. Simon der Aussätzige sitzt auf einem Stein, ist eingeschlafen, wacht auf und ruft laut:)

Simon! — ja — Simon! — ja, wer ruft? — Wo bist du, Simon? — Hier; mit wem sprichst du? — mit mir selbst. Tust du's mit dir, wie ekelhaft bist du doch mit deinem Ausschlag, eine Pest für alles Lebendige, weiche von mir, du Widerlicher, fliehe hinaus zwischen die Gräber. — Warum bin ich der Einzige, welcher dergestalt nicht sprechen kann, nicht danach handeln kann; jeder andere, wenn ich nicht vor ihm fliehe, flieht vor mir und läßt mich allein. Versteckt sich denn ein Künstler nicht, um insgeheim Zeuge zu sein, wie sein Kunstwerk bewundert wird, warum kann nicht ich diese ekelhafte Gestalt von mir abtrennen, und doch lediglich versteckt VI 220
Zeuge des menschlichen Abscheus sein? Warum muß ich dazu verdammt sein, sie umherzuschleppen und sie vorzuzeigen, so als ob ich ein eitler Künstler wäre, welcher die Bewunderung durchaus in eigner Person vernehmen muß? Warum muß ich die Wüste füllen mit meinem Geschrei und den wilden Tieren Gesellschaft leisten, und ihnen die Zeit verkürzen mit meinem Geheul? Dies ist kein Aufschrei, es ist eine Frage; ich frage Ihn, der da selbst gesagt hat, es ist dem Menschen nicht gut, daß er allein sei. Ist denn dies meine Gesellschaft, ist dies das Meinesgleichen, das ich suchen soll: die hungrigen Ungeheuer oder die Toten, welche keine Furcht haben, unrein zu werden?

(Setzt sich wieder nieder, blickt sich um und spricht wie zu sich selbst)

Wo ist Manasse geblieben? (mit erhobener Stimme) Manasse! — (schweigt einen Augenblick). So ist er dennoch zur Hauptstadt gewandert. Ja, ich weiß es. Ich habe eine Salbe erfunden, bei deren Gebrauch aller Ausschlag sich nach innen kehrt, so daß niemand ihn gewahrt und der Priester uns für gesund erklären muß. Ich lehrte ihn ihren Gebrauch, ich sagte ihm, die Krankheit sei deswegen nicht zu Ende, sie gehe nach innen, und der Atem könne einen andern anstecken, so daß dieser sichtbar den Aussatz bekomme. Da jubelte er, er haßt das Dasein, er verflucht die Menschen, er will sich rächen, er läuft zur Hauptstadt, er haucht Gift aus auf sie alle. Manasse, Manasse, warum hast du dem Teufel Raum gegeben in deiner Seele, war es nicht genug, daß dein Leib aussätzig war?

Ich will die übrige Salbe fortwerfen, damit ich niemals in Versuchung kommen möge; Gott des Vaters Abraham, laß mich vergessen, wie sie bereitet wird! Vater Abraham, wenn ich gestorben bin, so erwache ich in deinem Schoß, so speise ich mit dem Reinsten, dir ist ja nicht bange vor dem Aussätzigen; Isaak und Jakob, ihr fürchtet euch nicht, zu Tisch zu sitzen mit dem, welcher aussätzig gewesen und von Menschen verabscheut, ihr Toten, die ihr hier rings um mich schlafet, erwachet, nur für einen Augenblick, höret ein Wort, nur ein einziges Wort: grüßet von mir Abraham, daß er die Stätte bereit habe unter den Seligen für den, welcher unter Menschen keine Stätte hat haben dürfen.

Was ist doch menschliches Mitleid! Wem kommt es wohl mit Recht zu, wenn nicht dem Unglücklichen, und auf welche Weise wird es ihm gezollt? Der Verarmte fällt in des Wucherers Hand, der ihm zuletzt zur Schuldknechtschaft verhilft: ebenso treiben auch die Glücklichen Wuchergeschäfte und betrachten den Unglücklichen als ein Opfer, und vermeinen die Freundschaft des Herrn billig, ja auf ungesetzliche Weise zu erkaufen. Eine Gabe, ein Scherflein, wenn sie selber Überfluß haben; ein Besuch, wenn
VI 221 keine Gefahr ist; ein bißchen Teilnahme, die vermöge des Gegensatzes das üppige Leben zu würzen vermag: seht, das ist das Opfer des Mitleids. Ist aber Gefahr, so jagen sie den Unglücklichen hinaus in die Wüste, um sein Schreien nicht zu vernehmen, welches Tanz und Saitenspiel und Schwelgerei stören und dem Mitleide das Urteil sprechen könnte — dem menschlichen Mitleid, das Gott und den Unglücklichen betrügen will.

So suche denn vergebens das Mitleid in der großen Stadt und bei den Glücklichen, suche es hier draußen in der Wüste. Gott Abrahams, ich danke dir, daß du mich diese Salbe hast erfinden lassen, ich danke dir, daß du mir geholfen hast, ihrem Gebrauch zu entsagen, ich verstehe ja deine Barmherzigkeit, daß ich mein Los freiwillig tragen darf, frei das Notwendige erleide. Hat niemand mit mir Mitleid gehabt, was Wunders denn, daß Mitleid gleich mir hinausgeflohen ist zwischen die Gräber, allwo ich sitze, getröstet so wie der, welcher sein Leben opfert, um andre zu retten, so wie der, welcher freiwillig die Verbannung wählt, um andre zu retten, so wie der, welcher Mitleid hat mit dem Glücklichen. Gott des Vaters Abraham, gib ihnen Most und Korn im Überfluß und glückliche Tage, baue die Scheuern größer und gib Überfluß größer noch denn die Scheuern, gib den Vätern Weisheit und den Müttern Fruchtbarkeit und den Kindern Segen, gib Sieg im Streit, auf daß es sei das Volk deines Eigentums. Höre dessen Bitte, dessen Leib befleckt und unrein ist, den Priestern eine Widerwärtigkeit, dem Volk ein Grauen, dem Glücklichen eine Schlinge, ja, höre ihn, wenn anders sein Herz nicht befleckt sein sollte.

* * *

Simon der Aussätzige ist ein Jude gewesen; hätte er in der Christenheit gelebt, so hätte er ganz andre Sympathie gefunden. Jedes Mal, wenn im Laufe des Kirchenjahrs über die zehn Aussätzigen gepredigt wird, beteuert der Geistliche, auch er habe sich als einen Aussätzigen gefühlt, — wenn aber der Typhus umgeht . . .

den 7. Februar morgens.

Heute vor einem Jahr. Sie hat mich von der Macht des Religiösen überwältigt gesehen, aber sie hat für das Religiöse nicht den Blick; sie hat mich lange vor unsrer Verlobung gekannt, sie ist VI 222
oft genug Zeugin meines gewöhnlichen Auftretens als kalter Verstandesmensch, fast als ein Spötter; sie glaubt, ich spotte über alle, bloß nicht über sie — falls sie nun stolz wäre; es schaudert mich, es wäre ja eine verführerische Nahrung des Stolzes, von dem, der über alles andre spottet, angebetet zu sein (und auf die Art könnte sie ja meine Hingabe an das Religiöse mißverstehn).

In andrer Beisein tritt ihr Stolz deutlicher zutage; vielleicht ist er von Anfang an dagewesen, aber ich habe keine Zeit gehabt, ihn zu entdecken. Er geht sogar über mich her; vor einigen Tagen ist das auf so unschöne Weise geschehen, daß die Anwesenden darüber stutzten. An sich ist das eine Geringfügigkeit. Ein junges Mädchen mag zu vielem das Recht haben, vielleicht ist dergleichen bloß eine Ausgelassenheit. Wäre ich nur im Innern ruhig, doch da fürchte ich schlimmere Kämpfe. Und ist da noch etwas anderes als Ausgelassenheit, so ahne ich ein klaffend tiefes Mißverständnis. Daß sie nur nicht glaubt, jene in ihren Augen gewiß sonderbaren Symptome seien nichts als erotische Eindrücke, es sei da ein anbetender Liebhaber, der eine Göttin verehre. Dann würde sie ja meine Religiosität erotisch eitel nehmen. Wahrlich, man demütigt sich unter Gott und das ethische Verhältnis, aber nicht unter einen Menschen. Wohl wahr, mein äußerlicher Mensch ist ganz anders als mein inwendiger Mensch, aber nie hab ich über jemand religiös gespottet. Das Religiöse ist mein Gleichheitsprinzip, und meine Seele ist nicht eben aufgelegt zu erotischen Zänkeleien, wer von uns etwas Außerordentliches sei.

Es ist weit davon, daß ich irgend welche übertriebene Empfindsamkeit in der Liebe begehre, aber ich möchte ‚sie' schon dahin haben, daß sie etwas mehr aus sich herausgehe, damit ich sehe, was in ihr vorgeht. Allen meinen Bemühungen zum Trotz, so glaube ich eigentlich, hält sie mich für einen sehr scharfen Kritiker, und das erstickt ihre Freiheit der Selbstäußerung.

den 7. Februar. Mitternacht.

Wenn der Wal verwundet ist, strebt er nieder zu des Meeres Grund und spritzt Blutstrahlen aus, im Sterben ist er am schrecklichsten; der Hering stirbt sogleich, und wenn er tot ist, ist er eben tot. Zuweilen aber liegt der Wal ganz stille, obwohl er nicht tot ist. Spritze ich im Augenblick der Leidenschaft zuweilen Blut, ist es mir, indem meine Rede herausbricht, als ob ein Blutgefäß zerspringe, so kann ich doch auch ganz stille sein, deswegen aber bin ich noch nicht tot. Welch eine rätselvolle Macht ist doch das Pa-
VI 223 thos! In gewissem Sinne kann man das Ganze zusammenpacken und in die Westentasche stecken; zündet aber die Leidenschaft ein Feuer an, so sieht man, daß diese unbedeutende Kleinigkeit ein Feuermeer ist.

Ich will die Sache nunmehr anders anfangen, ich will über das Verhältnis ganz so nachdenken, als ob ich bloß ein Beobachter wäre, welcher seinen Bericht zu erstatten hat. Ich weiß sehr wohl, mir hilft diese Objektivität nicht, sie soll es auch nicht; ich verspüre lediglich ein Bedürfnis, das fast Komische, das die Sache hat, auszuschöpfen. Wenn ich das getan, wenn ich die Narretei von mir abgeschüttelt habe, so bin ich wohl wieder in der Stimmung, an der gleichen Sache als an einer Last tragisch zu schleppen und zu heben.

Hier ist der Bericht. Es handelt sich um ein junges Mädchen, welches im übrigen glücklich begabt mit weiblicher Liebenswürdigkeit doch eines Dinges ermangelt: der religiösen Voraussetzungen. In religiöser Hinsicht steht sie ungefähr auf folgendem Punkte (einem Punkt, der vom Geistlichen im amtlichen Protokoll sich wohl selten angegeben findet, denn sie kann sehr gut „aufsagen"), für sie ist Gott so ungefähr das, was man sich unter einem gutmütigen älteren Onkel vorstellt, der für gute Worte alles so macht, wie das Kind es haben will. Daher hält man von diesem Onkel unendlich viel. Zugleich hat man eine gewisse unerklärliche Ehrerbietung vor Gott, die zu nichts weiter führt. Wenn man andächtig in der Kirche sitzt, so ist dies, rein aesthetisch betrachtet, ein lieblicher Anblick. Jedoch an Resignation, unendliche Resignation, an ein Verhältnis im Geist, ein unbedingtes geistiges Verhältnis zu Geist, daran ist kein Gedanke. Dies Mädchen belegt das Religiöse mit Beschlag, und redet von daher frisch drauf los. Und gleich wie jugendlicher Sinn im Übrigen mit Übermut das Erste, Beste sagt, was ja eben weiblicher Liebreiz ist, so tut sie dies auch im Religiösen. Sie liebt einen Menschen höher als sie Gott liebt, sie schwört bei Gott, sie beschwört im Namen Gottes, und gleichwohl hat sie in religiöser Hinsicht lediglich Romantik innerhalb des kleinen Einmaleins und ist dem Metallgehalt nach (valore intrinseco) in religiöser Hinsicht bloß ein schlechter Taler.

Wofern nun der Partner, mit dem sie das Spiel macht, ein reiner Verstandesmensch wäre, so würde er auf solch eine feierliche Anklage vermutlich antworten mit der Erinnerung an die Schulkinder, die zueinander sprechen: „traust du dich das bei Gott zu sagen?" Aber er ist das genaue Gegenteil, er hat eine religiöse Konstitution, seine Romantik ist eine unendliche Größe, allwo Gott ein gewaltiger Gott ist, und siebzig Jahre nichts als ein Federstrich, und ein ganzes irdisches Leben nur eine Prüfungszeit, und der Verlust seines alleinzigen Wunsches etwas, darauf man gefaßt sein muß, falls man mit Ihm sich einlassen will, dieweil Er als der Ewige eine runde Vorstellung von der Zeit hat und dem, welcher VI 224
ihn bittet, erwidert: „ja, noch ist es nicht der rechte Augenblick,

wart noch ein Weilchen" ... „wie lange"? ... „Ach, so siebzig Jahre" ... „du guter Gott, dann kann der Mensch ja inzwischen zehn mal sterben" ... „Das muß wohl mir überlassen bleiben, ohne dessen Willen kein Sperling auf die Erde fällt[255], somit morgen, morgen ganz früh"; will heißen in siebzig Jahren; denn da tausend Jahre für ihn wie ein Tag sind, so sind siebzig Jahre für ihn genau eine Stunde 56 Minuten und 3 Sekunden. So steht es mit der Konstitution des Partners, er meint demgemäß, die Aufgabe sei, sich nicht mit Gott zu verzürnen, weil Gott groß ist, sondern zu bedenken, daß man selbst gering ist, nicht mit Gott sich zu streiten, weil Gott ewig ist, denn dies würde doch nie ein Mangel sein, wohl aber ist es ein Elend des vergänglichen Menschen, daß er ein Nichts ist, — die Aufgabe sei also, standzuhalten, sich nicht selber die einzige Liebe zu stören, die glücklich ist[256], nicht die einzige Bewunderung zu verspielen, die selig ist, nicht der einzigen Erwartung verlustig zu gehen, die standhält, wie es denn die Aufgabe ist, standzuhalten. Ist er nun dergestalt beschaffen, so folgt daraus dies: falls ein Mensch imstande ist, sein Verhältnis zu ihm unter ein Gottesverhältnis zu stellen, so wird das „bei Gott" des Schulkindes absolut, und er wird gebunden für Zeit und für Ewigkeit. Er besitzt freilich genügend Umsicht, um das Wort „bei Gott" nicht im Munde eines jeden Vorübergehenden zu respektieren, an jenes Mädchen aber ist er gebunden, und sie macht sich kein Bedenken daraus, die Beschwörung anzuwenden. Daß die Erwiderung in ihrem Munde eine bloße Interjektion ist, an die sie selbst sich ganz und gar nicht religiös gebunden fühlt, weil sie mit ihrem Leben rein innerhalb der Dialektik des Wunsches, des Angenehmen und des Unangenehmen steht, — daß er dies weiß, hilft ihm rein gar nichts, er muß vermöge seines Gottesverhältnisses die Forderung bis zum letzten Heller bezahlen.

Es liegt eine tiefe Komik in diesem Mißverhältnis. Es ist ja jedes Menschen Recht, bei Gott zu schwören. Im Allgemeinen braucht man nun ethische Kategorien, um das Verhalten des Schwörenden zu beurteilen, daß er nämlich entweder es ernst meint oder ein Heuchler ist. Indes, dies Verfahren reicht durchaus nicht zu, und kann viel Unrecht tun, denn solch eine Individualität könnte ja auch bloß komisch sein. Einen andern Ausweg vermag ich nicht zu finden. Sogar wenn ich ein größeres Beispiel wähle, wird die Betrachtung zureichen. Wenn man den Pharisäer im Evangelium[257] als einen Heuchler schildert, ist dies nur insofern wahr, als er sich besser fühlt denn andre Menschen; dahingegen ist das, VI 225 was er sonst sagt, komisch, sobald man versucht, es sich vorzustellen. Man stelle sich einen Menschen vor, der mit Gott im Gebete spricht und nun darauf verfällt, folgendermaßen zu reden: ‚ich faste dreimal in der Woche, verzehnte die Minze und den Kümmel.' Das ist ganz ebenso komisch wie jener Mann, welcher in der Gruft lag und meinte, er reite. Der Pharisäer meint nämlich, er rede mit Gott, obwohl es aus dem, was er spricht, hinreichend klar und deutlich wird, daß er mit sich selber redet oder mit einem andern Pharisäer. Gesetzt, da stehe z. B. ein Wirtshaushalter in der Kirche und rede mit Gott im Gebet, indem er spricht: ‚ich bin nicht wie die andern Wirtshaushalter, welche allein das vorgeschriebene Maß geben, ich gebe reichliches Maß und außerdem Freibier zu Neujahr', so ist er deswegen noch kein Heuchler, aber er ist komisch, denn es ist deutlich, daß er nicht mit Gott redet, sondern mit sich selbst in seiner Eigenschaft als Wirtshaushalter oder mit einem der andern Wirtshaushalter. Darum sollte man für einen Wunsch nie Gott um Hilfe anrufen, denn man bindet dadurch sich selber absolut. Auch wenn nämlich der Wunsch nicht erfüllt wird, sind Gott und ich deshalb noch nicht quitt, denn es muß ja doch ihm überlassen bleiben, aber ich muß zu meinem Worte stehen, ich muß es jeglichen Augenblick festhalten, daß dies mein einziger Wunsch ist und gewesen ist, in einem so ernsten und ewigen Sinne mein einziger Wunsch, daß ich es gewagt, ihm einen religiösen Ausdruck zu geben. Komme ich nämlich nach Verlauf einiger Zeit mit einem neuen Wunsche, und sende sofort abermals Botschaft zu Gott, ebenso wie ängstliche Eltern um nichts Botschaft zum Arzte senden, was dann? Dann hab ich Gott zum Narren gehalten und zugleich bewiesen, daß ich eine komische Person bin, welche, ohne deshalb irgendwie ein Heuchler zu sein, der Meinung wäre, zu *Gott* zu *beten* sei das Gleiche wie Papa die Backe streicheln und ‚bitte, bitte' sagen.

Hier endet der Bericht; mein Verstand hat den gebührenden Zoll empfangen, ich bin ihm nun nichts mehr schuldig. Komm nun und bleib bei mir, du mein geliebter Schmerz! Im äußerlichen Sinne kann sie jetzt nicht mein sein (oder wäre es möglich, o, wo es mög-

lich wäre!); indes, daß sie in geistigem Sinne nicht da sein sollte, wo ich bin, dieser Gedanke macht mir alles wirr. Kann denn der eine Mensch den andern nicht verstehen, gibt es denn kein Gleichmaß im Religiösen? – Warum hab ich sie mit hinausgerissen in den Strom, warum hab ich es verschuldet, daß an das Leben eines Mädchens ein Maßstab angelegt worden, der lediglich uns beide verstört! Ja jetzt, jetzt ist es zu spät. Selbst wenn alles glücklich abgeht, daß sie wirklich sich selbst heraushilft aus dem Elend, oder nie so tief darin gesteckt hätte, für mich ist das Religiöse doch in
VI 226 dem Maße der wahre Sinn des Daseins, daß es mich entsetzt, falls sie etwa lediglich innerhalb der Bestimmungen der Zeitlichkeit Heilung fände. Kennt man solch eine Sorge nicht, so ist es bequem genug, seinen Abgang zu nehmen in sinnlos glitzernder Herrlichkeit: als ein Auserwählter; hat aber mein, wenn man so will, großer Maßstab ihr Leben gestört, so hält anderseits sie mich mit ihrem, wenn man so will, kleinen Maßstab; sie ist für mich mit ihrem kleinen Maßstab eine ungeheure Machthaberin, weil ich ohne sie keine Lebensanschauung zum Abschluß bringen kann, sintemal ich durch sie hindurch mit jedem Menschen mitempfinde. Ohne daß ich sonderliche Menschenkenntnis besessen hätte, ist dies mein Trost und gleichsam mein Sieg über das Leben gewesen, mein Ausruhn von den Unterschieden des Lebens, daß man das Religiöse von einer jeden Individualität fordern dürfe. Jedoch hier bin ich auf eine Individualität gestoßen, bei der ich nicht weiß, ob ich von ihr das Religiöse fordern darf, ob ich damit nicht Unrecht tue. Anderseits aber, falls es auch nur eine einzige derartige Individualität gibt, falls somit Religiosität mit Genie und Talent an einem Wagen zieht, so bin ich entmächtigt; denn jener Gedanke ist eigentlich der Gedanke meines Lebens, der mir selber den Freimut gibt, den Ausgezeichneten und Begünstigten nicht zu beneiden, und die Ruhe der Seele, mich nicht bis zur Ratlosigkeit zu ängstigen wegen des Elends desjenigen, der im Äußerlichen elender ist denn ich.

Weiter. Gesetzt nun, daß sie mich zuallerletzt mehr bewunderte als liebte, gesetzt, daß sie die traurige Idee hegte, ich sei etwas Großes. So wäre sie vielleicht berauscht gewesen von dem eingebildeten Traum, daß ich sie anbete, und wie schwer hätte sie es alsdann, jetzt solch einen Eindruck zu verschmerzen? Und ich bin wieder schuld daran, daß sie dergestalt gedemütigt wird! Kennt man solch eine Sorge nicht, so ist es mir sehr wohl verständlich, daß es einen lockt, unter der Zahl der Ausgezeichneten zu sein, auf die vieler Augen sich richten; mich lockt es nicht, mein Wunsch wäre, Soldat in Reih und Glied zu sein, nicht zu unterscheiden von den andern.

Ich getraue mich noch nicht einmal, meinem äußeren Dasein einen eigentlich religiösen Ausdruck zu geben; denn ich fürchte, sie könnte dies mißverstehen und sich hinauswagen in die Unendlichkeit. Sie vermag das nicht, noch nicht. Was sie retten muß — dahin ist mein erster Gedanke gegangen, dahin geht mein Gedanke noch immer —, das ist eine gewisse Gesundheit des Zeitlichen. Ich bin überzeugt: sogar in dem alles entscheidenden Augenblick, da ich die Trennung zwischen uns setzte, hat sie die Resignation nicht begriffen. Entweder sie glaubte ‚jetzt sterbe ich und dann ist es vorüber'; aber das ist nicht Resignation; oder sie hoffte ganz und gar unmittelbar, aber das ist nicht Resignation; oder sie richtete sich vermöge ihrer natürlichen Gesundheit wieder auf und wurde Feuer und Flamme dafür, gerade jetzt das Zeitliche zu packen, aber das ist nicht Resignation.

Darum still. Es gilt so nichtssagend als nur möglich zu sein. VI 227
Jeder Wink meinerseits würde lediglich stören, und, was das Allergefährlichste ist, für einen Augenblick vielleicht helfen. Aufgescheucht werden muß sie jedoch, damit der leidende Zustand nicht habituell werde. Der leidende Zustand — ich weiß doch noch nicht einmal mit Bestimmtheit, ob sie leidend ist.

Reflexion ist doch ganz und gar unerschöpflich. Sie verfährt eigentlich genau so wie Tordenskjöld: sie benutzt immerzu die gleichen Truppen; aber wenn sie vorbeimarschiert sind, biegen sie in eine Seitenstraße ein, ziehen eine andre Uniform an, und so wird die Parade fortgeführt — von der unzählig großen Besatzung.

den 12. Februar morgens.

Heute vor einem Jahr. Sie hört nicht ohne Aufmerksamkeit zu, wenn ich ihr aus der einen oder andern religiösen Schrift vorlese; ich selbst werde immer stärker in Richtung auf das Religiöse entwickelt. Noch vermag ich nicht so viel Sorglosigkeit zu erschwingen, um meine Liebe stärker erotisch auszudrücken, ich möchte es auch nicht. Zuerst das Anstrengende, das Schöne an der Liebe kommt wohl später schon.

Daß ich nur nicht das Ganze zu groß angelegt habe, daß ihr nur nicht das Ganze zu ernsthaft wird, wiewohl doch alle religiöse Säuerlichkeit und Härte mir fremd ist und dies ganz besonders ihr gegenüber, deren Gegenwart mich so sanft als nur möglich macht.

So spreche ich denn auch ein bißchen leichter mit ihr, ich plaudere. Wahrlich, dies Plaudern hat für mich einen Zauber, den ich nie geahnt. Welch eine Lust, wenn ich an die Zukunft denke, denn mich mit ihr zu unterhalten, das wird in meinen Augen dauernd etwas so Einladendes, etwas meine Seele so Erquickendes an sich haben, daß ich nach keiner andern Erholung verlange als nach dieser. Sie ist so gut wie ganz ohne Reflexion, aber sie plappert auch nicht, sie sagt dies und das, wie es ihr einfällt. Im gleichen Augenblick nimmt meine Reflexion das Gesagte auf, eine leichte Abwandlung, und ich habe es in meine Sphäre übersetzt, und auf diese Weise geht die Unterhaltung hin und her. Jetzt äußert sie etwas in ihrer unmittelbaren Art, eine kleine Abwandlung, oft bloß eine leichte Änderung in der Abtönung, und die Bemerkung befriedigt mich und macht mir Vergnügen. Sie kann nun nicht begreifen, wie solch ein Wort von ihr mich so sehr zu erfreuen vermag, immerhin sieht sie recht vergnügt aus aus Freude über die erahnte Heiterkeit, die in der Unterhaltung herrscht. Sie ist davon befriedigt, sich zu äußern, darauf wundert sie sich, weil sie ihren Äußerungen eine so große Aufmerksamkeit gewidmet sieht, dann
VI 228 lege ich heimlich dem Gesagten ein bißchen Reflexion unter, füge diese hinzu, freue mich über ‚sie' — und so sind wir beide vergnügt. Ich glaube doch wirklich zu entdecken, daß ich einige Eigenschaften besitze, die mich zu einem ganz guten Ehemann machen können, ich habe Sinn für unbedeutende Kleinigkeiten, ich habe Gedächtnis für geringfügige Dinge, ich habe einige Fähigkeit, etwas Bedeutung in dergleichen hineinzulegen, welches alles auf die Dauer recht gut ist. Wenn ich nur wüßte, auf welchem Wege ich ein Prachtstück von Ehemann werden könnte, ich würde es an Zeit und Fleiß nicht fehlen lassen. Das Unglück aber ist, daß ich an meiner Verschlossenheit einen Grundschaden habe, und etwas bloß halb zu sein ist mir ein bittrer Kelch.

den 13. Februar. Mitternacht.

O daß nur etwas geschähe. Seine Seele Woche um Woche in Ekstase halten, die unzähligen Reflexionen sämtlich sprungbereit sein lassen, alles fertig haben, in jedem Augenblick fertig haben, weil man nicht wissen kann, ob es gebraucht wird, oder wann es gebraucht wird, oder was etwa gebraucht wird.

Heute hab ich sie gesehen. Sie war bleich. O, wenn man eine Seele hat voll von Angst, wenn man dank der Angst Sinn für Vorbedeutungen hat, so kann solch eine Bleichheit Bedeutung bekommen. Macbeth[258] wird rasend, bloß weil ein Bote, der mit einer unangenehmen Nachricht kommt, bleich ist; hier aber ist das Bleichsein ja die Nachricht. Gleichwohl deutet die Nachricht des Arztes darauf hin, daß sie sich im Ganzen wohlbefindet, wenigstens hab ich dies bei Hansens sagen hören, wo der Arzt war und die Rede auf ‚sie' kam; denn als ich auf grund der Beziehungen zwischen den Familien und wegen der Anwesenheit des Arztes einen Verdacht hatte und daher die Worte: ‚wer ist es, der sich so wohl befindet?' fragend wiederholte (diese Worte hatte der Arzt gerade bei meinem Eintreten gesprochen), wurden sie verlegen, und als ich nicht ohne gewisse Spitzigkeit sagte, es wundere mich nicht, daß ein Arzt überrascht sei, das gesagt zu haben, was er so selten sage: ‚sie befindet sich wohl', aber wer es denn sei, da faßte der Arzt sich und erwiderte: ‚äh, es handelte sich um Frau Fredriksen'. ‚Du mein Gott', antwortete ich, ‚ist Frau Fredriksen krank gewesen, es ist doch die, deren Mann Amtmann in Skanderborg gewesen und später hierher nach Seeland versetzt worden ist, ih, das ist merkwürdig' usw. Darauf machte ich mit der verehrten Familie und dem Arzt eine geschlagene Viertelstunde Konversation über VI 229
obbemeldete Dame. Es war deutlich, daß ihnen die Situation denkbar peinlich war. Darauf ging der Arzt, und ich begann eine Unterhaltung über den Arzt und die vielen Familien, bei denen er Hausarzt sei, aber daß ich nie gewußt hätte, daß er auch der Arzt von Frau Fredriksen sei. Dies hätte ich nicht sagen dürfen, solange er zugegen war, denn es war sehr möglich, daß er wahr gesprochen hatte; aber dies wußte die Familie vielleicht nicht, dagegen wußte sie, daß er auf eine Ausflucht verfallen war. Auf diese Art fehlt es einem nie an Stoff zur Unterhaltung. Aber die, von der er gesprochen hatte, ist ‚sie' gewesen, des bin ich sicher, denn das wußte

ich, daß der Arzt vor noch nicht einer halben Stunde bei ihr im Hause gewesen war und unzweifelhaft geradenwegs von dort kam. Mithin, dies ist die Nachricht des Arztes. Ich hingegen fand, daß sie bleich aussah. Welch eine Pein, eine Erscheinung beobachten zu müssen, wenn die Erscheinung selber sich je nach dem Beobachter ändert.

Sie hatte ja einst Lust, etwas Außerordentliches zu sein, Künstlerin, Schriftstellerin, Virtuosin, kurz, in der Welt zu glänzen. Es wäre möglich, mindestens ist es psychologisch richtig, daß ein unglückliches Widerfahrnis einen entscheidenden Antrieb in dieser Richtung zu geben vermag. Allerdings, ich habe nie begriffen, wie sie darauf gekommen ist, wie sie sich derart hat mißverstehen können: sie hatte bei allem ihrem Liebreiz keinerlei eigentümliches Talent. Wäre das vorhanden gewesen, so hätte ich es gewiß entdeckt, denn meine Schwermut hätte darin alsogleich ein Leiden mehr erblickt, weil ich verstanden hätte, daß sie ungeheure Forderungen an das Leben habe. Indes, eine Katastrophe kann einen Menschen ja umschaffen, und dieser Wunsch, dies Verlangen, sie sind vielleicht doch eine berechtigte Ahnung ihrer Seele gewesen. Was Wunders, daß ich dies nicht verstand: ich habe doch von frühester Jugend an ständig in dem Widerspruch gelebt, daß ich einerseits in Vergleich mit andern begabt zu sein schien, anderseits in meinen heimlichen Gedanken davon überzeugt war, zu keiner Sache tauglich zu sein.

Ich bin los und ledig, frei, keinem Manne, keinem andern Weibe, keinem Lebensverhältnis dienstbar; ich liege in meinem Boote am Strand, ob sich nicht da draußen irgend eine Erscheinung zeige. Könnte ‚sie' dergestalt als ein Gegenstand der Bewunderung hervortreten, so wäre das etwas für mich, es wäre das glücklichste Dasein, das ich mir denken kann: heimlich zu sehen, wie sie bewundert wird, heimlich den letzten Gedanken, den letzten Heller daran zu wagen, daß die Bewunderung zum Jubel werde. Wie doch die Ungeduld in mir allbereits siedet! Ich kann die Leute beschwatzen, ich kann schwindeln, ich kann alles beweisen, schmeicheln, einem Journalisten die Hand drücken, selber Artikel schreiben Tag und Nacht – und Bewunderung ist ja doch käuflich für Schlauheit und für Geld. Ich gebe alles auf, mein glückliches Los würde es alsdann, insgeheim für sie arbeiten zu dürfen. Und wenn es dann erreicht ist, wenn der Schmerz ihrer Seele Schwung gegeben hat, wenn Glück und Gunst und Schmeichelrede abgeschnitten werden zu einem Bukett für die Ausgezeichnete, wenn ihre Seele von Übermut schwillt — und sie alsdann im Triumph an mir vorüberfährt, so darf ich ruhigen Sinns auf sie blicken, mein Auge kann sie nicht stören, denn das Dasein hat ihr ja wider mich ihr Recht verschafft. VI 230

Aber einen kleinen Anhaltspunkt muß man doch haben. Anonymen Novellen laufe ich so bald nicht mehr nach, die letzte hat mich das Lächerliche meiner Einbildung so recht empfinden lassen. Hab ich daraus nichts andres gelernt, so hat es mir doch eine Vorstellung gegeben, wie es mit Rezensionen zugeht. Ich habe nie Ernst zeigen können beim Gedanken an einen Rezensentenberuf, aber da genügte schon der geringste Verdacht, sie könne die Verfasserin sein (denn das Gerücht behauptete, die Novelle sei von einer Dame), und ich setzte alles in Bewegung, um die Menschen zu überzeugen, es handle sich um ein ganz ungewöhnliches Werk.

den 20. Februar morgens.

Heute vor einem Jahr. Nein, ich kann es doch nicht anders verstehen, als daß ich sie unglücklich mache. Es ist und bleibt zwischen uns ein klaffend tiefes Mißverhältnis, sie versteht mich nicht, und ich verstehe sie nicht, sie vermag nicht sich an dem zu freuen was mich freut und nicht über das betrübt zu sein was mich betrübt. Doch hab ich angefangen, so halt ich auch aus, aber ehrlich will ich sein. Ich gestehe ihr, daß ich ihre Verbindung mit mir als ein Opfer ihrerseits betrachte, ich habe sie um Verzeihung gebeten, daß ich sie mit hinausgerissen habe in den Strom. Mehr kann ich nicht tun. Wahrlich, ich hätte nie davon geträumt, daß ich mich je dergestalt unter einen Menschen demütigen würde. Nun, versteht sich, es ist freilich nicht sie, unter die ich mich demütige, es ist das Verhältnis und die ethische Aufgabe; ich muß mich jedoch überwinden, dergleichen zu einem Menschen zu sagen, und sage ich es, so ist meine Stimmung nicht eben die, daß ich es Scherzes halber sage. Im Grunde hilft es nicht viel, denn da sie auch nicht ein Wort zu wissen bekommt, so kann sie es sich nicht erklären, aber hier ist ja wiederum das Mißverhältnis.

den 20. Februar. Mitternacht.

Heute hab ich sie auf dem Hauserplatz gesehn. Alles wie gewöhnlich. Es ist doch ein Glück, daß sie mich so oft sieht. Ich bin VI 231 mir bewußt daß ich nie von meinem Wege abgehe, nicht einen Schritt, um sie zu sehen, das darf ich nicht, meine Existenz muß die unbedingte Gleichgiltigkeit ausdrücken. Dürfte ich es, und wäre mir nicht mein hypochondrischer Scharfsinn gegeben, um mich selbst zu belauern und Möglichkeiten zu wittern, so hätte ich schon längst meine Wohnung in ihrer Nähe aufgeschlagen, rein um sie zu nötigen, mich zu sehen. Für ein Mädchen in ihrer Verfassung gibt es nichts Gefährlicheres als den Anblick zu meiden und dadurch der Phantasie Gelegenheit zum Träumen zu geben.

Sie muß gescheucht werden, damit sie nicht hingehe und matt werde, und weder dies noch das werde, weder traure noch triumphiere. Nun wird es auch wohl gelingen. Ein Briefwechsel mit einem Freunde auf dem Lande, d. h. mit einem Menschen, dem ich nicht traue, ist in Abschrift meinem Eingeweihten, der mich plagt, mitgeteilt. Dies ist natürlich seitens des Freundes unter dem Gelöbnis tiefsten Schweigens geschehen, und unter dem Abverlangen tiefsten Schweigens vertraut er den Briefwechsel schriftlich wieder seiner Liebsten in Holbek an, und so läuft die Sache denn und das in größter Eile. Man klagt mitunter über die Langsamkeit der Post — wenn man so glücklich ist, zum Weitertragen der Briefe eines Freundes Freundin zu haben, so geht alles in größter Eile, ich denke, sie läuft zu Fuß nach der Hauptstadt, bloß um ihr Geheimnis bei ihrer Kundschaft auszukramen, für die es bestimmt ist. Es gibt doch nichts Verläßlicheres in der Welt als einen Freund, von dem man mit Bestimmtheit weiß, daß er alles verrät, was man ihm anvertraut, ja, nichts Verläßlicheres, wenn man nur darauf achtet, was man ihm anvertraut. Es ist eine unsichere Geschichte, wenn man einen Freund bittet, dies oder das zu bestellen; vertraut man ihm aber das, was man unter die Leute bringen will, unter dem Siegel der Verschwiegenheit an, so darf man ganz sicher sein, denn dann muß es heraus. Es ist zugleich ein großes Glück, wenn solch ein Freund wieder einen Freund hat und dieser Freund wieder eine Freundin — dann geht es mit Blitzesschnelle. So wird denn mein Briefwechsel ‚durch Freundschaft' besorgt.

Je mehr man leidet, um so mehr Sinn bekommt man, glaube ich,

für das Komische. Erst durch das tiefste Leiden gewinnt man die wahre Vollmacht im Komischen, welche mit einem einzigen Worte das vernünftige Geschöpf, das man Mensch nennt, wie mit einem Zauberschlage in eine Fratze verwandelt. Diese Vollmacht gleicht der Sicherheit eines Polizisten, wenn er ohne weiteres zum Stocke greift und keinerlei Gerede oder Sperren des freien Durchgangs duldet. Der Geschlagene setzt zur Widerrede an, er erhebt Einspruch, er will als Bürger respektiert werden, er verlangt sein Recht; im gleichen Nu erfolgt der nächste Stockschlag und der bedeutet: ‚Mund halten und weitergehen, nicht stehen bleiben.‘ Stehenbleiben wollen, protestieren, sein Recht verlangen ist nämlich der Ausdruck für des pathetischen Stümpers Versuch, im Ernst etwas gelten zu wollen, indes das Komische zeigt an dem Burschen VI 232
die Kehrseite, ähnlich dem Polizisten, der ihn im Nu umdreht und ihn durch die Betrachtung von hinten mittels des Stockes komisch macht.

Dies Komische muß jedoch so schmerzhaft erworben sein, daß man danach nicht eben begehrt. Aber das Komische nötigt sich mir in Sonderheit auf jedesmal, wenn mein Leiden mich zu andern Menschen ins Verhältnis setzt.

Der Briefwechsel[259] enthält eine vertrauliche Mitteilung betreffs meiner Liebesgeschichte. Alles ist richtig, besonders Namen und Jahreszahlen und Daten, der Rest ist größten Teils Fiktion. Ich bin ganz und gar überzeugt, daß sie ihrerseits von mir und unserm Verhältnis unmöglich eine zuverlässige Auffassung haben kann; dazu hab ich die Angelegenheit für sie allzu sehr verwirrt und diese in einen Hexenbrief verwandelt, der ganz nach Belieben gelesen werden kann. Alles mußte ihr selbst überlassen werden, und von mir durfte sie um keinen Preis eine authentische Dolmetschung besitzen, denn alsdann wird sie nie geheilt. Daß sie ganz und gar wieder sich selber zu eigen werden möge, das ist mein höchster Wunsch für sie, und dafür will ich alles wagen. Schon eine einzige verläßliche Hinleitung von mir wäre genug, daß sie in der Stille einen Eindruck von mir behielte, und das darf sie nicht.

Meine schauspielerische Leistung in den zwei Monaten, mein gewiß nicht glänzender, aber doch rollentreuer Abgang ist darauf berechnet gewesen, als ein verderbter Mensch zu erscheinen.[260] Dies ist die Grundauffassung. Eine Auffassung dieser Art bewirkt nämlich, daß ihr Leiden im gleichen Augenblick durchaus autopathisch wird, ledig aller Sympathie, bewirkt, daß ihr Leiden für sie überhaupt nicht dialektisch[261] wird, als ob sie doch auch irgend ein Unrecht hätte, irgend etwas sich vorzuwerfen hätte. Auf dem gleichen Wege mußte nun jetzt weiter gegangen werden. Was wirkt da nächstdem wohl am aufreizendsten? Ich denke: wenn solch ein Kerl nicht ohne eine gewisse Teilnahme für das arme Mädchen ist. Ein Schurke steht doch ganz und gar außerhalb des Guten; wird er aber so frech, daß er zum Guten auch ein Verhältnis haben will vermittelst einer beinahe kavaliermäßigen Teilnahme — ich kenne nichts, das derart empörend wäre. Jenes vertrauliche Falschstück trägt gerade das Gepräge dieser Teilnahme. Es ist ohne Leidenschaft, jedoch in der Form der Höflichkeit. Um die richtige Stimmung zu treffen, habe ich mir beim Schreiben immerzu jemand vorgestellt, der Zahnschmerzen hat oder gehabt hat, und um dessen Befinden man nicht ohne Teilnahme sich kümmert.

Im Übrigen ist es mir widerwärtig gewesen, das Ganze zu schreiben, nicht um ihretwillen, denn meine Hoffnung ist, daß es ihr dienlich sein wird, sondern um derjenigen Personen willen, durch deren Hände es geht, und das wieder aus einem sehr eigenen
VI 233 Grunde. Ich bin überzeugt, ich wette hundert gegen eins: alle drei sagen nach der Lektüre: „aha, er ist doch nicht so arg wie ich gedacht, er ist doch nicht ohne Teilnahme". Es ist unglaublich, mit welch einer Dummheit die Menschen geschlagen sind hinsichtlich des Ethischen. Indem man so frech ist, der Allerverächtlichste sein zu wollen, wird man ein durchaus anständiger Mensch, beinahe ebenso gut, wie die Leute meistens sind; denn du lieber Gott, einen Liebeshandel hat schließlich so mancher gehabt, und hat ein Mädchen sitzen und warten lassen, doch wenn man ein bißchen Teilnahme hat, so ist man recht brav. Und doch, wenn man ein Schurke ist, ist noch nicht alle Hoffnung hin, es ist Rettung möglich; aber daß man auf diese Art Teilnahme zu zeigen imstande ist, ist ein unzweifelhaftes Zeugnis dafür, daß man Schaden genommen hat an seiner Seele.

Und jetzt muß ich ruhen, ich ziehe all mein Denken ab von der Mühsal der Intrigue, ich sammle es einzig auf ‚sie', auf meine Sorge und auf meinen Wunsch. Ich will mich von nichts verwirren lassen, aber ich will auch tun, was ich für meine Pflicht ansehe. Wenn es richtig sein kann, um einer guten Sache willen ein Narr[262] zu werden in der Welt, so mag es auch wohl verantwortet werden, intrigant zu sein, oder richtiger, ich fürchte eine verspätete Angst und Reue, falls ich etwas unversucht gelassen hätte. Großen Glauben an Intriguen hab ich nicht, nicht, weil ich nicht alles gemäß äußerstem Vermögen berechnete, sondern weil die Sache mir so wichtig ist.

O, widersprüchlicher Schmerz! wir werden mehr und mehr getrennt, ein Leben liegt zwischen uns, und mir ist, als ob nun eine Ewigkeit zwischen uns liegen würde, falls sie sich von mir richtig losreißt. Es ist, als ob ich zween Herren diente[263]: ich tue alles, um sie los zu arbeiten, um alles zwischen uns zu zerstören, und dann peitsche ich zugleich meine Seele hoch, auf daß sie sich auf der Spitze des Wunsches halten möge, auf daß mein Wunsch (o wenn doch seine Erfüllung je möglich wäre), ebenso brennend sein möge in dem Augenblick, da sie mir für immer verloren ist, wie er es in jenem gewesen, da alles unsere Verbindung begünstigte, und wie er es am allerstärksten gewesen, als sie bittend zu meinen Füßen lag. Wünschen, solange man jung ist, das ist nicht schwer; aber die Seele beim Wunsch festhalten, wenn heimliches Nagen, wenn Todesangst die Kraft verzehrt, das ist nicht leicht. Kapriolen machen, wenn das Pferd jung ist und feurig und in den Nüstern schnaubt, das ist nicht schwer, eher ist es schwer, die Kapriolen zu lassen; aber wenn es müde ist, wenn es wankend vorwärts tappt, wenn es bei jedem Tritt am Fallen ist — dann Kapriolen machen, das kann das Pferd nicht. Aber der Geist macht lebendig[264], und gleich wie VI 234
da ein alter König gesprochen: ‚ein König kann sterben, aber krank werden kann er nicht', ebenso ist es mein Trost, daß ich sterben kann, aber müde nicht werden kann. Denn was heißt Geist haben, ohne daß man Willen hat, und was heißt Willen haben, ohne daß man ihn über alle Maßen hat, sintemal der, welcher ihn nicht über alle Maßen hat, sondern nur in gewissem Maß, ihn gar nicht hat.

den 28. Februar morgens.

Heute vor einem Jahr. Nur Mut und Ausdauer. Ich will mit ihr das Religiöse erreichen, es ist eine Bürgschaft, welche das Leben sicher macht, oder ach, ist es etwa bloß eine Vorsichtsmaßregel, ähnlich dem Einkauf in die Witwenkasse? Im Übrigen kann ich alles mitmachen und die Geschicklichkeit mehr und mehr entwickeln. Ihre Jugend heischt alle Anstrengung meinerseits; und ich bin so jugendlich als es mir möglich ist. Ich glaube, es gelingt. Vor einigen Tagen sagte jemand von uns, wir seien so recht ein junges Brautpaar. Versteht sich, wir sind es ja auch: sie vermöge ihrer siebzehn Jahre, und ich vermöge des von mir benutzten künstlichen Beins. Die Täuschung gelingt, so wie sie mir denn stets gelingt. Denn mich geradezu auszudrücken gelingt mir selten, jedoch hinterrücks und listig gelingt es über die Maßen. Das ist gleichsam eine Naturanlage bei mir, eine Reflektiertheit, die mir angeboren ist. Zugleich aber lerne ich etwas anderes, ich lerne das Komische von Grund auf: ein junger Bräutigam auf einem künstlichen Bein! Ich komme mir selber vor wie ein Kapitän Gribskopf[265]. Indes ist mit dieser Komik, meinem Geheimnis, nicht zu spaßen. Die Anstrengung fürchte ich nicht, denn ich freue mich an meiner Geliebten, aber das Mißverständnis fürchte ich.

den 28. Februar. Mitternacht.

Das hat bloß noch gefehlt: sie geht mir nach, das ist offenkundig. So hab ich denn in die Luft gefochten, sie muß einen Rest von Sympathie haben, einen Nerv, in dem ich ihr als ein sympathetischer Schmerz noch gegenwärtig bin. Jene vertrauliche Mitteilung
VI 235 kann sie noch nicht erhalten haben, es ist also ein Glück gewesen, daß es mir in den Sinn kam, sie zu schicken. In meinem Mienenspiel soll sie nichts finden. Mein Gesicht ist kein Annoncenblatt, oder es ist, schlimmstenfalls, eins für gemischte Anzeigen, die derart gemischt sind, daß niemand daraus klug werden kann.

Bereits letzten Mittwoch[266] ist es mir aufgefallen, es sei zum zweiten Male und wieder an einem Mittwoch, daß ich sie auf dem Hauserplatz sähe. Sie weiß von früher her, daß ich jeden Mittwoch pünktlich 4 Uhr dieses Weges komme; sie weiß, ich habe Geschäfte mit einem Mann, der dort wohnt. Will sie mich treffen, so darf ich mir das Zeugnis geben, daß ich auch nicht um einen Schritt von meinem Wege gewichen bin, um sie zu treffen. Es grenzt an Wahnsinn, so ängstlich bin ich, etwas zu tun, das in ihr einen Verdacht wecken könnte, und meine Ängstlichkeit legt mir die Annahme nahe, sie sei ebenso empfänglich für den geringsten Eindruck, wie ich es bin.

Das mußte untersucht werden. Fünf Minuten vor vier war ich auf dem Hauserplatz und betrat den Laden des Goldschmieds. Richtig, zwei Minuten später kam sie. Sie ging langsam, blickte sich um und wandte sich gegen die Tornebuske-Gade, von der her ich zu kommen pflegte. An und für sich ist es eine ausgezeichnete Idee, sich auf der Straße zu treffen, wo der Zufall stets zu Diensten steht mit einer Erklärung. Aber seitdem ich mich von ihr getrennt habe, hab ich wider die Macht, die man Zufall nennt, einen nie aufhörenden Krieg eröffnet, um sie womöglich auszuschalten, wozu es denn keiner bewaffneten Macht bedarf, sondern vor allem des Gedächtnisses, eines Gedächtnisses, das ebenso kleinlich ist wie der Zufall selber. Geschwind sprang ich aus dem Laden, bog im Lauf in die Suhms-Gade und kam von der Tornebuske-Gade her pünktlich vier Uhr ganz wie gewöhnlich.

Wir begegneten uns, gingen aneinander vorüber; sie wurde ein wenig verlegen, vielleicht auch, weil der Umstand, daß sie so ungefähr verbotene Wege ging, sie etwas ängstlich machte, oder weil sie etwas angestrengt war von der Rekognoszierung des Terrains; rasch schlug sie die Augen nieder und wich meinem Blick aus.

Soviel ist denn klar, daß meine Manipulationen ziemlich fruchtlos sind; aber soviel ist gleichfalls klar, daß sie doch nicht ohne Kraft ist.

Für mich ist da nichts zu tun. Ich gehe jeden Mittwoch pünktlich vier Uhr auf den Hauserplatz. Wegzubleiben wäre unvorsichtig. Ich glaube, ich habe nie so peinlich die Zeit innegehalten, wie ich es mit diesem Glockenschlag tue, damit nicht etwa mein zu frühes Kommen oder mein Fernbleiben ihren Verdacht errege, so als ob ich sie erwartete oder ihr auswiche: beides würde auf verschiedene Weise das Gleiche dartun, nämlich, daß ich mich um sie kümmere.

den 5. März morgens.

Heute vor einem Jahr. Kein neues Symptom. Wenn da ein lichterer Ausblick mir sich zeigt, wenn es mir vorkommt, als ob alles gelingen müsse, wenn ein froher Gedanke bei meiner Seele zu Gaste ist, so eile ich zu ihr, ich bin wirklich jung, jung, wie man es VI 236 sein soll in den Tagen der Jugend. In solchen Augenblicken suche ich keinen Umweg, ich stürme mit des Sehnens Eile, um mit ihr die Freude kosten zu können. Wäre es immer so, vermöchte ich, was es mich auch koste, immer so zu sein, so könnte man nachgerade Hochzeit machen.

Wie es in tieferem Sinne mit ihr sich verhält, weiß ich nicht, ich will es auch nicht wissen. Ich will sie auch nicht drängen oder übereilen, aber ihre vorsichtige Zurückhaltung verwundert mich, es ist etwas Unfreies darin, es ist, als ob ihr vor meiner Kritik bangte, daß etwa ihre Äußerungen nicht geistreich genug sein möchten. So schwer hat mein äußerliches Sichgeben mir das gegenseitige Verständnis gemacht.

den 5. März. Mitternacht.[267+]

Salomos Traum

Salomos Urteil[268] ist wohlbekannt, es hat es vermocht, Wahrheit und Trug zu scheiden und den das Urteil Sprechenden berühmt zu machen als den weisen Herrscher, weniger bekannt ist sein Traum.

Gibt es überhaupt eine Qual der Zuneigung, so ist es die, seines Vaters sich schämen zu müssen, dessen, den man am höchsten liebt und dem man am meisten schuldet, sich ihm rücklings nähern zu müssen, mit abgewandtem Gesicht, auf daß man seine Schande nicht sehe. Welche größere Seligkeit der Zuneigung aber gibt es als so lieben zu dürfen wie es des Sohnes Verlangen ist, und daß alsdann zu diesem Glück es noch hinzukommt, stolz auf ihn sein zu dürfen, weil er der eine Auserwählte ist, der eine Überragende, eines Volkes Stärke, eines Landes Stolz, Gottes Freund, der Zukunft Verheißung, zu Lebzeiten gepriesen, hochrühmlich durch sein Andenken! Glücklicher Salomo, dies ist dein Los gewesen. In dem auserwählten Volke (wie herrlich schon, diesem zu gehören!) war er des Königs Sohn (beneidenswürdiges Los), jenes Königs Sohn, welcher der Auserwählte war unter den Königen!

So hat denn Salomo voll Glücks gelebt bei dem Propheten Nathan.[269] Des Vaters Kraft, des Vaters Heldengröße begeisterten
VI 237 ihn nicht zur Tat, denn dazu bot sich nicht Gelegenheit, doch sie

begeisterten ihn zu der Bewunderung und die Bewunderung ließ ihn zum Dichter werden. Doch wenn der Dichter seinen Helden fast beneidete, so war der Sohn beseligt in der Ergebenheit für seinen Vater.

Da geschah es eines Tages, daß der Jüngling seinen königlichen Vater besuchte. In der Nacht wacht er auf, weil er es sich bewegen hört dort, wo der Vater schläft. Es packt ihn Grauen, er fürchtet einen Neiding, welcher David morden will. Er schleicht sich näher — er erblickt David in des Herzens Zerknirschung, er hört den Schrei der Verzweiflung aus des Reuenden Seele.

Kraftlos sucht er wieder sein Lager, er schlummert ein, aber er ruht sich nicht, er träumt; er träumt, daß David ein Gottloser ist, verworfen von Gott, daß die königliche Majestät der Zorn Gottes über David ist, daß er den Purpur tragen muß zur Strafe, daß er dazu verdammt ist zu herrschen, verdammt, des Volkes Segnung zu vernehmen, indessen des Herren Gerechtigkeit heimlich und verborgen Gericht hält über den Schuldigen; und der Traum, er ahnt: Gott ist nicht der Frommen Gott, sondern der Gottlosen, und ein Gottloser muß man werden um der Auserwählte Gottes zu sein, und des Traumes Grauen ist dieser Widerspruch.

Als David auf dem Boden lag, zermalmten Herzens, da stand Salomo vom Lager auf, doch zermalmt war sein Verstand. Grauen griff ihn, als er dachte, was es heißt, der Auserwählte Gottes sein. Er ahnte, daß des Heiligen Vertraulichkeit mit Gott, des Reinen Aufrichtigkeit zu Gott nicht die Erklärung sei, sondern daß geheime Schuld sei das Geheimnis, das da alles erklärt.

Und Salomo ward weise, doch er ward nicht Held; und er ward Denker, doch er ward nicht ein Beter; und er ward Prediger, doch er ward nicht ein Glaubender; und er konnte vielen helfen, doch sich selber konnte er nicht helfen; und er ward wollüstig, doch er reute nicht; und er ward zermalmt, jedoch nicht aufgerichtet, denn des Willens Kraft hatte sich verhoben an dem, das über eines Jünglings Kräfte war. Und er wirbelte durchs Leben, umwirbelt vom Leben, stark, übernatürlich stark, d. h. weibisch schwach in der Einbildung tollen Betörungen und wundervollen Erfindungen, sinnreich in gedanklicher Erklärung. Aber es war Zwiespalt gesetzt in sein Wesen, und Salomo war gleich dem Schwächling, der seinen Leib nicht zu tragen vermag. In seinem Harem, da saß er gleich einem entkräfteten Greise, bis daß die Lust aufwachte und er rief: ‚Schlagt auf den Tambourin, ihr Weiber, und tanzet vor mir'. Doch wenn des Ostens Königin kam, ihn zu besuchen, von seiner Weisheit gelockt, dann war seine Seele reich, und Worte der Weisheit flossen von seinen Lippen gleich der köstlichen Myrrhe, die niederrinnt an den Bäumen in Arabien.

den 7. März. Mitternacht.

VI 238 Am Mittwoch hab ich sie nicht gesehen. Sie hat nunmehr vermutlich jene vertrauliche Mitteilung erhalten; vertraulich, allerdings, das ist diese Mitteilung gewesen, sie war der Schwachheit und der Unredlichkeit anvertraut worden. Oder, vielleicht ist ‚sie' etwas früher oder etwas später des Weges gekommen, ich weiß es nicht, denn ich komme wie immer pünktlich, keine Minute früher, keine Minute später, das eine Mal kein bißchen schneller als das andre, ich darf es nicht. Der allein, welcher weiß, was es mit Klugheit und List im Ausnutzen des Geringfügigsten auf sich hat, wird begreifen, was solch ein asketischer Verzicht der kleinsten Kleinigkeit gegenüber heißen will.

Mein Kopf ist müde; o, daß ich mich der Ruhe überlassen und mir das wehmütige Lied der Erinnerung singen dürfte. O, daß ich gleich einem Toten den Schmerz fahren lassen und des vergangenen Schönen mich erinnern dürfte. Aber ich darf es nicht, im gleichen Augenblick betrüg ich die Geliebte; ich darf es nicht, denn ich lebe noch, ich bin ja noch mitten in der Handlung, das Stück ist noch lange nicht vorüber. Ist das Stück denn etwa vorüber? Für mich ist es wahrlich nicht vorüber, denn das später Geschehene ist so wenig ein bloßes Nachspiel, daß weit eher die Verlobung ein Vorspiel gewesen ist, und das Stück hob an, als die Verlobung zu Bruch kam. Und doch gibt es keine Handlung, es geschieht nichts, im Sichtbaren und Äußerlichen geschieht nichts, und meine ganze Anstrengung erschöpft sich darin, mich des Handelns zu enthalten und mich doch im potentiellen Handeln (Handeln κατὰ δύναμιν) zu erhalten. Wozu also das alles? Warum tu ich es? Weil ich nicht anders kann, ich tue es um der Idee willen, um des Sinns willen, denn ich vermag ohne Idee nicht zu leben, vermag es nicht auszuhalten, daß mein Leben einen Sinn nicht haben soll. Das Nichts,

das ich tue, gewährt doch ein bißchen Sinn; jedes andre Unternehmen, vergessen wollen, etwas Neues anfangen, mit einem Freunde anstoßen und mit einem Gleichgesinnten Duzbrüderschaft trinken ist mir unmöglich, obwohl ich begreife, daß man finden würde, so habe mein Leben einen tiefen Sinn. Vielleicht liegt der Fehler an meinem Auge, aber ich habe niemals eine Freundschaft gesehen, in welcher der eine den andern dazu entflammte, das Äußerste zu wagen für eine Idee, welche die persönliche Existenz betrifft; wohl aber hab ich gesehen, wie — angesichts des Umstandes, daß ‚der andere' (ὁ ἕτερος) nicht jene Scham hat, welche jeder in seinem Innersten eine Zeitlang für sich selber hat — der gegenseitige Umgang alle beide gelehrt hat zu feilschen und sich die Welt nicht so zu Herzen zu nehmen. Allein ein Verhältnis zu Gott ist die wahre idealisierende Freundschaft, denn Gottes Gedanke dringet durch und scheidet Sinne und Gedanken und schließt
kein Übereinkommen in leerem Gerede.[270] Ich tue dies Nichts und VI 239
dies Alles, denn es ist meiner Freiheit höchste Leidenschaft und meines Wesens tiefste Notwendigkeit. Wofern Simon Stylita es irgendwie mit dem Gedanken an Gott hat in Beziehung setzen können, daß er auf einer hohen Säule stand und sich in den schwierigsten Stellungen niederbeugte und den Schlaf verscheuchte und in den Krisen des Gleichgewichts nach dem Schrecklichen trachtete: so hat er nach meiner Auffassung wohlgetan so zu tun. Sein Fehler ist gewesen, daß er es vor der Menschen Augen tat, daß er doch bloß eine Tänzerin war, daß er doch gleich dieser, in den schwierigsten Stellungen zum Boden sich neigend, nach dem Beifall eines verehrlichen Publikums getrachtet. Dies hab ich nie getan, wohl aber tue ich wie er, ich verscheuche den Schlaf und wringe meine Seele durch.[271]

Es ist nicht Reflektiersucht bei mir, denn mein Hauptgedanke bei dem Ganzen ist mir klar wie der Tag: alles zu tun, um sie loszuarbeiten und mich auf der Spitze des Wunsches zu halten. Ich finde nicht etwa jeden Tag neue Vorsätze heraus, wohl aber vermag meine Reflexion meinen Vorsatz betreffend etwas Neues herauszufinden. Ist etwa der Mann, welcher reich werden will in der Welt, reflektiersüchtig, wenn er seinen Vorsatz unerschüttert festhält, aber in der Weise eines Rechenexempels alles berechnet, ohne seinen ersten Plan zu ändern; ist er etwa reflektiersüchtig, wenn er seinen Entschluß festhält, aber, wofern er sieht, daß es auf die eine Weise nicht gelingen will, eine andere wählt? Wäre ich reflektiersüchtig, so hätte ich schon lange im Äußeren gehandelt und meinen Vorsatz gebrochen: den nämlich, mich völlig still zu halten, jedoch schlechthin wach. Ja, sollte ich bloß wach bleiben wie eine der Jungfrauen des Evangeliums[272], bloß die Lampe am Brennen halten, und im Übrigen meine Seele ohne Leidenschaft sein lassen, so wäre es leichter; aber das darf ich nicht, denn dann würde ich mich unmerklich ändern, und mich nicht, mit der Federkraft der Leidenschaft, ganz unverändert auf des Wunsches Spitze halten. Dies will ich denn auch; ändere ich mich, so geschieht es wider Willen; Gott sei Lob und Dank, bis heute ist das nicht geschehen.

den 9. März morgens.

Heute vor einem Jahr. Kein neues Symptom. Wo wir uns befinden, weiß ich nicht, ich will mich nicht übereilen mit einer Erkundung.

den 15. März. Mitternacht.

Gestern hab ich sie auch nicht gesehen. Vielleicht ist jene Begegnung auf dem Hauserplatz doch bloß ein Zufall gewesen, oder
VI 240 vielleicht auch ein Versuch, den sie aus Sorge für mich hat wagen wollen. Vielleicht hat sie jene vertrauliche Mitteilung erhalten, vielleicht hat diese auf sie nicht aufstachelnd gewirkt, sondern niederdrückend; vielleicht zieht sie es letztlich vor, dahinzusiechen, sich in der schmerzstillenden Linderung einer stillen Trauer zu betäuben. Gesetzt, sie zöge aufs Land hinaus, gesetzt, sie möchte nicht mehr in der alten Umgebung leben, könnte das nicht aushalten, sondern möchte lieber einen nachdrücklichen, einen entscheidenden Ausdruck haben dafür, daß sie gekränkt worden ist, gesetzt, sie würde Gesellschafterin in einer adligen Familie oder Gouvernante[273]. Großer Gott, solch einen Gläubiger zu haben, der mein Leben ganz in der Gewalt hat! Und die Forderung nicht einlösen zu dürfen, und daß es einem gerade zur Demütigung dienen muß, es nicht tun zu dürfen. Sie läßt sich vermutlich nicht träumen, welch eine ungeheure Macht sie für mich ist, daß sie meinem Leben den Kurs[274] bestimmt, daß sie mich mit einem solchen Schritte wie

dem befürchteten in die tiefste Verzweiflung zu stürzen vermag. Die Sache steht also folgendermaßen: vermag ich sie los zu arbeiten oder arbeitet sie sich selber los, kurz wird sie wieder sich selbst zu eigen, so bin ich gerade so weit gekommen, daß ich für meine eigne Sache arbeiten, mich um meinen eignen Schmerz kümmern kann. Mein Leben, bevor ich mit ihr mich verband, ist einem peinlichen Verhör meiner selbst gleich gewesen, dann ward ich unterbrochen und in die fürchterlichsten Entscheidungen hinausgerufen, und wenn ich dann fertig werde (falls ich es werde!), so kann ich mit mir selber da wieder anfangen, wo ich aufgehört habe. Versteht sich, ich habe dabei gelernt, was noch quälender ist. Und geschieht es nicht, läßt sie alles wie es ist, so bin ich ein Habenichts, ein Bettelmann, ja, ein Sklave, der in der äußersten Finsternis liegt.

Und doch hat sie ja einmal ein Wort darüber fallen lassen, daß sie wünschen möchte, eine derartige Stellung auf dem Lande zu finden. Und solch ein Wort, ein Wort von ihr, ein Einfall, eine Bemerkung, von der sie vielleicht nicht mehr weiß, als man von dem weiß, was man im Schlafe spricht, solch ein Wort ist genug für mich. Ich komme mir vor wie ein Kind, wie ein Abcschütz, der sich an den ersten Aufgaben zur Einübung der Muttersprache versucht: zu einem gegebenen Worte einen Satz zu bilden.[275]

Heute hörte ich zufällig bei einem Mietskutscher, daß der Vater der Geliebten einen Wagen bestellt habe für eine Fahrt etwa zehn Meilen hinaus aufs Land zu einem Herrenhof. Was will er da, er, der da sonst so gut wie nie aus den Wällen Kopenhagens herauskommt, es sei denn reitend, und dann höchstens eine Meile Weges, er, der überhaupt keine Verbindung zum Lande hat. Gesetzt nun, — das Wort geht mir durch den Sinn, und die Stilübung beginnt. Die Stilübung! Gesetzt nun, sie habe sich wirklich entschlossen, gesetzt, sie will die Gekränkte sein, will es vor aller Augen sein, will am Leben verzweifeln und eine bezeichnende Form für diese Verzweiflung haben.

Großer Gott, bloß dies nicht, alles andre, bloß dies nicht! Verflucht sei Reichtum und irdischer Glanz, und daß man in der Welt Augen etwas Großes ist oder scheint! O daß ich ein Arbeitshäusler wäre, ein Mensch im Elend, so wäre das Mißverhältnis von andrer Art. Wohl wahr, ich bin in der Welt Augen ein schlechter VI 241

Kerl. In der Welt Augen, was sind denn der Welt Augen anders als Blindheit, und was bedeutet denn das Urteil der Welt? Ich habe keine zehn Menschen gefunden, welche die Kraft hätten, streng zu urteilen. Oder bin ich denn nicht geehrt und geachtet wie zuvor, genieße ich nicht mehr Anerkennung als zuvor, und ist es denn nicht in der Welt Augen der zu fordernde Ausweis und Rechtstitel, daß man ein schlechter Kerl ist oder zum mindesten eine ungewöhnliche Anlage hat, es zu werden? Stelle die Welt vor die Wahl zwischen einem verlassenen Mädchen, welches das unschuldige Haupt in Trauer beugt und eine stille Zuflucht auf dem Lande sucht, um sich grämen zu können und einem Schauspieler auf des Lebens Bühne, einem Frechling, der sein Haupt erhebt und stolzen Blickes allen Trotz bietet; ihre Wahl ist schnell getan. Für Schadenstiftung wird ein Mensch zu lebenslänglicher Wiedergutmachung verurteilt, ich aber, ich habe kein Urteil über mir hängen. Verdammt! Ich hetze die Menschen wider mich auf, und man ruft „bravo“; ich erwarte, man wird mich totschlagen, und man trägt mich im Triumph; ich bebe, ich zweifle, ob ich den Mut und die Kraft habe, der Welt Urteil zu tragen, ob ich es nicht mir selber schuldig bin, mich in einem milderen Lichte erscheinen zu lassen, aber ich wanke und weiche nicht, ich ziehe die Schnur des Sturzbades — und das Urteil der Welt ist äußerst wohlgeneigt.

Aber barmherziger Gott, laß dies nicht geschehen, ja, laß dies nicht geschehen! Ich verzweifle, ich breche mit dir, ich stürme hinaus, ich gewinne sie mir noch einmal, ich gebe alles hin, um mit Gold der Herrlichkeit des Herrensitzes Trotz zu bieten, ich halte Hochzeit, und ich erschieße mich am Hochzeitstag.

Indes, hinaus nach dort muß ich, ich muß sehen, was er da draußen will. Ach, ich darf keinen Menschen danach fragen, darf es nun und nimmermehr. Leicht genug, das Gelübde ewigen Schweigens abzulegen, wenn man mit der Welt nichts mehr zu tun haben mag; aber stumm sein müssen, wenn man dermaßen besorgt ist.

den 17. März. Mitternacht.

Blinder Alarm! Nun bin ich in sechzehn Stunden zwanzig Meilen gefahren, ich bin vor Angst und Ungeduld dem Tode nahe gewesen — und für nichts. Mein Leben ist auf die lächerlichste Weise in Gefahr gewesen und — für nichts. Ein Flegel von Postillon fällt VI 242 in Schlaf und die Pferde mit. Wütend springe ich aus dem Wagen und schlage auf den Burschen los, ohne zu bedenken, daß er gegen mich ein Hüne ist. Aber was tut man nicht in solch einer Stimmung! Und dann rühmt man das Postwesen und die Extraposten! Es ist ein Elend. Richard III.[276] hat sein Königreich für ein Pferd geben wollen; ich glaube, ich hätte gern mein halbes Vermögen gegeben für ein Paar schneller Pferde. Der Postillon wirft mich zu Boden. Gehen konnte nichts nützen, ich mußte gute Worte und gewaltige Trinkgelder geben — und wir fuhren.

Das Ganze ist eine rein private Sache. Eine Pacht ist frei geworden, und ein Mann in Jütland hat einen Sohn, der sie haben möchte. Der Vater ist ein alter Freund des Vaters der Geliebten, und der ist nun hinausgefahren, um sich nach den Bedingungen zu erkundigen.

Daß ein Hirn so etwas aushalten kann! Es ist ein Wellengang, wie er auf dem atlantischen Ozean nicht ist, denn der Wellengang geht zwischen Nichts und dem Allergrauenhaftesten.

den 20. März morgens.

Heute vor einem Jahr. Kein neues Symptom. Ob diese friedliche Stille ein gutes Zeichen ist, weiß ich nicht; ob geistig verstanden die Luft mit Fruchtbarkeit geschwängert ist, und es sich heimlich regt in den Knospen, oder ob Stürme in der Luft geistern, weiß ich nicht, ich darf noch immer nicht nachforschen, um es nicht zu früh zu tun und dadurch zu stören.

den 20. März. Mitternacht.

Um an mich selbst zu denken, hab ich keine Zeit, und doch steht es mit meiner innersten Existenz so, daß genug Anlaß zum Nachdenken wäre. Eigentlich bin ich keine religiöse Individualität, ich bin lediglich eine tüchtige und vollständig angelegte Möglichkeit zu einer solchen. Wenn mir das Schwert über dem Kopfe schwebt, in Lebensgefahr entdecke ich die religiösen Krisen mit einer solchen ersten Ursprünglichkeit, als hätte ich im voraus gar nichts von ihnen gewußt, mit einer solchen ersten Ursprünglichkeit, daß ich sie, falls sie noch nicht entdeckt wären, entdecken müßte. Dies ist nun nicht erst nötig, ich kann in der Hinsicht mich VI 243 selbst demütigen und züchtigen, so wie ich einmal einen etwas beschränkten Menschen getröstet habe, von dem ein andrer spöttisch sagte: ‚er hat das Pulver nicht erfunden'; ich erwiderte: ‚dies ist auch nicht nötig, denn es ist bereits erfunden'. Aber ein Ding ist es, aus dem Religionslehrbuch Lektionen auswendig lernen, ein Ding ist es, vor dem Pfarrer, ja vor dem Bischof, wenn er Visitation hält, seine Lektion aufsagen können, ein Ding ist es, wie ein Pfarrer predigen können — ein ander Ding ist die Ursprünglichkeit in der persönlichen Aneignung. Es ist gut, daß ich nicht andre lehren muß. Mit Vergnügen gebe ich den Kollektengroschen und das Jahrgeld für den Prediger; wohl dem, welcher seiner so sicher ist, daß er für den Unterricht Geld zu nehmen wagt.

Als Möglichkeit bin ich gut genug, aber wenn ich mir in der Katastrophe die religiösen Vorbilder aneignen will, begegnet mir ein philosophischer Zweifel, den als solchen ich nicht aussprechen will, auch nicht einem einzigen Menschen gegenüber. Worauf es ankommt, ist das Moment der Aneignung. Als ein in der religiösen Katastrophe Disponierter will ich nach dem Paradigma greifen, aber siehe, ich kann das Paradigma überhaupt nicht verstehen, obwohl ich es verehre mit einer aus der Kindheit stammenden Pietät, die es nicht fahren lassen will. Das eine Paradigma beruft sich auf Gesichte, das zweite auf Offenbarungen, das dritte auf Träume. Davon zu sprechen, den Vortrag mit Phantasie zu durchglühen, und doch die Voraussetzung zurückzuhalten, die Voraussetzung, welche gerade das Moment der Aneignung für den Späteren betrifft, ist leicht genug, aber es verstehen!

Wenn man das Bedürfnis des Religiösen so tief verstehen kann, daß man wohl sogar den Prediger zu Grabe läuten dürfte, und man dann eine ganz und gar entsprechende philosophische Skepsis besitzt, so sind die Aussichten nicht eben die besten. Indes, wenn ich nur erst fertig werde mit jenem Trauerjahr, das ich um sie trauern soll (und mein Trauerjahr bestimmt sich nicht astronomisch, es kann fünf oder zehn Jahre oder meine ganze Lebenszeit währen, sondern es wird bestimmt durch ‚sie'), so kann ich mich in diese Kämpfe stürzen, und dann geht es schon. Aushalten, das will ich, bis zum Äußersten, ich will nicht davon weglaufen,

ich will nicht schlaue Winkelzüge machen, mit denen man andere nasführt, wie die Schuljungen es tun, wenn sie vorne ins Buch schreiben ‚siehe die Mitte im Buch', und mitten ins Buch schreiben ‚siehe hinten im Buch', und hinten im Buch den Betrogenen zum Narren halten. Es ist meine Überzeugung, daß der Wille die Hauptsache ist, sogar im Hinblick auf das Denken, daß zehnmal so große Fähigkeiten ohne einen kräftigen Willen keinen so guten Denker machen wie zehnmal so geringe Fähigkeiten mit einem kräftigen Willen: die ausgezeichneten Fähigkeiten werden helfen zum Verstehen des Vielen, der kräftige Wille zum Verstehen des Einen. Daraus aber, daß man will und aushalten will folgt nicht, daß man etwa ein jodelnder Heiliger wird, welcher, wenn er des VI 244
Lebens und des Daseins und der Weltgeschichte Lauf betrachtet, bloß hinsieht und siehe, es ist alles so wundervoll![277] Laß ihn nur auf das Dasein und auf die Weltgeschichte schauen und sehen, daß es so wundervoll ist: wenn ich auf ihn schaue, so sehe ich klar genug, daß er ein Dummkopf ist, ebenso wie der, welcher zur Ehre des Christentums auf der Kanzel Quersprünge macht oder so ernsthaft wird, daß er einen amüsiert gleich dem Prediger auf dem Deckel der Schnupftabaksdose. So wenig als Dummheit oder Schwitzen oder einen roten Kopf Kriegen deshalb Ernst ist, weil der in Schweiß Geratende so dumm ist, daß er noch nicht einmal lachen kann, so wenig ist ein dummes Glotzen Religiosität. Weiß ich nichts andres, so weiß ich doch, daß man das Komische verwenden sollte, um auf dem Gebiet des Religiösen Justiz zu üben. Man soll die Irreführung nicht als Heuchelei, sondern als Dummheit bezeichnen. Wenn man jemand einen Heuchler nennt, so ist man ihm doch so weit zu Diensten, daß man anerkennt, er habe ein Gottesverhältnis. Ein grimmiges Pathos der Indignation[278] über die Unterschleife der Spekulation, über systematische Unredlichkeit, welche wie die römischen Prokonsuln die Provinzen aussaugt und sich selbst bereichert: das System reich und das Leben leer macht, sowie ein gutes komisches Konterfei von einem Erweckten, das ist sicherlich in hohem Maße das was not ist. Ein Schiffer kann den ganzen Tag mit Fluchen hinbringen, ohne das Geringste dabei zu denken, und ebenso kann ein Erweckter den lieben langen Tag feierlich sein, ohne in seiner Seele auch nur einen gesunden und heilen Gedanken zu haben. Jener germanische

König wollte sich nicht taufen lassen, als er hörte, er werde im Himmel nicht mit seinen Vorfahren zusammen sein; die Eingeborenen Amerikas fürchteten den Himmel mehr als die Hölle und wollten Heiden bleiben, um nicht im Himmelreich mit den rechtgläubigen Spaniern zusammensein zu müssen; und ebenso wirkt mancher Erweckte: schafft er nichts andres, so schafft er, daß man sich ekelt vor dem Religiösen.

Von diesem Kampf in mir selber darf ich noch nicht sagen: „heute";[279] aber ich empfinde, daß ich ihr viel schuldig bin für den Mut, ihn zu wagen. Wer einen andern Menschen unglücklich gemacht hat, kann dazu tauglich sein, in solchen Kämpfen auszuhalten. Wer lebenslänglich verurteilt ist, den läßt man Indigo raspeln, das ist lebensgefährlich, aber er ist ja auch verurteilt.

Das sehe ich ebenfalls ein, daß der Unverheiratete in der Welt des Geistes mehr wagen kann als der Verheiratete, alles einsetzen kann, allein um die Idee bekümmert, ganz anders geeignet ist, auf der Schneide (discrimen) der Entscheidung sich zu halten, auf der man kaum stehen, geschweige denn sein Haus bauen kann. Doch
VI 245 wahrlich, nicht etwa deshalb hab ich mich nicht verheiraten wollen. Auch ich begehrte ja ein bißchen stillere Lebensfreuden, und ihre Bitte machte mir meinen eigenen Wunsch zu meinem einzigen Wunsch; und selbst wenn ich es nicht gewünscht hätte, ich hätte es dennoch getan, weil ich allezeit glaube, daß Gehorsam Gott lieber ist denn kosmopolitische, philanthropische, patriotische Opfer auf dem Altar des Menschengeschlechts[280], daß Stille in bescheidener Pflichterfüllung unendlich wertvoller ist und jedem Menschen besser ansteht als Luxus in der Welt des Geistes und verschwenderischer Eifer in der Sorge für das ganze Geschlecht, als wäre man der Herrgott. Möge man glühend reden von Gottes Zorn und dem verzehrenden Feuer[281]; es gibt noch etwas anderes, das ich fürchte und doppelt so sehr fürchte, und das ist, daß ich Gott nötigen könnte, vornehm wider mich zu werden, so daß ich verschwinde als eine Unwahrheit vor seiner vornehmen Majestät. Ein Erweckter würde wohl finden, dieser Ausdruck habe nicht genügend Ernst, er hätte es schon gern, wenn ich fromm fluchte, so wie der Schiffer gottlos flucht. Für mich hat der Ausdruck Ernst genug und hat mehr Entsetzen als die sinnlichen Vorstellungen einer erhitzten Phantasie. Sobald ich die Pflicht verachte, wird

Gott vornehm, denn allein in der Pflicht bin ich mit seiner Erhabenheit in untertänigem Einverständnis, und darum ist seine Majestät kein Vornehmsein. Es ist daher nicht Gott, der sich vornehm macht, das tut er nie (das wäre Heidentum), sondern ich, ich mache ihn vornehm, und das ist eine Strafe. Es ist die tiefe Folge, daß derjenige, der Gott durch Verschmähen des Einfachen näher kommen will, Gott gerade von sich entfernt, in die Vornehmheit hinein, in eine Vornehmheit, die selbst der geringste Mensch nicht zu kosten braucht. Auch in dieser Hinsicht bin ich recht feinhörig; und mag auch mancher Philosoph, der in die Welt hinausruft: δός μοι ποῦ στῶ[282] (gibt mir einen festen Punkt) es nicht vernehmen, so vernehme ich doch eine Stimme, welche spricht, „ich will euch euer ‚Dos moi' geben, ihr Döskopfe"!

Nein, hätte ich nicht geglaubt, eine göttliche Gegenorder zu besitzen, so hätte ich nie mich zurückgezogen, und sobald diese widerrufen wird, wähle ich wiederum meinen Wunsch. Verhüte Gott, daß die Anstrengung und Anspannung meinen Wunsch schwächen sollte, ehe denn es erlaubt ist! Meine Gegenorder kann ich verstehen, denn sie geht durch die Reue hindurch. Ein Mensch in Reue, der sein ganzes Leben zu Selbstkorrektur brauchen kann, vermag nicht vorwärts zu gehn. Das ist ein ganz einfacher Einspruch wider einen Eheschluß. Ich habe weder Gesichte noch Träume, daß sie mir den Weg zeigen, mein Konflikt ist ganz einfältig der der Reue mit dem Dasein, ein Suspension erwirkender VI 246
Konflikt mit einer vorhandenen Wirklichkeit. Bis daß dieser Konflikt gelöst wird, bin ich in der Schwebe (in suspenso); sobald er gelöst wird, bin ich wieder frei. Deshalb ist es, daß ich mich mit jeglicher Mühe auf der Spitze der Verliebtheit halte. Sobald ‚sie' frei ist, sind die religiösen Krisen meine Aufgabe.

Gesetzt (um durchaus hypothetisch zu denken), gesetzt, sie habe sich selbst wieder; gesetzt, es sei eine Übertreibung gewesen mit dem Sterben, es sei nicht so ernst gemeint gewesen als pathetische Erwiderung, sondern so wie man in der Alltagsrede sagt: ich sterbe noch vor Hitze in diesen engen Zimmern, gesetzt, sie habe es so gemeint, aber sich selbst nicht verstanden, oder gesetzt, sie habe bis an den Tod gelitten, aber überwunden, gesetzt, ich hätte zu diesem Sieg wenig oder gar nichts beigetragen, gesetzt, sie greife zu der Abwehr, daß ich sie nie irgendwie gekümmert habe —

was dann? Nun, so hat sie mich um so mehr gekümmert. Großer Gott! falls dies möglich wäre! Wie greift doch meine Seele nach jeder Erklärung von dieser Seite her! Mag es auch in einigen der angenommenen Fälle mir für sie leid tun, es verlangt mich nicht nach mehr, dann hätte also ich am meisten gelitten, nach mehr verlangt mich nicht, ich hätte des Mädchens Teil auf mich genommen, wäre flinker gewesen zur Arbeit des Leides[283] oder doch ebenso flink, nach mehr verlangt mich nicht. Ich habe sie nicht verlassen, um Vortänzer in einer Tanzdiele zu werden, oder erster Liebhaber auf einer ständigen Liebhaberbühne. Was für sie keine Bedeutung gehabt, oder etwa bloß als Entscheidung im Irdischen, das hat für mich ewige Bedeutung gehabt. Ich bereue nichts, nicht eine Träne, nicht eine einzige, die ich ihretwegen vergossen, ich schäme mich dessen nicht, denn es ist nicht unmännlich weinen zu können, wohl aber weibisch, es nicht vor jedermann verbergen zu können. Ja, wäre da ein Spötter, der jede einzelne Träne gezählt (o, verächtliches Gewerbe, o, armseliger Betrogener, welcher die Zähre zählt, die meiner Seele Linderung ist!), und gesetzt, die Zahl wäre groß, gesetzt, er nennte die Zahl, um mich zu höhnen: ein Mann, der weint — ich werde es nicht bereuen. Und sterbe ich gleich morgen, mein Leben wäre doch ein Epigramm, welches jede Grabschrift überflüssig macht. Ich bereue es nicht; ‚sie' ist mir dennoch zum Heil gewesen, unendlich zum Heil gewesen, gerade mittels eines unüberlegten Wortes und einer übertriebenen Äußerung.

Sieh, verhielte es sich so, so wird meine Stellung eigentümlich schwierig. Ich mußte ein Menschenleben auf mein Gewissen bekommen, um aus dem Hindösen der Schwermut geweckt und herausgerissen zu werden. Ich demütige mich unter den Ernst dieses
VI 247 Gedankens. Dann aber kommt mein Verstand und spricht: ‚nein, es ist nicht wahr, du hast doch gesehen, daß es überhaupt nicht um ein Menschenleben gegangen ist, deine Phantasie allein hat diese Einbildung erzeugt und sie deiner Schwermut vorgewiesen, und beide sind einig geworden, daß es immerhin möglich sei. Folglich ist es denn überhaupt kein Menschenleben gewesen, es hat sich um ein bloßes Wort gehandelt, das in vieler andrer Mund dich vielleicht sogar zum Lachen gebracht hätte'. Freilich, in gewissem Sinne steht es so. Gleichwohl bereue ich nichts, nicht, daß ich allen

diesen Schmerz durchlitten, der mich bisher doch nicht gelähmt hat, wiewohl er es allerdings tun würde, falls ich von ihm spräche. In Einsamkeit, in Schlaflosigkeit hab ich diesen Schmerz empfunden, allwo man in einer Sekunde auf einmal mehr zusammen denken kann, als man in Monaten aufzuschreiben vermag, allwo die Einbildungskraft Ängste aus der Tiefe ruft, mit denen sich einzulassen keine Feder sich traut, allwo das Gewissen angstvoll zusammenfährt und vor Sehtäuschungen erschrickt.

Aber ach, dies alles ist ja nur eine Hypothese.

den 25. März morgens.

Heute vor einem Jahr.

Welches ist das glücklichste Dasein? Das eines jungen Mädchens von sechzehn Jahren, wenn sie, rein und unschuldig, nichts besitzt, keine Kommode, keine Truhe, sondern die unterste Schublade in der Mutter Toilettenschrank benutzt, um die ganze Herrlichkeit zu verwahren: das Konfirmationskleid und ein Gesangbuch. Glücklich der Mensch, der nicht mehr besitzt, als daß er zufrieden sein kann mit der untersten Schublade.

Welches Dasein ist das glücklichste? Das eines jungen Mädchens von sechzehn Jahren, wenn sie, rein und unschuldig, freilich tanzen kann, jedoch nur zweimal im Jahre auf einen Ball kommt.

Welches ist das glücklichste Dasein? Das eines jungen Mädchens, wenn sie, sechzehn Lenze alt, rein und unschuldig, fleißig an ihrer Handarbeit sitzt, und doch Zeit hat, nach ihm zu spähen, nach ihm, der nichts besitzt, keine Kommode, keine Truhe, sondern bloß Mitinteressent ist an dem gemeinsamen Kleiderschrank, und die Sache doch ganz anders auffaßt, sintemal er mit ‚ihr' die ganze Welt besitzt, obwohl sie selber nichts besitzt.

Und wer ist dann der Unglückliche? Das ist jener reiche Jüngling, fünfundzwanzig Winter alt, der gegenüber wohnt.

Wenn die Eine sechzehn Lenze, der andre sechzehn Winter alt ist, sind sie dann nicht gleich alt? O nein! Woher kommt denn das; ist die Zeit nicht die gleiche, wenn sie die gleiche ist? O nein, die Zeit ist nicht die gleiche.

Ach, warum sind neun Monate in meiner Mutter Leib genug gewesen, mich zu einem alten Mann zu machen, ach, warum ward

VI 248 ich nicht in Freude gewickelt, warum bin ich nicht bloß mit Schmerzen geboren[284], sondern auch zu Schmerzen, warum ward mir das Auge nicht aufgetan, das Glückliche zu sehen, sondern allein, um in jenes Seufzerreich zu schauen und mich davon nicht losreißen zu können!

den 27. März. Mitternacht.

Eine Hypothese greifen heißt doch gleichsam, statt der Juno die Wolke umarmen; und zugleich ist es Untreue wider ‚sie'! Jedoch die Hypothese als Übungsstoff benutzen, die Seele in ihr entspannen, um der Energie neue Federkraft zu verleihen, das ist erlaubt, ja, das ist zu tun geboten. Nach solch einer Stärkung gehöre ich wieder ganz ‚ihr', ganz und gar. Halte ich sie gleich nicht mehr in meinen Armen, ich umfange sie dennoch, denn der Erinnerung Werk in den Morgenstunden, und der Rettungsversuch zur Zeit der Mitternacht, sie sind ja gleichsam zwei Arme, die sie umschließen. Der Rettungsversuch, darf man es auch so nennen? Mag ich auch alles in Bereitschaft haben, was hilft das, wenn ich es nicht brauchen darf, und wäre ich auch noch so bereitwillig, was hilft das, wenn ich gebunden bin, und wenn das Einzige, dadurch ich ihr vielleicht ein wenig helfen kann, dies ist, daß ich mich in Banden halte? Dürfte ich mich nur flott machen, ich wäre schnell zur Stelle mit meinem Boot, wenn anders es ihr etwas nützen sollte, denn es wäre doch auch möglich, daß das, was sie voreinst gerettet hätte, jetzt für sie durchaus bedeutungslos wäre. Es ist unglaublich, wie viele Auswege die Möglichkeit weiß, sonderlich für den, welcher auf keinen einzigen treten darf, denn dann wäre es doch einer (und vielleicht sogar mehrere) weniger. Dennoch, es ist ein Rettungsversuch.

Welch eine wunderliche Gewalt hat doch ein Wort, wenn es sich nicht in den Zusammenhang einer Rede oder eines Satzes so eng einschmiegt, daß man seiner nur im Vorübergehen achtet, sondern wenn es, aus der sprachlichen Verbindung sich lösend, einen anstarrt, mit dem Stachel des Rätsels und mit der Aneignung durch die Angst! Ich bin so niedergedrückt, als ob da in diesem Wort eine andre Art von Wirklichkeit und Wahrheit läge; als ob ich an jenem schilfumkränzten See läge, an einem stillen Abend, als ob

ich ihren Schrei hörte, und nun der Ruderschlag: und ich rettete ihr das Leben, aber sie würde nie mehr Mensch. So hätten denn Angst und Schmerz und Ratlosigkeit langsam den Riegel des Bewußtseins gelöst, bis daß die Verzweiflung das liebliche Wesen dieser anmutigen Weiblichkeit ganz in Stücke gerissen. Entsetz- VI 249
lich! Darf ich denn diesen Gedanken nicht von mir weichen heißen, darf ich denn nicht darum beten, daß dieser Gedanke von mir genommen werde? Nein, es ist ja eine Möglichkeit. Gleichwohl, wenn ich auch nur bei ihr säße, nichts als dies, daß ich zugegen sein dürfte, daß ich alles tun dürfte, und mag es auch nichts sein, es wäre gleichwohl eine Linderung, gleich jenem heimlichen Brennen, welches ein ununterbrochener dumpfer Schmerz ist, aber doch kein allzu großes Leiden. Sie würde alsdann alles verwechseln, sie würde wähnen, daß wir wie voreinst auf jenem See im Boote säßen und zusammen segelten; und alsdann würden wir austauschen nicht so sehr sinnbeflügelte Worte als vielmehr des Wahnwitzes Äußerungen, und würden einander verstehen in Wahnsinn, und von unsrer Liebe sprechen gleich wie König Lear[285] mit Cordelia vom Hofe sprechen will und von den Neuigkeiten dort. Indes, von ihr getrennt zu sein; und falls sie stürbe, daß alsdann der, welcher der Nächste ist, der Einzige vielleicht, der ein ganzes Leben, es sei nun kurz oder lang, über sie trauern würde, nun gerade der Einzige wäre, den man nicht trauern sähe, oder richtiger, daß er verhindert wäre, dem sie geleitenden Trauerzuge in der Kutsche zu folgen und dies, obwohl er mehr als jeder andere weiß, daß ein Toter von allen der Mächtigste ist!

O, ein jeder überhaupt mögliche, sogar der schmerzhafteste Ausdruck der Trauer ist doch eine Linderung in Vergleich damit, daß man einen Ausdruck nicht hat. So leben, als ob ich stumm wäre, und dennoch Pein in der Seele und Sprache im Innern haben, nicht die Sprache, die man von einem Wortemacher lernt, sondern die, welche das Herz erfindet; wie ein Stummer sein, ja wie ein Verstümmelter, und dennoch Leiden haben, die eines Mimikers Beredsamkeit verlangen. Mißtrauisch sein müssen gegen die Stimme, daß sie nicht bebe, falls man von ihr reden will, denn das könnte ihr zum Verderben werden; mißtrauisch sein müssen gegen den Fuß, daß er nicht seines gewohnten Weges gehe und eine verräterische Spur hinter sich lasse, mißtrauisch sein müssen gegen die Hand, daß sie nicht plötzlich den Platz auf der Brust suche und das dort Verborgene andeute; gegen die Arme, daß sie sich nicht etwa ausbreiten nach ihr! Daheim sitzen in Sack und Asche oder vielmehr nackt in allem seinem Elend, und wenn man sich anziehn will, keine andern Kleider haben als die des Frohsinns und der Heiterkeit, um sich zu bergen!

„Wo tut es eigentlich weh?" fragt der Arzt den Kranken. „Ach, überall, lieber Doktor", gibt der zur Antwort. „Aber welcher Art ist denn Ihr Leiden?", beharrt der Arzt, „damit ich die Krankheit herausfinden kann". Mich fragt niemand darnach, ich bedarf dessen auch nicht. Ich weiß sehr wohl, welcher Art mein Leiden ist, ich leide sympathetisch. Eben diese Art Leiden weiß mich recht zu schütteln. Ob ich auch in Schwermut innerlichst überzeugt bin, daß
VI 250 zu nichts ich tauge: kommt die Gefahr, so hab ich im Grunde die Kräfte eines Leuen. Leide ich autopathisch, so vermag ich meinen ganzen Willen einzusetzen, und angesichts meiner Schwermut und meiner schwermütigen Erziehung findet das Furchtbare mich weit eher schon vorbereitet auf das noch Furchtbarere. Leide ich jedoch sympathetisch, so muß ich meine ganze Kraft, meine ganze Erfindungsgabe im Dienst des Furchtbaren verbrauchen, um den Schmerz des andern nachzubilden und dadurch werde ich kraftlos. Leide ich selber, so finden sich in meinem Verstande die Trostgründe ein; aber keinem einzigen von ihnen wage ich zu trauen, wenn ich sympathetisch leide; denn ich kann ja den andern nicht so genau kennen, daß ich weiß, ob die Voraussetzungen für die Wirkung eines solchen Trostgrundes gegeben sind. Leide ich autopathisch, so weiß ich, wie ich daran bin, ich setze Merkzeichen auf des Leidens Weg, damit ich etwas habe, mich daran zu halten; leide ich aber sympathetisch, so irrfahrte ich, denn ich kann ja nicht wissen, wie der andere eigentlich daran ist, und ich muß jeden Augenblick von vorn anfangen, bereit, im nächsten Augenblick eine noch schrecklichere Möglichkeit zu denken, deren Grauen ich aushalten muß, wenn ich mich nicht von etwas drücken will.

Ist sie erst einmal frei geworden, so bin ich freilich nicht der Trauer ledig, sondern so bin ich erst an dem Punkt, auf dem sie mich vermutlich wähnte, als sie mich bat, zuweilen ihrer zu gedenken.[286] Ja, alsdann werd ich ihrer gedenken, aber dann hab ich

auch Linderung gefunden, bin wehmütig und spreche mit Ossian: ‚süß ist der Schwermut Leid'[287]; dann hab ich Frieden, denn der in Schwermut sich Erinnernde ist auch gesegnet und gesänftigt, und glücklich gleich der Trauerweide, die im Abendwinde sich regt. Aber nicht jetzt. Ich fürchte nichts auf der ganzen Welt, wenigstens meine ich es nicht zu tun, dies Mädchen aber fürchte ich. Ein sie Sehen im Vorübergehn, und sie entscheidet mein Schicksal bis zum nächsten Mal. Auf diese Art ist sie wesentlich alles, alles, schlechthin alles; ist sie frei geworden, so ist sie wesentlich gar nichts. Sie ist die Liebreizende, wohl wahr, aber das hat wesentlich keine Bedeutung. Und würde sie liebreizender denn ein Engel, das berührte mich nicht, eines Mädchens große Schönheit berührt mich nicht wesentlich. In Liebe bin ich gewesen, aber meine Seele ist zu sehr auf das Ewige angelegt, um über eine unglückliche Liebe zu verzweifeln, dahingegen vermag ich sehr wohl zu verzweifeln über eine unglückliche Verantwortlichkeit, ein unglückliches Verhältnis zu des Lebens ewigem Sinn. Welche dialektische Schwierigkeit meine Stellung hat, begreift nur der, welcher selber erprobt worden ist. Wenn ein unerfahrener Mann eine Rechtsurkunde liest, versteht er sie freilich, doch allein der VI 251
geübte Jurist kann ihre Entstehung durchschauen, allein er vermag die unsichtbare Schrift der überwundenen Schwierigkeiten zu lesen, allein er weiß Bescheid über den Beitrag der vergangenen Geschlechter zur Ausfertigung der Urkunde, er kennt jenen Grenzstreit zwischen Gescheitheit und Gescheitheit, Gescheitheit im Dienst der Gerechtigkeit und im Dienst der Betrügerei, für ihn besitzt daher der einzelne Ausdruck nicht Bedeutung in gewissem Maße, sondern unbedingte Bedeutung, und für ihn ist solch eine Urkunde auch ein Beitrag zur Geschichte des Menschengeschlechts. Der Unerfahrene kann die Urkunde wohl verstehen, aber er vermag sie nicht aufzusetzen, ja, kaum sie sicher und genau abzuschreiben.

den 2. April morgens.

Heute vor einem Jahr. Es ist entweder am ersten oder am zweiten dieses Monats gewesen, daß ich also endlich erforschen mußte, wie es mit uns beiden stehe. Ich legte mir einen Anlaß und eine Situationsfrage zurecht, um damit ihrem Gefühl Gelegenheit zur

Äußerung zu geben. Was geschieht? Ohne den allermindesten Vorbehalt in der Welt, ja mit unschöner Heftigkeit, welche nahezu an Ärger grenzte, erklärt sie: „daß sie sich schlechterdings gar nichts aus mir mache, sie habe mich aus Mitleid genommen und könne überhaupt nicht begreifen, was ich denn wolle." Kurz eine kleine Improvisation nach der Art von Beatrice in ‚Viel Lärmen um Nichts'.[288]

O Schwermut, wie du doch den Schwermütigen zum Besten hast! Wahr ist, was der Dichter spricht: ‚Wen Gott verderben will, dem nimmt er den Verstand' (quem deus perdere vult primum dementat[289]). Nun bin ich durch der Sorge Schattentale gewandert, um alles so gut zu machen zu suchen wie es mir möglich ist, ich habe mich gedemütigt, so wie ich es keinem Menschen je gestehen dürfte, ich habe in des Todes Finsternis gesessen, tief verwundet von dem Gedanken, daß ich sie nicht glücklich machen könne — und ich bin nicht auf das gekommen, was am allernächsten lag, was ich jetzt, da sie es sagt, ausgezeichnet verstehen kann, daß sie sich schlechterdings nichts aus mir macht.

Indes, vielleicht ist es bloß eine unüberlegte Äußerung gewesen, ein Ausbruch von Heftigkeit, vielleicht ist sie gereizt, obwohl ich nicht begreife, weshalb. Mich empören lassen, das will ich nicht. Wäre ich nur ganz sicher in meiner Lebensanschauung, so daß ich
VI 252 Macht brauchen dürfte, so wäre das Ganze eine Narretei. Anderseits aber, ‚sie' eröffnet mir doch eine frohe Aussicht. So viel ist gewiß, Heiraten ist und bleibt für mich die schwierigste Aufgabe; ich habe jetzt so viel eingesehen, daß ich, falls ich mich vorher so gut verstanden hätte, gar nicht angefangen hätte mit der Sache. Und nun scheint sie ja mir gegenüber weit mehr Kräfte zu besitzen als ich ihr gegenüber.

Die Erkundung ist zur Explosion geworden, und ich bekam den Dampf gerade ins Gesicht. Gleich wie jemand, der lange im Finstern gesessen hat, beim plötzlichen Einfallen eines grellen Lichts nicht sofort sehen kann, ebenso ist es mir ergangen: obwohl sie neben mir saß, vermochte ich sie beinahe nicht zu sehen. Jene ideale Gestalt, die ich mit der sorgenvollen Verantwortung einer ewigen Verpflichtung umfangen, sie ward wirklich und wahrhaftig etwas so viel Kleineres, so unansehnlich, daß ich sie nur mit genauer Not entdecken konnte. Meine Schwermut ist wie fortgeblasen, ich sehe, was ich vor mir habe: Tod und Pestilenz, so ein kleines Jüngferchen!

Ich muß den Versuch jedoch wiederholen, um zu sehen, ob es Ernst ist oder nicht. Ich vermisse nämlich eine gewisse Folgerichtigkeit der Handlung: daß sie das Ganze aufsagt und ich fortgeschickt werde. Doch daran scheint sie überhaupt nicht zu denken; was soll also das Ding bedeuten? Wir wollen sehen.

den 2. April. Mitternacht.

Indes, falls sie nun doch wirklich wahnsinnig würde! An Todesgefahr ist wohl niemals zu denken gewesen, jetzt scheint diese also vermieden zu sein, (wiewohl für mich stets eine beängstigende Folge bestehen bleibt, welche ein ‚Gleichzeitig' [cum hoc] mit einem ‚Deswegen' [propter hoc] verwechselt), aber — der Wahnsinn. Laßt uns sehen, wie die Sache zugehen würde.

Zuerst und vor allem wird mein Abtreten in der Rolle des schlechten Kerls eine wesentliche Veränderung zuwege bringen, da es ‚sie' in eine pathologische Bewegung von ganz andrer Art versetzen wird, es wird ihren Zorn aufreizen, ihre Erbitterung, ihren Trotz gegen mich, und eben ihr Stolz wird ihr vor allen Dingen einschärfen, daß sie das Äußerste wage, um sich oben zu halten. Wäre ich ihr treu geblieben, so dürfte es die Liebe, außerdem alle andern Seiten der Seele, befriedigen, in dem Geliebten alles zu besitzen und daher mit dem Geliebten alles zu verlieren; da ich mich jedoch nicht als ein ihrer Liebe würdiger Gegenstand gezeigt habe, würde ein Heroismus seltener Art dazu gehören, den am bequemsten sich bietenden Trost zu verschmähen: den nämlich, den Unwürdigen so sehr als möglich ins Reich des Bedeutungslosen VI 253
zu verweisen. In dieser Hinsicht habe ich sie gemäß äußerstem Vermögen unterstützt; und falls ich diese Vorsicht nicht geübt hätte, mit der ich zugleich das Urteil des Allgemeinen über mich respektierte, so wäre ich nach meinem Dafürhalten unmittelbar schuldig an ihrem etwaigen Wahnsinn geworden; denn ein würdiger Gegenstand ihrer Liebe sein wollen und dann derart sich verhalten, das hieße ihr eine dialektische Aufgabe stellen, welche in dem Maße auf das Gottesverhältnis des einzelnen Menschen bezogen ist, daß einzig dieser Mensch selber mit Gott das Problem

festzuhalten vermag. Daher ist es dieses Menschen Pflicht, sich darein zu finden, ja, das Seine dazu zu tun, daß er in den Augen jedes, der mit der Sache zu tun hat, für einen verderbten Menschen gehalten wird, vor allen Dingen denn in den Augen von ihr; Leuten gegenüber, die es nichts angeht, kann er ja Stillschweigen üben.

Eine weibliche Seele wird, psychologisch gesprochen, auf zweierlei Weise wahnsinnig werden können. Die eine beruht auf dem Übergang des Plötzlichen, wenn der Verstand zu kurz kommt. Man kann blind werden vermöge eines plötzlichen Wechsels von Licht und Finsternis; das Herz kann zu schlagen aufhören bei einer plötzlichen Veränderung der Temperatur, weil die Ausatmung gehemmt wird durch die sich eindrängende Luft. Ebenso steht es auch mit dem Verstande mit Bezug auf den Übergang des Plötzlichen, die Reflexion kann nicht zum Ausatmen kommen, und der Verstand steht still. Auf diese Art wirkt der Wahnsinn versteinernd. Es besteht kein Verhältnis oder richtiger, es besteht schlechthin ein Mißverhältnis zwischen dem, was der Verstand leisten kann und der Aufgabe, die gestellt wird. Dies Mißverhältnis drückt der Wahnsinn aus. Ein Augenblick entscheidet das Ganze; nur noch ein Augenblick mehr, und es wäre nicht geschehen.

Die andre Weise ist die, daß eine versteckte Leidenschaft mittels Reflexion den Willen ermattet und die Leidende langsam in Wahnsinn versinkt. Die Leidende wird nicht versteinert, sondern irrsinnig in einem Umkreis von Vorstellungen, die mit Naturnotwendigkeit einander ablösen, jedoch kein Verhältnis mehr zu der Freiheit haben, welche voreinst diese Vorstellungen frei erzeugt hat, die nunmehr in unfreier Weise sich selbst erzeugen.

Der erste Fall kann bei ihr unmöglich eintreten, der Übergang ist so abgetönt gewesen wie nur möglich; außerdem hätte sich ja auch schon zeigen müssen, daß das Unglück geschehen ist. Der zweite Fall, der nahezu der gefährlichste ist, könnte weit eher eintreten. In gewissem Sinne nämlich ist das Verhältnis für sie so dialektisch gemacht worden, als es meiner Reflexion nur möglich war; ich wüßte nicht, daß ich es versäumt hätte, irgend eine Möglichkeit vorzubringen, und sie stets so hypothetisch zur Seite zu werfen, daß es ihr selber überlassen blieb, eine Erklärung zu fin-

den. Dies hab ich mit Fleiß getan; ich glaube, menschlich gesprochen, daß es das allein Richtige ist. Ach, die Mühe ist hart gewesen, und es war beinahe eher zu befürchten, daß ich etwa VI 254
selber den Verstand verliere. Von Natur war sie nicht so sehr reflektiert, oder richtiger, sie war es so gut wie gar nicht, man kann jedoch nie wissen, welche Wirkung ein Begebnis etwa hat. Ein bloßes Zehntel der Reflexionsmöglichkeiten, die ich in Bewegung gesetzt habe, wäre, falls sie selbst sie sich ausgedacht hätte, hinreichend gewesen, um ein weibliches Gehirn zu verstören. Aber die Reflexionsmöglichkeiten müssen in ihren Augen das Versucherische verloren haben. Das ist es was ich gewollt, und menschlich gesprochen ist es richtig. Das heimliche Leid muß die Reflexionsmöglichkeit selber ersinnen und erzeugen, dann ist es für das Leid verführerisch, diese festzuhalten; und dies ist das Angeld des Wahnsinns. Bei ihr steht es so nicht. Sie mag jede Reflexionsmöglichkeit, die sie nur will, ins Bewußtsein rufen, diese wird nicht die erfrischende Kühle des Neuen haben, nicht das Locken und Winken des Überraschenden und hat keine heimlich bestechende Macht, denn sie ist ihr schon bekannt. Nächstdem habe ich jede Reflexionsmöglichkeit mindestens so vollständig, als es mir möglich war, vorgebracht. Ich habe ihr den Eindruck einer überlegenen Reflexion vermitteln wollen. Man macht es, so gut man kann. In dem Augenblick, da sie mit Reflektieren beginnen möchte, wird es ihr einfallen: ach, was würde mein Reflektieren denn nützen; wenn ich wie er reflektieren könnte, und was hat es ihm genützt! Reflexion ist für eine weibliche Seele das Gleiche wie Leckerei für das Kind. Ein bißchen davon lockt, aber in Mengen verliert die Leckerei das Verführerische.

Fernerhin, falls sie zuweilen an mich denkt, falls sie auf eine Möglichkeit hofft, das Verhältnis wieder herzustellen, könnte eine neue Art von Reflexion sich einschleichen, bei der sie selbst die Erfinderin wäre. In dieser Richtung habe ich gearbeitet und arbeite ich gemäß äußerstem Vermögen, indem ich mein eignes Dasein durchaus unverändert halte. Mittlerweile wird sie vielleicht doch ihre Schlüsse ziehn aus dem und jenem, das sie von mir hört, oder aus dem und jenem, das sie an meinem Äußeren wahrzunehmen meint. Allerdings, aber im gleichen Augenblick wird sie bedenken, wie doch meine Reflexion ihr so vielerlei an

Möglichem gezeigt hat, daß sie unmöglich nachkommen kann. Dies kann sie nicht demütigen oder kränken; denn daß eine reflektierende Individualität mehr und zwar sehr viel mehr Reflexion besitzt als ein Mädchen, entspricht der Ordnung der Natur. Hätte sie nun nicht, wie ich hoffe, sogar bis an die Grenze des Ekels, eine konkrete Vorstellung von dem, was Reflexion vermag, erhalten, so hätte es sie am Ende dennoch versucht. Jetzt glaube ich das nicht. Ich habe alles getan, um ihr Reflexion widerwärtig zu machen (denn die Allgewalt der Reflexion, wenn sie auf einen einzigen Gedanken sich gründet, wird natürlich Allgewalt in dialektischer Plapperei, wenn man den einen Gedanken fortnimmt) und um ihr jeden Reflexionsversuch, ehe daß sie mit ihm begonnen hat, fruchtlos erscheinen zu lassen. Meinerseits habe ich darunter genug gelitten und leide noch nachträglich; man kann einem an-
VI 255 dern Menschen das Gift aussaugen und selber daran sterben: man kann, um einem andern Menschen Reflexion zu entwinden, selber nur allzu reflektiert werden. Ist ihr aber die Reflexion widerwärtig, so wird sie dicht vor einem Entschlusse stehn und den schlüpfrigen Weg, der in Wahnsinn hineinführen kann, überhaupt nicht betreten. Wird sie frei, so wird sie frei vermöge ihres eignen Entschlusses, und nicht etwa frei in der einen oder andern Betrachtung und Auffassung, die ich ihr zugesteckt habe.

Wahnsinnig aus Liebe könnte sie also menschlicher Voraussicht nach nicht werden. Eben weil sie wenig reflektiert gewesen ist, wäre der Übergang des Plötzlichen für sie das Gefährlichste gewesen. Der ist verhindert, und um auch den Irrungen der Reflexion vorzubeugen, hab ich bestem Vermögen gemäß das Beste, das ich konnte, getan. Sollte also der Wahnsinn sich einstellen, so müßte der Stolz einer gekränkten Weiblichkeit, der es sich zu Herzen nähme, verschmäht worden zu sein, sich verzweifelnd, um sich zu rächen, in sich selber verschließen, bis daß er den Irrgang tut. Ach, ich kenne der Welt Urteil sehr wohl, ich habe den Schmerz vielleicht mit größerer Pein empfunden denn die Geliebte; es schaudert mich bei dem Gedanken, daß etwa jemand sich erkühnte, ihr mit einem stolzen oder, was ebenso schrecklich ist, einem teilnahmsvollen Blick zu verstehen zu geben, sie sei gekränkt worden, und eben damit die Kränkung fortzusetzen. Man erzählt, es sei in alten Tagen Sitte gewesen, daß bei der Erziehung eines Prinzen

mit ihm zusammen ein Knabe einfacher Herkunft erzogen wurde, welcher jedesmal die Strafe erleiden mußte, wenn der Prinz sie verdient hatte. Man hat von der Grausamkeit gegen den unglücklichen Knaben gesprochen, welcher die Prügel zu empfangen hatte; mich bedünkt, die Sache sei eine weit größere Grausamkeit gewesen gegen den unglücklichen Prinzen, welcher, wofern er Ehrgefühl besaß, die Strafen weit nachdrücklicher empfinden mußte, weit schmerzhafter, weit vernichtender, als sie sinnlich zu spüren sind. Ich weiß auch, wie sehr es mich gequält hat, sie jenem Schmerz auszusetzen, ich weiß, ich bin bereit gewesen, alles zu tun, um es zu verhindern, indem ich der Trennung ein falsches Gesicht gäbe[290], so daß in der Welt Augen ich der Leidende würde, denn wenn es sich allein um mich handelt, so weiß ich, wie weit der Schmerz geht, und was ich dagegen zu tun habe: es sollte sich jedoch nicht durchführen lassen. Einige Male ließ ich während unsrer Unterhaltung in scherzendem und plauderndem Tone ein paar Winke einfließen, um sie aufmerksam zu machen, vergebens. Bloß ein Wort von ihr, und es wäre geschehen, trotz der von mir geübten Vorsicht, in scherzendem und plauderndem Tone auf das hin zu deuten, was mir eine unbeschreibliche Linderung gewesen wäre. Mehr wagte ich nicht zu tun. O, falls ich mit aller meiner Leidenschaft davon gesprochen hätte, so hätte sie aus meinem Eifer von selbst gesehen, wie sehr sie mich beschäftigte, und dann hätte alles sich wieder in die Länge gezogen, und sie hätte sich wieder jegliches Mittel gestattet, um mich zu rühren, will heißen, um mich zu peinigen; denn mich rühren lassen durfte ich nicht. VI 256
Es ist ein komischer Widerspruch, wenn man pathetisch oder systematisch entscheidend von dem spricht, davon man selbst nicht überzeugt ist, oder das man nicht versteht, ein tragischer aber, ein tief tragischer Widerspruch ist es, in schwebenden Ausdrücken, in scherzhaften Andeutungen, in oberflächlichen Redensarten von dem sprechen zu müssen, was einen so beschäftigt und ängstigt, daß man fast daran stirbt. Es ist ein komischer Widerspruch, wenn man vier Groschen an eine Sache wendet, bei der unendlich viel zu gewinnen ist, ein tragischer aber, ein tief tragischer Widerspruch ist es, den Einsatz auf eine Weise machen zu müssen, als ob man um Rechenpfennige spielte, obwohl man doch selber nur allzu gut weiß, wie viel, wie gar so viel auf dem Spiele steht. Es

wäre, wie ich annehme, für einen Apostel einer der schrecklichsten
Konflikte, vielleicht der schrecklichste überhaupt, falls es sich
denken ließe, daß Fürsorge für einen Menschen den Apostel etwa
dazu nötigt, in zweideutigen Ausdrücken, im Tone leichter Plau-
derei von der Wahrheit des Christentums zu sprechen. — Aber
zur Sache. Daß auf diesem Wege etwa der Wahnsinn zu Tage
treten könnte, mag ich nur ungern denken, nicht weil es entsetz-
lich ist, denn meine Ehre heischt es, daß ich mir das Entsetzliche
denke, sondern weil es ihr Verhalten gegen mich in ein recht
wenig schönes Licht setzen würde. Jeder Ausbruch der Leiden-
schaft, mit dem sie einen Mord auf mein Gewissen gelegt, jeder
solche Leidenschaftsausbruch, den meine Ehre mir, solange keine
andre Aufklärung gegeben wird, als wahr anzusehen gebietet
allem Einspruch des Verstandes zum Trotz, jeder solche Ausbruch,
welcher, falls die Übertreibung aufgeklärt wird, sich gleichwohl
mit weiblicher Reinheit und Liebenswürdigkeit leicht vereinbaren
läßt, jeder solche Ausbruch wird bei der Annahme, daß Stolz zu
ihm die Triebfeder gewesen, sich als eine unschöne Fälschung der
Selbstliebe darstellen. Allerdings, ich habe mir so manche Fäl-
schung wider sie erlaubt, doch wahrlich, es ist geschehen, um sie
zu retten, und es ist sympathetisch gemeint gewesen. Darum will
ich mir jenes Entsetzen so ungern denken. Im Übrigen hab ich
auch hier alles, was ich vermochte, getan und tue es noch immer
unverdrossen. Würde mein Dasein etwas Positives ausdrücken, so
wäre es ja denkbar, daß dies ihren Stolz kränkt. Könnte ich ein
Mannesdasein aufrecht erhalten, welches eben kraft seines Ver-
hältnisses zum andern Geschlecht als solches sich darstellt, d. h.
kraft der Schönheit, Haltung, eines einnehmenden Wesens, guter
Lebensart usw., so würde ja mein Präjudikat vielleicht wirklich
zum Präjudiz wider sie werden[291], es würde sie empören können,
daß ein Mann, dem ihr Geschlecht ein Recht zum Urteil zuge-
steht, so über sie geurteilt hat. Indes, davon bin ich denn zum
Glück so weit entfernt, wie ein Mensch nur sein kann. Wäre ich
ein Künstler, der sich doch auf das Schöne und das Weibliche ver-
steht, wäre ich ein Dichter, der doch der Liebling der Frauen ist,
so könnte es am Ende den Stolz entfachen, daß jemand, zu dem
ihr Geschlecht sich bekennt, so über sie geurteilt hat. Wäre ich ein
VI 257 Denker, ein Gelehrter, so wäre es allbereits schwieriger, sich vor-

zustellen, wie solch ein Dasein fortan den gekränkten weiblichen Stolz aufreizen sollte. Indes solch ein Dasein wäre immerhin etwas. Das Bißchen hingegen, das ich bin, ist das blanke Nichts. Indem ich sie im Sinne habe, befriedigt es mich und meinen Genius, mein gesamtes Dasein auf dem kritischen Nullpunkt zwischen Kälte und Wärme zu halten, auf dem kritischen Nullpunkt zwischen dem etwas Sein und dem nichts Sein, dazwischen daß ich vielleicht, vielleicht weise bin und daß ich vielleicht, vielleicht ein Dämelack[292] bin. Solch ein Dasein ist dem weiblichen Dasein ganz und gar fremdartig, es kann ein Weib noch nicht einmal beschäftigen, geschweige denn sie erregen. Ich bin nicht in dem Maße geistesschwach, daß es in ihr Teilnahme erwecken könnte, aber ich bin eben halbverrückt genug, daß sie gleichgiltig sagen kann: ach, er ist ja verrückt; und falls ein gekränkter Stolz gegen mich feindselig ist, wird er sich mit Leichtigkeit über so einen Sonderling[293] erheben können. Es gehört bereits allerhand Dialektik dazu, um das Dasein im Nullpunkt zu fassen und es dann durchzuhalten; jedoch um solch ein Dasein als eine Polemik wider sich selbst zu fassen, dazu gehört ein ungemeiner Dialektiker. Ein Weib besitzt selten viel Dialektik, sie hatte nichts davon; ist sie später eine so ungemeine Dialektikerin geworden, so kann sie es nachgerade schaffen, und ist sie es nicht geworden, so ist mein Verfahren richtig und wohlberechnet.

Dies ist meine Diagnose. Mir bietet sie leider nur wenig Trost, obwohl es mir jederzeit eine Notwendigkeit ist, mir alles deutlich zu machen. Wäre ich ärztlich zu Rate gezogen worden und hätte ich sagen dürfen, daß dies der Zustand der Leidenden sei, so würde ich beruhigt sein wegen des Auftretens einer Geistesverwirrung. Da ich nicht der Arzt bin, sondern der Schuldige, hilft mir das nichts. Das Gift wirkt in mir selber, das Reflexionsgift, das ich in mir entwickelt habe, um ihr womöglich alle Reflexion auszusaugen. Ich erinnere mich, daß sie einmal zu mir gesagt hat, „es müsse grauenhaft sein, dermaßen alles erklären zu können“. Sie hätte hier eine Vorstellung davon bekommen können, wie wenig sie meine Reflexion verstehe; denn sie verstand schwerlich, wie willkommen mir diese Äußerung war, und wieso so willkommen.

Mittlerweile habe ich doch verstanden und erlebt, daß es mög-

lich sein könnte; meine Schwermut hat mir auch diese Möglichkeit eingebleut. Mag auch der Unglückliche, den der Wahnsinn in seiner Verstrickung hält, nichts leiden: wenn man den Wahnsinn bei einem andern sympathetisch mitleiden muß, indem man unablässig auf die zweifelhafte Lesart einer ewigen Verantwortung starrt, ach, das ist etwas, wo schon der bloße Gedanke daran genügt, um einen Menschen kurz und klein zu kriegen. Indes, wenn es geschähe, so dürfte ich sie wohl besuchen, und dies würde mir eine Linderung sein; gesetzt aber, sie würde dann frei davon
VI 258 werden und meine ganze schwere Frage kehrte wieder, so käme die Reihe wohl an mich. Bei ihr wachen, Nacht und Tag, das vermag ich, aber schlafen kann ich nicht, und mein Harm wird nicht verwunden, indem ich „jede Nacht an meiner Gattin Seite ruhe“ [294], wenn es nicht entschieden ist, ob sie meine Gattin sein kann.

Nunmehr will ich die Lichter löschen; wenn um mich alles finster ist und ich selber stumm, so befinde ich mich am wohlsten. Was hülfe es zu reden; jedermann würde sagen, es ist Lüge. Das ist nun einmal so. Ich habe nicht die Absicht, meine Behauptung wider Opponenten zu verfechten, werde auch nicht versuchen, meine These öffentlich zu verteidigen (neque thesin meam publico colloquio defendere conabor[295]). Und was ist dann die Sache, über die ich mit Gott disputiere? Falls es nun ein Streit um des Kaisers Bart wäre, falls sie ihre Meinung geändert hätte, falls sie mit Vergnügen jedes Wort widerrufen würde, das mit meiner Schwermut zusammen daran arbeitet, das Entsetzen zu gestalten, was dann? Dann würde lediglich folgen, daß sie über ihr eigen Haupt eine Nemesis brächte: daß es nämlich an den Tag käme, daß sie ihre Person mit dem ewigen Verhältnis einer pflichtmäßigen Verantwortung zu Gott verwechselt habe und so dahin gelangt sei, sich in ihrer ganzen Unbedeutendheit zu zeigen. Die Sache ist an eine höhere Instanz gegangen; ich habe der Geliebten alle mögliche Idealität verliehen; ich könnte weder um ihret- noch um meinetwillen wünschen, das Komische wieder so nahe auf den Leib zu bekommen.

den 5. April morgens.

Heute vor einem Jahr. Ach ja allerdings, heute hab ich die Er-
klärung und den letzten Willen feierlich beurkundet und konfir-
miert bekommen von – meiner kleinen Konfirmandin; denn eben
diesen Eindruck macht sie mir, so ein kleines Jüngferchen. Gleich-
wohl will sie nicht handeln, sie scheint eher mich pirren zu wol-
len, auf daß ich ein Anbeter werde. Bei jeder andern würde ich
sagen, daß dies der Anfang zu einem kleinen koketten Spiel sei,
von ihr darf und will ich das nicht sagen, noch nicht einmal es
denken. Aber es ist etwas von dem Lächerlichsten, das ich erlebt.
Ich bin, das hab ich nur zu tief gefühlt, viel zu alt für sie, durch
ein derartiges Gebaren aber macht sie mich nun freilich so unver-
hältnismäßig viel älter, daß ich unwillkürlich an einen alten Schul-
meister denken muß, welcher vom Katheder einem Schüler fol- VI 259
gende Rede hielt: „kommst du mir noch einmal so, dann wirst du
wirklich einen an die Ohren kriegen ... und ich glaube wirklich,
du kriegst ihn gleich."

Das ist also die Folge meiner idealen Vorstellung von Pflicht. Würde es mir etwa klar, daß ich in strengerem Sinne gegen alle Menschen Pflichten hätte, so wäre ich der geplagteste Mann im ganzen Land. Ich habe eine ideale Vorstellung von jedem Pflichtverhältnis, und da meine unabhängige Stellung es mit sich gebracht hat, daß ich keines auf mich genommen, so hat diese Vorstellung noch immer eine Ursprünglichkeit wie in der Kindheit, eine Begeisterung wie in der Jugend, einen der Schwermut gemäßen sorgenden Ernst, welcher die Vorstellung an sich vielleicht zum Besten macht das ich habe, aber auch zu der rücksichtslosesten Anstrengung mich verpflichtet.

Warum also mußte sie mir in dies Verhältnis das Lächerliche hineinbringen? Machte sie sich wirklich nichts aus mir, nun wohl, ich bin reisefertig, ich bin religiös zerbrochen gewesen und werde vielleicht es wieder, sobald ich die Verantwortung übernehme, aber erotisch bricht man mich nicht. Ist das ihr Ernst, so sagt man dergleichen gerade heraus, man sagt es mit Anstand, man hält sich selbst in Ehren in allem, was man in der Hinsicht tut; aber man zieht keinen Flunsch und schlägt nicht nach hinten aus; denn damit macht man bloß alles lächerlich. Vielleicht liegt in ihrem Gebaren wider Willen sogar eine Anerkennung meiner Person;

denn es ist eine Art von Aufsässigkeit. Sie muß ja wissen, daß sie ebenso viel Macht hat als ich, und wer Macht hat, benimmt sich nicht so.

den 5. April Mitternacht.[296]+

Eine Möglichkeit.

Die Lange Brücke[297] hat ihren Namen von der Länge; als Brücke nämlich ist sie lang, aber die Länge der Brücke als Wegstrecke ist nicht erheblich, wovon man sich leicht überzeugt, indem man sie zurücklegt. Steht man dann auf der andern Seite: auf dem Boden von Christianshavn, so scheint es wiederum, daß die Brücke doch recht lang sein muß, denn man ist gleichsam weit, sehr weit weg von Kopenhagen. Man spürt sofort, daß man nicht in einer Haupt- und Residenzstadt ist; man vermißt auf den Straßen gewissermaßen den Lärm und den Verkehr, man ist gleichsam seinem Element entrissen, indem man entnommen ist jenem Sichbegegnen und Sichtrennen, jenem Hasten, in dem das Allerverschiedenste sich gleichmäßig geltend macht, entnommen ist jener lärmenden Genossenschaft, in der ein jeder sein Scherflein beiträgt zum allgemeinen Spektakel. In Christianshavn dagegen herrscht eine geruhsame Stille. Man scheint allda nichts von den Zielen und Absichten zu wissen, welche die Bewohner der Hauptstadt in so lär-
VI 260 mende und so emsige Tätigkeit versetzen, scheint die Unterschiede nicht zu kennen, welche der lauten Bewegung der Hauptstadt zugrunde liegen. Hier ist einem nicht so, als ob der Boden einem unter den Füßen schwanke und schüttere, man steht so sicher, wie das jeder Sterngucker oder Wasserinspektor um der Beobachtung willen sich wünschen möchte. Vergebens sieht man sich um nach jenen gesellschaftlichen Ansprüchen, jenem Poscimur[298] der Hauptstadt, allwo es so leicht sich macht mit dem Mitmachen, allwo man jeden Augenblick sich selber loswerden, zu jeder Stunde in einem Omnibus Platz finden kann, allenthalben umgeben von guten Wärmeleitern; man findet sich hier verlassen und verfangen in der Stille, die einen einsam macht, allwo man sich selber nicht los werden kann, allwo man allenthalben umgeben ist von schlechten Wärmeleitern. In einzelnen Vierteln sind die Straßen so leer, daß man seine eignen Tritte hört. Die großen Lagerhäuser enthalten

nichts und bringen nichts ein; denn freilich ist Echo ein recht stiller Bewohner, aber was Erwerb und Entgelt anlangt, ist mit ihm keinem Eigentümer gedient. In den wirklich bevölkerten Vierteln ist das Leben bei weitem nicht ausgestorben; laut hallend aber ist es ganz und gar nicht, eher ist es wie jenes stille Menschengeräusch, welches wenigstens auf mich einen ähnlichen Eindruck macht wie das sommerliche Gesumme, das mit seinem Summen die Stille des Landlebens draußen merken läßt.

Man wird wehmütig, sobald man den Boden von Christianshavn betritt; denn die Erinnerung da draußen mitten unter den leeren Speichern ist wehmütig, und wehmütig ist der Anblick, den die übervölkerten Straßen gewähren, wo dem Auge lediglich der Armut und des Elends Idylle sich zeigt. Man ist über die salzigen Fluten dahingeschritten, um herauszukommen, jetzt ist man weit, weit weg, entrückt in eine andre Welt, allwo ein Schlachter wohnt, der mit Pferdefleisch handelt, allwo auf dem einzigen Marktplatz eine Ruine steht seit jener Feuersbrunst, die nicht, so wie sonst frommer Aberglaube bisweilen es erzählt, alles verzehrt und die Kirche unversehrt gelassen hat, sondern die Kirche verzehrt und die Strafanstalt heil hat stehen lassen. Man ist in einer ärmlichen Kleinstadt, in der allein der Unterschlupf verdächtiger Personen, und die besondere Aufsicht der Polizei an die Nähe der Hauptstadt erinnert; alles Übrige ist ganz wie in einer Kleinstadt: das stille Geräusch von Menschen, daß alle einander kennen, daß da ein zerlumpter armer Wicht ist, der mindestens jeden zweiten Tag seine Dienste in trunkenem Zustande verrichtet, und daß da ein Schwachsinniger ist, der, von allen gekannt, für sich selber sorgt.

So sah man denn vor einigen Jahren im südlichen Teil der Oberen Straße am Wasser zu einer bestimmten Tageszeit einen hageren hochgewachsenen Mann, welcher mit abgemessenen Schritten auf dem gepflasterten Bürgersteige auf und niederging. Das Auffallende seines Hin- und Herschreitens konnte schwerlich jemand entgehen, denn der von ihm zurückgelegte Weg war so kurz, daß
auch der Uneingeweihte auf ihn aufmerksam werden mußte: so- VI 261
fern er nämlich sichtlich weder einen Geschäftsgang noch einen Spaziergang wie andre Menschen tat. Wer ihn des öfteren betrachtete, konnte in seinem Weg ein Bild erblicken von der Macht der Gewohnheit. Ein Schiffer, welcher vom Schiff her gewohnt ist,

das Deck als Spazierstrecke zu benutzen, erwählt sich auf dem festen Lande einen Weg gleicher Länge und geht alsdann mechanisch auf und ab: ebenso denn auch dieser Spaziergänger oder der Buchhalter, wie man ihn nannte. Wenn er ans Ende der Straße gelangte, bemerkte man an ihm gleichsam die umgekehrte Wirkung eines elektrischen Schlags, den Ruck der Gewohnheit: er machte Halt, nahezu in militärischem Zeitmaß, stand da, hob den Kopf in die Höhe, machte Kehrt, heftete das Auge wieder an den Boden, und schritt darauf zurück u.s.f.

Natürlich war er im ganzen Viertel bekannt; trotz seiner Geisteskrankheit aber war er nie einer Beleidigung ausgesetzt; er wurde vielmehr von den Umwohnenden mit einer gewissen Ehrerbietung behandelt. Dazu trug bei sowohl sein Vermögen wie seine Wohltätigkeit wie sein vorteilhaftes Äußeres. Allerdings hatte sein Gesicht jenen einförmigen Ausdruck, der für eine gewisse Art von Geisteskrankheit so bezeichnend ist, die Züge jedoch waren schön, die Gestalt schlank und wohlgebaut, die Kleidung äußerst sorgfältig, sogar elegant. Wirklich deutlich zeigte sich seine Geisteskrankheit auch nur am Vormittag zwischen elf und zwölf Uhr, wenn er draußen auf dem gepflasterten Bürgersteig schritt zwischen der Waisenhausbrücke und dem südlichen Ende der Straße. Den übrigen Teil des Tages hing er freilich seiner unseligen Kümmernis nach, aber dies trat nicht so deutlich zutage. Er sprach mit Menschen, machte längere Spaziergänge, ließ sich auf mancherlei ein; zwischen elf und zwölf Uhr aber brachte man ihn um keinen Preis dahin, daß er den Gang unterließ, daß er weiter ging, daß er antwortete auf Fragen oder auch nur grüßte; er, der doch ansonst die Höflichkeit selber war. Ob diese Tagesstunde für ihn eine besondere Bedeutung hatte, oder ob der Grund ein körperlicher Zustand war, der sich regelmäßig wiederholte (wofür es an Beispielen nicht fehlt), brachte ich zu seinen Lebzeiten nie in Erfahrung, und nach seinem Tode fand sich niemand, bei dem ich um nähere Aufklärung bitten konnte.

Während nun die Umwohner mit ihrem Betragen gegen ihn beinahe an das Verhalten der Indianer erinnerten, welche den Geisteskranken als einen Weisen verehren, hatten sie im Stillen wohl mancherlei Vermutungen über den Grund seines Unglücks. Es geschieht nicht selten, daß sogenannte Verständige mit der-

artigen Vermutungen durchaus ebenso viel Anlage zu Verrücktheit oder am Ende gar noch mehr Narrensinn bekunden als irgend ein Geisteskranker besitzt. Die sogenannten Verständigen sind nicht selten dumm genug, alles was ein Verrückter sagt, zu glauben, und nicht selten dumm genug, um zu glauben, daß alles was er sage, Verrücktheit sei, obwohl doch recht häufig niemand so listig wie ein Geisteskranker ist, alles das zu verbergen, was er VI 262
verborgen sein lassen will[299], und obwohl so manches Wort eines Geisteskranken eine Weisheit enthält, deren der Allerweiseste sich nicht zu schämen hätte. Daher kommt es wohl, daß die gleiche Betrachtung, welche betreffs der Lenkung des Daseins meint, daß ein Sandkorn und ein Zufall den Ausschlag geben, sich in der Psychologie geltend machen kann; denn es ist die gleiche Betrachtung, wenn man hinter dem Wahnsinn keinen tieferen Grund sieht, sondern den Wahnsinn für leicht aus einem Nichts zu erklären hält, ebenso wie mäßige Schauspieler meinen, keine Aufgabe sei so leicht wie die, einen Betrunkenen zu spielen, welches nur wahr ist, wenn es sicher ist, daß man zu spielen hat vor einem mäßigen Publikum. Den Buchhalter jedoch verschonte man, weil er beliebt war, und man hielt die Vermutungen in aller Stille so fest verschlossen, daß ich eigentlich nie mehr als eine einzige gehört habe. Vielleicht haben sie auch in der Stille deren nicht mehr gehabt, dies kann ich auch annehmen, und bin dem nicht abgeneigt, auf daß nicht ein hartnäckiger Verdacht von mir, daß man im Stillen viele Vermutungen gehabt, eine Anlage zu Narrensinn bei mir bekunde. Die Vermutung war, er sei in eine Königin von Spanien verliebt gewesen, und diese Vermutung war ein fehlgegangener Versuch, welcher noch nicht einmal ein sehr merkwürdiges Indizium an ihm beachtet hatte: eine entschiedene Vorliebe für Kinder. Er tat in dieser Richtung viel Gutes, verwandte eigentlich hierauf sein Vermögen, weswegen er von armen Leuten aufrichtig geliebt ward; und manches arme Weib schärfte es unter anderm ihrem Kinde ein, den Buchhalter ehrerbietig zu grüßen. Am Vormittag zwischen elf und zwölf Uhr jedoch grüßte er niemals wieder. Ich bin des öfteren selber Zeuge gewesen, wie manches arme Weib mit ihren Kindern an ihm vorüberging und überaus freundlich und ehrerbietig grüßte und die Kinder desgleichen; aber er blickte nicht auf. Und wenn dann das arme Weib an ihm vorüber war, so schüt-

telte sie den Kopf. Die Situation war rührend, denn seine Wohltätigkeit war auf eigene Art in besonderem Sinne umsonst. Das Leihhaus nimmt 6% Leihgebühr, und mancher Reiche und mancher Glückliche und mancher Mächtige und mancher Mittelsmann zwischen diesen und dem Armen nimmt mitunter Wucherzinsen von der Gabe; dem Buchhalter gegenüber aber entstand für das arme Weib nicht leicht die Versuchung, neidisch zu werden oder mißmutig wegen ihres Elends, und verbittert wegen der Armensteuer, welche der Arme nicht in Geld entrichtet, sondern abbüßt mit gebeugtem Rücken und gekränkter Seele; denn das arme Weib empfand sehr wohl, daß dieser ihr hochwohlgeborener und edler Wohltäter (so drückt der arme Mann sich ja aus) unglücklicher war denn sie — sie, die ja vom Buchhalter das Geld, dessen sie bedurfte, empfing. Indes, die Kinder beschäftigten ihn nicht bloß zu dem Zweck, eine Gelegenheit zum Gutestun zu erhalten, nein, die Kinder selbst beschäftigten ihn und dies auf ganz eigne Weise.
VI 263 Sobald er, außerhalb der Zeit zwischen elf und zwölf Uhr, ein Kind erblickte, kam in den einförmigen Ausdruck seines Gesichts Bewegung und es spiegelten sich darin gar mancherlei Stimmungen. Er ließ sich mit dem Kinde ein, plauderte mit ihm, und unter alledem betrachtete er das Kind mit einer Aufmerksamkeit, als wäre er ein Maler, der nichts als Kindergesichter malte.

Dies sah man auf der Straße; wer aber seine Stube sah, mußte sich noch mehr verwundern. Nicht selten empfängt man von einem Menschen einen ganz andern Eindruck, wenn man ihn in seinem Zuhause sieht oder auf seiner Stube, als wenn man ihn sonst im Leben sieht, und dies gilt keineswegs allein von Goldmachern und andern, die mit den verborgenen Künsten und Wissenschaften umgehen oder von Astrologen, die Dapsul von Zabelthau[300] gleichen, welcher in der Wohnstube ganz und gar wie andre Menschen aussieht, aber, wenn er auf dem Observatorium sitzt, eine hohe spitze Haube auf dem Kopfe trägt, dazu einen Mantel aus grauem Kalamank, einen langen weißen Bart hat, und mit einer künstlichen Stimme spricht, so daß seine eigne Tochter ihn nicht erkennt, sondern meint, es sei ein Weihnachtsmann. Ach, man entdeckt nicht selten eine ganz andre Art von Veränderungen, wenn man einen Menschen in seinem zu Hause oder auf seiner Stube sieht, und nun das hier sich Zeigende mit dem vergleicht, als was der gleiche

Mensch im Leben sich zeigt. Bei dem Buchhalter war dies nicht der Fall, und man sah lediglich mit Verwunderung, wie sehr es ihm doch ernst damit war, sich um Kinder zu kümmern. Er hatte eine nicht unbedeutende Bibliothek zusammengebracht, sämtliche Bücher aber waren physiologischen Inhalts. Man fand bei ihm die kostbarsten Kupferstiche, und außerdem ganze Folgen von eigenen Handzeichnungen. Hier fand man mit Porträtähnlichkeit ausgeführte Gesichter, und dort eine Reihe von Gesichtern, welche an ein einzelnes Gesicht anknüpften, in denen die Ähnlichkeit Zug um Zug sich verflüchtigte, wie wohl doch stets ein Rest von ihr übrig blieb; man fand Gesichter, die nach mathematischen Proportionen ausgeführt waren, wobei dann die durch die Änderung eines Verhältnisses bedingte Veränderung des Ganzen in deutlichen Umrißzeichnungen veranschaulicht war; man fand Gesichter, die nach physiologischen Beobachtungen konstruiert waren und diese wieder nachgeprüft an andern Gesichtern, welche auf Grund von Hypothesen skizziert waren. Besonders waren es die Familienähnlichkeit und die Folgen aus dem Abstammungsverhältnis, welche den Buchhalter physiologisch, physiognomisch und pathologisch beschäftigten. Es ist vielleicht zu beklagen, daß seine Schriften nicht ans Licht der Öffentlichkeit gekommen sind; denn freilich war er, wie ich des Näheren erfuhr, geisteskrank; aber ein VI 264
Geisteskranker ist nicht der schlechteste Beobachter, wenn seine fixe Idee zu einem Entdeckungstriebe wird. Ein Beobachter mit dem Interesse der Neugier sieht viel; ein Beobachter mit dem Interesse der Wissenschaft ist aller Ehre wert; ein Beobachter mit dem Interesse von Sorge und Kummer sieht, was andre nicht sehen, aber ein geisteskranker Beobachter sieht vielleicht am meisten, seine Beobachtungen sind schärfer und ausdauernder, ebenso wie die Sinne gewisser Tiere schärfer sind als die der Menschen. Nur versteht es sich von selbst, daß seine Beobachtungen nachgeprüft werden müssen.

Sobald er seinem leidenschaftlichen Forschen hingegeben war, wie überhaupt zu jeder andern Stunde als zwischen elf und zwölf Uhr, war er in vieler Augen nicht geisteskrank, obwohl doch eben dann seine Geisteskrankheit ihn am meisten in Bann hatte. Und gleich wie allem wissenschaftlichen Forschen ein x zugrunde liegt, welches gesucht wird, oder, von einer andern Seite gesehen, gleich wie das zu wissenschaftlichem Forschen Begeisternde eine ewige Voraussetzung ist, deren Gewißheit ihre Bestätigung in der Beobachtung sucht: ebenso hatte seine besorgte Leidenschaft gleichfalls ein x, das sie suchte, ein Gesetz, welches genau das Maß der Ähnlichkeit in der Geschlechterfolge bestimmte, um mit dessen Hilfe nähere Schlüsse zu ziehn; und ebenso hatte sie eine Voraussetzung, welcher seine Einbildung eine für ihn traurige Gewißheit verlieh, daß nämlich diese Entdeckung ihm etwas Trauriges bestätigen werde, das ihn selbst betreffe.

Er war der Sohn eines unteren Beamten, der in dürftigen Umständen lebte. Frühzeitig wurde er im Handelsstande untergebracht bei einem der reichsten Kaufleute. Still, zurückhaltend, etwas verlegen erledigte er seine Dienstgeschäfte mit einer Einsicht und einer Pünktlichkeit, die den Chef des Hauses in ihm rasch einen äußerst brauchbaren Menschen erkennen ließen. Seine Freizeit wandte er auf Lektüre, auf Übung in fremden Sprachen, auf die Entwicklung eines entschiedenen Zeichentalents und auf den täglichen Besuch im Elternhause, allwo er das einzige Kind war. Auf diese Art lebte er dahin, unbekannt mit der Welt. Seine Lage als Kontorist war günstig, und sehr bald bezog er ein bedeutendes Jahresgehalt. Ist es wahr, was der Engländer spricht: ‚Geld bringt Tugend', so ist wiederum gewiß, daß Geld Laster bringt. Der junge Mann kam indes nicht in Versuchung, sondern wurde, wie so ein Jahr nach dem andern verging, der Welt immer fremder. Er selbst merkte das weniger, denn seine Zeit war stets ausgefüllt. Nur ab und an regte sich eine Ahnung in seiner Seele, er kam sich selbst fremd vor oder kam sich selber vor wie einer, der plötzlich stehen bleibt und sich auf etwas besinnt, das er vergessen haben muß, ohne überhaupt begreifen zu können, was es sein mag — aber etwas muß es sein. Und es gab auch etwas, das er vergessen hatte, denn er hatte ver-
VI 265 gessen jung zu sein und sein Herz sich freuen zu lassen in seiner Jugend, so lange ihre Tage noch sind.[301]

Da lernte er ein paar andre Handlungsgehilfen kennen, welche Leute von Welt waren. Sie entdeckten rasch seine Unbehilflichkeit, hatten jedoch anderseits vor seiner Tüchtigkeit und seinen Kenntnissen so viel Achtung, daß sie ihn seinen Mangel eigentlich nie fühlen ließen. Zuweilen luden sie ihn auch ein, mit ihnen an einer kleinen Lustbarkeit teilzunehmen, auch an kleinen Ausflügen oder

Besuch der Komödie; er tat es, und es gefiel ihm. Auf der andern Seite hatten die andern von seiner Gesellschaft zweifellos keinen Schaden, denn seine Verlegenheit hielt die Lustigkeit der andern in vernünftigen Schranken, so daß sie nicht gar zu wild wurde; und seine Reinheit gab dem Vergnügen selber einen edleren Anstrich als sie sonst etwa gewohnt waren. Indes Verlegenheit ist keine Gewalt, die es vermag, sich zu behaupten und geltend zu machen; und mochte es nun jene Wehmut sein, welche den mit der Welt Unbekannten ab und an ergriff, und die gegen ihn sich auflehnte, oder welcher Grund es sonst gewesen sein möge; jedenfalls endete eine Fahrt in den Wald mit einem ungewöhnlich glänzenden Abendessen. Bei der Ausgelassenheit, welche die beiden andern schon hatten, wirkte die Verlegenheit des Buchhalters lediglich als Reiz, und das peinliche Gefühl davon wurde hinwiederum für ihn ein Reiz, welcher um so stärker wirkte, je mehr der Wein sie erhitzte[302]. Nun schleppten ihn die beiden andern mit sich, und in der Exaltation war er ein ganz andrer Mensch geworden — und er war in schlechter Gesellschaft. Sie besuchten dabei auch einen jener Orte, an denen man, sonderbar genug, die Verächtlichkeit eines Weibes mit Geld bezahlt. Was hier vorfiel, wußte er noch nicht einmal selber.

Den nächsten Tag war er verstimmt und mit sich selber unzufrieden; die Eindrücke hatte der Schlaf fortgewischt, aber er erinnerte sich doch so weit, daß er auch den schicklichen Umgang mit diesen Freunden, von dem schlechten ganz zu schweigen, nicht mehr suchte. War er bis dahin fleißig gewesen, so wurde er es jetzt um so mehr, und der Schmerz, daß seine Freunde ihn dergestalt verleitet hatten, oder auch, daß er solche Freunde gehabt hatte, ließ ihn noch zurückhaltender werden, wozu auch der Tod seiner Eltern beitrug.

Beim Chef des Handelshauses hingegen stieg sein Ansehen in dem Maße als seine Tüchtigkeit zunahm. Er war die eigentliche Vertrauensperson, und man dachte bereits daran, ihn zum Teilhaber zu machen, als er krank wurde, und zwar tödlich krank. In dem Augenblick, da er dem Tode am nächsten war und sich schon anschickte, „die ernste Brücke zur Ewigkeit" zu betreten, erwachte plötzlich eine Erinnerung, eine Erinnerung an jenes Begebnis, das bis dahin für ihn eigentlich gar nicht da gewesen war. VI 266

In der Erinnerung nahm das Begebnis eine bestimmt umrissene Gestalt an, die für ihn sein Leben mit dem Verlust der Reinheit abschließen ließ. Er genas, aber als er sich gesund vom Krankenlager erhob, nahm er eine Möglichkeit mit sich, und diese Möglichkeit verfolgte ihn, und er verfolgte diese Möglichkeit in seinem leidenschaftlichen Forschen, und diese Möglichkeit brütete in seinem Schweigen, und diese Möglichkeit brachte die Züge seines Gesichts in vielfältige Bewegung, wenn er ein Kind sah — und diese Möglichkeit war, daß ihm ein andres Wesen das Leben verdanke. Und was er in seinem Kummer suchte, und was ihn zu einem Greise machte, obwohl er den Jahren nach[303] kaum erst Mann war, das war jenes unglückliche Wesen, oder ob es ein solches gebe; und was ihn geisteskrank werden ließ, war, daß ihm jeglicher nähere Weg zu einer Aufklärung abgeschnitten war, da jene beiden, die ihm zum Verhängnis geworden, längst nach Amerika gefahren und verschollen waren; und was die Geisteskrankheit in solcher dialektischen Schwebe hielt, war, daß er noch nicht einmal wußte, ob das Ganze eine Auswirkung der Krankheit, eine Fieberphantasie sei, oder ob der Tod wirklich seinem Gedächtnis zu Hilfe gekommen sei mit einer Erinnerung an wirklich Geschehenes. Sieh, darum endete es damit, daß er zwischen elf und zwölf Uhr gebeugten Hauptes schweigend den kurzen Weg dahinschritt, und daß er den übrigen Teil des Tages den ungeheuerlichen Umweg wanderte, durch alle verzweifelten Verschlingungen der Möglichkeiten, um möglicherweise eine Gewißheit zu finden, und damit das Gesuchte.

Mittlerweile vermochte er zu Anfang gut der Kontorgeschäfte wahrzunehmen. Er war genau und pünktlich wie immer. Er schlug in den Haupt- und den Kopierbüchern nach, aber in einzelnen Augenblicken deuchte ihn das Ganze eine unnütze Mühe[304], und daß er besser täte, etwas ganz andres nachzuschlagen; er schloß die Jahresrechnung ab, aber in einzelnen Augenblicken schien ihm das ein Scherz, wenn er an seine ungeheure Rechnung dachte.

Dann starb der Chef des Handelshauses und hinterließ großen Reichtum; und da er den Buchhalter wie einen Sohn geliebt hatte und selber kinderlos war, setzte er ihn auch als Erben eines Vermögens ein, wie wenn er ein Sohn gewesen wäre. Und darauf schloß der Buchhalter die Rechnung ab und wurde nun ein Mann der Wissenschaft.

Nun hatte er Muße. Trotzdem wäre seine sorgenvolle Erinnerung ihm vielleicht nicht zur fixen Idee geworden, falls nicht das Leben einen Nebenumstand hinzugefügt hätte, der ja unterweilen den Ausschlag gibt. Der einzige Verwandte, der ihm übrig geblieben, war ein alter Mann, der Vetter seiner verstorbenen Mutter, so daß er „der Vetter" schlechthin hieß, ein Junggesell, zu dem er
nach dem Tode der Eltern gezogen war, und in dessen Hause er VI 267
täglich seine Mahlzeit nahm, etwas, womit er auch nach dem Erlöschen des Handelshauses fortfuhr. Der Vetter gefiel sich in einer gewissen Sorte zweideutiger Witze, welche man, wie sich psychologisch leicht erklären läßt, von Älteren öfter vernimmt als von Jüngeren. Wenn es gewiß ist, daß ein schlichtes und einfältiges Wort, welches noch weiter lebt, wenn alles gehört und das Meiste vergessen ist, im Munde eines alten Manns ein sonst nie besessenes Gewicht gewinnt, so ist es ebenfalls gewiß, daß eine Zweideutigkeit, ein leichtfertiges Wort im Munde des vom Alter Gezeichneten leicht eine störende Wirkung haben kann, zumal denn, wenn man eine solche Disposition mitbringt, wie der Buchhalter es tat. Unter andern Witzen, auf welche der Vetter fortwährend zurückkam, war auch der eine, stehende: kein Mann, noch nicht einmal der verheiratete, könne mit Bestimmtheit wissen, wie viele Kinder er habe. So war der Vetter nun einmal; er war ansonst wohlgelitten, das, was man so einen guten Vereinsbruder nennt, Freund eines fröhlichen Tropfens, aber Zweideutigkeiten und Schnupftabak waren ihm lebensnotwendig. Es ist daher außer allem Zweifel, daß der Buchhalter den Witzevorrat des Vetters zu vielen Malen über sich hat ergehen lassen, und darunter also auch jene Zweideutigkeit, aber begriffen hat er sie nicht, und eigentlich sie auch nicht gehört. Jetzt hingegen zielte diese Zweideutigkeit immerfort auf seinen wunden Punkt, war wie berechnet darauf, an der Stelle zu versehren, an der seine Schwachheit und sein Leiden saß. Er ging in seinen Grübeleien, und während also das Wort des Vetters die Unterhaltung würzen sollte, entwickelte diese zufällige Berührung die Federkraft seiner fixen Idee, so daß diese sich immer fester in ihn einbohrte. So arbeiteten denn das Schweigen des Verschlossenen und der Witz des Offenherzigen im Verein so lange an dem Unglücklichen, daß der Verstand zu guter Letzt Ernst damit machte, zu kündigen, weil er es nicht aushalten konnte, in solch

einem Haushalt zu dienen; und der Buchhalter tauschte den Verstand gegen die Geisteskrankheit aus.

In der Hauptstadt ist Verkehr und Getümmel, in Christianshavn dagegen herrscht eine geruhsame Stille; man scheint allda nichts von den Zielen und Absichten zu wissen, welche die Bewohner der Hauptstadt in so lärmende und emsige Bewegung versetzen, scheint die Unterschiede nicht zu kennen, welche der lauten Bewegung der Hauptstadt zu Grunde liegen. In Christianshavn wohnte der unglückselige Buchhalter; hier hatte er, in der Sprache der Wirklichkeit, sein Zuhause, hier war er, dichterisch gesprochen, zuhause. Indes, mochte er nun auf dem Wege speziellerer historischer Nachforschungen zum Ursprungsort jener Erinnerung vorzudringen suchen, oder mochte er suchen, auf dem ungeheuren Umweg allgemeiner menschlicher Beobachtungen mühsam, und allein auf trü-
VI 268 gerische Hypothesen sich stützend, jenes unbekannte x in eine bekannte Größe zu verwandeln: er fand nicht, was er suchte. Zuweilen dünkte es ihn, daß das Gesuchte weit fort sein müsse, zuweilen, daß es ihm so nahe sei, daß er nichts als seine Zerknirschung verspürte, wenn das arme Weib ihm im Namen der Kinder für die reiche Gabe dankte. Es war ihm, als kaufe er sich los von der heiligsten Pflicht, es erschien ihm als das tiefste Grauen, wenn etwa ein Vater seinem eignen Kinde ein Almosen reichte. Deshalb wünschte er keinen Dank, auf daß dieser Dank nicht ein Fluch werde, aber er konnte es auch nicht unterlassen zu geben. Und arme Leute haben selten solch einen hochwohlgeborenen und edlen Wohltäter, eine Hilfe zu so günstigen Bedingungen gefunden.

Ein verständiger Arzt hätte natürlich viel tun können, um mittels einer allgemeineren Betrachtung jene erste Möglichkeit, von der alles ausging, zu entfernen; und sogar, wenn er sich etwa anpaßte, um den Versuch auf einem andern Wege zu riskieren und diese Möglichkeit als eine traurige Gewißheit einräumte, wäre er wiederum mit seinem ärztlichen Wissen imstande gewesen, die Folge dieser Gewißheit zu entfernen durch so viele Möglichkeiten hindurch und in solche Weite hinein, daß niemand mehr sie erblicken konnte — außer dem Geisteskranken selbst, den solch eine Behandlung vielleicht bloß verwirren würde. Solchermaßen wirkt die Möglichkeit ganz verschieden. Man braucht sie wie eine Feile: Ist der Körper hart, so feilt man die scharfe Kante ab, ist aber der

Körper biegsam wie z. B. eine Säge, so werden die Sägezähne durch die Feile nur schärfer. Jede neue Möglichkeit, welche der unglückselige Buchhalter entdeckte, schärfte die Säge des Kummers, an der er einsam zog, und unter deren Biß er selber litt. Es hätte ihm nichts geholfen, wenn jemand ihm hätte helfen wollen.

Oft hab ich ihn draußen gesehen, wenn er die Obere Straße am Wasser dahinging, auch sonst hab ich ihn gesehen; einmal aber traf ich ihn bei einem dortigen Conditor. Bald erfuhr ich, daß er alle vierzehn Tage des Abends dort hinkam. Er las die Zeitungen, trank ein Glas Punsch und plauderte mit einem alten Schiffskapitän, welcher regelmäßig jeden Abend kam. Der Kapitän war hoch in den Siebzigern, weißhaarig, gesund von Aussehen, noch ungebrochen; seine ganze Gestalt zeigte nicht die geringste Spur davon (und es war auch sicherlich nicht der Fall), daß er auf andre Art denn als Seemann sich vom Leben hatte herumwirbeln lassen. Wie die beiden sich kennen gelernt hatten, weiß ich nicht, aber eine Kaffeehausbekanntschaft war es, nur dort sahen sie sich, und sprachen bald Englisch, bald Dänisch zusammen, ab und an beide Sprachen durcheinander. Der Buchhalter war ein ganz andrer Mensch, er kam zur Tür herein, grüßte auf Englisch, was den alten VI 269
Seemann lebendig machte und sah so schalkhaft aus, daß man ihn kaum wiedererkannte. Die Augen des Kapitäns waren nicht mehr die besten; er hatte mit den Jahren die Fähigkeit verloren, das Äußere der Leute richtig zu beurteilen. Daraus ließ es sich erklären, daß der Buchhalter, der nur etwa 40 Jahre alt war und gerade hier erheblich jünger aussah denn sonst, dem Kapitän einbilden konnte, er sei sechzig Jahre alt, eine Fiktion, bei der er beharrlich blieb. Der Kapitän war, wie dies bei einem alten Seemann so kommen kann, in aller Ehrbarkeit in seiner Jugend ein lustiger Bruder gewesen, jedoch ganz gewiß in aller Ehrbarkeit; denn seine Miene war so würdig, sein ganzes Wesen so liebenswert, daß man schon einstehen durfte für sein Leben und seine Seemannsgesundheit. Jetzt war er unermüdlich im Erzählen lustiger Geschichten, von den Tanzlokalen in London, von dem Umgang mit den Mädelchen und dann von Indien. Darauf stießen sie im Lauf der Unterhaltung an, und der Kapitän sagte: „ja, das war in unsrer Jugend, jetzt sind wir alt, ja, ich sollte wohl nicht sagen: wir, denn wie alt sind Sie doch?“ Sechzig Jahre, erwiderte der Buchhalter, und dar-

auf stießen sie wieder an. — Unglückseliger Buchhalter, dies ist die einzige Erstattung gewesen für eine verlorene Jugend, und selbst diese Erstattung war gleichsam eine Gegensatzfolge aus dem allzu schwer brütenden Ernst der Geisteskrankheit. Die ganze Situation war humoristisch so gut angelegt, die Täuschung mit den sechzig Jahren in ihrer Unterstützung durch die englische Sprache so tiefsinnig gerade als Voraussetzung des Humoristischen, daß es mir einschärfte, wie viel man von einem Geisteskranken lernen kann.

Endlich starb der Buchhalter. Er war einige Tage krank; und als der Tod im Ernste kam, und als es ernst ward damit, daß er der Ewigkeit schreckliche Brücke betreten sollte, schwand die Möglichkeit hin, die doch ein Irrwahn gewesen, aber seine Werke folgten ihm nach[305] und mit ihnen der Armen Segen, und auch in der Kinder Seelen blieb die Erinnerung lebendig, wie viel er für sie getan. Ich gab ihm das letzte Geleit. Bei der Rückkehr vom Begräbnis traf es sich, daß ich mit dem Vetter fuhr. Ich wußte sehr wohl, daß er ein Testament gemacht, und dem Vetter lag es auch ferne, geldgierig zu sein; ich gestattete mir daher die Äußerung, es liege etwas Wehmütiges darin, daß der Tote keine Familie gehabt habe, welche das erben könne, was er etwa an Vermögen hinterlasse, daß er nicht verheiratet gewesen sei und keine Kinder hinterlasse. Obwohl er durch den Todesfall wirklich bewegt war, weit mehr denn ich erwartet, und obwohl der Gesamteindruck von ihm besser war, als ich vermutet, konnte der Vetter sich nicht enthalten zu bemerken: ‚ja, bester Freund, kein Mann, noch nicht einmal der Verheiratete, kann mit Bestimmtheit wissen, wieviele Kinder er hinterläßt'. Das Versöhnende war für mich, daß es sich um eine Lieblingsredensart handelte, von der er vielleicht gar nichts wußte, das Traurige war, solch eine Lieblingsredensart zu
VI 270 haben. Ich habe Verbrecher in einer Strafanstalt gekannt, welche sich wirklich gebessert hatten, wirklich von etwas Höherem einen Eindruck empfangen hatten, und deren Leben davon zeugte, und denen es doch widerfuhr, daß mitten in ihr ernstes Sprechen vom Religiösen die widerwärtigsten Reminiszenzen sich mischten, und zwar, ohne daß sie es selber merkten.

Die Lange Brücke hat ihren Namen von der Länge; als Brücke nämlich ist sie lang, aber die Länge der Brücke als Wegstrecke ist nicht erheblich, wovon man sich leicht überzeugt, indem man sie zurücklegt. Steht man dann auf der andern Seite: auf dem Boden von Christianshavn, so scheint es wiederum, daß die Brücke doch auch als Weg recht lang sein muß, denn man ist weit, sehr weit weg von Kopenhagen.

den 6. April. Mitternacht.

Wenn man sich nur um ein einziges Ding kümmert, wie trostlos ist es dann nicht, daß schlechterdings nichts geschieht, das darauf Bezug hat. Auf der Straße ist Leben genug, in den Häusern gibt es Begebenheiten und Lärm und Getümmel; von meiner Sache aber ist nicht ein einziges Wort zu hören. So sitzt ein Garnhändler in seinem Lädchen in der abgelegenen Straße und wartet auf Kunden, und hört kaum einen Tritt: auf der Østergade sind die Läden voll von Menschen. Aber dafür bezahlt der Garnhändler auch keine so hohe Miete wie der reiche Krämer in der Østergade. Allerdings; ich dagegen, ich sitze sicherlich mit doppelt so hohen Abgaben und Steuern da wie jeder Ehemann, gleichwohl geschieht nichts, das mich betrifft.

Falls der Schauspieler seine Rolle kennte, sie vorzüglich memoriert hätte, die Begeisterung im Wort und in seiner Gestalt verspürte und bloß auf sein Stichwort wartete; der Souffleur aber wäre in Schlaf gefallen und er, der Schauspieler, hätte keine Möglichkeit, ihn anzurufen!

Wenn man sähe, daß der optische Telegraph drüben auf der andern Seite des Belts aufgestellt wird, angezündet wird und das erste Wort würde auch verstanden, aber dann käme ein Nebel auf, und ohne den Telegraphen könnte man nichts in Erfahrung bringen und das, was man erfahren möchte, wäre einem so wichtig wie seiner Seele Heil!

Wenn das edle Roß verstünde, weshalb es gesattelt worden, daß nämlich jetzt sie kommen werde, die Reiterin, die königliche Prinzessin, des Rosses Stolz, und es schnaubte deshalb, wieherte, stampfte mit den Füßen, auf sein Ungestüm trotzend, auf daß sie Freude daran habe, in wollüstigem Schauer diese Feurigkeit zu bezwingen; aber der Stallknecht ginge fort, und käme nicht wieder, und dann käme er endlich, aber die Reiterin wäre nicht dabei, und gleichwohl würde das Reitzeug nicht abgenommen, aber das kraft-

VI 271 volle Roß hätte den Kummer, daß der schnaubende Hauch sich verlöre und die Feurigkeit und die Freude am Sprunge und die Lust, dem Wink der königlichen Reiterin zu gehorchen!

Falls Scheherezade ein neues Märchen erfunden hätte, das unterhaltsamer wäre als jedes frühere, falls sie auf dies Märchen ihr ganzes Vertrauen gesetzt hätte, daß es ihr das Leben retten und nicht bloß das Todesurteil verschieben werde, wofern es denn ihr gelänge, es so ergreifend zu erzählen, wie diesen Augenblick sie vermöchte, aber man hätte sie um Mitternacht nicht geholt und es ginge schon stark auf eins, und sie hätte Furcht, das Märchen vergessen zu haben oder doch die Kunst, es richtig zu erzählen!

* * *

Gestern abend hatte ich das Glück, eine Unterhaltung zu führen mit ein paar geistreichen Damen. Es ging recht geistreich zu, und ich darf ohne Übertreibung beinahe glauben, daß es meine Gegenwart war, welche die Geistreichen begeisterte. Sie waren Meisterinnen des guten Tons, und ich, ich bin ja ein Mann von Welt, d. h. ein kluger Kopf, aber ein verderbter Mensch. Was Wunders denn, daß so geistreiche Menschen miteinander symphatisieren! Es ist so wollüstig, sich in jenem Hofieren zu versuchen, das aus zartem Sinn und witzigem Verstand gewoben ist; es sind so günstige Sterne, den bei der Unternehmung mitzuhaben, in Beziehung auf den man im Notfall sich zurückziehen und dann sprechen kann: „Gott bewahre, wir denken nicht daran, sein schurkisches Betragen zu billigen, aber er ist doch so geistreich!" So lernte ich denn viel darüber, was eigentlich zu einem glücklichen erotischen Einverständnis erforderlich ist, daß nämlich da, wo der Mann nicht Geist genug hat, dem hohen Fluge — oder eigentlich unsteten Geflatter — gescheiter emanzipierter Weiblichkeit zu folgen, es ein Kreuz und äußerst peinlich ist, gebunden zu sein, ja daß dann eigentlich die Verbindung ungiltig ist. Mehr ist nicht gesagt worden, jedoch ich zweifle nicht daran, daß meine Heldinnen, welche sich so sicher auf Geist verstanden, auch bereit gewesen wären, den Satz umzukehren, und demjenigen, welcher an ein solches Mädchen gebunden ist, ihre Teilnahme nicht zu versagen, oder

richtiger von ihm zu verlangen, daß er kurzen Prozeß mache und sich eine geistreichere suche. Es ist sogar eine Andeutung gefallen, bei der sicherlich an mich gedacht war und das in verbindlichem Sinne. O Schweigen, Schweigen, wie sehr vermagst du einen Menschen in Widerspruch mit sich selbst zu setzen! Es handelte sich also um einen Ablaß, der mir verkündigt wurde, einen Versuch, mein Verhalten zu würdigen. Daß ein Weib es wagt, ein andres VI 272
Weib derart zu kränken und hier gar ein Mädchen, dem sie nicht wert wären, die Schuhriemen zu lösen![306] Wäre ich Kaiser gewesen, so hätte ich sie ohne weiteres auf eine wüste Insel verbannt. Auch das ist jetzt eine Nemesis über mir, daß mein äußeres Dasein, obwohl es nicht von vielen gekannt ist, das Seine dazu beiträgt, den oder jenen in dieser widerwärtigen vornehmen Geistreichigkeit zu bestärken. Wenn ich nur freie Hand hätte und nicht die Rücksicht zu nehmen hätte, daß ein authentisches Verständnis meines Verhaltens zu ihr für sie ein gefährlicher Präzedenzfall werden könnte: wahrlich, falls das Mädchen, welches trauert, oder mir Grund meiner Trauer ist, den Wunsch hätte, für die gute Sache der Liebe als ihren Beitrag zum Heereskontingent einen Mann ins Feld zu stellen, so gebe sie mich nur frei, ich werde mannhaft (pro virili) das Banner hochhalten. Kommet denn her zu mir, ihr Geistreichen mit euren brüchigen Witzen, eine gute Sache spannt doch den Bogen am schärfsten und trifft am sichersten. Daß eine Liebe nicht anders in Ehren gehalten werden soll! Ja, ich fühle es wohl, ich habe eine unglückliche Liebesgeschichte brauchen können, sie paßt in mein Leben. Wenn ich nur frei wäre in dem Ausdruck, den ich meiner Liebe gebe, daß ich zwar abgewiesen wäre, aber auch freier Besitzer meiner Liebe; wenn ich nur nicht fürchtete, daß ich mit dem Eingeständnis der Bedeutung, die meine Liebe für mich hat, plötzlich ‚sie' verwirrte, sie, welche eben durch das gerade Gegenteil gestützt werden muß. Dann würde ich sprechen: ja, ich bin die weibische Mannsperson (denn einen Mann darf man mich dann nicht nennen), bin der armselige Zwerg, der es nicht fertig gebracht hat, mehr als einmal zu lieben, der bornierte Stümper, welcher beschränkt genug war, das schöne Wort von der ersten Liebe ernst zu nehmen, und es nicht als einen koketten Wahlspruch zu betrachten vermochte, den erfahrene oder doch halberfahrene Jungfräulein am Abendbrottisch neckend einander zuwer-

fen. Man habe doch ein wenig Mitleid mit mir, ich empfinde es selbst, was für eine jämmerliche Figur ich mache, sonderlich in diesen Zeiten, in denen selbst Mädchen ebenso pathetisch aus Liebe sterben, wie Falstaff[307] in der Schlacht zwischen Heinrich IV. und Percy pathetisch fällt, und wieder aufstehn mit hinreichend Lebenskraft und Mannbarkeit um von neuem zu trinken. „Peteheia[308]!" — Und mit dieser Rede oder richtiger mit einem Leben, das zu solch einer Rede das Recht gibt, würde ich — falls überhaupt davon die Rede sein kann, daß ein Mensch dem andern nützt — würde ich also meinen, meinen hochverehrten Zeitgenossen mehr genützt zu haben als damit, daß ich einen Paragraphen im System schriebe. Worauf es ankommt, ist, daß man die pathologischen Momente des Lebens unbedingt, deutlich, vernehmlich und gewal-
VI 273 tig hinstelle, daß das Leben nicht gleich dem System ein Trödelladen werde, in dem man von allem ein bißchen hat, so daß man alles in einem gewissen Maße tut (ausgenommen das Allertörichtste: in einem gewissen Maße zu glauben); worauf es ankommt, ist, daß man nicht lüge, sondern sich schäme, nicht lüge mit dem Ergebnis, daß man, erotisch gesprochen, romantisch aus Liebe stirbt und Held ist, aber nicht bei diesem Tode stehen oder vielmehr in ihm liegen bleibt, sondern wieder aufsteht und ‚weitergeht' und Held wird in ‚Alltagsgeschichten', und wieder ‚weitergeht', und leichtfertig und witzig wird und Held in Scribe's Komödien.[309] Man denke in solch einen Wirrwarr die Ewigkeit hinein, man denke sich solch einen Menschen am großen Tage des Gerichts, man höre Gottes Stimme: „hast du geglaubt?" — man höre die Antwort: „der Glaube ist das Unmittelbare und beim Unmittelbaren darf man nicht stehen bleiben, das tat man im Mittelalter, seit Hegel aber geht man weiter, jedoch gibt man zu: der Glaube ist das Unmittelbare, und das Unmittelbare ist, blickt jedoch einer neuen Schrift entgegen." Mein alter Schulmeister war ein Heros, ein eiserner Mensch, wehe, wehe, wehe dem Jungen, welcher auf eine gerade Frage nicht mit Ja oder Nein antworten konnte! Und ist ein Mensch am großen Tage des Gerichts auch kein Junge mehr, so kann Gott immerhin für einen Schulmeister gelten. Man denke sich, dieser Paragraphenwahnsinn, diese Vorlesungsreihenverrücktheit und systematische Rutschbahn habe so überhand genommen, daß man zu guter Letzt dem Herrgott in aller Kürze eine

Einführung in die neueste Philosophie geben will. — Will Gott das nicht, so nimmt, denke ich, der Posaunenengel die Posaune und haut sie solch einem Privatdozenten so kräftig vor den Kopf, daß der nie wieder ein richtiger Mensch wird.

Wer aber in einem schludert, der schludert in allem, und wer in einem sündigt, der sündigt in allem. Ihr Geistreichen, wüßtet ihr nur, wie komisch die Geistreichigkeit ist, die ihr bewundert. Wüßtet ihr nur, nicht etwa wie schlecht ein Verführer ist, sondern was für eine komische Person er ist. Wüßtet ihr nur, wie widerwärtig, aber auch wie lächerlich es ist, daß die Liebe, das Höchste im irdischen Leben, nichts als eine Erfindung der Sinnlichkeit sein soll, eine Brunst, wie das Vieh sie hat, oder ein Spiel des Witzes und ein Sichgesellen von Geistreichen. Aber ihr wißt nicht, daß dies alles Motive sind für die Posse mit Gesang, daß ihr in die Gesellschaft von Pryssing und Kladderup gehört.[310] Gesetzt ein Weib, schön wie des Gottes Kebse und geistreich wie die Königin von Saba wolle die Summa summarum ihrer verborgenen und offenbaren Reize an meine unwürdige Geistreichigkeit verschwenden; gesetzt ein gleichaltriger Freund lade mich zum gleichen Abend ein, mit ihm eine Flasche Wein zu trinken und anzustoßen und nach Studentenart Pfeife zu rauchen und sich an den alten Klassikern zu VI 274
freuen: ich würde mich nicht lange bedenken. Was für eine Beschränktheit, ruft man. Beschränkt? Ich bin der Meinung, es ist nicht an dem. Ich halte dafür: wo die Liebe und in ihr das Ewige zur Stelle ist, da ist alle diese Schönheit und auch des Geistes Gabe unendlich viel wert, ohne solch eine Liebe aber ist ein Verhältnis zwischen Mann und Weib, welches doch wesentlich dafür ein Ausdruck sein will, keine Pfeife Toback wert. Ich halte dafür: wenn man aus dem Ganzen die Liebe ausscheidet und, wohl zu merken, aus der Liebe das Ewige, so kann man von dem, was im Reste bleibt, (das doch ganz gleich sein wird) nur richtig sprechen, wenn man wie eine Hebamme spricht, welche keine Umschweife macht, oder wie ein Verstorbener, welcher „ausgeglüht zu Geist"[311] den Trieb nicht begreift. Wenn in der Posse mit Gesang die Handlung sich um ein paar Groschen dreht, so ist das komisch, und ebenso steht es hier. Wenn die Liebe, d. h. das Ewige in der Liebe, fort ist, so dreht trotz allem Geistreichsein das Erotische sich um noch weniger als um ein paar Groschen und um etwas, das da-

durch ekelhaft wird, daß der Geist als Geist sich damit zweideutig beschäftigen will. Es ist komisch, wenn ein Verrückter jeden Feldstein aufhebt und sich damit schleppt, weil er meint, es sei Geld, und so ist es denn ebenfalls komisch, daß Don Juan 1003 Geliebte hat, denn die Zahl zeigt gerade, daß sie keinen Wert haben. Darum sollte man das Wort ‚lieben' zu Rate halten. Die Sprache hat nur dies eine Wort und kein heiligeres. Man sollte nicht Scheu haben, die bezeichnenden Ausdrücke zu gebrauchen, welche sowohl die Bibel wie Holberg verwenden, wo es not tut, aber auch nicht so überspannt geistreich sein, daß man meint, das Geistreiche sei das den Grund Legende, denn dieses begründet nichts so wenig wie ein erotisches Verhältnis.

Jedoch eine unglückliche Liebesgeschichte aufrecht erhalten, durch diese selber glücklich werden im höchsten Sinne des Worts, dem Bedeutung geben, was mich sinnlos dünkte, als man in Preußen einen Orden für solche stiftete, welche an den Freiheitskriegen teilgenommen hatten, und zugleich einen Orden für die, die daheim blieben, also einen Reichtum schönen Sinns dem verleihen, daß der Daheimbleibende mit seinem Orden glücklich sei, glücklich durch seine Liebe, möge man auch in dem Stern auf seiner Brust deutlicher das Kreuz erkennen als in dem des Glücklichen,
VI 275 möge er auch den Orden tragen, ähnlich, wie der zweite Orden in Preußen ‚für den guten Willen' heißt: ja, so tun, das wäre (ich sehe es ein) eine begeisternde Aufgabe für den, welcher sich genügen zu lassen weiß an der Idee, an sich selbst und an der Mitwisserschaft des Himmels.[312] So laß sie denn nur zu seiner Rechten fallen, die Einzelnen, welche im Kampf für eine unglückliche Liebe hingesunken sind, sie ruhen in Ehren, sie sind einer Grabschrift wert und eines Denkmals, aber er darf die Toten nicht begraben, um nicht selber gestört zu werden. Laß sie denn wieder aufstehen, die Scheintoten, welche durch Anwendung der allgewohnten Mittel wieder zum Leben kommen, laß sie sich daran vergnügen, wieder und immer wieder Ringlein zu stechen, laß sie alles verschmerzt haben jetzt, nachdem sie gedeihliche Hausmütter sind, laß sie, nachdem sie ‚ganz, völlig hergestellt'[313] sind, sich glücklich fühlen, indem sie zur besten Pflege in eine dritte Ehe aufgenommen werden, laß sie im Verein kauen auf den Stümpfen einer Liebe und in ehelichem Umgang das Leben versabbern; er darf sich aber nicht

die Zeit nehmen wollen, auf dergleichen zu sehen, damit er nicht aufgehalten werde.

Mein Gelübde des Schweigens macht mich stark in Monologen; aber sogar ein Ausflug wie dieser führt mich stets nur um so entschiedener zu ‚ihr' zurück. Wenn das Vaterland in Kriegsnot ist und ein Weib die Mittel hat, ein Fahrzeug auszurüsten, so muß dies, dünkt mich, herrlich sein. Mein Los wird dies niemals sein, sie aber, sie kann ein Kriegsfahrzeug in See stechen lassen, welches für eine gute Sache kämpfen wird.

den 7. April morgens.

Heute vor einem Jahr. Sie läßt sich nicht zügeln; sie schlägt aus, und schlägt wieder aus und doch sagt sie die Verlobung nicht auf. Tod und Hölle, steht die Partie etwa so, sollen wir uns schlagen? Nun wohl, so fangen wir morgen an.

den 7. April. Mitternacht.

Wie verhält es sich mit dem Wunsch? Ich wünsche mir doch nicht etwa eine andere, wünsche doch nicht Schadenersatz durch eine neue Liebe? Ja, wäre der, welcher einen Stock in der Hand hält, dessen so gewiß, daß er ihn wirklich in der Hand hält, wie ich dessen gewiß bin, daß in meiner Seele kein Gedanke an dergleichen ist, so wäre er sicher genug. Des Wunsches Leidenschaft VI 276
aber, ist sie wirklich gänzlich unverändert? Es ist schwierig, sich selbst in der Möglichkeit zu prüfen; es ist das Gleiche, wie wenn jemand, ohne seine Stimme brauchen zu dürfen, prüfen sollte, ob er eine starke Stimme habe. Ich habe vielmals, und bisher vergeblich, gegrübelt, ob ich ein Mittel finden könne, sich selbst in der Möglichkeit zu kontrollieren.

Mittlerweile glaube ich doch, daß meine Leidenschaft sich gleich geblieben ist, und sollte sie verändert sein, so bin ich gewiß: ein Wink, der leiseste Wink einer näheren Möglichkeit wäre genug, um den Wunsch glühender werden zu lassen denn je; denn eigentlich ist es doch erst durch die Aufhebung dahin gekommen, daß ich sowohl in dem einen wie in dem andern Sinne des Worts sowohl nach der einen wie nach der andern Seite von mir sagen kann, was im Phormio des Plautus von Phaedria gesagt wird: amare coepit perdite (er hat angefangen verzweifelt zu lieben).

In gewissem Sinne ist alles bereit, es fehlt nichts als der Beifall der Idee, die Einwilligung des Gedankenkontextes, obwohl ich in aller Stille jede Wendung versuche und versucht habe. Schwerlich kann ein Regisseur, wenn er die Glocke läutet, zuverlässiger wissen, daß die Bühnenverwandlung in Ordnung ist, als ich das weiß. Ich habe bei einem Trödler auf meine Kosten eine vollständige Wohnungseinrichtung stehn, meine Zimmer sind in Ordnung gebracht, alles ist gerichtet für eine Hochzeit – sobald nur der Augenblick kommt; ich läute, die Bühnenverwandlung ist im Handumdrehen geschehen.

Mißtrauisch wider mich selbst habe ich mein persönliches Dasein ganz und gar wie ein Ehemann eingerichtet. Überall herrscht Ordnung und Pünktlichkeit. Darius oder Xerxes, ganz gleich wer, hatte einen Sklaven, welcher ihn täglich mahnte, Krieg wider die Griechen zu führen[314]. Da ich einem Menschen mich nicht anvertrauen darf, muß ich mich damit begnügen, meinen Mahner in mir selbst zu haben. Ich bewerkstellige in meinem gesamten Dasein eine Halbheit, die ein Memento ist. Alles, was ich kaufe, kaufe ich doppelt, mein Tisch wird für zwei gedeckt, der Kaffee wird serviert für zwei, wenn ich reite, reite ich stets, als ritte neben mir eine Dame. Soweit ich in diesen Nachtstunden etwas anders lebe, geschieht es nicht eben, weil mir dies Leben so sehr gefiele.

Wofern nun aber das Ganze dennoch zu nichts führte, ich bereue nicht. Ich möchte nicht das Mindeste unterlassen; es ist eine Redlichkeit, die für mich den höchsten Ernst hat, daß meine Rechnung, falls die Sache irgendwie möglich würde, alsdann auf Heller und Pfennig stimmen möge.

VI 277

den 8. April morgens.

Heute vor einem Jahr. Der Krieg ist erklärt. Wenn man sich streiten soll, ist es von Wichtigkeit, darwider zu halten, und vor allem keine Hitzigkeit. Eine Tierschau kostet zuerst drei Mark Eintrittsgeld, zuletzt kostet sie bloß eine Mark. Ein Prachtwerk kostet sechs Thaler; wenn man nicht übereilig ist, kommt die billige Ausgabe, und das Buch ist doch das gleiche. Wenn man streiten soll, muß man die Gelegenheit sich zunutze zu machen suchen, und muß wissen, wo die Gelegenheit steckt. Bei einem Antiquar und unter der Hand kauft man zu halbem Preise. Wenn eine Tänzerin aus einer Kutsche steigt, so versteckt sie die Füße sorgfältig unter dem Mantel, damit niemand diese niedlichen Füße bewundert. Nicht für zehn Thaler würde sie es anders machen, und doch weiß jedermann: es kostet nur drei Mark oder für Standespersonen acht Mark, dann tanzt sie vor einem in Seidenschuhn u.s.w.

Meine Stimmung ist mir selbst widerlich; meine ganze frostige Verständigkeit ist von ‚ihr' diesem Verhältnis aufgezwungen worden, aus dem ich dergleichen auf ewig verbannt hatte. Lange darf es nicht währen.

Mit einem Satz trat ich heute bei ihr ein, sorgfältig gekleidet, blieb mit dem Hut in der Hand stehen, in der Haltung leichter Konversation, küßte im Vorbeigehen mit dienstfertiger, höflicher Vornehmheit ihr die Hand, und eilte in den Salon, allwo, wie ich wußte, Besuch war, da eine Familienfestlichkeit stattfand. Es traf sich recht glücklich. Spitzigkeiten, Satire und Kälte sind fehl am Platze unter vier Augen, es gehört ein bißchen Publikum dazu, wenn dergleichen wirken soll.

Eine Dame in der Gesellschaft war so gütig, uns auf den nächsten Abend einzuladen. Sonst pflege ich alles Derartige ihr zu überlassen, hier aber beeilte ich mich, in den verbindlichsten Ausdrücken in beider Namen für die Einladung zu danken. Es war geschwind abgemacht, und meine Ausdrucksweise war so schmeichelhaft gewesen, daß meine Konfirmandin sich blamiert hätte, wenn sie auch nur ein Wort dagegen gesagt hätte. Sie tat das auch nicht.

Als ich sie verließ und schon lebwohl gesagt hatte und schon halb zur Tür hinaus war, wandte ich mich plötzlich um und sagte zu ihr: höre, ach so, weißt du was? Sollten wir nicht Schluß machen? Darauf drehte ich mich um und winkte zum Abschied mit der Hand.

den 10. April morgens.

Heute vor einem Jahr. Ich habe mich gestern abend über die Maßen gelangweilt; aber was tut man nicht für seine Verlobte,
damit sie in Gesellschaft kommt — und man ihr ein bißchen Ma- VI 278
nier beibringt.

Sie versteht mich recht gut, das kann ich sehr wohl sehen. Wo es nun mit der Aufsage seine Richtigkeit hätte, hätte ich sie in aller Form.

Heute sollen wir zur Ausstellung promenieren und Besuche machen. Alles geht vortrefflich, mit der äußersten Höflichkeit halte ich sie mir fern, obwohl wir uns mehr als gewöhnlich sehen. Man macht sich den Vorteil zunutze, daß man für boshaft gehalten wird: ich darf dessen ziemlich sicher sein, daß ich nicht überhört werde, wenn wir anderswo zusammen sind, sie kommt leicht dahin, überflüssig zu scheinen. Weshalb hat sie mich auch aufgebracht! Versteht sich, kein Dritter merkt etwas von ihrer verlegenen Stellung, denn ich führe sie ständig redend ein: ‚das ist, wie meine Liebste sagt', ‚das hat sie gerade gestern gesagt'. Auch nur ein Wimperzucken, so heißt es: ‚aber Gott, mein süßes Mädchen, kannst du dich nicht erinnern, es ist doch gestern gewesen, nein, halt mal, daß ich doch nicht zuviel behaupte, es ist vier Tage her, genau vier Tage, kannst du dich nicht erinnern' u.s.w. Warum ich von vier Tagen spreche, versteht sie recht gut.

Aber meine Stimmung ist hin, in dem Ganzen ist etwas Ominöses. Ein alter Mann hat gesagt, es sei niemals gut, wenn das, was heilig sein soll, sich in einer lächerlichen Gestalt zeigt. Nun ist es freilich wahr, daß ein junges Mädchen nicht das Heilige ist; aber sie ist doch für mich so etwas gewesen. Ich habe sie wahrlich nicht mit irgend welchen Forderungen geplagt, daß sie sich gebärden solle wie ein Ideal; ich hatte lediglich den Wunsch, sie möge stille halten, während ich mich nur allzu ernst um das Verhältnis bekümmerte.

Ich hoffe indes, daß diese Kinderkrankheit schnell überstanden ist, und es ist noch so viel Verstehen zwischen uns, daß ich mich dessen getröste, ihr aus einer Erbauungsschrift vorzulesen. Das macht die ganze Sache noch sonderbarer. Ein Dritter fände es vielleicht bedenklich, daß ich, der ich mich derart benehmen kann, zugleich eine religiöse Individualität sein will. Es ist recht bequem, Klugheit und alles, was sonst über den puren blanken feierlichen Ernst hinausgeht, zu verschmähen, wenn man anderes als diesen nicht hat. Doch solche Urteile helfen mir wenig. Es geht in geistigem Sinne mit der Individualität ebenso wie es in grammatischem Sinne mit dem Satze geht: ein Satz, der aus nichts als Subjekt und

Prädikat besteht, ist leichter zu konstruieren als eine Periode mit Neben- und Zwischensätzen. Daß es Menschen gibt, welche gar nicht in der Lage sind, sich so gegen die Geliebte zu verhalten, ist daher keine Erklärung; anders wäre es, falls jemand es wirklich VI 279
vermöchte und unter gleichen Umständen wie den meinen es nicht tun wollte, und dies aus triftigen Gründen. Ich halte fest an der Idee, daß ‚sie' komisch ist; dies ist es eigentlich, was ich ausdrücke. Und ich glaube, ihr widerfährt so größeres Recht, als wenn ich in einem erotischen Verhältnis mich vermäße, der Vermahnende zu sein. Das befreiende Gleich auf Gleich muß ich stets bewahren; hier ist es die aesthetische Idee, welche zwischen uns richtet.

Gesetzt nun aber, die Sache entwickelte in ihr einen Trotz; das könnte mir teuer zu stehen kommen. Ich weiß indes nicht, wie ich anders handeln soll.

den 10. April. Mitternacht.

Es war einmal ein Mensch, der hat zu mir gesagt: „Ich habe so Entsetzliches gelitten, daß ich mich nie getraut habe darüber zu einem Menschen zu reden". Vielleicht wären die meisten mit solch einer Äußerung ein bißchen zu geschwind fertig: daß sie nämlich eine Übertreibung sei. Gleichwohl hätten sie Recht damit, daß es eine Übertreibung war, jener Mensch aber hätte in einem andern Sinne Recht. Als es nämlich zur Erklärung kam, erwies es sich, daß der Gegenstand des Entsetzens durchaus eine Geringfügigkeit war; der Umstand jedoch, daß es ihn so gepackt hatte, daß er sich nicht getraute, sich einem andern anzuvertrauen, mag wohl bewirkt haben, daß er entsetzlich gelitten.

Heute hab ich in der Zeitung von „einem Mädchen besserer Herkunft gelesen", welches ihrem Leben mit einem Selbstmord ein Ende bereitet hatte. Hätte jenes Mädchen nur bedacht, welch eine Todesangst sie einem andern Menschen verursachen könne, so hätte sie, meine ich, die Tat unterlassen. Wer aber könnte wohl darauf kommen, mir gegenüber behutsame Fürsorge zu üben! Und nun keinen einzigen Menschen fragen dürfen, sondern lediglich in der nachlässigen Sprache der Konversation durch unzählige Anfänge, Sprünge, Wendungen hindurch nach einer Aufklärung angeln müssen! Ist mein Weg im Ganzen mit Dornen bestreut, so sind diese zufälligen Berührungen eine Dornhecke, in der ich mich verhake. Ich sehe in einem fort Gespenster: in zufälligen Äußerungen, in Versen, in Mystifikationen. Es ist eine Nemesis, die über mir ist, daß ich selber so geübt bin. Es sind nun schon mehr als vierzehn Tage, daß sie jene vertrauliche Mitteilung von mir kennt. Auf dem Hauserplatz hab ich sie seitdem nicht gesehn. – Und sei das Meer auch noch so aufgerührt und sei man auf dem Meere wo man wolle: die Kompaßnadel zeigt doch stets nach Norden. Doch auf dem Meer der Möglichkeit ist sogar der Kompaß dialektisch, und die Mißweisung des Magneten nicht zu unterscheiden von der verläßlichen Weisung.

VI
280 den 12. April morgens.

Heute vor einem Jahr. Sie ist etwas am Darben, auch etwas vor den Kopf geschlagen, das kann ich wohl merken. Sie wäre nicht ganz abgeneigt, sich herunterhandeln zu lassen, aber sie kann sich nicht überwinden. Ja so geht's, sie hat den Trumpf zu früh gespielt und durchaus am unrechten Ort. Was nach einem solchen Verhalten wie dem meinen in den letzten Tagen eine einigermaßen verantwortliche Zurechtweisung gewesen wäre, ist wie eine gänzlich unmotivierte Regenwolke gekommen. – Wohl führe ich Krieg um des Friedens willen, und doch quält es mich, an des Krieges Ende zu denken, an die Krise, wenn sie den Kampf verloren gibt. Es wird mich schmerzen, denn ich begehre keinen Sieg über sie. Solange wir kämpfen, ist es ja unentschieden, wer der Stärkere ist; wenn sie aber als das schwächere Teil kapitulieren will, so hätte ich den Wunsch, nicht zugegen zu sein. Ich bin selber stolz, und in meinem Verhältnis zu ihr bin ich eher stolz in ihrem Namen als in meinem Namen.

den 13. April morgens.

Heute vor einem Jahr. Das ist ja vortrefflich gegangen; dafür darf ich ihrem guten Genius danken, in aller Stille hab ich es auch getan. Gestern nachmittag in meiner Fechtstunde fällt die Maske ab, als ich einen Ausfall machen will; mein Gegner kann den Hieb nicht anhalten und ich bekomme ihn unmittelbar an den Kopf.

Das Ganze hatte nicht viel zu bedeuten, es floß ein wenig Blut, es wurde ein Stück Pflaster aufgelegt, und ich ging nach Hause. Was aber geschieht, gestern abend, ziemlich spät, bekommt sie über die Sache einen ziemlich übertriebenen Bericht zu hören, und da ich ausblieb, obwohl ich versprochen hatte zu kommen, wurde ihr angst. Das Fließen von Blut, die Spannung zwischen uns oder unser Hieb und Gegenhieb, und dann vielleicht ein wenig Liebe vereinten sich, um sie schlaflos liegen zu lassen. Ich hab es ja immer gesagt, in einer einzigen schlaflosen Nacht kann man sich unglaublich wandeln. Heute kam sie eilends mit dem Vater zu mir herauf. Ihr Weh war so groß, daß es selbst den Hartherzigsten rühren mußte. — So ist denn alles gut gegangen. Wir entgingen dem, daß ich siegte, und die Todesgefahr half uns zum einander Verstehen.

So viel Liebreiz, ein solches Mädchen und dann so ein Jüngferchen! Aber ich gebe mit Freuden hundert Thaler für die Armen, weil wir an der Mißlichkeit der Kapitulation so glücklich vorbeigekommen sind. Ab und zu sah sie noch immer in einer Weise auf mich, daß ich begriff, sie habe etwas auf dem Herzen, aber dann sprach ich von der gefährlichen Wunde und von dem Sonderbaren, welches darin liege, daß gerade eine Maske abgefallen sei. Dann lacht sie, obwohl in ihrem Auge eine Träne steht; dann sage ich: VI 281
„ja darüber darfst du schon lachen, daß ich derart demaskiert worden bin." Dann sagt sie: „O, das ist dummes Zeug, du weißt ganz gut, was ich meine". „Ja, nämlich daß ich ihn noch einmal fordern soll und sagen: der ganze Kampf gilt nicht, wenn die Maske abfällt". Und dann sprechen wir von andern Dingen.

Darauf geht sie nach Hause, und ich sehe ihr nach wie damals, als sie von der Singstunde kam, jedoch sie hat jetzt einen andern Gang; es ist das Glück eines tollen Übermuts in ihren Schritten.

O Tod, ich glaube, man tut dir Unrecht; welch eine Bedeutung vermagst du nicht dem Leben zu geben, wenn sogar eine so kleine Mahnung eine so große Wirkung hervorbringt.

den 14. April. Mitternacht.

Das Verfahren muß geändert werden. Wenn ein Vernehmungsrichter den Angeklagten scharf ins Verhör nehmen will, so ge-

staltet er die Umgebung für diesen so sehr als möglich zur andringenden Frage. Den Mörder setzt er neben die Leiche des Ermordeten; wem in der Nacht bange ist, den weckt er beim Hahnenschrei. Für mich gibt es eine Umgebung, in der mein Vernehmungsrichter mich dem Geständnis sehr nahe bringen kann, so nahe wie man, glaub ich, mich überhaupt bringen kann: eine Kirche nämlich. Heute bin ich gegen meine Gewohnheit in der Trinitatiskirche gewesen.[315] Die Geliebte ist fernsichtig wie ein Vogel und hat leider eine hohe Vorstellung von meiner Beobachtungsgabe. Sie heftete ihre Augen auf mich und konnte sehr wohl erkennen, daß ich es sah. Ich stand im rechten schmalen Seitengang; sie kam zur Haupttür herein, ging quer am Chor vorbei und sollte in einem Kirchenstuhl auf der andern Seite ihren Platz erhalten. Sie sah mich; darauf nickte sie mit dem Kopfe. Geschwind wendete ich meinen Blick ab, schlug im Gesangbuch ein Blatt um, als hätte ich das Lied verschlagen und erzeugte durch diese Bewegung zugleich ein Kopfschütteln. Ach, ich hatte Furcht, in diesem Gruß könnte etwa eine Hoffnung verborgen sein. Als ich wieder aufsah, wurde abermals ein Blick hin und her getauscht, sie schien den Sinn meiner Kopfbewegung verstanden zu haben, und darauf nickte sie abermals. Ach, der Ausdruck war jetzt ein ganz andrer, es war mir, als ob sie nichts als ein Eingeständnis verlange, auf alle Hoffnung verzichtend. Ich hatte ja nunmehr das Lied gefunden und beteiligte mich eifrig am Gesang, und wie ein in der Kirche Singender zuweilen tut, hob ich den Kopf zugleich mit der Stimme und ließ ihn wieder sich senken, eine Bewegung, welche auch der jemandes ähnlich ist, der auf einer Auktion bietet und ja sagt. Dann erschien der Prediger und trennte uns; ich sah nicht nach ihr und ging den Weg hinaus, auf dem ich gekommen war,
VI 282 nicht um Fußesbreite abweichend. Ein Pythagoräer konnte nicht ängstlicher auf die Erde treten als ich, aus Furcht davor, wie man so sagt, einen Schritt zu tun.

So hab ich denn gesprochen? Nein, gesprochen hab ich nicht; ich habe auch nichts getan außer so, daß ich es leugnen könnte. Es hätte nicht in einer Kirche geschehen sollen, sie hätte mich nicht bewegen sollen, von dem zu weichen, was ich nun einmal für meine Pflicht ansehn muß. Aber in einer Kirche bin ich so leicht versucht, die Sache im Licht des Ewigen zu betrachten, und ewig gesehen darf ich die Wahrheit ja gerne sagen, aber nicht in der Zeit, oder doch noch nicht. ‚Sie' kann vielleicht für das Leben gerettet werden, sie soll ihm nicht lebewohl sagen, weil ich das tue. Ich glaube nicht, daß sie religiös hinreichend entwickelt ist, um richtig zu begreifen, was es heißen will, dergestalt mit dem Dasein zu brechen, etwas, das für ein Weib noch entscheidender ist als für einen Mann. Diesen Weg im Verein voran zu gehn, das heißt, jenes schreckliche Mißverhältnis, welches ich bereits in der zweimonatlichen Periode des Grauens gefürchtet habe, wieder beschwören: daß wir nämlich im Verein über eine unglückliche Liebesgeschichte trauern müssen. Das geht nicht an. Welche Ähnlichkeit besteht denn zwischen ihrer Trauer und meiner, welche Gemeinsamkeit zwischen Vergehen und Schuldlosigkeit, welche Verwandtschaft zwischen Reue und aesthetischer Trauer über das Dasein, wenn das die Reue Wachrufende eben das in ‚ihr' die Trauer Wachrufende ist? Ich kann trauern auf meine Weise; muß sie trauern, so muß sie es auch auf eigne Rechnung tun. Ein Mädchen kann in vielen Dingen einem Mann sich unterordnen, aber nicht im Ethischen; und es ist unethisch, wenn sie und ich solchermaßen im Verein trauern. Wie soll sie auf diesem Wege denn überhaupt dahin gelangen, religiös zu trauern, wenn sie ein solches ethisches Problem wie das betreffs meines Verhaltens gegen sie unentschieden lassen muß, wo sie doch trauern will über die Folge, die dies Verhalten hat. Wenn ich doch nur für ein halbes Jahr ein Weib wäre, um zu lernen, worin sie anders als der Mann beschaffen ist. Ich weiß sehr wohl, es gibt Beispiele dafür, daß ein Weib sich dergestalt betragen hat, ich habe diese Beispiele psychologisch in Bereitschaft, aber sie sind in meinen Augen sämtlich verfehlte Individualitäten. Ich kriege in meine Lebensanschauung keinen Sinn, wenn ich selber erleben soll, daß ein Individuum an ein andres verschwendet wird, und verschwendet ist sie, wenn es solchermaßen geht.

Hat sie erst angefangen, sich auf dem schmalen Weg zu einem religiös Bewegtwerden hin zu wagen, so ist sie für mich verloren. Ein Weib kann Leidenschaft ebenso stark, oder vielleicht noch stärker als ein Mann besitzen; jedoch Widerspruch in Leidenschaft, das ist keine Aufgabe für sie, so etwa die Aufgabe, den Wunsch zu gleicher Zeit zu bewahren und aufzugeben. Arbeitet sie rein VI 283 religiös daran, den Wunsch aufzugeben, so wird sie verwandelt; käme alsdann je der Augenblick für die Erfüllung dieses Wunsches, so würde sie ihn nicht mehr verstehen.

Jedoch ich spreche vielleicht ganz und gar unvernünftig; vielleicht ist meine Auffassung von ihr allzu groß angelegt. Die religiöse Unendlichkeitsbewegung liegt ihrer Individualität vielleicht gar nicht. Ihr Stolz ist nicht kräftig genug gewesen, um sie in einer Steigerung der Zeitlichkeit[316] zu retten. Wäre sie unbedingt stolz gewesen, so wäre dies vielleicht geschehen, menschlich gesprochen. Deshalb vielleicht wirkt das Religiöse auch nicht mit dem Umschwung der Unendlichkeit. Die religiöse Ewigkeit wird am Ende nicht die ewige Entscheidung, sondern eine zerdehnte Zeitlichkeit. Die Ewigkeit hat dann über ihr geweilt, sie getröstet, so etwa wie bei Homer der Gott oder die Göttin ihrem Helden zu Hilfe eilen. Sie meinte, es sei die Entscheidung der Ewigkeit, sie meinte, es sei für sie der Tod, sie glaubte alles verloren, aber siehe, indem sie nicht so sehr zu dieser ewigen Entscheidung erwachte als vielmehr müde von fruchtlosem Wünschen und müde vom fruchtlosen Werk der Entsagung sänftiglich in die Ewigkeit hinüberschlummerte, war die Zeit hingegangen, und sie erwachte, und sie gehörte wiederum dem Leben. So wäre denn vielleicht gar die Rede von einer neuen Verbindung, einer neuen Liebe.

Dies nun hab ich ja gewollt; dann ist sie doch frei. Drei Möglichkeiten hab ich mir vorgestellt: daß sie durch Stolz hindurch eine Steigerung in der zeitlichen Existenz erreiche, daß sie durch eine eingebildete Resignation hindurch zu einer neuen Liebe hinfinde, daß sie mein werde. Irgend eine unschöne Möglichkeit, durch welche sie zwar frei würde, aber in meinen Augen verlöre, habe ich nicht denken wollen. Die erste Möglichkeit muß aufgegeben werden; ist sie noch immer nicht, ist sie auch nicht nach Empfang jener meiner vertraulichen Mitteilung weitergekommen, so ist sie nicht in dem Maße stolz als es nötig wäre, um auf dieser Grundlage etwas Außerordentliches zu bauen. Die dritte Möglichkeit ist lediglich ein Wunsch, der auch die Schwierigkeit an sich hat, daß sie auf dem mit Bezug hierauf richtigen Punkte nur dann verblieben wäre, wenn sie mit dem Religiösen überhaupt nicht angefangen, sondern sich in weiblicher Naivität hingehalten hätte. Hat sie erst angefangen, religiös Leid zu tragen, so vergeht der

Wunsch gleich der Abendsonne, wenn des Mondes Glanz aufzuleuchten beginnt, oder gleich des Mondes Schein vor Tages Anbruch. Auf zwiefache Beleuchtung und Doppelreflexion vermag ein Weib sich nicht einzulassen, ihre Reflexion ist nur einfach. Will sie den Wunsch aufgeben, so ist die Reflexion der Widerstreit zwischen des Wunsches Leben und der Resignation Sterben; indes zu gleicher Zeit beides wollen ist ihr unmöglich, sie kann es vielleicht noch nicht einmal verstehen.

Bleibt somit die mittlere Möglichkeit übrig: das Hinüberschlummern einer eingebildeten Resignation in eine Ewigkeit, ein sich
Ausruhen, derweile die Zeit vergeht, bis daß ‚sie' das Auge wieder VI 284
aufschlägt und zu neuem Leben erwacht ist. Geschieht dies, so ist kein Menschenleben an mich verschwendet worden. Das Mädchen, das vielleicht voreinst in des Leides Einbildung sich, ach, im Leben als eine überflüssige Blume fühlte, sich, ach, als ein armes Vöglein fühlte, welches, wo es um einen Größeren ging, überhaupt nicht in Betracht kommen konnte, scheint auf diesem Wege wirklich in Betracht zu kommen. So mögen denn die Naturforscher uns lehren, daß das Dasein verschwenderisch ist im Großen, es möge wer da will von einer Minne sprechen, welche Opfer heischt; fällt die Bilanz so aus, wie ich sie hier denke, so wird das Mädchen in meinen Augen Kapitalistin, und die Vorsehung tätigt einen höchst wirtschaftlichen Aktienumtausch. Man hat von Dänemark gesagt, es sei der einzige Staat, der Privatvermögen besitze, weil es den Øresundzoll hat; mir scheint es, die Geliebte werde in den kleineren Verhältnissen der Welt der Individualitäten auf ähnliche Weise eine Ausnahme unter den Gattinnen sein. Die Ehe wird gleichsam die Staatseinnahme sein, zugleich aber besitzt sie dann jene Forderung, welche mein Leben ihr verzinst. Gut aber ist es, daß sie es gleichwohl nicht um meinetwillen oder weil ich sie darum gebeten habe, getan hat. — Mich dünkt, das alles sieht recht einladend aus. Ihr Dasein fällt so mehr ins Gewicht als das meine. Große Bedeutung kann ich für sie nicht gehabt haben, denn dann wäre einer der en gros veranschlagten Fälle eingetreten, und es wäre mir teuer zu stehen gekommen.

Indes, auch wenn ich es auf diese Art rein hypothetisch durchdenke, bleibt eine Mißlichkeit im Rückstand. Was nämlich soll sie tun, was nämlich soll geschehen? Ja ich weiß es recht gut, sie soll

tun, was in vielleicht mehr als einer Kirche gepredigt wird. Die Religiosität der Unendlichkeit wird vielleicht nicht jederzeit verkündigt, wenn anders man es mit der Kategorie genau nimmt. Man predigt auch nicht allemal Christentum, weil man ohne jede Spur von Heuchelei die heiligen Namen und die biblischen Ausdrücke gebraucht, denn die Gedankenbewegungen können mitunter ganz und gar heidnisch sein. Worin sie Trost finden soll, ist nicht die eigentliche Religiosität. Von dieser her gesehen würde ich in ihren Augen entschwinden als ein Atom, als ein dem Verkauf Josephs ähnlicher Anlaß dazu, daß sie das Ewige fände; von einer neuen Liebe würde dann aber ebenfalls nicht die Rede sein. Nein, das, dadurch sie geheilt werden soll, ist eine von einer gewissen Religiosität durchwobene Lebensweisheit, eine nicht gerade unschöne Komposition eines aesthetischen, eines religiösen und eines lebensphilosophischen Bestandteils. Meine Lebensanschauung ist andrer Art, und ich zwinge mich selbst gemäß bestem Vermögen, mein Leben bei der Kategorie festzuhalten. Man kann sterben, das weiß ich, man kann gemartert werden, das
VI 285 weiß ich, aber man kann sich bei der Kategorie halten und kann diese festhalten. Das will ich, das fordre ich von jedem, den ich bewundern soll, von jedem, den ich recht eigentlich anerkennen soll, daß er des Tages an nichts als an seines Lebens Kategorie denke und von ihr träume des Nachts. Ich richte niemand; wer es eilig damit hat, andre in concreto zu richten, wird der Kategorie selten treu sein; es ist ähnlich wie bei dem, der in andrer Zeugnis einen Beweis dafür suchen muß, daß er ernst sei, und der eben deshalb nicht ernst ist, denn Ernst ist zuerst und zuletzt, daß man seiner selbst sicher ist. Jegliche Existenz aber, die wirklich etwas will, ist eben damit mittelbar richtend, und wer die Kategorie will, richtet mittelbar über den, der sie nicht will. Ich weiß auch: sogar, wenn man bloß einen einzigen Schritt zurück ist, kann man stolpern und seiner Kategorie ledig werden, aber ich glaube deshalb noch nicht, daß ich die Kategorie fahren lassen und in Geschwätz mein Heil finden würde, ich glaube, die Kategorie würde an mir festhalten und mich richten, und in diesem Urteilsspruch wäre die Kategorie abermals da.

Welch eine Macht die Geliebte doch über mich hat! Jedem ihrer Wünsche sich fügen, den Tag brauchen zur Freude für sie, falls dies mir gestattet wäre, ja, es ist eine Lust, aber daß mein Gedanke, der mir das Leben ist, und dessen Verlust mein geistiger Tod ist, daß der mir genommen werden soll! Durch die Verschiedenheiten habe ich längst einen Strich gemacht; das das Leben Tragende aber ist für mich, daß, was den Willen anlangt, unter allen Menschen Gleichheit besteht; daß hier man von allen das Gleiche fordern darf. Gleichwohl, wie sehr hat sie mich doch mit einer rein erahnten Andeutung dahin gebracht, daß ich, wie ein Dritter wohl sagen würde, jener zweideutigen Resignation gegenüber manierlich bin. Und weshalb? Weil ich anderseits geistig nicht existieren kann, ohne daß es ihr möglich wäre, in dem Gleichen zu existieren. Man ersieht daraus, wie gefährlich es für einen Denker sein kann, verliebt zu sein; geschweige denn verheiratet zu sein und von einem Weibe tägliche Argumente zu bekommen. Dürfte er etwa weder das eine noch das andre sein oder müßte er etwa alles beides sein? – Ja! das sollte eine Mannsperson wagen mit solch einer Lebensanschauung zu kommen, welche in einem gewissen Maße verzichtet, und dann wieder in einem gewissen Maße sich tröstet. Doch nein! Halte dich still, du Leidenschaft, die meinen Sinn in Aufruhr bringen möchte, magst du auch deine Gründe haben; denn bei dem, was ich bis zur Verzweiflung von mir selber verlange, nicht als etwas Außerordentliches, sondern schlicht als das Rechte, kann ich es nicht ertragen, es mit etwas anderm vertauscht zu sehen, ich kann nicht feilschen.

Indes, hab ich nicht selbst Anlaß gegeben, daß dergleichen hat geschehen können? Ich arbeite ja dafür, daß sie frei werden möge. Ganz recht; aber ich habe die Sache dermaßen dialektisch ihrer Entscheidung anheimgestellt, daß sie tun kann, was sie will. Ich glaubte es mir selber schuldig zu sein, daß ich jegliche Verantwortung auf mich nahm. Vielleicht wäre es in der Periode des VI 286
Grauens doch gelungen, eine Entscheidung mehr in Güte zu erzielen; aber ich hätte an mein eignes Wohl gedacht, nicht an das ihre, falls ich in dieser Richtung etwas getan hätte. Sie hätte ihrerseits vielleicht nicht begriffen, wie sehr sie dadurch von mir abhängig und nicht etwa respektiert, sondern an mich verschwendet worden wäre. Die Sache ist daher so eingerichtet worden, daß sie Kraft und Machtvollkommenheit hatte, in der Potenz der religiösen Unendlichkeit zu handeln. Dadurch wäre ich für immer

gebunden worden und hätte mich selber nie ganz zurück erhalten. Entscheidet sie sich anders, ich habe nicht dazu getrieben.

Was mich tröstet, ist, daß für das Weib die unendliche Reflexion nicht wesentlich ist. Daher kann jene zweifelhaftere Art von Resignation einem Weibe die gleiche Schönheit erhalten. Kann sie sich neu verlieben, so ist mir geholfen, so weit das möglich ist; doch was sie auch tun möge, ich kann mich nicht entbrechen, daraus das Schöne herauszufinden. O, ein bittrer Trost wäre es für mich, falls mir geholfen würde und ihr desgleichen, ich jedoch in meinen Gedanken von ihr sagen müßte: ‚dies Menschenleben hat auf die Idee Verzicht getan.'

Und wozu denn also alle meine Sorgen und Pläne und Mühen? Was richte ich damit aus? Nichts. Deswegen jedoch will ich nicht nachlassen, eben deswegen will ich es nicht; denn wenn man alles tut und es kann nichts nützen, so darf man sicher sein, daß man in Begeisterung handelt. Deswegen verschmähe ich nicht dies Nichts (ebenso wie die Witwe es nicht verschmäht hat, einen Dreier in den Gotteskasten zu legen[317]); wohl ist es, was das Ausrichten anlangt, ein Nichts, jedoch, was das Leiden anlangt, überaus viel, wie ein Einsamer leicht verstehen wird. Denn wenn der Schmerz die Eingeweide schüttelt und der Leib erbebt, (falls der Leidende ein Mann ist) so ist da doch eine freundliche Hand, welche ihm das Haupt stützt, bis daß jene Raserei sich gelegt hat; oder wenn der Seufzer ängstet und der Schmerz das Herz zusammenpreßt, das am Brechen ist (falls der Leidende ein Weib ist), so ist da doch ein mitfühlendes Weib, welches den Schnürleib löst, bis daß sie wieder zu Atem kommt; der Einsame jedoch darf sich noch nicht einmal der gefühlsmäßigen Linderung hingeben, welche das nach Luft Schnappen für die Leidenschaft ist.

Indes, noch ist keine Zeit, im eignen Namen zu trauern, denn die dialektische Schwierigkeit meiner Stellung zeigt sich auch darin, daß es durchaus unterschiedliche Bedeutung hat, wenn ich in eignem Namen und wenn ich im Namen der Familie trauern wollte. Ich will jedoch zusehn, ob ich diejenige Form einer neuen Verbindung herausfinden kann, die in meinen Augen am schönsten wäre. Das Schönste wäre nun, falls sie vor der Verlobung mit mir in einen andern verliebt gewesen wäre und diese Liebe jetzt wieder
VI 287 aufwachen könnte, vielleicht unterstützt durch den Vorwurf, den

sie sich selber machen müßte, daß sie mir den Vorzug gegeben habe. Dann würde ihr Verhältnis zu mir eine Episode; sie käme nicht dahin, aufs neue zu lieben, sondern lediglich dahin, zu ihrer ersten Liebe zurückzukehren, und das Verhältnis zu mir hätte sie vielleicht gelehrt, diese schöner zu finden denn je. Bravo, bravo, das geht an! Wo meine Feder ein lebendiges Wesen wäre, (doch sie ist ja bloß eine Stahlfeder), aber — wo meine Feder nun ein Vogel wäre, der mit diesem Blatt im Schnabel käme und dieser hätte Freude an meiner Dankbarkeit, wie sehr wollte ich ihm danken! — Indes, das Unglück ist, daß ich von alledem nichts weiß. Gleichwohl kann ich mir keinen näher Eingeweihten vorstellen, an den ich mich wenden könnte. Doch weshalb dies verschweigen; und weshalb ein solcher Eifer, mich festzuhalten? Die Antwort hierauf würde ihr eine Verantwortlichkeit gegen jenen Unbekannten und gegen mich zuteilen. Hab ich sie denn übereilt? Nimmermehr, dies habe ich mir selber einmal deutlich gemacht. Habe ich sie übereilt, so müßte es gerade durch die Vorsicht geschehen sein, mit der ich das zu vermeiden suchte. Nehme ich das an, so geht es wieder. Dann hat sie mich doch mehr gefürchtet als geliebt. Als nun die Auseinandersetzungen über die Trennung begannen, hat sie das Vergessene wieder hervorgeholt, und diese Peinlichkeit ist ihrer Verzweiflung Sporn gewesen. — So also. Geschieht das, so ist ihr geholfen, d. h. sie hat sich selber geholfen; mir ist geholfen, weil sie frei ist, und geholfen, weil sie nicht an Schönheit verloren hat. Sie ist mir nichts schuldig, denn sie ist keinem Rat von von mir gefolgt, sintemal ich keinen gegeben und in dieser Richtung auch keinen habe geben können; ist sie mir etwas schuldig als kleine Erstattung für alles Leiden, so deshalb, weil ich mich nicht damit befaßt habe, ihr zu raten. Ich schulde ihr unmittelbar nichts; denn ich habe sie nicht gebeten um meinetwillen etwas zu tun, und man kann ja auch nicht annehmen, daß sie es um meinetwillen tut; mittelbar schulde ich ihr viel, diese Schuld jedoch ist wesentlich in meiner Persönlichkeit begründet, welche eben unter der angenommenen Voraussetzung diese Schuld anzuerkennen wünscht.

Alles dies ist vortrefflich — wenn es nur nicht bloße Hypothese wäre; es ist eine vortreffliche Hypothese, wenn sie nur nicht als Hypothese betrachtet zu gebrechlich wäre.

Die Uhr zeigt fünf Minuten vor zwei, meine Arbeitszeit ist
vorüber. Sobald Mitternacht anhebt muß ich mit aller Leidenschaft
an sie denken, jedoch keine Minute länger als bis Glockenschlag
zwei Uhr. Es gilt auszuhalten, und nach zwei Uhr ist jeder Ge-
danke an sie eine Anfechtung, ein Betrug an ihr; denn etwas Schlaf
gehört dazu, daß ich die Leidenschaft auf die Dauer festhalte, und
das will ich. — Der Unterschied zwischen Dünnbier und dem stärk-
VI 288 sten in England gebrauten Bier ist nicht der, daß letzteres schäumt,
denn auch das dünnste Bier kann schäumen und zwar ebenso stark,
aber sein Schäumen ist im gleichen Nu vorbei; wohingegen das
Schäumen des Starkbiers sich hält.

den 15. April morgens.

Heute vor einem Jahr. Es ist also gut Wetter geworden, ja herrliches Wetter. Fährt man in der frühen Morgenstunde aus, um Freiheit und Schönheit zu suchen, aber die Witterung ist unbestimmt; sitzt man im Wagen gleich einem Projektmacher, ob sich dem Veränderlichen vielleicht eine schönere Seite abgewinnen lasse, so daß man damit zufrieden sein könnte: und nun wird die Sonne selber der launischen Erfindungen der Treibwolken, der Unbeständigkeit der Schauer leid und bricht hervor in vollem Glanz; und es ist nun entschieden, daß schön Wetter wird — wie dankbar erkenne ich es da nicht an, daß ‚sie' es nun entschieden hat, sie, meine Sonne, daß die Zeit der Schauer vorüber ist!

Die weibliche Unreife, deren Äußerungen etwas fieberhaft waren, ist nun wie vergessen. Ich darf glauben, daß ich geliebt bin. Es ist mir freilich nicht beigekommen, daß sie etwa einen andern liebe, sie schien mir jedoch jener festen Gründung zu ermangeln, welche die Seele verschönt und mit ihrer Schönheit durchdringt. Der Anblick davon ist ein Schauer der Freude, vergleichbar jenem Schauer des Entsetzens, wenn man bei dem, der Gift genommen hat, das Gift jetzt plötzlich wirken sieht.

Und der Schmerz darüber, daß sie sich so verkehrt hat betragen können, verleiht ihr eine Sanftheit, von der ich nichts geahnt habe; und wieviel besagt es doch, daß sie diesen Schmerz empfindet! Welch ein Glück, daß der Tod uns dazwischen gekommen ist. Hätten wir länger gestritten, wäre es durch uns selbst zwischen uns zur Entscheidung gekommen, wie gütlich diese auch hätte sein mögen, es wäre doch stets bedenklich gewesen. Ich fürchte nur, sie läßt sich die ganze Sache zu nahe gehn. Diese ganz der Vergessenheit zu übergeben, könnte die Folge haben, daß ‚sie' in aller Stille Schmerz empfände, und deute ich irgendwie darauf hin, so wird ‚sie' sofort bewegt, obwohl ich das so gutmütig und scherzhaft als nur möglich tue; ist es vielleicht eben deswegen?

den 17. April morgens.

Heute vor einem Jahr. Das Unglück ist: sie besitzt schlechterdings keine religiösen Voraussetzungen. In dieser Hinsicht hab ich ins Leere gefochten. Sie hat doch mit mir kämpfen wollen, sie ist nicht eben von mir überwunden worden, aber die Angst in jener Nacht hat sie gelehrt, sich selbst zu verstehen. Sie betrachtet es als VI 289
eine Niederlage, obwohl sie sich glücklicher befindet denn zuvor. Hier käme es an auf die Freiheit der Unendlichkeit mir gegenüber. In diesem Augenblick hat sie mich ideal erfaßt und kehrt nun die kleine Fehlweisung wider sich selbst. Wenn nur nicht daraus eine Schwäche sich ergibt, eine Hingabe mir gegenüber, welche ich nicht verstehen kann und nicht verstehen will; ich will keine Anbetung, ich glaube nicht, daß ihre Untreue mich so empfindlich versehren könnte wie der Anblick dieses (so muß ich es sehen) Vernichtetseins. Ich bin selber stolz, und das soll in seinem Verhältnis zu andern Menschen ein jeder sein; Gott gegenüber sei der Mensch demütig, und demütig in jedem Verhältnis, jedoch gedemütigt unter eines andern Persönlichkeit soll er nicht sein. Gewiß, mag es auch schrecklich sein, es gibt eine Art von Hingabe, welche eben dann, wenn sie mich festhält, mich zwingt, fortzustoßen. Ist es unschön, daß Liebende sich zanken, so gibt es auch eine Hingabe, welche religiös verstanden eine furchtbare Verantwortung ist.

den 18. April. Mitternacht.

Ich habe also schlechthin nichts zu tun, sondern lediglich mich ruhig zu verhalten, denn in Hinblick auf eine frühere Liebe etwas auszurichten, von der ich noch nicht einmal ein Wissen habe, ist unmöglich. Was ich vorher dargelegt habe, ist mithin vergeblich, ebenso wie auch ein Teil meiner sympathetischen Erwartung für sie und das Beben für mich.

Was nützt dann Klugheit? Aber ich bin auch nicht klug. Bin ich in gewissem Sinne der Klügste unter meinesgleichen, so bin ich in einem andern Sinne vielleicht auch der Allerdümmste. Unter allem, was ich gelesen und gehört habe, hat nichts mich so schwer getroffen wie ein Wort, das von Periander[318+] gesagt wird. Es heißt von ihm, daß er gesprochen habe wie ein Weiser und gehandelt wie ein Verrückter. Daß das Wort auf mich genau paßt, beweist sich daraus, daß ich es mit der leidenschaftlichsten Sympathie aufnehme, und daß es gleichwohl nicht den geringsten Einfluß dahin übt, mich anders zu machen. Diese Art und Weise, mir das Wort anzueignen ist ganz und gar à la Periander. Innerhalb meiner Voraussetzung bin ich klug, jedoch meine Voraussetzung beim Handeln ist derart ideell, daß diese Voraussetzung alle meine Klugheit zu Narrheit macht. Könnte ich es lernen, mit meiner Voraussetzung herunterzugehen, so würde meine Klugheit sich vorteilhaft zeigen. Könnte ich auf diese Art klug handeln, so wäre ich schon lange verheiratet. Seinen Wunsch erfüllt zu bekommen und
VI 290 auch noch Dank dazu zu bekommen als für eine Wohltat, sodann sich so einzurichten, als wenn man seine Freiheit wesentlich noch hätte, das wäre klug gewesen, und ich wäre ein achtenswerter Mensch gewesen, der ein gegebenes Wort nicht bricht, ein sehenswürdiger Ehemann, der seinem Weibe treu bleibt und ein Mädchen ehrt; denn meine ideelle Voraussetzung ehrt vermutlich sie nicht, und der Umstand, daß ich lieber alles dran geben und Himmel und Erde in Bewegung setzen würde als mich in den Gott wohlgefälligen Stand zu verdrücken und mich durchs Leben zu schustern, beweist vermutlich, daß ich keine Ehre habe.

Mein Wunsch, der auf Höheres geht als bloß, sie frei zu sehn, mein Wunsch, welcher der Gipfelpunkt der Raserei des Göttlichen in meiner Seele ist, muß nun wohl aufgegeben werden. Indes, das will ich nicht. Wenn ich erst einmal frei gegeben bin und handeln darf, so wäre es doch wohl möglich, daß mein Wesen in ihr den Wunsch entflammte. Möge diese Möglichkeit innerhalb einer fernen Möglichkeit, möge sie auch unendlich ferne sein, ich will dennoch sie nicht fahren lassen, nicht von ihr lassen. Bloß eine offizielle Gewißheit, daß sie frei sei und einem andern gehöre, so ist der Wunsch tot; bis dahin aber soll er mich nicht als ein Einfall dann und wann kümmerlich besuchen, sondern soll hoch in Ehren gehalten werden als höchste Leidenschaft meiner Synthesis.

Wohl wahr, Wehmut ist des Leides Grazie gleich wie Verzweiflung seine Furie ist; erst aber schreit man vor Schmerz, bevor man wehmütig sein darf. Sofort wehmütig werden, das ist bisweilen Zeichen einer niedrigen Seele.

So schlaf denn wohl, mein Mädchen, er, der dir Treue gelobt, kann nicht mehr tun als er tut, so schlaf denn wohl, ich hätte beinahe gesagt, mein liebes Kind, denn meine Sorge ist ja fast die eines Vaters, welcher begehrt, seine Tochter verliebt zu sehn. Sieh, das ist Wehmut, aber ich will nicht, ich halte mit dir aus, halte aus; und wenn ich darüber ein Greis würde, falls vorher nichts geschieht, ich rufe die Nachtwache nicht zurück, welche auf dem Ausguck steht und ausschaut nach der Erwartung.

den 20. April morgens.

Heute vor einem Jahr. Falls ein Untersuchungsrichter etwa länger über den Akten gesessen und gelesen, Zeugen vernommen, Indizien verglichen, die Örtlichkeiten durchforscht hat: so sieht er plötzlich, wie er da so auf seinem Zimmer sitzt, ja, so sieht er etwas. Das ist nicht ein Mensch, ein neues Zeugnis, es ist nicht das corpus delicti, es ist ein Etwas, und er nennt es: den Lauf der VI 291
Sache. Sobald er den Lauf der Sache gesehen hat, ist i h m, d. h. dem Untersuchungsrichter, geholfen.

Ich habe mir selbst abgespürt, daß in meinem ganzen Wesen eine Unruhe war, daß etwas Schreckliches im Anzuge war, ich habe die ganze Nacht nicht geschlafen, und nun sehe ich den Lauf, den es nimmt, ach, ich sehe nicht den Lauf der Sache, sondern den hin zur Vernichtung. Sie gibt sich hin in einem Maße, das mein ganzes Wesen in Angst versetzt, und doch ist sie in meinen Augen voller Liebreiz und bewegt mich tief, jedoch diese Hingabe und meine Bewegtheit, sie quälen mich. Sogar, wenn ich ein andrer wäre als ich bin, diese Hingabe kann ich nicht verstehen, und ich kann mich so nicht hingeben. Und ich, der ich so verschlossen bin: sie weiß sehr wenig von mir, welch ein Mißverhältnis! Ich gewinne über sie alle Gewalt, sie gar keine über mich. Ist solch ein Verhältnis eine Ehe? Es gleicht ja einer Verführungsgeschichte. Will ich sie denn verführen? Abscheulich. Und gibt es denn nicht eine höhere Art von Verführung, ärger denn die der Lust? Sie sagt, nie habe sie sich glücklicher gefühlt als jetzt; sie kümmert sich um nichts außer um ihre Ekstase. Heißt das von meiner Seite her lieben, solch ein Mißverhältnis zu sehn? Und ich weiß bei mir selbst, daß ich verschlossen bin. Ja, ich habe freilich sehen gelernt: meine Geübtheit kann dahin führen, daß ich die Freiheit bekomme, meine Verschlossenheit zu verbergen. Ihre Hingabe jedoch wird eine Forderung, welche mein Wesen um und um kehrt. Allerdings, sie begreift es eigentlich gar nicht; aber ich weiß es, und was tue ich?

Jenes Mißverständnis hat unwiderbringlichen Schaden gebracht. Vielleicht hat sie doch in ihrem Innersten ernsthaft kämpfen wollen. Und für den Ausdruck der Hingabe gibt es keine Grenze, wenn sie erst anfängt, sich geradezu auszudrücken. Es ist wie wenn ein Mensch erst einmal angefangen hat, über seine Leiden zu klagen: bald reicht der wahre Ausdruck nicht mehr zu, um den Hörer zu rühren, und so schleicht sich, ihm selber unbewußt, die Unwahrheit in seine Worte ein. Jenes Mißverständnis stiftet unwiederbringlichen Schaden. Sehe ich ernst aus, so meint sie, es sei deswegen. Und wenn dies denn ganz und gar nicht der Fall ist, sondern meine Verschlossenheit es ist, die mich jetzt düster macht! O, es ist um darüber den Verstand zu verlieren!

Heute bat sie mich, ich möge mich auf einen Stuhl setzen. Ich tat es, ohne etwas zu ahnen. Da ging sie ein paar Schritte zurück, näherte sich und warf sich auf die Knie. Gewiß war ein wenig Schelmerei dabei, wesentlich aber war es Wehmut, und dann eine Seligkeit, ja, ich muß es nennen eine wahnwitzige Seligkeit, daß sie für ihre Leidenschaft den rechten Ausdruck gefunden hatte. In der gleichen Sekunde packte ich sie und riß sie hoch. Wer eine Untat begangen hat, läßt den Blick im Zimmer umherschweifen, jeden Winkel in Verdacht habend, er wirft den Blick hinaus zum
VI 292 Fenster, zu den gegenüber Wohnenden, und die Gewissensangst macht ihn scharfsichtig: ich weiß nicht, wie viel ich für die Gewißheit gegeben hätte, daß niemand es gesehen habe, oder wie viel ich dafür gegeben hätte, es selber nicht gesehen zu haben. Hab ich dergleichen verlangt! Wahrlich, sie hat mich nie verstanden. Nie

hab ich selbst das Knie gebeugt vor einem Menschen, vielleicht könnte ich es vor ihr tun, falls das Verhältnis dies heischte, aber um ihrer Persönlichkeit und meiner Persönlichkeit willen darf es nie geschehn. Für mich ist dergleichen kein Narrenstreich, keine übertriebene Geste; hab ich es getan, so ist meine Meinung darüber die: daß ich eine Kränkung gleich der, daß man es dafür ansähe, nicht ertragen würde. Hier hab ich nun wieder meinen Stolz.

Ich weiß freilich, daß ein Mädchen anders ist als ein Mann, gleichwohl vergesse ich es nie, es hat Raserei in mein Blut gegossen, Verwirrung in mein Hirn, eine Angst in meine Verschlossenheit, eine Verzweiflung in meinen Entschluß, und vor allem ein Sausen in mein ahnendes Ohr, welches für mich Vorbote und Eilbote des Äußersten ist.

den 22. April. Mitternacht.

Gleich wie der, welcher kränklich und an eine bestimmte Arznei gewöhnt ist, auf jeden Weg die schmerzstillenden Tropfen mitnehmen muß, ach, ebenso muß ich überall einen kurzen Inbegriff meiner Leidensgeschichte bei mir haben, damit ich mich unverzüglich in dem Ganzen orientieren kann – mich orientieren kann in dem, was ich mit mir selbst noch ganz anders durchgekaut habe als ein Schüler seine Lektion mit dem Lehrer. Widerfährt es mir, daß ich plötzlich daran denke –, ‚plötzlich' will hier heißen, daß ein halber Tag zwischen jetzt und dem letzten Mal, daß ich die Lektion wiederholte, liegt –, so tritt die furchtbarste Krise ein. Diese Krise gleicht dem Gefühl eines Schlaganfalls auf dem Gebiet der leiblichen Konstitution. Mir wird im Nu schwindelig, mein Gedanke vermag in dem Verwickelten nicht schnell genug etwas Festes zu greifen, und es ist mir, als wäre ich ein Mörder. Da ist denn nichts anderes zu tun, als daß ich mit äußerster Anstrengung den Gedanken daran als religiöse Anfechtung abweise, so ist der kritische Augenblick vorüber, und ich verstehe wieder, was ich viele hundert Male wiederholt habe. – Oder ich muß plötzlich daran denken, wie viel ich gelitten habe, und der Gedanke kommt so plötzlich, daß die Wachleute der Reflexion nicht geschwind genug herbeieilen können und ich gänzlich überwältigt bin. Dies ist mir gestern widerfahren. Ich saß bei einem Conditor und las Zeitung, plötzlich erwacht in meiner Seele jene Vorstellung, so plötzlich, daß ich in Tränen ausbrach. Glücklicherweise war niemand zugegen, aber ich lernte neue Vorsicht.

VI 293 den 24. April morgens.

Heute vor einem Jahr. Ein Irrfahrtender bin ich, ich gleiche einem, der in ein fremdes Land gekommen ist, in dem man eine andre Sprache spricht und andre Sitten hat. Wäre mein Leiden nun dies, daß die Fremden mich mit Nationalstolz behandelten, so ginge es wohl an. Doch dies ist bei mir nicht der Fall. Die Geliebte ist weit davon, irgend eine Forderung an mich zu stellen, sie erblickt in ihrer Illusion nichts als ihre Illusion, ist in diese verloren. Sie ist glücklich, sagt sie, und ich glaube ihr, sie ist in gewissem Sinne glücklich. Sie ist voller Liebreiz und macht sich mit ihrer Verliebtheit zu schaffen gleich einem Kinde, das rein mit sich selbst zu tun hat, aber froh und glücklich ist bei seinem Zeitvertreib. Man könnte dasitzen und sie betrachten, und älter werden und fortfahren sie zu betrachten; es besteht nur eine Mißlichkeit und zwar die, daß ich der Gegenstand der Verliebtheit bin. Alles, was vor jener kleinen Meinungsverschiedenheit (altercatio) gewesen ist, was in meinen Augen so viel zu bedeuten hatte, nämlich der Eindruck der Idee, für den ich, mich selber unter die Idee beugend, ihre Aufmerksamkeit zu gewinnen suchte, hat sie schlechterdings nicht berührt. In dieser Richtung ist sie gleichsam unempfänglich. Der Streit aber, mein verändertes Gebaren, das Eingreifen des Todes wandelt ihr Wesen, sie entfaltet eine Liebenswürdigkeit, die ich wehmütig bewundere, und die mich für sie schwärmen läßt. Und was will dies dann heißen? Es will heißen, daß sie schlechterdings keine Empfänglichkeit hat für die Motive, welche ich für die höchsten halte. Zwischen uns besteht eine Sprachverschiedenheit, zwischen uns liegt eine Welt, deren Abstand sich jetzt in seiner ganzen Schmerzlichkeit zeigt.

den 25. April. Mitternacht.

Geduld!

den 26. April morgens.

Heute vor einem Jahr. Also an dieser Klippe sollte ich stranden! Ich habe mich nie vor einem Menschen gedemütigt, ich habe auch nicht eben gewünscht, hoffärtig zu sein. Meine Meinung über das Verhältnis zu andern Menschen ist gewesen: einem jeden sein Recht widerfahren zu lassen und damit gut. Ich habe in strengerem Sinne überhaupt nicht viel mit Menschen zu tun gehabt. Meine geistige Existenz hat mich zu sehr beschäftigt. Hier bin ich gedemütigt worden. Und wer ist es, der mich demütigt? Es ist ein junges Mädchen, und sie tut es nicht mit ihrem Stolz, damit wäre schon fertig zu werden, sondern mit ihrer Hingabe.

Glücklich mit mir wird sie nie, nein, nie! Möglich, daß sie es VI 294
sich einbildet, aber ich verstehe es nicht, und das gehört ja wohl zu ihrem Glück mit hinzu. Und werden wir vereint, so wird es doch zuletzt so weit kommen, daß sie einst mit Entsetzen das ahnt, dem ich hätte vorbeugen sollen.

Meine Verschlossenheit ihr gegenüber bewahren ist leicht genug; eben deshalb vielleicht empfinde ich jetzt die Demütigung.

Was mir in meiner geistigen Existenz die Lebenskraft ist: das Gleich auf Gleich im Humanen, das wird von ihr zunichte gemacht. Diese unendliche Leidenschaft der Freiheit kümmert sie schlechterdings nicht; es ist ihr gelungen, eine Illusion aufzurichten, und das ist ihr genug. Auch ich meine, daß man lieben kann, daß man für seine Liebe alles opfern kann; indes, möge ich nun gute Tage sehen oder das Leben dabei wagen, den tiefsten Atemzug meiner geistigen Existenz kann ich nicht entbehren, kann ich nicht opfern, weil es ein Widerspruch wäre, denn ohne das bin ich gar nicht da. Und zu diesem Atemzug verspürt sie kein Bedürfnis.

Jedoch, eben jetzt empfinde ich, daß ich sie liebe, daß ich sie höher liebe denn je; gleichwohl getraue ich es mich nicht, ich, ihr Verlobter, der, wohlzumerken, sie überdies lieben *soll*.

den 27. April. Mitternacht.

Ich habe nicht Lust, etwas aufzuzeichnen, und es ist auch nichts. Ich bin jedoch gleichmäßig wach. Hier in der Stadt zeigen die

Nachtwächter durch ihren Ruf, daß sie auf dem Posten sind; wozu dies Rufen? In England gehen sie in aller Stille ihres Wegs und legen eine Kugel in einen Kasten und die Aufsicht sieht am nächsten Morgen, daß sie auf dem Posten gewesen sind und nicht geschlafen haben.

den 28. April morgens.

Heute vor einem Jahr. Wenn sie doch nur mir Widerstand zu leisten vermöchte! Wenn ich kämpfe, ist mir leicht; und auch, wenn ich in Frieden leben soll, möchte ich, daß der, mit dem ich Frieden habe, ebenso stark sei wie ich oder stärker. Je mehr sie sich hingibt, um so mehr Verantwortung liegt auf mir. Und die Verantwortung fürchte ich; und warum? Weil ich alsdann mit mir selbst zu tun habe, und diesen Kampf fürchte ich stets. Gesetzt, Gott selber wäre das, was man so einen Mann nennt, den man außerhalb seiner haben und mit ihm reden und zu ihm sprechen kann: ‚laß uns nun hören, was du zu sagen hast, so sollst du schon zu sehen kriegen, was ich im Sinne habe', dann fände man schon
VI 295 einen Ausweg. Aber er ist eben deshalb der Allerstärkste, ja, der allein Starke, weil er auf diese Art schlechterdings nicht mit einem Menschen spricht. Auf den Menschen, mit dem er sich in aller Kürze einlassen will, legt er selber auf die Art Beschlag, daß er mit ihm durch den Menschen selber spricht. Ihre Zwiesprache ist kein Pro und Contra, das sich gegenüberträte, sondern indem Gott spricht, braucht er den Menschen selber, zu dem er spricht, er spricht zum Menschen durch den Menschen selbst. Darum hat er die Macht, und kann einen Menschen jeden Augenblick, den er will, zermalmen. Verhielte es sich dagegen so, daß Gott ein für allemal gesprochen hätte, z. B. in der Schrift, so wäre Gott nimmermehr der Mächtigste, er wäre vielmehr der, welcher am meisten in der Klemme säße, denn mit dergleichen kann man in Gemächlichkeit disputieren, wenn man die Freiheit hat, sich selbst darwider zu gebrauchen. Jedoch eine derartige Annahme ist eine luftige Einbildung, die nirgends zu Hause ist, denn auf diese Art spricht Gott nicht. Er spricht zu einem jeden einzelnen Menschen, und in dem Augenblick, da er zu ihm spricht, gebraucht er diesen Menschen selbst, um durch ihn ihm zu sagen, was er ihm sagen will. Daher ist es im Plan des Hiobbuchs der schwache Punkt, daß

Gott sich in den Wolken zeigt und zugleich durch seine Rede sich als der fähigste Dialektiker kundtut; denn was in Wahrheit Gott zu jenem furchtbaren Dialektiker macht, ist gerade, daß man ihn ganz anders auf dem eignen Leibe hat, und hier ist das leiseste Raunen seliger und das leiseste Raunen entsetzlicher, als wenn man ihn auf dem Wolkenthron erblickt, oder ihn über den Erdenreichen donnern hört. Darum kann man mit Gott nicht dialektisieren, denn die dialektische Kraft in der Seele des betreffenden Menschen wird von Gott eben wider diesen Menschen selber gebraucht.

Wenn ein einzelner Mensch Gott fürchtet, so fürchtet er, was da mehr ist denn er selbst, und gleich hinter dieser Furcht kommt die Furcht vor sich selbst; und dieser Furcht Angst und Enge (angustiae) ist die Verantwortung.

Je mehr ‚sie' sich hingibt, um so unglücklicher werde ich. Ist das eine glückliche Verbindung? Und wie ist denn ‚ihr' Glück beschaffen? Von meinem Standpunkt her ist es das Glück einer Verblendeten, einer Illusion. Sokrates aber sagt, das größte Unglück sei, in einer Illusion zu sein.

den 29. April. Mitternacht.

Die Frage ist, ob ich ihr nicht eine mildere Vorstellung von mir
beibringen kann. Falls sie überhaupt ab und zu an mich denkt, VI 296
wofür ja eine traurige Wahrscheinlichkeit besteht, so sehe ich sehr wohl, was etwa nach menschlicher Wahrscheinlichkeit ihr jetzt nötig sein dürfte. Die Erklärung wäre wohl etwa die folgende: „ich bin in gewissem Maße ein verderbter Mensch gewesen, aber doch nicht völlig schlecht, ich hatte auch gute Seiten; ich habe sie wohl geliebt, aber des Ernstes ermangelt, da kam denn meine Unbeständigkeit, die einen Entschluß nicht festzuhalten vermag; ich habe sie freilich für ein liebenswertes Mädchen gehalten, jedoch bei ihr nicht jenen Geist gefunden, durch den ich glücklich werden konnte; daher ist es von ihr schön, daß sie sich in ihr Schicksal findet, es ist hochherzig von ihr, wenn sie ausgesöhnt ist mit jenem Mädchen, welches mich dermaleinst mit größerer Gewalt fesseln wird, denn so viel ist sicher: auch wenn er ein geistreicheres Mädchen finden sollte, er findet keine, die ihn dermaßen liebte. Das muß er gewiß selber zugeben, und insofern hat er wohl auch

sein Verhalten bereut, wenn er auch zu stolz ist, um es wieder gut
zu machen.“ — Ein reuiger Mensch, welcher bereut, aber zu stolz
ist, um etwas wieder gut zu machen, das er verkehrt gemacht hat,
während es sich doch wieder gut machen läßt: Weiß Gott, was da
Reue ist!

Helfen sollen mit einer solchen Erklärung, in welcher jeglicher
Satz sinnlos ist und zugleich unwahr in Bezug auf mich! Entweder
ich bin gründlich verderbt, ja ein Heuchler oder doch auf fast ekel-
hafte Weise in Selbstbetrug verstrickt, oder etwa, ich bin ein rit-
terliches Herz trotz einem. Ich entbehre auch nicht der Stetigkeit
im Festhalten eines Entschlusses, es sei denn daß als Maßstab ein
junges Mädchen diente, das nicht recht weiß, was Entschluß ist.
Ich habe sie stets für liebenswert gehalten, ich habe an meinem
Urteil nicht einen Tüttel geändert. Ich habe keine Geistreichere
gefunden, sintemal ich keine suche und für weibliche Geist-
reichigkeit danke. Ihre Hochherzigkeit ist ganz und gar kein
Trumpf im Spiel, ich gedenke nicht eine ‚Alltagsgeschichte‘ auf-
zuführen oder Tauschhandel zu treiben. Daß ich Reue trage, ist
wahr, ebenso gewiß aber ist, daß es mein Wunsch ist, alles wieder
gut zu machen.

Mittels dieser Erklärung avanciere ich. Ich trete aus allen Un-
endlichkeitsbestimmungen heraus und werde komisch. Allerdings
nicht in den Augen aller, in den Augen von ein paar Dichtern
werde ich sogar Held. Wahrlich, man sollte nicht meinen, daß ein
ewiger und gerechter Gott das Ethische erfunden, sondern daß ein
theatralischer Flickschneider etwas zusammengepatzt hat. Und
solch ein Maßstab wird sogar von Dichtern auf Helden ange-
VI 297 wandt — damit es sich erweise, daß sie Helden sind; Scribe aber
ist der behendeste von allen. Man höre und lese bei ihm drama-
tische Erwiderungen, welche das ganze Dasein in Verwirrung brin-
gen, so als ob Komödie nicht für Menschen und nicht für Ver-
rückte gespielt würde, sondern für „verirrte Maikäfer“, und doch
fallen diese Erwiderungen in solchem Plauderton und solcher
Leichtigkeit, daß man sieht, es ist eine Kleinigkeit. Da wird eine
verheiratete Frau dargestellt, und zwar nach Absicht des Autors
als ebenso verständig wie brav, ja als Streiterin für die gute Sache:
für eine echte Liebe zwischen einem jungen Mädchen, die unter
dem Einfluß dieser Frau steht, und einem jungen Manne, der sich

aus diesem Anlaß an sie wendet. Wie die Dame heißt, hab ich vergessen, nennen wir sie also Madame Scribe. Sie sagt nun zu dem auf Freiersfüßen gehenden jungen Manne: „Haben Sie aber auch bedacht, daß das Mädchen kein Vermögen hat?" „Ich habe es bedacht". „Sie hat bloß ein Kapital von 20000 frcs." „Das weiß ich." „Gleichwohl stehen Sie zu Ihrem Wort?" „Ja." „Wahrlich, dieser Heldenmut nimmt mich ganz und gar für Sie ein." Welch ein Satiriker ist doch Scribe, ohne es zu ahnen; ich glaubte, ich sei bei Meister Jackel. Der junge Mann steht in glänzender Beleuchtung da: er kriegt das Mädchen, kriegt 20000 frcs. —, und wird Held. Jedoch solch ein Held ist ebenso komisch wie ein Schneidersjunge, welcher Cäsar Alexander Bonaparte Apfelkuchen heißt; und ein Dichter, der solche Leute zu Helden ernennt, kommt mir ebenso komisch vor wie Schneidersleute, welche ihre Kinder so taufen lassen.

Mittlerweile ist es meine Pflicht, daß ich alles tue, möge es ihr nun tatsächlich nützlich werden oder nicht, alles tue, was sachdienlich scheinen mag. Das bisher Versuchte ist umsonst gewesen. Wäre sie eine religiöse Individualität in rechtem Sinne geworden, es wäre Schreckliches über mich gekommen. Doch hab ich mich nicht besprochen mit Fleisch und Blut.[319]

Mein Verstand hat getobt, sofern es ihn graust vor der Narrentracht, d. h. davor, Held zu werden bei Scribe. Laß diesen Gedanken nun fallen. Ich denke an sie, ich sehe sie in der Genesung, ich sehe die Möglichkeit eines glücklichen Ausgangs. Nun wohl, ich beuge mich unter die Züchtigung. Wahrlich, dies Mädchen ist mir gesetzt zur Demütigung. Merkt es gleich niemand, würden es gleich nur wenige verstehen, falls ich sprechen wollte, ich verstehe es, verstehe es vortrefflich.

Perikles[320] erließ, als seine ehelichen Kinder noch am Leben VI 298
waren, ein Gesetz, daß allein der von athenischen Eltern Geborene für einen athenischen Bürger angesehen werden dürfe. Viele litten unter diesem Gesetz. Da kam die Pest, und sämtliche Kinder des Perikles starben. Sein Kummer war so groß, daß er, als er vortrat und dem Haupt des Letzten den Totenkranz aufdrücken wollte, vor aller Augen in Tränen ausbrach, und solches war nie zuvor gesehen worden. Allein uneheliche Kinder waren ihm geblieben, und so trug Perikles darauf an, jenes Gesetz möge abgeschafft

werden. Es ist erschütternd: Perikles weint, — und Perikles tut den einen Tag dies und den andern Tag das Gegenteil. Aber es ist rührend, Plutarch zu lesen, er erzählt, daß die Athener ihm nachgaben; sie glaubten, die Götter hätten sich an ihm gerächt und darum müßten die Menschen sein schonen.

Perikles war ein großer Mann, er konnte an einem Entschluß festhalten; er besuchte keine Gesellschaft mehr, nachdem er beschlossen hatte, sich dem Dienst am Staat aufzuopfern. Leicht für mich, hier ist meine Kleinheit zu fühlen; aber, o, daß ich doch jene Schonung verspüren dürfte, die mein schont, indem sie mich begreifen läßt, daß ich meine Existenz verfälschen dürfe! Aber habe ich sie nicht immerfort verfälscht? Wohl wahr, das ist jedoch eine Verfälschung von der Art gewesen, daß ich hoffte, sie werde in der Geliebten, wenn sie sie sehe, etwas Großes wirken; diese Verfälschung aber, wenn sie überhaupt etwas wirkt, wird nicht zum Großen helfen. Und jenes erste Verfahren hat ‚sie' ganz anders geehrt als dies zweite.

den 30. April morgens.

Heute vor einem Jahr. Sie schäumt nicht mehr über im Ausdruck der Hingabe. Vielleicht ist das Ganze ein Übergang gewesen. Aber ich habe jenes beängstigende Gemälde gesehen, ich vergesse es niemals.

Meine Schwermut hat dennoch gesiegt.

den 1. Mai morgens.

Heute vor einem Jahr. Ist es möglich! Sie hat sich erzürnt über eine Unaufmerksamkeit von mir. Ja, ich leugne es nicht, es ist eine Unaufmerksamkeit gewesen. Sie bietet mir nahezu Trotz.
VI 299 Jetzt oder nie. Gut, daß in jener kleinen Meinungsverschiedenheit (altercatio) das Wort Trennung zwischen uns gefallen ist. Dies macht es jederzeit leichter, das Wort wieder hervorzuholen.

Der Sache entlaufen will ich nicht; nicht um gute Tage zu haben, will ich mich von ihr trennen, sondern weil ich es nicht anders kann. Verursache ich ihr Schmerz, so muß, so darf ich mich des Anblicks nicht entledigen. Ich wünsche den Zustand so kurz zu machen wie nur möglich, ich glaube, daß dies ihr dienlich ist. Mittlerweile stehe ich auch auf andre Weise bereit und werde jedes Argument respektieren.

In diesem Augenblick ist s i e die Stärkere. Jetzt somit wird die Sache in Gang gebracht.

Mein Urteil über sie ist in Kürze: ich liebe sie, habe nie eine andre geliebt, will es auch nicht. Ich wünsche, hierbei stehen zu bleiben und nicht etwa weiterzugehn: so daß ich zwar dies zu sagen mich getraute, aber doch die Stärke hätte, mir eine neue Liebe zuzulegen[321]. Mein Fehler ist, daß ich mich in etwas hineingewagt habe, dahin ich nicht gehöre. Wozu ich mich mit aller meiner Leidenschaft gebildet habe, das erweist sich mir als eine Irrung; aber jetzt kann ich mich nicht umbilden. Sie versteht mich nicht, ich sie nicht. Von dem ersten Augenblick an, da ich sie gesehen, in der ganzen Zeit, da sie in Gestalt der Hoffnung Gegenstand meiner Liebe war, habe ich mir ihren Tod vorstellen können, ohne meine Fassung zu verlieren. Ich hätte Schmerz empfunden, vielleicht mein ganzes Leben lang, aber das Ewige wäre sofort da gewesen, und das Ewige ist mir das Höchste. Nur auf die Art kann ich verstehen, daß man einander liebt. Im Bewußtsein der Ewigkeit, in der Unendlichkeit ist jeder der beiden Partner frei, und diese Freiheit haben sie beide, indem sie einander lieben. Dies höhere Dasein beschäftigt sie schlechterdings nicht. Ist dann unser Verhältnis angelegt auf eine Ehe? Ist denn ein Ehemann ein Pascha von drei Roßschweifen? Bei solch einer Verbindung werde ich unglücklich, ich fühle mich geängstigt hinsichtlich meiner tiefsten Existenz. Falls ich dies nun aushalten könnte, aushalten müßte, nun wohl, was dann weiter, welches ist denn ihr Glück, um deswillen ich dies alles wagen soll? Soll ich denn alles aufs Spiel setzen um einer Einbildung willen? Falls mir jemand dafür bürgen könnte, daß sie glücklich würde; aber heißt das glücklich sein, daß man in einer Einbildung lebt? Hat sie sich nun aber einmal derart hingegeben, so hab ich die Verantwortung.

Daß dies die Grundlagen sind für eine Verurteilung auf Lebenszeit, sieht man ein. Ob diese Verurteilung zwei trifft oder einen, getraue ich mich nicht zu sagen, das Urteil über mich ist das Sichere. Ist es denn aber nicht ungereimt, zwei unglücklich zu machen, wenn man sich genügen lassen kann an einem? Allerdings, sicherlich, wenn ich nur einsehn könnte, wie das zu verstehen ist, daß ich sie glücklich machen kann.

den 2. Mai. Mitternacht.

VI 300 Birgt aber meine Seele nicht in sich einen heimlichen Groll wider sie? Ich leugne es nicht, ich mag diese offenen Gefühlsausdrücke nicht; man schweige und handle in sich selber. Ich mag es nicht, daß man davon redet, vor Liebe zu sterben, zumal wenn die Redende ohne alle weibliche Resignation zugleich kein Bedenken trägt, ihr Leben als einen Mord auf das Gewissen eines Schwermütigen zu legen, als wäre dies Treue, die wahre Treue und Charlotte Stieglitz[322] nicht deshalb eine überspannte Person, weil sie sich das Leben nahm (denn da trifft das Urteil zu), sondern deshalb, weil sie sich als eine Last empfand und die Lage weiblich begriff; ich leugne nicht: handelte es sich um eine andre, so würde ich vom Dasein verlangen, daß es uns das wahre Gesicht der Sache, nämlich, daß sie blinder Lärm sei, sehen lasse. Es würde, falls es sich um eine andre handelte, meinen Groll befriedigen, es kund gemacht zu sehn, daß diese starken Worte und eidlichen Beschwörungen nicht mehr und nicht minder gewesen sind als, mit Respekt zu sagen, ein paar arge Rülpser, ein bißchen Schluckauf, der vielleicht durch zuviel Romanlektüre veranlaßt ist; daß diese Todesgedanken nicht Träume gewesen sind, wie Julia sie bei Shakespeare hat, nachdem sie Gift genommen, sondern wie Grete sie bei Wessel[323] kriegt, nachdem sie dicke Erbsen gegessen hat. Ich würde es deshalb vom Dasein verlangen, weil das, was ich selber ewig respektiere, nicht lächerlich gemacht werden soll, und weil jemand, welcher es in Wahrheit und mit Ernst respektiert, nicht dadurch lächerlich werden soll, daß ein Mädchen die gleichen Worte verdreht.

Mich bindet kein Eid, im Gegenteil, ich bin los und ledig und zwar zu ungewöhnlichen Bedingungen, dadurch daß ich ein Schurke werde; denn sonst macht man solche Leute ja dingfest; ich habe kein Wort von Tod verlauten lassen, als durch meine Seele die Todesangst ging; ich denke noch immer etwa so: sterbe ich wirklich, so brauche ich es ja nicht erst zu sagen; ich habe niemand aufgefordert, in mir einen Bravourhelden zu erblicken. Doch dies

tut wenig zur Sache, wenn ich nur in mir selbst als treu erfunden werde; denn möge ein Mensch nun den Schein für sich haben oder gegen sich, die Zeit ist und bleibt eine gefährliche Feindin. Äußere Antriebe können für ein Weilchen helfen, aber das ist doch Trug; soll ein Mensch aushalten, so muß er es aus sich selber heraus tun, und sogar dies ist nicht möglich, wenn nicht seine Frömmigkeit Tag für Tag dem zeitlichen Entschlusse die Ewigkeit einhaucht. Ein jeder Mensch, der in Wahrheit treu geblieben ist, darf darum Gott dafür danken. Es ist die schärfste, vielleicht die VI 301
schwierigste, aber auch die begeisterndste Aussonderung: dasjenige, davon ein Mensch im eigentlichen Sinne sagen muß, daß er Gott dafür danke und nicht einem andern. Den Schein wider sich haben setzt allezeit diese Unterscheidung ins Licht; jedermann aber macht sie, wie es ja auch die Sprache tut; die Frage ist bloß wie. Dies Wie macht die Sache klar, keineswegs neue Redewendungen, Ausdrücke und Termini. — Heute hab ich ein betrunkenes Weib auf der Straße gesehn; sie fiel um, die Jungen lachten über sie, da stand sie ohne fremde Hilfe wieder auf und sagte: ich bin Weibs genug um alleine wieder aufzustehn, dafür aber danke ich Gott allein, keinem andern, nein! keinem andern. Wenn diese Unterscheidung einen Menschen unbedingt beschäftigt, liegt für ihn ja etwas Demütigendes darin, neue Entdeckungen so wenig gemacht zu haben, daß ein betrunkenes Weib das Gleiche sagt. Gleichwohl hat es etwas unbeschreiblich Erfreuendes und Rührendes und Begeisterndes, daß sogar ein betrunkenes Weib das Gleiche sagt. Wie man es sagt, das möge jeder verantworten, ich begehre nur, mein Leben allda zu haben, wo jeder es haben kann — so er will.

Ein Leben, welches für die Idee arbeiten will, kann ich verstehen, außerhalb der Idee ist es mir unmöglich, mit jemand wesentlich zu sympathisieren, er sei nun glücklich oder unglücklich.

In Beziehung auf ‚sie' gilt das nicht. Noch ist da keine Verleugnung der Idee geschehen, und darum verabscheue ich in Beziehung auf sie jeden derartigen Gedanken als eine Kränkung wider sie. Tritt eine Verleugnung der Idee ein, so begehre ich lediglich die Schonung, daß ich nicht daran zu denken brauche. Was ist der Tod? Nichts als ein kleiner Aufenthalt auf dem einmal beschrittenen Wege, falls man der Idee treu geblieben ist. Ein Bruch mit der Idee jedoch bedeutet, daß man eine verkehrte Richtung erhält.

den 4. Mai morgens.

Heute vor einem Jahr. Es ist geschehen. Schon 2 Tage habe ich jenes schreckliche Wort im Lauf der Unterhaltung angebracht. Es ist nun ein großer Unterschied, ob ein Kriegsschiff oder eine Nußschale in See sticht, und der Unterschied ist äußerlich sichtbar. Mit dem Wort steht es anders. Das gleiche Wort kann eine noch größere Verschiedenheit bezeichnen, und doch ist das Wort das gleiche. Pathetisch ist das Wort zwischen uns noch nicht aufgeklungen, aber es kommt wieder und immer wieder vor, in das Allerverschiedenste einfließend, um die Stimmung zu erforschen. – Soviel ich bisher bemerkt habe, könnte ich beinahe versucht sein zu glauben, es werde sanfter abgehen, als ich habe hoffen dürfen.
VI 302 Was mich selbst anlangt, so hab ich für diesen Schritt ja die Verantwortung übernommen. Nach meiner Auffassung bedeutet dies, daß ich einen Menschen unglücklich mache. Um billigeren Preis bekomme ich es nicht, wenn ich mit mir selber handle. Vielleicht wird mir die Wirklichkeit noch zeigen, daß ich die Verantwortung am Ende zu hoch veranschlagt habe. So bin ich denn entschlossen zum Handeln; ich habe mir das Schlimmste vorgestellt, die Wirklichkeit vermag mich nicht zu schrecken. Was ich in meinem Innern leide, allwo alles verwirrt und erschüttert ist, was ich leide bei dem Gedanken an ihren Schmerz, bei dem Gedanken daran, daß ich diesen Eindruck wohl niemals verwinden werde, weil mein ganzes Gebäude ins Wanken geraten ist, meine Anschauung vom Leben, von mir selber, von der Idee verworfen ist, und ich niemals ein neues Gebäude werde aufführen können ohne an sie und an meine Verantwortung zu denken: nun, das ist mein Teil. Das ist das größere und schwerere Teil oder richtiger, das Leid ist so groß, daß wir beide reichlich daran zu zehren haben.

den 5. Mai. Mitternacht.[324]+

ZUM INWENDIGLERNEN

Periander.

Periander war ein Sohn des Cypselus; aus dem Geschlecht der Herakliden, und ward als Nachfolger seines Vaters Tyrann von Korinth. Von ihm heißt es: ‚er hat allezeit gesprochen wie ein Weiser und stets gehandelt wie ein Verrückter'. Es ist recht sonderbar und gleichsam eine Fortsetzung von Perianders Verrücktheit, daß der, welcher ihn mit diesem sinnreichen Wort gekennzeichnet hat, selber nicht wußte, wie bezeichnend es war. Der etwas beschränkte Urheber[325] des Worts leitet in seiner Einfalt die weise Bemerkung folgendermaßen ein: es ist sehr auffallend, daß die Griechen solch einen Narren wie Periander unter die Weisen haben zählen können. Indes ein Narr (un fat), dies ist der Ausdruck des Moralisten, ist Periander nicht gewesen. Anders stünde es, wenn er gesagt hätte, daß es einen andern Periander, Periander von Ambracia gegeben habe, mit dem er vielleicht verwechselt worden ist, oder daß es nur fünf Weise gegeben habe, oder daß die Geschichtsschreiber in ihrer Auffassung von einander abweichen u.s.w.

Da hätten denn die Götter das Wort über Periander besser ver- VI 303
standen, denn sie lenkten ihn in ihrem Zorn so durch das Leben, daß sie die weisen Worte als einen Hohn über das Haupt des Tyrannen brachten, welcher mit seinem Tun seine weisen Worte zuschanden machte.

Als Periander Tyrann wurde, zeichnete er sich aus durch Milde, durch Gerechtigkeit gegen die Geringen, durch Weisheit unter den Verständigen. Er stand zu seinem Worte und gab den Göttern die goldene Bildsäule, die er ihnen gelobt hatte, aber bezahlt war sie mit den Schmuckstücken der Frauen. Kühn waren seine Unternehmungen, und dies war sein Ausspruch: ‚Fleiß schafft alles'. Seine Erklärung war z. B. das Wort, den Isthmus durchgraben zu wollen; denn Fleiß schafft alles.

Indes unter der Milde schwelte der Leidenschaft Brand, und das Wort der Weisheit war, bis daß der Augenblick kam, eine Decke über der Verrücktheit der Handlung; und die kühne Unternehmung zeigte eine Kraft, welche auch in dem Verwandelten die gleiche blieb. Denn Periander ward verwandelt. Er ward nicht ein andrer Mensch, aber er ward zwei Menschen, die in einem einzigen Menschen nicht Raum hatten: der Weise und der Tyrann; und das will heißen, er ward ein Unmensch. Der Anlaß wird verschieden berichtet. Das aber ist gewiß, es war bloß ein Anlaß, wenn anders es nicht unerklärlich werden soll, daß er dermaßen sich verändern konnte. Es wird jedoch erzählt, er habe in sträflichem Umgang mit seiner Mutter Cratia gelebt, wohl als er noch nicht sein schönes eigenes Wort gehört hatte: ‚tu nicht, was verschwiegen werden muß'.

Und Folgendes ist Perianders Wort: ‚es ist besser gefürchtet zu sein als beklagt zu sein.' Nach diesem Wort handelte er. Er ist der Erste gewesen, der sich Söldner hielt und das Regiment so umgestaltete wie die Tyrannis es heischte und als Tyrann über Unfreie herrschte, selber gebunden durch die Gewalt, deren er nicht quitt werden konnte, denn, wie er selbst gesagt hat: 'es ist für einen Tyrannen ebenso gefährlich der Herrschaft zu entsagen wie ihrer beraubt zu werden.' Er entzog sich auch der Schwierigkeit auf eine sinnreiche Art, die weiter unten erzählt werden soll, und selbst der Tod vermochte sich an ihm nicht zu rächen; die Inschrift steht über dem leeren Grabgewölbe. Daß dies geschehen mußte, ver-
VI 304 stand Periander selbst am besten; denn ein Wort von ihm war: ‚Unrecht Gut tut nimmer gut'. „Tyrannen, welche sicher sein wollen", sagte er, „müssen Gutwilligkeit zur Leibwache haben und nicht Gewappnete." Daher ist der Tyrann Periander niemals sicher gewesen, und die einzige Zuflucht, die ihn sogar im Tode hinreichend sicher dünkte, war ein leeres Grab, in dem er nicht lag. Dies hätte sich auch augenfällig ausdrücken lassen, z. B. falls man über das leere Grabgewölbe die Inschrift gesetzt hätte: ‚hier r u h t ein Tyrann'. Indes, derart machten die Griechen es nicht; sie waren versöhnlicher und ließen ihn tot Frieden finden im mütterlichen Schoß seines Heimatlandes, und schrieben über das leere Grab, was im Verse schöner klingt, dessen Sinn aber ungefähr der folgende ist: ‚hier hütet Corinthos, sein Heimatland, in bergendem Schoß Periander, den Reichen, den Weisen.' Jedoch dies ist insofern unwahr, als er dort nicht liegt. Ein griechischer Schriftsteller hat ihm eine andre Inschrift gesetzt, vornehmlich bestimmt für den Be-

trachter, auf daß die Inschrift ihn erinnere, „nicht zu hadern, weil man seinen Wunsch nicht erlangt, sondern froh sich zu bescheiden bei dem von den Göttern Gefügten", indem man daran denkt, „daß des weisen Periander Geist von Mißmut verschlungen ward, weil er nicht im Stande gewesen zu vollbringen, was er gewollt."

Dies möge nun genug sein betreffs seines Lebensendes, welches den Nachgeborenen über den Zorn der Götter das lehrt, was Periander nicht aus diesem gelernt. Die Erzählung kehrt wieder zurück zu dem Bericht über den Anlaß, welcher Perianders Verrücktheit zum Ausbruch kommen ließ, die von diesem Augenblick an im Lauf der Jahre dermaßen zunahm, daß er von sich selber mit Wahrheit ein Wort hätte sagen können, welches, wie es heißt, Jahrtausende darnach ein Verzweifelter in sein Wappen gesetzt hat: „mehr vernichtet, minder reuend."[326+]

Hinsichtlich des Anlasses wollen wir unentschieden lassen, wieweit er wirklich darin gelegen hat, daß sein sträflicher Umgang mit der Mutter ruchbar wurde, so daß es ihn gekränkt hat, daß man wußte, „er habe getan, davon man nicht sprechen darf"; oder aber, ob etwa der Anlaß die rätselhafte Antwort[327] eines Freundes, nämlich des Tyrannen Thrasybulus von Milet gewesen ist, welche in ihrer bezeichnenden Stummheit nicht vom Boten, wohl aber von Periander verstanden wurde, und zwar auf die gleiche Weise wie die gleiche Antwort vom Sohn des Tarquinius Superbus verstanden worden ist, nämlich als wegweisender Wink für einen Tyrannen; oder endlich ob der Anlaß gewesen ist die Verzweiflung darüber, daß er in der Eifersucht seine geliebte Gattin Lyside VI 305
(der er selbst den Namen Melissa gegeben hatte) mit einem Fußtritt getötet hatte: wir können es nicht entscheiden. Jede der drei Begebenheiten für sich allein könnte wohl hinreichen: für den stolzen Fürsten die Schmach der Unehre; für den Herrschsüchtigen die Versuchung durch das bedeutungsschwere Rätselwort; für den unglücklichen Liebhaber die Pein der Schuld. Im Verein mußten sie klein bei klein bewirken, daß Bosheit den Verstand des Weisen verkehrte und Erbitterung die Seele des Herrschers in Trug wiegte.

Indes, wie Periander zu einem andern wurde, so wandelte sich nun auch sein Schicksal. Das stolze Wort, es sei besser gefürchtet zu sein denn beklagt, kam über ihn, über sein verzweifeltes Leben, und kam über ihn im Tode. Denn er ward beklagt, sogar beklagt, weil er das Wort gesagt, beklagt, weil die Götter, welche die Stärkeren sind, ihm entgegen gearbeitet, indessen er, immer mehr vernichtet immer minder reuend, ihren Zorn verstand.

Melissa war eine Tochter des Prokles, des Tyrannen in Epidaurus. Als die Mutter getötet worden war, flüchteten ihre beiden Söhne, Cypselus und Lycophron, der eine siebzehn, der andre achtzehn Jahre alt, zum Großvater nach Epidaurus. Hier hielten sie sich einige Zeit auf, und als sie zurückkehrten, sprach Prokles beim Abschied zu ihnen die Worte: ‚Wißt ihr auch, Enkel, wer es ist, der eure Mutter getötet?‘ Auf Cypselus machte das Wort keinen Eindruck, Lycophron aber verstummte. Zurückgekehrt ins väterliche Haus, würdigte er den Vater niemals einer Antwort. Da ward Periander erbittert, trieb ihn von sich, und erfuhr nunmehr, indem es ihm endlich gelang mit vielen Fragen dem Gedächtnis des Cypselus aufzuhelfen, was es war, das Lycophron in seinem Schweigen barg. Seine Ergrimmtheit verfolgte nun den Vertriebenen: niemand dürfe seiner sich annehmen; sie verfolgte den Flüchtigen, der von Haus zu Haus floh, bis daß endlich einige Freunde ihn zu sich nahmen. Da ließ Periander bekanntmachen: wer Lycophron aufnehme oder auch nur ein Wort mit ihm spreche, sei des Todes. Nunmehr durfte niemand sich mit ihm einlassen, so daß er vor Hunger und Elend umkommen mußte. Periander selbst ward erschüttert, und ging zu Lycophron, als dieser vier Tage und vier Nächte lang weder Speise noch Trank zu sich genommen hatte. Er bot ihm an, Herrscher in Korinth und Herr über alle seine Schätze zu werden, da er nun doch wohl gelernt habe, was es heiße, seinem Vater trotzen. Lycophron jedoch erwiderte nicht ein
VI 306 Wort, endlich sprach er: „Nun hast du doch selbst den Tod verdient, denn du hast dein Gebot übertreten und mit mir gesprochen.“ Hierüber erbittert, verbannte ihn Periander nach Corcyra, und sein Grimm kehrte sich wider Prokles, den er im Kampf besiegte, gefangen nahm und der Herrschaft über Epidaurus beraubte.

Periander war nun ein Greis geworden; er war der Herrschaft müde und wollte sie niederlegen. Indes, „es ist gleich gefährlich, die Tyrannis niederzulegen wie ihrer beraubt zu werden“, so hat der Weise gesagt, und man lernt von dem Tyrannen, daß es sogar schwierig ist, der Tyrannis quitt zu werden. Cypselus war zum

Regiment nicht geeignet, auf ihn hatte noch nicht einmal das Wort des Prokles Eindruck gemacht. So sollte denn Lycophron ihm im Regiment folgen. Und Periander sandte ihm Botschaft, aber nein; und endlich sandte er seine Tochter, auf daß die Gehorsame den Trotzigen überrede und mit ihrer Sinnesart den Verirrten zurückführe zur Ehrerbietung gegen den Vater; jedoch er blieb in Corcyra. Dann beschlossen sie endlich, zwischen sich Vertrag und Teilung zu stiften, nicht so wie Vater und Sohn in Liebe teilen, sondern so wie Todfeinde es tun: sie beschlossen den Aufenthaltsort zu tauschen. Periander wollte in Corcyra wohnen, und Lycophron sollte Herrscher werden in Korinth. Periander war allbereits zur Abreise gerüstet, aber die Leute von Corcyra hatten vor ihm ein solches Grauen, und hatten den unversöhnlichen Zwist zwischen Vater und Sohn so gut verstanden, daß sie beschlossen, Lycophron zu ermorden, denn dann blieb Periander wohl ferne. So taten sie denn auch. Sie wurden jedoch deshalb vor Periander nicht bewahrt; er ließ dreihundert von ihren Söhnen fortführen, um sie schänden zu lassen. Aber die Götter verhinderten es, und Periander nahm sich die Tatsache, daß es ihm versagt blieb, seinen Sohn zu rächen, derart zu Herzen, daß er beschloß, aus dem Leben zu scheiden.

Zum letzten Mal vereinten sich der Weise und der Tyrann. Sein verzweifelter Entschluß und die Furcht, daß er noch im Tode von der Unehre eingeholt werden könne, ließen seine Weisheit einen sinnreichen Weg heraus aus dem Leben finden. Er ließ zwei junge Männer zu sich kommen und zeigte ihnen einen verborgenen Gang. Darauf befahl er ihnen, sich die nächste Nacht dort einzustellen, den ersten Menschen, der ihnen begegne, zu töten, und den Getöteten unverzüglich zu begraben. Nachdem diese gegangen waren, ließ er vier andre kommen und befahl ihnen das Gleiche: in dem Gange zu warten, und wenn sie zwei jungen Männern begegneten, diese zu töten und die Getöteten unverzüglich zu begraben. Darauf ließ er eine zweimal so große Anzahl kommen und befahl den Männern in entsprechender Weise das Gleiche, die vier zu töten, denen sie begegnen würden und sie VI 307
unverzüglich an der Stelle, an der sie sie niederhieben, zu begraben. Alsdann kam Periander selber zu dem verabredeten Glockenschlage und ward ermordet.

den 6. Mai morgens.

Heute vor einem Jahr. Es geht immer besser. Das Wort gewinnt zwischen uns mehr und mehr an pathetischer Bedeutung. Sie scheint ruhig. Gebe Gott, es sei so. Hätte ich mich nur ein bißchen früher so verstanden, wie ich jetzt es tue. Als jene kleine Meinungsverschiedenheit (altercatio) ausbrach, wäre der Augenblick dagewesen. Indem ich sie gereizt hätte, hätte sie vielleicht doch selber Schluß gemacht, und sie hätte schlechthin nichts gelitten.

Meine Seele ist bedrückt, mein Gedanke beschwert, meines Lebens Hoffnung gleicht einer Rettungsjolle auf der empörten See, wenn zu viele darin sitzen.

Indes, wer einen andern hat, um den er sorgen muß, hat keine Zeit, den eignen Schmerz recht zu empfinden, und die grauenweckenden Schrecknisse der Einbildung verleihen ein großes Übergewicht über die Wirklichkeit. Das Mißverhältnis zwischen uns beiden bekundet sich hier abermals und fügt ihr gleichsam neues Unrecht zu. Ihr wirklicher Schmerz, und nähme er noch so sehr zu, ihr Klageschrei, und sei er noch so heftig, sie sind doch reinweg schwach gegen die Erfindungsgabe meiner Phantasie, ohne daß ich etwas gesehn hätte.

den 7. Mai morgens.

Heute vor einem Jahr. Mit Plötzlichkeit kommt die Entscheidung nicht über sie. Und das Plötzliche wäre für sie vielleicht das Gefährlichste. Die Übung ist so weit gelangt, daß es beinahe einer Generalprobe gleicht. Sollte es in der Wirklichkeit ebenso gut abgehen, so begehre ich nichts weiter, wiewohl es in einem andern Sinne mir ein wenig unerklärlich sein wird.

Was mich selbst betrifft, so empfinde ich Heimweh nach mir selber, danach, bei mir selber sein zu dürfen. Es ist aufreibend, eine Einbildung und eine Wirklichkeit dermaßen widereinander zu haben. Meine besorgte Einbildung ist schrecklich: sollte ich nun etwa auf ebenso tragische wie komische Weise die Wirklichkeit leichter finden? O daß ich die Freiheit hätte, meine Einbildungen zu behalten, mit denen mich umzutummeln ich gewohnt bin!

VI 308 Es tröstet mich jedoch, bei allem Augenzeuge zu sein; sogar wenn sie stürbe, möchte ich Augenzeuge sein. Die Wirklichkeit ist doch nicht solch ein Plagegeist wie die Möglichkeit.

den 8. Mai morgens.

Heute vor einem Jahr. Die Situation sich wiederholend, die Entscheidung so nahe, wie dies bei einer Probe möglich ist, jedoch nicht ohne Leidenschaft ihrerseits. Sie scheint doch zu verstehen, daß etwas, das für einen Scherz zu gröblich wäre, daß dies Ernst werden muß. Sie ist nicht ohne Heftigkeit, das ist gut. Noch heute muß es geschehn.

Wenn der Kaufmann auf dem äußersten Ende der Hafenmole steht, und sein Schiff und seine reiche Ladung in Seenot erblickt, und er seine Seele auf den Verlust sich sammeln läßt, und fortgeht, indem er zu sich spricht: es ist deine eigne Schuld, daß du nicht versichert hast — ob er dann wohl recht eigentlich froh würde, wenn ein Matrose ihm nachgelaufen käme und meldete: das Schiff ist wieder zu sehen, es ist nicht untergegangen, und er kehrte um und der Matrose nähme das Fernrohr, um Ausschau zu halten — und spricht: ja, jetzt ist es wieder fort!

Freilich, sie hat etwas andres zu bedeuten als ein Kauffahrteischiff und eine reiche Ladung. Daß das ganze Begebnis für sie so wenig als nur möglich bedeuten möge, ist mein Wunsch, mein innigster Wunsch; aber sogar, wenn sie den Brief, den sie heute empfangen wird, mit Lachen empfinge, wenn sie ihn für eine Freudenbotschaft ansähe, weil sie nunmehr von einer Last frei sei, o, daß es so wäre, aber sogar wenn es so wäre, mir hülfe es nichts. Was ich in meinem Innersten erlebt, daß ich auf der äußersten Spitze der Möglichkeit gestanden, und das äußerste Entsetzen erblickt habe, die Folge meines Stehens dort und dieser Anblick wird etwas sein, das mich verfolgen wird. Sie verletzen, falls ich etwas Derartiges für sie bedeute, daß ich dies kann, das will ich nicht; ich demütige mich unter das Verhältnis und unter meine Schuld, und auf diese Art will ich Abschied nehmen von ihr. Ich glaube aus den Proben genug ersehen zu haben, um zu wissen, daß der Schrecken der Wirklichkeit nicht solche Gestalt annehmen wird, daß ich mit dem Vermeiden des Anblicks vor etwas fliehe.

Ich habe an sie einen Brief geschrieben folgenden Wortlauts:[328+]

Um nicht noch des öfteren die Probe auf etwas zu machen, das doch geschehen muß, und das, wenn es geschehen ist, wohl Kräfte, so wie sie nötig sind, geben wird: so laß es geschehen sein. Vergiß vor allem den, der dies hier schreibt; vergib einem Menschen, welcher, ob er gleich etwas vermochte, doch nicht vermochte, ein Mädchen glücklich zu machen.

VI 309 Eine Seidenschnur senden bedeutet im Osten Todesstrafe für den Empfänger; einen Ring senden, wird hier wahrlich zur Todesstrafe für den, der ihn sendet.

Was geschieht? Großer Gott, sie ist auf meinem Zimmer gewesen, während ich ausgegangen war. Ich finde ein Billet, das mit verzweifelter Leidenschaft abgefaßt ist, sie kann nicht ohne mich leben, es wird ihr Tod, wenn ich sie verlasse, sie beschwört mich um Gottes, um meiner Seligkeit willen, bei jeder Erinnerung, die mich bindet, bei dem heiligen Namen, den ich nur selten nenne, weil mein Zweifel mich gehindert hat, ihn mir anzueignen, wiewohl eben deshalb meine Verehrung für ihn so groß ist wie für nichts andres.

Somit bin ich ihr denn angetraut! Was besagt eine Trauung denn anderes, als daß man einer Verliebtheit einen religiösen Ausdruck und damit eine religiöse Verpflichtung verleiht? Dies ist geschehen. Da sind zwei Mächte, die mich binden, unauflöslich binden: die Gottes und die eines Toten, mit denen man nicht disputieren kann; da ist ein Name, der mich auf ewig verpflichten wird, wiewohl ihn all mein Denken nur von ferne schaut, und auch er ist von ihr mit Beschlag belegt. Werden diese Mächte ausgestrichen, so bin ich nicht mehr da, und bin ich da, so bin ich gebunden, und ich werde in diesen Gedanken ununterbrochen an die zu denken haben, welche diese Mächte mit Beschlag belegt hat.

Erotisch hat sie Unrecht, das ist sicher. Ein Mädchen hat nicht das Recht, solche Mittel zu gebrauchen. Daß sie sie gebraucht, zeigt im Grunde, wie wenig sie von ihnen versteht. Wer diese Mittel wider einen andern gebraucht, bindet sich ebenso fest wie den, welchen er binden will: sofern es sich nun in keiner Weise zeigen darf, daß er die heiligen Mittel eitel genommen hat. Indes, meine Kapitalschuld eröffnet ihr das freieste Konto.

Welch ein Leichtsinn aber, hinaufzugehen in meine Stube! Es könnte jemand zu wissen bekommen, daß sie diesen Tag auf meiner Stube gewesen ist; daß ich nicht zu Hause war, weiß er vielleicht nicht. Mithin ist ihre Ehre nun vielleicht ebenfalls gefährdet.

Und ich, der ich so sorgsam darüber gewacht, daß keine Kränkung solcher Art ihr nahe trete! Hart genug, daß es aussehen muß, als ob ich sie zurückwiese. Ich sähe es nur allzu gerne, daß wirklich sie VI 310
es wäre, die mich zurückweist. Der Schrecken einer Verantwortung drückt den Preis für die unmittelbar erotischen Leiden bedeutend herab.

Und wohin ist sie dann gegangen, als sie fortging von hier? Vielleicht ist sie fortgelaufen in Irrsal, darüber verzweifelt, daß sie nicht gut genug ist. Gut genug — ich glaube, das ist das Einzige, davon nicht die Rede ist. O Tod, wer hat dir das Recht gegeben, Wucher zu treiben? Oder wucherst du etwa nicht ärger denn der blutgierigste Jude, ärger denn der blutleerste Geizhals, jedesmal, wenn du bloß drohst und bloß quälst mit der Todesangst!

Der Termin der Trennung ist mithin vorläufig ausgesetzt, wo nicht aus andern Gründen, so um ihrer Ehre willen, und weil die ganze Sache eine entsetzliche Gestalt angenommen hat: ich habe ein Menschenleben auf mein Gewissen bekommen und eine ewige Verantwortung. Welches Verhalten aber soll ich nun ihr gegenüber annehmen? Ein religiöser Einheitspunkt ist Unsinn; daß wir beide in Verein trauern wollen, ist eine Verrücktheit, wenn ich der Schuldige bin und sie die Leidende. Welch eine Sinnlosigkeit, zu gleicher Zeit Beichtvater und Mörder sein zu sollen, zugleich der sein zu sollen, welcher schuldhaft zermalmt, und der, welcher teilnahmsvoll aufrichtet.

Nein, sie soll mich zu sehen bekommen, ich gedenke nicht, vor irgend etwas davonzulaufen; hat sie mich leichtsinnig auf Lebenszeit an dies Verhältnis gefesselt, mich gefesselt mit Banden, die sie wohl binden, aber nicht lösen kann, so kann es schlimm für sie werden; ich werde schon aushalten. Daraus folgt jedoch nicht, daß sie mein wird, oder ich der ihre; falls sie aber meint, irgend einen Eindruck auf mich machen zu können, falls sie ein Argument hat, das ich vielleicht nicht bedacht, nun wohl, ich drücke mich vor nichts.

Geschiedene Leute sind wir, aber ich werde tun, was ein Mensch vermag, um ihr zu helfen. So packe mich denn mit aller deiner Gewalt, du mächtige Leidenschaft, du Fälscherin, welche der Wahrheit Wechselbalg ist, doch im Betruge von ihr nicht zu unterscheiden. Stärke mich für zwei Monate, das ist die Frist, nicht ein

Tag länger; für so lange jedoch pünktlich und gewissenhaft. Wandle alle Pein in meiner Brust zu Lippengeplapper, alles Pathos des Innern zu Geschwätz, wenn es sich ergießt. Nimm fort, ja, nimm fort, verstecke alles, was ihr gefallen könnte, jeden Zug, jede Miene, jedes Gefühl, jede Andeutung eines Gefühls, tu es so sicher, daß kein Wahrheitsfünkchen aufglimmt hinter dem Betrug. Schaffe mich um, laß mich, wenn ich bei ihr sitze, dasitzen als eine nickende Pagode, mit einem gedankenlosen Lächeln um die Lippen, umhaucht von Geplärr.

Ich bin bei ihr gewesen. Sie war verhältnismäßig ruhiger als ich erwartet. — Ein Paar heimlich Liebender haben Vorsicht nötig, um ihr Einvernehmen zu verbergen. Wir sind ja offenkundig
VI 311 Liebende, und doch ist auch hier Vorsicht vonnöten, um *unser* Einvernehmen zu verbergen.

Morgen hebt also der letzte Kampf an, die Periode des Grauens. Einen Eindruck von ‚ihr' hab ich überhaupt nicht. Das Religiöse, das mich jederzeit beschäftigt hat, mein Denken bis hin zur Verzweiflung beschäftigt, und mich wohl beschäftigen wird, solange ich noch denken kann, ist von ihr auf ihre Seite hinübergezogen worden. Vielleicht ist es ein kopfloses Dreinhauen, so daß sie nicht gewußt hat, was sie sich einfallen lassen sollte, gegen mich zu gebrauchen, und da hat sie eben dies gebraucht. Das ist nun wie es ist, ich muß es respektieren. Was ich jetzt wagen will, ist, daß ich ihr womöglich mich selber entwinde, ihr das Bild von mir in lauter Sinnlosigkeit verwirre, und sie von Grund auf durcheinanderbringe. Jedes Gegenargument soll respektiert werden. Ich weiß recht wohl, was für welche kommen werden. Alle Sympathie für mich muß vernichtet werden, und sie muß zugleich in Reflexion müde gelaufen werden. Menschlicher Wahrscheinlichkeit nach wird sie also mit mir das schlimmste Leiden durchmachen, und menschlich gesprochen wird sie nicht eben disponiert sein, von vorne anzufangen, in dem Augenblick, da ich sie verlasse. — Man wird beinahe ruhig, wenn es gilt zu handeln, mag es auch das Allerverzweifeltste sein, das man tun will, und dies in der allerschwersten Form der Zeit und der Dauer. Kann ich jedoch nicht ruhig sein, so könnte ich es ebenso gut bleiben lassen, mit dieser Mühsal anzufangen.

den 8. Mai. Mitternacht,

Nun ist es also stille, nicht in dem Sinne, in dem es gilt, daß Stille durch eine Leidenschaft erworben wird, welche stärker ist als der lärmendste Ausbruch. Nein, es ist Stille in dem Sinne, in dem der Kaufmann spricht: ‚zu dieser Zeit ist es im Kornhandel stille, Getreide ist nicht gefragt'; stille in dem Sinne, in dem man von einem Dorfe sagt, daß es dort stille ist, weil dort nichts sich ereignet und nichts zu erwarten ist, indessen doch das Allgewohnte geschieht: der Hahn kräht auf dem Mist, und die Ente plätschert im Teich, und der Mittagsrauch steigt aus dem Schornstein auf und Martin Frandsen fährt auf den Hof, und alles ist in Bewegung, bis daß der Bauer das Hoftor schließt und in den stillen Abend schaut, denn vorher ist es nicht still gewesen. Stille, nicht in phantastischem Sinne, wie man es von einem Hause sagt, dessen Abgeschlossenheit das Erahnte birgt, sondern wie man es in bürgerlichem Sinne sagt von einem Hause, in dem die behäbigen Familien jede ihren Geschäften nachgehn, und alles läuft, wie es alle Tage läuft; stille, wie man es sagt von den „Stillen im Volk", welche die Woche hindurch ihrer Nahrung nachgehen, die Rechnung machen, den Laden schließen, und sonntags zur Kirche gehn.

Je mehr ich an diese Stille denke, um so mehr wandelt sich mein Wesen. Jede Hoffnung auf eine leidenschaftliche Entscheidung ist VI 312
aufgegeben, das Ganze wird wohl still abgehn. Jedoch diese Stille, diese Friedlichkeit scheint mir des Daseins heimtückischste Trügerei zu sein. Ja, wenn die Stille ein unendliches Nichts ist und eben damit der Möglichkeit geräumige Form für einen unendlichen Gehalt, ja dann liebe ich sie, denn alsdann ist sie des Geistes Element und reicher an Inhalt als Herrschaftswechsel und Weltereignisse. Darum lieb ich dich, du Stille zwischen den Gräbern, denn die Toten, sie schlummern, und gleichwohl ist diese Stille die Form für das Bewußtsein der Ewigkeit von ihren Werken! Darum lieb ich dich, du Stille der Nacht, wenn das Innerste der Natur sich in der Ahnung deutlicher verrät, als wenn sie in aller Leben und Sichregen laut sich kundtut. Darum lieb ich dich, du Stille der Geisterstunde hier in meinem Gemach, allwo kein Laut und keine Menschenstimme der Unendlichkeit des Denkens und der Gedanken eine Grenze setzt, allwo die Worte Petrarkas wahr werden: So viele Tiere birgt das Meer in seinen Wogen nicht, so viele Sterne

hat die Nacht niemals gesehen an des Himmels Wölbung, so viele Vögel wohnen nicht im weiten Wald, so viele Halme tragen Flur und Aue nicht als da mein Herz Gedanken hat an jedem Abend. Darum lieb ich dich, du feierliche Stille vor der Schlacht, möge es die des Gebetes sein, das man nicht laut spricht, möge es die der Losung sein, die man raunt, deine Stille bedeutet mehr als der Schlacht Getümmel! Darum lieb ich mit Erschauern dich, du Stille in der Wüste, du bist entsetzlicher denn alles, das da geschieht, das da geschehen ist! Darum lieb ich dich, du Stille der Einsamkeit, mehr denn all das Mannigfaltige, denn du bist unendlich!

Indes, diese vegetierende Stille, in die ein Zauber das Menschenleben band, in der die Zeit kommt und die Zeit vergeht, und mit irgend etwas sich füllt, so daß da nichts vermißt wird, denn alle Ströme enden im Meer und können doch das unendliche Meer nicht füllen, doch dies und das kann füllen der Menschen Zeit, — diese Stille ist meiner Seele fremd. Dennoch, sie ist das, damit ich jetzt zusehen muß, vertraut zu werden. Dort hinten im Dorfe, da wohnt ja die hübsche Marie. Auch sie hatte eine Liebesgeschichte; jetzt ist der Schmerz vorbei, jetzt zupft der Musikant die Geige und Marie tritt an zum Tanz mit einem neuen Liebsten. Nein, nein! Es verstört mein ganzes Wesen. Laß die Unendlichkeit uns scheiden, meine Hoffnung möchte sein, daß die Ewigkeit uns auch vereinen werde. Komm, Tod, und verwahre sie für die Ewigkeit; komm, Wahnsinn und leg alles unter Verschluß, bis daß die Ewigkeit das Siegel des Erbgerichts löst; komm, Haß, mit deiner unend-
VI 313 lichen Leidenschaft; komm, stolze Auszeichnung mit deinem verwelklichen Ehrenkranz; komm, Gottesfurcht, mit deiner unverweslichen Seligkeit; ja einer von euch möge kommen und sie nehmen, die ich selber nicht nehmen kann: doch nur nicht dies, nur nicht der Endlichkeit Pfuschwerk. — Kommt es dahin, o, dann betrüg ich sie, dann muß ich sie betrügen. Ich stehle ihr Bild so, wie meine Einbildung es liebt, ich werde es beschauen, aber es wird mich an sie nicht mehr erinnern, wie es das bisher getan, als ich der betäubenden Linderung der Erinnerung entsagte; denn alsdann ist es nichts als eine Erinnerung.

Ach, als wir uns trennten, lehrte mich mein Verstand, ich müsse darauf gefaßt sein, ja, ich dürfe es erwarten! Jetzt, jetzt dünkt es mich so schwierig, falls es etwa geschieht.

Mittlerweile wird es wohl geschehen. Ich weiß es nicht. Das aber weiß ich: ich bin es ihr schuldig, mich in alles zu schicken, was mir nur möglich ist. Und es ist mir möglich, daß ich ihr gebe oder zuzugestehen suche eine mildere Erklärung meines Verhaltens (und für mich ist es nicht das Bestimmende, ob ich nach menschlicher Wahrscheinlichkeit mit dieser etwas ausrichte), eine Erklärung, die mir selbst widerwärtig ist, widerwärtiger als die frechste Lüge, die ich gebraucht habe, wenn ich hoffte, diese könne ihr in unendlichem Sinne dienlich sein.

den 12. Mai. Mitternacht.

Heute hab ich sie gesehen. Es war in der Mittagsstunde, gerade vor dem Königlichen Park. Sie kam aus ihm heraus, ich ging auf der andern Seite der Straße auf ihn zu. Es war, als ich von Hause fortging, wirklich meine Absicht, in ihn hinein zu gehn; wäre es nicht meine Absicht gewesen, so wäre ich keinen Schritt von meinem gewohnten Wege abgegangen. Jedoch ist diese Strenge wohl bald nichts als Reminiszenz an ein vergangenes Verfahren, in welchem ich kraft asketischer Enthaltung von jeglicher auch der entferntesten Einmischung mit selbstquälerischer Grausamkeit das Unendliche in ihr anerkannte. Ich hätte insofern diese Begünstigung noch nicht einmal nötig gehabt. So begegneten wir uns denn. Sie hatte mich etwas im voraus gesehen und war somit vorbereitet, vielleicht aber auch in einiger Bewegung. Welch eine Aufgabe für die Beobachtung. Eine halbe Minute zum Sehen zu haben, zum Sehen dessen, was dann Gegenstand einer vielstündigen Betrachtung wird! Und dabei auf sich selber achten zu müssen, und aufzumerken, daß man bei der Berechnung in Anschlag bringe, welchen Eindruck der Anblick von mir hervorrufen mag. In ihrem Gesicht ging eine Bewegung vor sich: war es eine Andeutung unterdrückten Schmerzes, oder war es der Übergang zu einem Lächeln? Ich habe nie ein Mädchen oder sonst einen Menschen gekannt, bei
welchem die Vorboten zu Weinen oder Lachen so ganz und gar VI 314
gleich sich ausnehmen wie bei ihr. Und hier waren die Gegensätze noch nicht einmal so stark gegeben; denn ein ersticktes Lachen wird man an der Muskelbewegung des Halses beobachten können, ein unterdrücktes Weinen an der Ausweitung des Busens, hier

aber bezog sich die Zweifelhaftigkeit des Verhaltens auf geringere Gegensätze, und so reichte die Zeit nicht aus zum Sehen. Die Bewegung konnte auch dadurch erzeugt sein, daß sie Atem holte, und zwar so, daß ich nicht den Augenblick sah, in dem sie den Mund öffnete, sondern den, in dem sie ihn schloß. — Man könnte den Verstand darüber verlieren, wenn man solch einem Eindruck etwas Bestimmtes abpressen will, und doch will ich es. Wenn man den Schlag einer Kirchenuhr vernimmt und mitzählt, so folgt daraus nicht, daß man weiß, was die Uhr geschlagen hat, denn die Fortpflanzung des Schalls im Verhältnis zum räumlichen Abstand kann bewirken, daß man erst die letzten Schläge vernimmt, und nun sich irrt, falls man zu zählen anfängt.

Sie sah sogar frisch aus, etwas blaß, jedoch ich darf dieser Blässe nie wesentliche Bedeutung zumessen, denn mein Anblick könnte sie hervorrufen. Über die Frische jedoch darf ich mich freuen; oder sollte es eine Täuschung sein, sofern etwa die Luft ihr einen Anhauch von Gesundheit gegeben hat? Was soll da ein Blitzdoktor sagen können? Ein Blitzdoktor bin ich eigentlich nicht, denn nicht ich eile im Fluge durchs Krankenzimmer, nein, der Patient ist's, der so geschwind an mir vorüberläuft; und Doktor bin ich wohl auch nicht, eher bin ich selber Patient.

den 15. Mai morgens.

Heute vor einem Jahr. Ich habe oft genug über einen Verlobten gelacht, von dem man mir erzählt hat, er habe bei der Geliebten einen andern Rock hängen, den er anziehe, um den neuen Rock nicht abzunutzen. Jetzt lache ich nicht darüber; auch ich habe einen zweiten Rock, der freilich nicht bei ihr hängt, sondern draußen auf dem Flur. Dort ziehe ich ihn an und entsage jeglicher Äußerung meiner Liebe, jeglicher Andeutung meiner Teilnahme, jedem lockenden kleinen Wunsch, welcher, falls unser Verhältnis in Ordnung wäre, danach verlangen würde, ihr durch seine Geringfügigkeit Freude zu machen. Hab ich dann den Rock an, so beginnt das ewige Klappern des Webstuhls auf und nieder, ein ständiges Ineinanderwirren des Physischen und des Moralischen, ein Geschwätz, das alles durcheinanderbringt, ein fortwährendes Plappern von unsrer Liebe und unsrer Liebe und anderm von der Art.

Es ist eine qualvolle Strafe für mich, so qualvoll, als wäre die Szene im Tartarus: so dasitzen müssen und sich selber verzerren. VI 315 Aber das muß nun so sein. Ich erhoffe von diesem Vorgehen, daß unser Verhältnis, wenn der Bruch zum andern Male kommt, für sie in ihren Gedanken schlechterdings nichts Anziehendes haben wird, noch nicht einmal die Lockung, die das Schreckliche hat, sondern daß sie der Sache leid und überdrüssig bis zum Ekel ist, gleich wie einer der Apfelsinen leid ist, wenn er sie zum Herunterschlucken von Pulvern gegessen hat. Sollte sie dann später aus ihrem Eigenen heraus dem Verhältnis Idealität verleihen können, so ist sie eine Individualität ganz andrer Art, als ich geglaubt habe, und bedarf meiner bei weitem nicht.

den 16. Mai. Mitternacht.

Wie gesagt, das Ganze wird doch vermutlich sehr still abgehn. Gestern und vorgestern hab ich mit meinem Freund gesprochen, welcher viel weiß und auch mit echter Freundschaft mich gepeinigt hat, zugleich freilich mir auch gedient mit allerlei Nachrichten unter fingierten Namen. Er blieb bei seinen Geschichtchen und den fingierten Namen. Und seine Freundschaft ist unverändert. Zuerst wollte er mich ängstigen mit dem Lebensgefährlichen der Sache, jetzt bläst die Pfeife auf einem andern Ton, er will mich aufbringen, indem er mich womöglich zu ein bißchen Eifersucht reizt — mithin aber muß ‚sie' sich recht wohl befinden. Ich habe von diesem Menschen einen gar nicht abzuschätzenden Vorteil. Ihn will ich nunmehr verwenden, heute hat die Komödie angefangen. Als er mitten im Erzählen saß, erhob ich mich, umarmte ihn mit Herzlichkeit und sprach mit Pathos: „jetzt verstehe ich Sie, o ich Tor, daß ich in Ihnen nicht einen Freund erblickt habe! leugnen Sie nicht, Sie reden von ihr, ach, von ihr, die ich unglücklich gemacht, und die ich gleichwohl geliebt, zu der ich oftmals gewünscht habe, zurückzukehren, aber ich kann es nicht, nein, ich kann es nicht, aufrichtig gesprochen, mein Stolz hat zu viel Gewalt über mich." Mein Freund war etwas verdattert; es muß auch ziemlich verdrießlich sein, wenn man in aller Freundschaft dasitzt und mit bescheidener christlicher Bosheit einen Menschen quälen will, dann von den Armen der Freundschaft umschlossen zu werden. Wo ein

Räuber, der auf entlegenem Wege einem Wanderer begegnet in dem Augenblick, da er schon im Begriff ist, sich auf sein Opfer zu stürzen, sich zart umschlungen fühlte und die gerührten Worte vernähme: ,o gütiges Geschick, daß du mir einen Führer sendest, mir, der ich mich verirrt, o du, mein Wohltäter, der Menschheit teurer Vertreter an diesem einsamen Ort u.s.w.', ja, es wäre doch möglich, daß der Räuber da in Verlegenheit geriete. Meinem Freunde mindestens erging es so. Ich weiß recht gut, daß ,sie' sich bei Gelegenheit nach mir erkundigen muß. Das weiß ich nicht von
VI 316 diesem Freunde, sondern ich weiß es, weil da jemand anders fix genug gewesen ist, um mit etwas von mir herumlaufen zu können, und mein Freund steht ihr weit näher.

Er wurde nunmehr gewissermaßen mein Freund. Es versteht sich indes von selbst, daß ich ihm auch nicht eine Handbreit traue. Dagegen paßt es ihm gut in den Kram, daß er meint, mich in seiner Gewalt zu haben, und daß ich noch immer so sehr um sie bekümmert bin, daß er seine Freude daran haben kann, mich zu quälen. Zuerst wollte ich mit seiner Hilfe mit ihr einen Briefwechsel anfangen. Mit heftiger Deklamation versicherte ich, daß ich nicht wage, sie zu sehn, und deshalb müsse ich schreiben. Daß ich sie gesehn habe, weiß niemand, und ihr kommt es schwerlich in den Sinn, das zu sagen. Dieser Plan ward indes verworfen. Nunmehr versprach er mir, ihr einige Briefe in die Hand zu spielen, die ich an einen Dritten schreibe. Der Sicherheit halben hab ich drei Sorten Tinte gebraucht, damit ein kleiner Unterschied in der Farbe sei, weil die Daten verschieden sind.

So geht es denn mit vereinten Kräften los. Er hat nichts dagegen, daß sie sich etwa abermals verliebte, weil er glaubt, dies werde mich reizen und er einsieht, daß ich in dieser Richtung vielleicht etwas helfen kann.

Ein Schriftsteller, ich erinnere nicht wer, hat gesagt, ehrlich währe am längsten, bloß nicht, wenn es gelte, Frauen zu gefallen. Ich glaube auch wirklich, daß Wahrheit ein Weib nicht glücklich macht, freilich auch keineswegs Lüge, wohl aber so eine kleine Dosis Unwahrheit.

Die vorgesehene Eifersucht macht mir schwerlich Kummer. ,Entbehren macht nämlich keine Schwierigkeit, wo Besitzen keine Begierde weckt' (Non enim est in carendo difficultas, nisi quum est in habendo cupiditas), sagt Augustin.[329] Nun ist es freilich wahr, daß ich sie mir gewünscht habe, ja daß ich sie mir wünsche; der Umstand aber, daß mir äußerlich nichts im Wege war, beweist, daß etwas Höheres dagewesen ist, das meinen Wunsch gebunden hält. Dies Höhere ist die Idee. Mit dieser wünsche ich ‚sie' mir, unendlich, ohne diese halte ich mich an das, was höher ist als wir beide, sie wie ich. Meine Sorge ist daher eine andre, daß ich nämlich wesentlich gesehen (denn in der Wirklichkeit und zufällig gesehn kann es ja gerne sein, daß ich nichts ausrichte) mit diesen Briefen einen Scheidebrief schreibe, welcher die Unendlichkeit zwischen uns stellt, daß ich, wesentlich gesehen, mit diesen Briefen das Meine getan habe (was wahrlich nicht mein sympathetischer Wunsch ist), um eine Leichtigkeit des Lebens zu gewinnen, die mich betrübt.

den 19. Mai. Mitternacht. VI 317

Meine Briefe hat sie nun wohl erhalten. Die Auffassung des Verhältnisses ist nicht ohne Reue und Schmerz. Diese Anpassung betrübt mich am meisten. Bei jedem andern Betrug bin ich doch brünstig im Geist[330] gewesen, weil er zum Grunde und zum Antrieb die Hoffnung hatte, sie werde im unendlichen Sinne zu sich selber kommen. Diesmal bin ich auf einen falschen Ton gestimmt, und doch werde ich diesmal vielleicht einen ganz andern Einfluß auf sie üben als mit allem, dadurch ich mich bemühte, als ich gebunden war, und dadurch ich mich bemühte, als ich durch das mich Losreißen noch mehr gebunden ward. Meine Reue und mein Schmerz machen natürlich viele Worte, und das Ende der vielen Worte ist natürlich, daß es sich jetzt nicht mehr ändern läßt; ich bereue das Vergangene, ich habe den Wunsch, es ungeschehen zu machen, aber ich vermag es nicht, nein, ich vermag es nicht, aber ich möchte es, wenn ich nur könnte meines Stolzes wegen, sonst möchte ich es schon u.s.w. Die Reue pflegt kenntlich zu sein an Einem: daran, daß sie handelt. In unsrer Zeit ist sie vielleicht weniger dem ausgesetzt, derart verkannt zu werden. Ich meine, weder Young noch Talleyrand[331] noch ein späterer Schriftsteller haben Recht in dem, was sie über die Sprache sagen, wozu sie da sei; denn ich glaube, sie ist dazu da, die Leute darin zu bestärken und dahin zu bringen, daß sie das Handeln unterlassen. Was da in meinen Augen Unsinn ist, wird vielleicht große Wirkung hervorbringen, und vielleicht würden die meisten meiner näheren Bekannten, falls sie diese Briefe läsen, sagen: ‚ja, nun haben wir ihn verstanden.‘

Es ist recht hart, man möchte doch gerne die bürgerliche Achtung genießen, daß man nicht für einen Irrenhausinsassen gehalten wird. Das erreiche ich auch; ich glaube wirklich, man würde mich vielleicht sogar für klug halten, was immer ich auch sagen möge, wenn ich nur nicht die Wahrheit oder meine innerste Meinung sage; täte ich das Letztere, so würde ich unbedingt meine Überführung ins Irrenhaus veranlassen. Würde ich z. B. sagen: ‚ich habe jenen entscheidenden Schritt getan, weil ich mich gefesselt fühlte, weil ich meine Freiheit haben muß, da meiner Begierde Lust eine ganze Welt umspannt und sich mit einem einzigen Mädchen nicht begnügen kann‘, so antwortet der ganze Chor: ‚darin ist doch Sinn, heil dir, du aufgeklärter Mann.‘ Würde ich hingegen sagen: „sie ist die Einzige gewesen, die ich geliebt; wäre ich dessen nicht sicher gewesen, als ich sie verließ, so hätte ich mich nie getraut, sie zu verlassen“, so kommt die Antwort: ‚fort mit ihm ins Irrenhaus.‘ Würde ich sagen: ‚ich war ihrer leid‘, so antwortet der
VI 318 Chor: „das läßt sich hören und läßt sich verstehen“. Würde ich aber sagen: „ich kann es dann nicht verstehen, denn ein pflichtmäßiges Verhältnis darf man doch wohl nicht brechen, weil man seiner überdrüssig ist“, so heißt es: ‚er ist verrückt.‘ Würde ich sagen, was ja auch die neueste Auffassung ist: „ich bereue es, ich würde es gerne ungeschehen machen, aber ich kann es nicht, nein, ich kann es nicht, mein Stolz erlaubt es mir nicht, nein, ich kann es nicht“, so ergeht das Urteil: „er ist ganz so wie die meisten und wie die Helden der französischen Dichtung.“ Würde ich hingegen sagen, daß nichts, nichts meinen Stolz so befriedigen würde, wie daß ich es ungeschehen machen dürfte, daß nichts, nichts dermaßen der Vergeltung kalten Brand, welcher Wiederaufrichtung heischt, lindern würde, so heißt es: „er redet irre, hört nicht auf ihn, fort mit ihm ins Irrenhaus.“

Die Welt will betrogen sein (mundus vult decipi); dies kann schwerlich einen noch bestimmteren Ausdruck finden hinsichtlich meines Verhältnisses zu meiner Umgebung, die ich meine Welt nennen muß. Ich glaube, daß auch in umfassenderem Sinne es das

Beste ist, was man von der Welt gesagt hat. Die Spekulanten sollen sich darum nicht den Kopf zerbrechen mit der Ergründung dessen, was die Forderung der Zeit ist, denn dies ist seit Urvätertagen jederzeit wesentlich das Gleiche gewesen: nämlich genasführt zu werden. Wenn man auch nur etwas Gallimathias redet und mit der Menschheit en masse Duzbrüderschaft trinkt, so wird man so wie Küster Peter[332] von der ganzen Gemeinde geliebt und geachtet. Anders ist es nun einmal nicht, und jeder, der mit besorgten Gebärden sich vor aller Augen grübelnd hinstellt, herauszufinden, was die Forderung der Zeit ist, hat es im Grunde allbereits gefunden. In dieser Hinsicht vermag jeder der Zeit zu dienen, möge man nun unter der Zeit ein ganzes Volk verstehen oder das Menschengeschlecht überhaupt oder alle künftigen Geschlechter oder bloß einen kleineren Kreis von Zeitgenossen. Ich diene den Beteiligten damit, daß ich ein schlechter Kerl bin. Es ist kein Zweifel, daß ich ihre Forderung befriedige. Ich meinerseits habe davon auch Vorteil, und finde in gewissem Sinne diese öffentliche Anstellung recht erwünscht. Ein Tugendmuster, ein aufgeweckter Normalmensch sein, das ist teils recht genierend und — teils recht bedenklich. Anderseits aber: verfolgt werde ich auch nicht. Auch das ist erwünscht, daß ich nicht etwa daraus, daß ich in der Welt verfolgt würde, einen falschen Schluß ziehen und gut von mir denken kann.

Im Hinblick auf die Menschen hab ich nie Bedenken getragen, meinem Genius zu folgen, also einer gewissen ursprünglichen Scham des Guten wegen und einem etwas schwermütigen Mißtrauen gegen mich selbst nachzugeben, will heißen, auf eine Art VI 319
zu betrügen, daß ich vielleicht doch immer noch ein bißchen besser bin als ich scheine. Ich habe es nie anders verstehen können, als daß wesentlich ein jeder Mensch an sich selbst gewiesen ist, und jenseits davon liegt entweder eine Vollmacht, wie sie ein Apostel hat, deren dialektische Bestimmung ich nicht zu begreifen vermag, wobei ich mich jedoch in Ehrfurcht vor dem mir als heilig Überlieferten jeder Schlußfolgerung aus meinem Nichtverstehen enthalte; oder aber wirres Geschwätz. Es ist freilich wahr, daß jemand, der sich selbst nicht rasieren kann, sich sehr gut als Barbier niederlassen und andern nach Bedarf damit dienen kann, in der Welt des Geistes aber ist dergleichen sinnlos. Mittlerweile gilt es

doch als mit zum Ernst gehörig, daß man alsogleich bei der Hand sein will mit der Einwirkung auf andre, ohne deshalb doch ein Apostel sein zu wollen (wie demutsvoll!) — und ohne doch seine Ähnlichkeit und seine Verschiedenheit einem Apostel gegenüber bestimmen zu können (wie sinnlos!). Jedermann will für andre wirken. Dies ist Regel und Brauch im bürgerlichen Vortrag, allwo es denn auch leichter zu verstehen ist, es ist aber auch Regel und Brauch in der rhetorischen Gestalt des religiösen Vortrags. Ich zweifle nicht, daß man es in den gedruckten Predigteinteilungen so findet, und man hört es zur Genüge, ausgenommen, wenn man etwa einen Einzelnen hört, der auf grund eigner Erfahrung zu sprechen weiß, und der weiß, wovon er spricht. Soll über das Bereiten des Weges des Herrn[333] gepredigt werden, so ist das erste Moment, daß jeder das Seine tue, um das Christentum zu verbreiten, nicht bloß wir Geistlichen, sondern jedermann u.s.w. Das geht ja charmant: ‚Nicht bloß wir Geistlichen.' Hier fehlt es gleich zu Anfang an den dialektischen Zwischenbestimmungen, ob denn ein Geistlicher ein Apostel ist, und wenn nicht, wieso er sich von einem solchen unterscheidet und ihm doch gleicht. Die kirchlichen Meinungsverschiedenheiten betreffs der Ordination mehren die Schwierigkeiten, und die hauptsächliche Zwischenbestimmung wird zurückgeschoben durch Entscheidungen innerhalb des Unentschiedenen. ‚Mithin nicht bloß wir Geistlichen.' Diese Redewendung ist ein vielversprechender hoffnungsvoller Anfang. Das, wovon es heißt ‚nicht bloß', ist etwas ganz Unbestimmtes, und daran hängt sich nun der Nachsatz mit dem Ernst der Mahnung: ‚Ihr, meine lieben Zuhörer, achtet auf meine Rede, nicht bloß ich, nicht bloß wir Geistlichen sind es, die solchermaßen wirken sollen, sondern auch ihr sollt solchermaßen wirken!' Welchermaßen? Ja, das ist das Einzige, das nicht klar wird in dieser ernsten Rede, deren Ernst nicht eben im gedanklichen Gehalt liegt. Nunmehr ist das erste Moment fertig; der Geistliche trocknet sich den Schweiß ab, und die Zuhörer tun desgleichen schon bei dem bloßen Gedanken, daß sie solchermaßen zu Missionaren geworden sind. Der Redner setzt von neuem ein. Man erhofft sich ein klein wenig nähere Aufklärung, aber — siehe, das nächste Moment ist, daß
VI 320 ein jeder im eignen Innern dem Herrn den Weg bereitet. Dies ist natürlich das, darüber geredet werden soll, und an diesem Punkte

läßt sich eine Lebensanschauung entwickeln. Man versteht, daß wesentlich der Einzelne mit sich selbst zu tun hat, daß das etwas Ausrichten das Zufällige ist, welches man sich nicht im voraus nehmen soll und wesentlich sich nicht zurechnen darf, und welches man erst in der Rückschau der Ewigkeit als das sehen wird, was es ist: wesentlich Gottes Mitgabe und zufällig des Einzelnen Tun. Das Dasein und in diesem die Lenkung ist nämlich etwas mehr als die gerade Summe aller Taten der einzelnen Menschen. Seinen unbedingten Gedanken muß man darum im Sinn behalten, wohin immer man sich wende. Wenn dieser vergessen wird, so täuscht man zwiefach, man betört die Menschen mit Träumen, und man tut dem Leidenden Unrecht. Eigentlich verlangt nämlich jene erste Teilung von jedem Menschen, daß er Erfolg habe. Es ist recht bequem, von dergleichen so zu reden, wie unerfahrene und schlaffe Naturen es am liebsten hören; es ist gedankenlos, dies zu *verlangen*, weil Erfolg nicht der Freiheit, sondern der Lenkung Mitgabe ist, und nun nehme man an, einer habe Mißerfolg. Wird dagegen verstanden, daß der Einzelne wesentlich mit sich selbst zu tun hat, so wird auch verstanden werden, daß er auf solche Art existiert, daß sein Leben, sein Wort *möglicherweise* für andre Bedeutung erhält; möglicherweise, denn teils ist das Sache der Lenkung, und teils ist die Macht des Beispiels und der Lehre nicht geradezu. Hier könnte ein Prediger somit beginnen und das erste Moment ungefähr folgendermaßen umkehren: auch ich, trotz dem vielleicht bestehenden anderen Schein, kann wesentlich nicht mehr tun als auf mich selbst achten; „laßt euch nicht von einem Sinnentrug einfangen." Jedoch die Rede ist gerade entgegengesetzt angelegt. Man beruft sich auf das Beispiel Johannes des Täufers; indes Johannes ist kein gerades Paradigma, er ist ausgesondert (ἀφορισμένος) in dem Sonderlichen, und somit sind Zwischenbestimmungen erforderlich. Außerdem muß man mit dem Gebrauch weltgeschichtlicher Figuren stets vorsichtig sein; diese haben nämlich eine Abgeschlossenheit, welche der Betrachtung Sicherheit gibt und dem Mißverständnis also auch. Jede Figur, die gebraucht werden soll, muß für das Denken entstehen, klar in ihrer dialektischen Struktur, ansonst ist es bloß Scherz, sie als Paradigma anzugeben.

Darüber hab ich viel gegrübelt, sintemal ich selbst ein existie-

render Mensch bin, und somit das, was da vorgetragen wird, ethisch gebrauchen soll. Wenn man eine andre Wahl tut, wenn man das Belehren oder das Zuhören wählt, jedoch die Krisen der Verwirklichung überspringt, so kann man mit Gemächlichkeit
VI 321 vielerlei zu sagen haben, vielerlei Wegweisung zu geben haben und mit Gemächlichkeit Beruhigung finden. Vermöge meines Nachdenkens darüber bin ich zu dem Ergebnis gelangt, daß man einem Menschen am meisten nützt, wenn man ihn betrügt. Die höchste Wahrheit, was mein Verhältnis zu ihm anlangt, ist die: wesentlich kann ich ihm nichts nützen (dies ist Ausdruck für den sympathetischen Schmerz, der den tiefsten Wunsch in sich trägt, und von dessen Erleben man sich allein durch Narrenspossen fernhält, zugleich aber auch für die höchste Begeisterung an dem gleichen Recht aller); und der angemessenste Ausdruck dieser Wahrheit ist, daß ich ihn betrüge, denn ansonst wäre es ja möglich, daß er sich irrte und die Wahrheit von mir lernte,und betrogen wäre, dadurch nämlich, daß er vermeinte, von mir sie gelernt zu haben. Ich weiß sehr wohl, daß die überwiegende Mehrheit derjenigen, die ich in meinen zweifelnden Gedankengang einweihte, über mich lächeln und meinen Leichtsinn rügen würde, denn das Betörende, das wäre Ernst. Mich kann dies nicht stören, es sei denn, daß ich mich einer Folgewidrigkeit schuldig machte, und dies kann denn nicht geschehen, da ich nicht den Wunsch habe, mich jemand anzuvertrauen, damit ich nicht etwa selber fehlgreife, und meine, ich müsse nun selber ausziehen und diese Zurückhaltung verkündigen, anstatt an mich zu halten. Denn ein jeder Mensch sei zurückhaltend, so wird Gott der einzige Freigebige.

Am besten, jedoch auch auf die härteste Weise, hab ich das gelernt aus meinem Verhältnis zu ‚ihr', in dem die wünschende Sympathie ständig eine Ausnahme hat machen wollen, in dem ich verzweiflungsvoll gewünscht habe, ihr alles sein zu können, bis daß ich es mit Schmerzen gelernt, es sei unendlich viel höher, nichts für sie zu sein. Es tröstet mich, daß ich in meinem Verhältnis zu ihr mir nie eingebildet habe, Lehrer zu sein oder zum Sprechen einiger ermahnender Worte berufen zu sein. Und wenn der Weiseste sechs Stunden am Tage an einen Menschen wendete, und wenn er sechs weitere Stunden verwendete, um zu überlegen, wie er dies am besten mache, und wenn er sechs Jahre damit fortführe, er wäre ein Betrüger, falls er zu sagen wagte, er habe jenem w e s e n t l i c h genützt. Und dieser Gedanke ist mindestens für mich der Begeisterung tiefster Quell. Sprachen, Künste, Handfertigkeiten u.s.f. kann der eine Mensch den andern lehren, jedoch in ethisch-religiösem Sinne kann der eine dem andern wesentlich nichts nützen. Und darum ist es schön, ist es begeisternd, dies auszudrücken in der äußersten Anstrengung des Betrugs, denn ein Betrug unter ethischer Verantwortung ist keine behagliche Sache und kann es jederzeit aufnehmen mit den mahnenden Worten. Jetzt, nachdem all das Spätere geschehen ist, tröstet es mich, daß sie keinerlei Schülerverhältnis zu mir hat, — etwas, das stören könnte. Was ich geäußert habe, habe ich so geäußert, als spräche ich zu mir selber, und ich habe weder Gestikulationen noch Nutzanwendungen gemacht. Eignet sie es sich an, so tut sie es aus sich VI 322 selbst und verläßt sich nicht „auf sein Wort und seinen Rock".[334] Es ist bequem genug, in einen Omnibus zu springen, umherzufahren und ein paar mahnende Worte zu sprechen, es kann auch etwas Schönes darin liegen, daß man dies tun will, aber es ist albern, lehren zu können, daß ein Mensch ganz und gar nichts vermag und dann ein paar mahnenden Worten eine so ungeheure Wirkung zuschreiben zu können. Für die Wirkung kommt Gott die Danksagung der Verwunderung und Bewunderung zu. Denn jeder Mensch sehe im Leben auf sich selbst, in der Ewigkeit ist da Zeit genug, um zu sehen, was Gott daraus gemacht hat. Und dies gilt nicht von dem ins Auge Fallenden an einzelnen Individuen, sondern von dem allerkleinsten Bruchteil der Wirkung im Tun des allerunbedeutendsten Menschen.

Dergestalt hab ich das Dasein zu verstehen gesucht. Wer es auf gleiche Art verstanden hat, wird sich wohl auf die gleiche Art verhalten, und vor allem sich immerfort so vorsichtig und in der Form des Betrugs äußern, daß er die Gefahr vermeidet, auf welche jedermann, bis hin zu dem unbedeutendsten Zeitungsschreiber in unsrer Zeit aufmerksam sein muß, daß es doch ein paar Menschen geben könnte, die auf die verzweifelte Idee verfielen, das geradezu Gesagte sei die Wahrheit und ihre Aufgabe sei es, hinauszuziehen in die Welt u.s.w. Indes, das Hinausziehen in die Welt muß wandernden Rittern überlassen bleiben; der wahre Ernst ist aufmerksam auf jegliche Gefahr, auch auf die, daß etwa einer gutgläubig (bona fide) ein gedankenloser Jünger würde, was am besten verhindert wird, indem man den Gegensatz als Darstellungsform braucht. Meines Dafürhaltens ist, abgesehen von solchen Personen mit besonderer Vollmacht wie den Aposteln, deren dialektische Stellung ich nicht begreife, niemand ernsthafter gewesen als der, welcher seinen Gedanken in die Form des Scherzes kleidete, niemand, der seine Mitmenschen mit solcher Sympathie geliebt hat, niemand, der die Gottheit so tief bewundert hat[335]. So laß denn die Chronik von Königen erzählen, welche das Christentum eingeführt haben, ich denke folgendermaßen: eine verbesserte Schafhaltung kann ein König einführen, auch Eisenbahnen u.s.w., aber mit der Einführung von Christentum und Geist, ethisch verstanden, soll sich sogar ein Kaiser keine Ungelegenheiten machen, will heißen, wenn ‚Einführung' in wesentlichem Sinne gemeint ist.

In meinem Verhältnis zu ‚ihr' geht jetzt eine Veränderung vor. Bisher habe ich mich durchaus still verhalten und die Unendlichkeit in ihr respektiert. Jetzt komme ich mit einer Erklärung. Diese erachte ich für einen Betrug. Früher ist die Form der Betrug gewesen und der Inhalt das Interesse für die Unendlichkeit in ihr. Auf diese
VI 323 Art ist mein Stillesein, mein Schweigen, mein Vernichtetsein die Form des Betrugs für ein unendliches Interesse an ihr gewesen. Jetzt ist es anders. Was ich sage, ist nicht meine Meinung, aber ich meine auch nicht, daß das in der Form des Betrugs Gesagte die angemessene Einkleidung oder Verkleidung meiner wahren Meinung sei. Ob es in Wirklichkeit auf ‚sie' Einfluß übt, tut hier nichts zur Sache. Ich habe allein mit dem Wesentlichen zu tun, und das Wesentliche ist, daß dies mein Zweck und meine Absicht ist. Was ich erkläre, nämlich, daß ich bereue, aber das Verschuldete nicht wieder gut machen kann, ist Unsinn. Wofern ich nämlich keinen Grund angeben kann, weshalb ich es nicht wieder gut machen kann, soll ich nicht erst davon reden, daß ich bereue, am allerwenigsten aber Stolz angeben (d. h. daß ich nicht will), denn dies heißt eigentlich, sie zum Narren halten. Deshalb habe ich mich vor dem jetzigen Augenblick noch nie als reuend ausgegeben, obwohl ich doch bereue und bereut habe, daß ich jenes Verhältnis eingegangen bin, und meine Demütigung darin finde, daß ich das Geschehene nicht ändern kann, was mein Stolz gerade

möchte, sintemal er jetzt dadurch geknickt ist, daß ich, der ich vom Wollen eine nahezu tollkühne Vorstellung gehabt habe, mich dagegen sträube, daß es etwas gibt, das ich will, mit ganzer Leidenschaft will, aber nicht kann. Weshalb ich nicht kann (es liegt an meinem Verhältnis zur Idee, solange entweder diese oder ich nicht anders werden), kann ich ihr nicht sagen, wenigstens nicht so, daß sie es zu verstehen vermag, eben deshalb aber hab ich ihr auch niemals gesagt, daß ich bereue. Auf die Art ist in meinem Verhalten Sinn gewesen. Jedoch bereuen und als Hinderung für die Äußerung der Reue den Stolz nennen, welcher doch vielmehr Gegenstand der Reue sein müßte, das ist ein Majestätsverbrechen wider Gott. Wie jemand das verstehen und plausibel finden kann, verstehe ich nicht; zum Entgelt aber sagen die meisten von meiner Betrachtungsweise wohl das Gleiche.

Vielleicht zum ersten Mal in meinem Leben tue ich etwas, was ich selbst für sinnlos halte. Ich habe viel getan, das die überwiegende Mehrzahl wohl für sinnlos halten würde; es hat mich nicht gestört, weil der Grund auch darin liegen könnte, daß die meisten nicht den Verstand oder den Mut haben, sich in jene Extreme hinaus zu denken oder hinaus zu wagen, in denen ich mein Leben habe. Ich habe auch viel getan, davon ich hinterdrein eingesehen habe, daß es töricht war, und wenn gleich die Reue bei ihrer Nachprüfung diese Entschuldigung nicht gelten läßt, so ist es mir doch eine Art von Trost, daß ich es, als ich es tat, nicht für sinnlos gehalten habe. Unfähig, solche Aufgaben wie die Zukunft der ganzen Menschheit oder was sonst die Forderung der Zeit sein mag, zu begreifen, habe ich mich schlechthin auf mich selbst gesammelt. Wenn das Rechte mir zweifelhaft wird, habe ich mich gewöhnt, meinen Namen laut vor mir selber zu nennen und dem beizufügen: ‚man kann sterben, man kann unglücklich werden, dennoch aber kann man sich bewahren den Sinn seines Lebens und die Treue gegen die Idee'. Jetzt ist es damit vorbei. Und wer ist VI 324
daran schuld? Ein andrer spräche vielleicht: ‚Das ist sie, unter deren Pantoffel du dennoch stehst'. Dies möchte ich doch nicht sagen, denn ich enthalte mich gern sinnloser Aussagen wie der, daß ein anderer schuld sei, wenn ich etwas verkehrt mache. Ich will doch lieber sagen: ich bin selber schuld daran. Die Schuld ist mein, ist meine Schwachheit, und die Schwierigkeit besteht darin,

daß mein Verstand mir dafür einsteht, daß es ihr in endlichem Sinne dienlich sein könne, wohingegen meine Sympathie sie lieber in unendlichem Sinne lieben möchte. Gedemütigt hat mich dies Verhältnis, und jetzt, möge sie nun meine Briefe lesen oder nicht, mögen diese auf sie Eindruck machen oder nicht, jetzt triumphiert sie über mich in einer Weise, die mich mißmutig macht.

den 21. Mai. Mitternacht.

Es geschieht nichts Neues unter der Sonne, spricht Salomo[336]. Nun, das ist wie es ist, schlimmer ist es, wenn überhaupt nichts geschieht. Schon allein mit dieser Betrachtung überzeuge ich mich davon, wie absurd es wäre, wenn ich einen Vertrauten suchte. Ja, wäre mein Schmerz reich an Auftritten, an Verwandlungen der Szene und der Dekoration, so würde er Interesse finden. Jedoch, mein Leiden ist langweilig. Es ist wahr, ich bin noch immer bei der Exposition dieses Nichts, und die Szene ist unverändert dieselbe.

Wie, wenn ich reiste, um die Zeit verstreichen zu lassen, „vor dem Kummer in Flucht durch Meere und Klippen und Feuer" (per mare tristitiam fugiens per saxa per ignes[337])! Unmöglich. Noch muß ich mich völlig ruhig verhalten. Eine Reise, von der sie leicht Kunde erhielte, könnte sie vielleicht aufstören und ihr zu einer Illusion verhelfen: nämlich, daß ich mich nach Verstreichen einer längeren Zeit verändert haben werde. Aber die Zeit muß ihr so knapp als möglich zugemessen werden, und ich habe nichts als den Wunsch, daß eine Vorsehung unsre Wege oft zusammenführe, denn es ist ihr dienlich, mich zu sehen, womit sie die Gelegenheit erhält, sich zu überzeugen, daß ich hier ganz unverändert bin und lebe, und daß ich somit nicht in einem fremden Lande sitze — und am Ende an sie denke, und am Ende Heimweh kriege.

Wäre Reisen richtig, so hätte ich vor längerer Zeit reisen, für meine Reise eine falsche Frist angeben und plötzlich zurückgekehrt sein müssen[338]. Vielleicht wäre es ihr in den Sinn gekommen, daß
VI 325 diese Plötzlichkeit mit ihr zu tun habe, bis daß sie dann gesehen hätte, daß es nichts mit ihr zu tun habe, das hätte möglicherweise dienlich sein können. Die Zeit für Derartiges ist vorüber.

Die Uhr hat eben eins geschlagen. Diese trostlose Stundenangabe! Denn zwölf Uhr sind doch viele Schläge, man merkt, daß es die Zeit ist, die da angegeben wird, und zwei Uhr ist doch noch ein Zählen; aber wenn es eins schlägt, so ist das ein Angeben gleichsam der Ewigkeit. Falls es solch eine Ewigkeit der Strafe gibt, und der Unglückliche wollte sich bei jemand beklagen, wie würde man sich dann doch von ihm abwenden, denn er ist nicht bloß unglücklich, sondern sein Leiden ist langweilig — wäre es nicht langweilig, so könnte man ihm schon Teilnahme erzeigen.

Ich für mein Teil wünsche mir niemandes Teilnahme. Gott im Himmel ekelt sich nicht vor dem Langweiligen. Es soll Pflicht sein zu beten, es soll dienlich sein zu beten, es soll drei Gründe dafür geben, vielleicht sogar vier. Ich gedenke nicht, jemand seiner Gründe zu berauben, er mag sie liebend gern behalten, wenn ich nur dies behalte, daß ich beten d a r f um etwas so Begeisterndes, daß man in weit tieferem Sinne als Plato und Aristoteles sagen kann, Verwunderung sei der Ausgangspunkt der Erkenntnis. In dieser Beziehung hab ich kein Zutrauen zu vielen Argumenten und sechzehn Gründen; vielleicht wäre es besser, besonders um der Gebildeten willen (denn arme Leute und Unglückliche und Einfältige haben es leichter mit dem Beten), wenn man einführte, daß es etwas kostete, die Erlaubnis zum Beten zu bekommen, so entstünde vielleicht große Nachfrage danach. Gilt es von irdischer Liebe, daß sie die Einsamkeit sucht, so gilt noch mehr vom Gebet, daß es sich am liebsten wünscht, einsam zu sein, ja, so heimlich als nur möglich, um in seiner Bewegtheit weder gestört zu werden noch andre zu behelligen; man hat dabei Zeugen ja nicht nötig, und es hilft auch nur wenig, sie zu haben. Ein Fürst, der inkognito reist, kann jeden Augenblick sein Inkognito ablegen, ähnlich bedünkt es mich auch, daß des Betenden Äußeres ein Inkognito sei, das er zwar nicht ablegen kann, um Gegenstand einer weltlichen Bewunderung zu werden, wohl aber ablegen kann, wenn er im Gebet unendlich weit gemacht wird zu neuer Verwunderung darüber, daß Gott im Himmel der Einzige ist, der es nicht müde wird, auf einen Menschen zu hören. Und diese heilige Verwunderung wiederum wird den Betenden hindern, daran zu denken, ob er nun auch bekommt, worum er betet. Es ist keine schöne Liebe, bei der man darauf sieht, ob sie sich auch bezahlt macht, und sogar, wenn man dabei sieht, daß es sich ausgezeichnet bezahlt macht, ist es

VI 326 keine glückliche Liebe. Das Gebet ist ja auch nicht erfunden, um mit Gott zu rechten, sondern eine Begünstigung, die in Gnaden jedem Menschen vergönnt ist, und die ihn zu mehr macht denn zu einem adligen Herrn. Versteht man aber so, daß man bewundert, ja so, daß man vor Bewunderung mit seinem Verstande Schiffbruch leidet, welch eine Begünstigung das Gebet ist, dann werden Argumente auch nicht als notwendig anerkannt werden, denn allein das Zweifelhafte empfiehlt man mit Argumenten. Jedwede äußerliche Reflexion hebt unmittelbar das Gebet auf, möge die Reflexion nun auf den zeitlichen Vorteil schielen oder auf das Individuum selber und sein Verhältnis zu andern gehen, so z. B., falls jemand so ernsthaft wäre, daß er nicht in sich selber und für sich selber zu beten vermöchte, sondern vortreten müßte, um der ganzen Gemeinde zu dienen mit seiner Fürbitte und seinem Beispiel als Beter: ebenso gibt es ja auch Menschen, welche allein in öffentlichen Versammlungen reden können, und Madame Voltisubito[339] kann nicht reiten, ohne Peitschenknallen zu hören.

Aber sie, sie! Falls sie nun doch nicht in sich selbst zum Verstehen kommen, sondern lieber den Trost der Endlichkeit suchen will. Hart genug ist es für einen Menschen, der seine Seele nicht in umständlicher Sorge für Krethi und Plethi oder für die ganze Menschheit zersplittert hat, daß er allein seine Sorge für sich selbst in Einsamkeit ausdrücken darf, ähnlich wie wenn man Lufthiebe tut, und daß er nicht alles das tun darf, was freilich in höherem Sinne ein Nichts ist, jedoch sympathetisch lindert.

den 22. Mai morgens.

Heute vor einem Jahr. Lachen ist und bleibt doch das beste Mittel der Erkundung. Sie lacht mit, aber dann kann sie nicht mehr, dann zerbricht ihr das Lachen. Mithin hat sie doch keine unendliche Leidenschaft, sondern nur eine bis zu einem gewissen Grade. Dann graust es mir, denn ich weiß, was da kommt, dann kommen Bitten und Tränen, bis daß sie abermals müde geworden ist, aber mein Geplapper ist nicht müde geworden, es setzt sich unverdrossen fort.

Dort einen Stich zu bekommen, wo die empfindlichsten Nerven liegen, ist schrecklich; noch schrecklicher aber ist es, noch nicht einmal eine Miene verändern zu dürfen, während es geschieht, sondern ganz ruhig dasitzen und Geschwätz machen zu müssen.

Bloß zehn Minuten lang bin ich heut ernst gewesen. Ich ge- VI 327
denke mich jede Woche einmal so zu benehmen. Sehr ruhig sagte ich zu ihr: „laß ab, brich ab, du hältst es auf die Dauer nicht aus mit mir.“ Da aber flammt die Leidenschaft am stärksten auf, sie erklärt, sie will lieber alles das aushalten, als mich nicht mehr sehen. Dies ist lediglich ein leidenschaftlicher Ausbruch, und seine Heftigkeit zeigt mir gerade, daß mein Vorgehen dazu beitragen wird, sie flott zu machen.

den 25. Mai. Mitternacht.

Mich an sie erinnern darf ich nicht. Hätte der Tod uns getrennt, so wie er Liebende trennt, hätte sie mit mir gebrochen, so dürfte ich mich an das erinnern, was schön und lieblich gewesen ist, an jeden Augenblick, der einst für uns glücklich gewesen ist. Wenn da der Frühling sprießt in der ersten Jugend, würde ich an sie denken; wenn das Laub Schatten spendet, würde ich in der Erinnerung an sie verweilen; des Abends, wenn der sommerliche Dunst sich verdichtet, würde ich ihr Bild sehen; am stillen See, wenn es säuselt im Rohr, würde ich ihrer gedenken; am Meeresufer, wenn das Schiff sich naht, würde ich mir einbilden, daß ich sie treffe, bis daß die eintönige Woge mich in Erinnerung wiegte; bei meinem alten Conditor würde ich der Erinnerung Spur suchen und oft, ach oft mich selbst betrügen, als wär ich zu ihr auf dem Wege. Aber ich darf es nicht; für mich ist da kein Wechsel der Jahreszeiten, wie denn für mich überhaupt kein Wechsel ist; die Erinnerung erblüht nicht unter meiner Hand, sie ist wie ein Gerichtsspruch, der über meinem Haupte hängt oder wie ein rätselhaftes Zeichen, von dem ich nicht weiß, was es bedeuten mag. Durfte Adam wohl an Eden sich erinnern, durfte er, wenn er Distel und Dorn vor seinem Fuße sah, durfte er da zu Eva sprechen: ‚nein, so ist das in Eden doch nicht gewesen, in Eden, o, denkst du daran‘, durfte Adam dies tun? Noch weniger denn also ich.

den 27. Mai. Mitternacht.

Sie vergessen? — Das ist unmöglich. Mein Gebäude ist zusammengestürzt. Schwermütig bin ich gewesen, aber ich bin ein Schwärmer gewesen in dieser Schwermut, und jener trostlose Gedanke meiner Jugend, daß zu nichts ich tauge, war vielleicht nur die Form für die Schwärmerei, weil ich eine Idealität verlangte, unter der ich niedersank. Diese Heimlichkeit wollte ich in mir bergen und in dieser Heimlichkeit eine Glut, die mich wohl unglücklich machte, dann aber auch unbeschreiblich glücklich. Früh, nur allzu früh meinte ich gesehen zu haben, daß jene Begeisterung, die
VI 328 man auf Straßen und Gassen findet, solcher Art sei, daß ich daran nicht Los noch Teil haben mochte. So wollte ich denn mein Äußeres kalt und herzlos bilden, um keine Gemeinschaft zu haben mit dem Geschminkten und sich selbst Betrügenden. Es war ein stolzer Gedanke, so wie er einem Schwermütigen in den Sinn kommen kann. Doch mochte man auch laut wider mich schreien, ich sei ein Egoist, ich wollte, daß niemand gegen mich recht habe. Dies alles ist gestört, ich bin entwaffnet. In dem Schein, den ich vorgaukeln wollte, bin ich gefangen worden. Ich habe ja schurkisch wider einen Menschen gehandelt. Und ob ich es gleich anders verstehe, und ob ich gleich gewiß bin, was ich auch tun möge, die Schwärmerei so sicher auf meiner Seite zu haben wie die Sonne im Osten aufgeht, — ich kann mich keinem einzigen Menschen verständlich machen.

Die Lenkung hat mich gefangen. Die Idee meines Daseins ist stolz gewesen, jetzt bin ich zerschmettert. Ich weiß recht gut, ich kann das vor andern verstecken, aber ich habe den eigentlichen Schwerpunkt meines Daseins verloren, die sichere Zuflucht hinter dem trügenden Schein, habe verloren, was ich nie wieder gewinne, was ich gerade selbst mir verbieten muß, zurück zu gewinnen, denn mein Stolz ist mir noch übrig geblieben, hat aber den Rückzug antreten (referre pedem) müssen, und hat nunmehr unter anderm die Aufgabe, mir selbst niemals zu vergeben. Nur religiös kann ich jetzt mir selber verständlich werden vor Gott, in meinem Verhältnis zu den Menschen ist das Mißverständnis die fremdländische Sprache, die ich rede. Ich wollte es in meiner Gewalt haben, mich in dem Allgemeinen auszudrücken, jeden Augenblick, den ich wollte, jetzt kann ich es nicht.

O, selig ist das Sichverstehen mit Gott; jedoch, es hat auch seinen Schmerz, daß die Lenkung oder ich das Mißverständnis auf eine Art um mich herumgestellt haben, daß ich fort und fort in jenes einsame Sichverstehen zurückgezwungen werde. Wer würde sich bedenken, diese Vertraulichkeit zu wählen, doch meine Wahl ist nicht frei; die Freiheit darin empfinde ich lediglich, indem ich mich der Notwendigkeit ergebe, und diese in der Hingabe vergesse. Ich kann nicht sprechen: ‚zu wem soll ich hingehen[340], wenn nicht zu dir?', denn ich kann zu niemand hingehen, da man sich ja der Vertraulichkeit des Mißverstehens nicht anvertrauen kann; ich kann zu niemand hingehen, denn ich bin ein Gefangener, und Mißverstehen und aber Mißverstehen und aber Mißverstehen ist das schwere Eisengestänge vor meinem Fenster; und ich wähle es nicht, zu Gott hinzugehn, denn ich bin gezwungen. Dann aber kommt der Augenblick des Sichverstehens, und dann ist es doch wiederum selig, daß vor den Fenstern Eisenstangen sind, denn dies macht, daß das Sichverstehen nicht eine Täuschung sein kann,
nicht ein Angelerntes, nicht eine Ausbeute zweiter Hand, und VI 329
daß es nicht zu einem schwatzhaften Ausplappern werden kann, denn zu wem sollte ich reden?

Meine Idee ist gewesen, mein Leben in meinem Innersten ethisch anzulegen, und diese Innerlichkeit in der Form des Betrugs zu verstecken. Jetzt bin ich noch viel weiter in mich selbst zurückgedrängt, mein Leben ist mir religiös angelegt worden, und ist so tief in die Innerlichkeit zurückgegangen, daß ich die Wirklichkeit schwer erreiche.

Wem sollte es wohl beikommen, sich selber wichtig zu sein Gott gegenüber; mein Verhältnis zu ihm aber ist von der Art, als hätte Gott mich erwählt[341], nicht ich Gott. Es ist mir auch nicht der bloße Schein des etwas Seins geliehen, der in dem negativen Ausdruck läge, daß ich es bin, der da zu ihm kommt. Will ich mich nicht darein finden, den Schmerz der Notwendigkeit zu tragen, so bin ich zunichte gemacht, und habe keine Stätte, da ich sein könnte außer bei den Menschen im Mißverständnis. Halte ich den Schmerz der Notwendigkeit aus, so geschieht die Verwandlung.

Meinen Verlust verwinde ich niemals; lange genug kann es währen, bevor ich es lerne, ihn zu tragen. Gerade wenn ich so

unter den Menschen einhergehe, ist es mir, als ginge mein verlorener Stolz an mir vorüber, als läse ich in eines andern Miene, daß er dergestalt urteile. Dann könnte ich, einem Verzweifelten gleich, unter die Menschen stürzen, um meinen verlorenen Schatten[342] zu packen, um ihn zurückzufordern, um mich zu rächen, um mich, bevor ich ermattet umsinke, der Rache zu trösten. Ja weh dem Weibe, dessen Blick mich dergestalt anrührte! An einem Weibe vermag man doch Rache zu nehmen. Ich weiß, es gibt grauenhafte Gedanken, von denen der besessen sein kann, der am Naturverhältnis Ärgernis genommen hat. Wie ging es zu, daß Richard III.[343] jenes Weib, das seine geschworene Feindin war, überwältigen und in eine Liebende verwandeln konnte? Und warum er das wohl getan? War es Regierungspolitik? War das auch Regierungspolitik, jener Hohn, mit dem er der Leichtigkeit des Siegs gedenkt; war es Selbsterprobung, vermöge deren er seine Tauglichkeit zum Königtum begriff, da er mit der Lust der Verzweiflung bei seiner Mißgestalt verweilt? Nein, es war Haß wider das Dasein, vermöge der Macht des Geistes wollte er der Natur spotten, die seiner gespottet hatte, er wollte die Natur lächerlich machen mitsamt ihrer Erfindung der Liebe und des Liebens des Schönen; denn er der Verunrechtete, er der Krüppel, er der Verzweifelte, er der Teufel wollte dartun, daß er der Sprache und allen Gesetzen des Daseins zum Trotz geliebt werden konnte. Da
VI 330 lernte er, da entdeckte er, daß es eine Macht gibt, die sicher auf das Weib wirkt, und diese ist Unwahrheit, Lüge, wenn sie klingt mit der Flamme wilder Begeisterung, mit der ungesunden Erhitzung der Lust und doch auch mit des Verstandes eisiger Kälte, gleich wie der hitzigste Wein eisgekühlt serviert wird. Er selber haßte, und gleichwohl erzeugte er Liebe, mag das Weib solch einen Mann auch nicht lieben, sondern Widerwillen gegen ihn hegen und allein schwindelig und betäubt seiner Macht verfallen. Es gibt solch einen bösen Geist, und er bietet hohes Handgeld: Vorgefühl übermenschlicher Kräfte; und er verlockt mit Blendwerk, so als ob eine wahnsinnige Rache der wahre Weg wäre, seinen Stolz zu retten und seine Ehre zu wahren. Und schwer muß jener Gang sein, ob er gleich möglich ist, der Gang zurück über die klaffende Tiefe, welche auch in der Zeit Gut und Böse scheidet, der Übergang von übernatürlich groß Sein dank der Macht des

Bösen zu nichts Sein, schlechterdings nichts, weniger als nichts Sein in der Reue.

„Was ist Ehre"? spricht Falstaff[344], „kann sie ein Bein ansetzen? Nein. Oder einen Arm? Nein. Mithin ist sie eine Einbildung, ein Wort, ein gemalter Schild." Nein, dies ‚mithin', es dürfte falsch sein; denn vermag die Ehre auch nichts Derartiges zu tun, wenn man sie gewinnt, so kann sie doch, wenn sie verloren wird, das Umgekehrte tun, sie kann ein Bein abhacken und einen Arm abhacken, ja, sie kann einen Menschen ärger mißhandeln, als man es in Rußland tut, und einen nach Sibirien verschicken. Wenn sie dies kann, ist sie doch keine Einbildung. Denn geh hin zur Walstatt, betrachte die Gefallenen; besuche das Invalidenhaus, betrachte die Versehrten: du dürftest allda nie einen Toten, nie einen Verstümmelten derart mißhandelt finden wie den, welchen die Ehre abgetan hat.

So kommt das Verstehen innerhalb der Eisenstangen. Wo ist also das Feld der Ehre? Es ist überall, wo ein Mann mit Ehren fällt. Indes, wenn einer, statt sich in Ehren durchs Leben zu drücken, es vorgezogen hat, die Ehre zu verlieren und sie Gott zu geben, so fällt er ebenfalls auf dem Feld der Ehre. Ist ein neuer Himmel und eine neue Erde[345] zu erwarten, dann auch eine neue Ehre. Möge ich denn also auch dorten fallen, wo niemand es sich träumen läßt, daß dies der Ehre Feld sein könne, mög ich auch begraben werden auf dem Begräbnisplatz der Unehrlichen: wenn alsdann gleichwohl ein Vereinzelter, der vielleicht mit ganz andern Gedanken an meinem Grab vorüberkäme, plötzlich stehen bleibt und mir folgende Leichenrede hält: „wie ist es denn gekommen, daß dieser Mensch hier liegt, kann man denn ohne Schande unter den Unehrlichen liegen, und er, er liegt hier ja in Ehren", — so verlange ich nichts weiter. Ich will mir dies deutlich und entschiedener vorstellen als meines Lebens Krise. Gesetzt auch, Maria Magda- VI 331
lena[346] hätte keinen Mitwisser ihrer Schande gehabt, und sie hätte sich mit Ehren durchs Leben stehlen können, und sich im Tode aus der Welt fortstehlen können mit dem Myrthenkranz um die Stirn: mich bedünkt, sie hat durch ihren Mut eine andre Ehre gewonnen, mich bedünkt, sie liegt als Tote ohne Myrthenkranz mit größeren Ehren da denn mit ihm.

Ebenso bedünkt es mich auch, daß doch der seine Ehre nicht

verloren hat, der etwa eingesteht, er habe begonnen, was er nicht vollenden könne; ja daß er sie besser bewahrt hat, als wenn er etwas zu billigem Preis genommen hätte, für dessen Besitz er alles anbieten würde, als wenn er sich durchs Leben gestohlen hätte als Wohltäter eines Mädchens, während er es sich noch nicht einmal zu bekennen getraute, daß er jenes Bescheidenere sei, das er einzig zu sein begehrte, — wenn er also dies getan hätte, statt das Mädchen hoch im Preis zu halten, solange sie sich jugendlich überschätzte und sie auch hoch im Preis zu halten, als sie sich kummervoll weit unterschätzte und sie am allerhöchsten im Preis zu halten als ihr Betrüger, obwohl er um den niedrigsten Preis ihr Ehemann sein konnte; mich bedünkt, die Segnungen des dankbaren Mädchens wären wie ein Hohn über ihn und der ehrwürdige Name der Ehe für sein Verhältnis zu ihr wäre eine Widerwärtigkeit, und umgekehrt wäre der Sprache und des Zorns strengster Spruch über sein Gebaren eine Wiederherstellung der Ehre.

den 30. Mai morgens.

Heute vor einem Jahr. Sollte es denn nicht möglich sein, daß sie vermöchte zu siegen und ihren Wunsch durchzusetzen? Sehen wir zu. Gestrandet bin ich daran, daß meine ganze Lebensanschauung, die nicht aus der Luft gegriffen, sondern meiner Individualität wesentlich ist, von ihr abgelehnt worden ist. Ich kann nicht glücklich werden, sie kann nicht glücklich werden, eine Ehe kann unser Verhältnis nicht werden. Kann ‚sie' nicht glücklich werden? Was will das heißen, wo sie doch selbst so leidenschaftlich danach verlangt? Indes, was kann Leidenschaft nützen, wenn die Frage ist, ob sie sich selbst auch versteht. Ihre Leidenschaftlichkeit zeigt gerade, daß sie einer andern Auffassung gegenüber noch nicht einmal die Freiheit, diese sich vorzustellen, besitzt. Wenn wir uns trennen und ich Gewalt brauche, um zu brechen: so wird sie unglücklich. Aber dann gibt es auch nichts, das ausdrücken wird, daß sie glücklich ist, und es ist Sinn in ihrem Unglück und in meiner Verfehlung. Wenn sie aber dadurch, daß sie bei mir bleibt, unglücklich wird, so ist dies Unsinn, und wenn dann die Leidenschaftlichkeit verebbt ist, weil der erregende Widerstand fehlt, ja, was dann? — Unser Verhältnis kann keine Ehe werden. Weshalb nicht? Weil ich verschlossen bin in meiner Schwermut. Dies hab ich von Anfang an gewußt, und ich meinte, die Aufgabe sei, es zu verbergen, auf die Art hatte ich es verstanden, aber von der Art ist die Ehe VI 332 nicht. Wenn sie sich nun aber darein finden will, so gut wie in ein Angetrautwerden zur linken Hand? Aber ich will mich darein nicht finden, weil es eine Kränkung für sie ist, wie ich nun es sehe. Soll man denn bloß danach fragen, ob man sich in etwas finden könne und nicht danach, was dies Etwas sei, ob es wahr sei, ob es schön sei, ob es der Idee gemäß sei? Danach fragt sie schlechterdings nicht, sie, die doch einstens stolz gewesen ist. Dies erweist, daß sie dermaßen leidenschaftlich ist, daß sie überhaupt nicht urteilen kann. — Zu einer Ehe gehört eine Trauung. Was ist eine Trauung? Es ist die Ablegung eines Eides, die gegenseitig verpflichtet. Zu einer gegenseitigen Verpflichtung aber ist doch wohl gegenseitiges Verstehen nötig. Aber sie versteht mich schlechterdings nicht. Was wird somit mein Eid? Unsinn. Ist das eine Trauung? Nein, es ist eine Profanierung. Und wenn wir zehnmal getraut würden, ich werde dadurch nicht ihr angetraut, sie dagegen mir. Aber, wenn das sie nun überhaupt nicht kümmert? Kann man denn bloß danach fragen, daß man seinen leidenschaftlichen Wunsch durchgesetzt bekommt, und ganz und gar nicht nach der Idee; kann man denn rein und bloß seiner Leidenschaft trauen und kein, ganz und gar kein Vertrauen oder Zutrauen dazu haben, daß der, welchen man liebt, wie man so sagt, es gut meint, obwohl er nicht der gleichen Meinung ist? Erweist dies nicht ihre Leidenschaftlichkeit und den darin liegenden Widerspruch? Eben in dem Akt, der uns aufs Innigste zusammenknüpfen soll, erblicke ich einen göttlichen Einspruch wider das Ganze. Im Augenblick der Trauung werden wir nicht vereinigt, sondern ich bekomme zu wissen, was ich denn vorher gewußt, daß wir geschieden sind. Ist das eine Trauung? Oder wenn ich ihr deshalb angetraut bin, weil sie in meinem Hause wohnt, weil ich mir ein andres Weib nicht wünsche, so bin ich ihr wesentlich schon angetraut, denn sie bleibt doch bei mir, und ich werde schon mich selbst und sie zu ehren wissen, indem ich nicht nach einer andern Liebe trachte, so, als ob ich sie verworfen hätte, wie sie sich wohl einbildet, und damit wiederum beweist, daß sie mich nicht versteht, und wiederum beweist, daß in ihrer Leidenschaftlichkeit ein heimlicher Stolz schwelt.

Ein Weib ist doch ein wunderliches Geschöpf und Liebe eine sonderbare Gewalt! Sie lieben, das kann ich nicht lassen, und doch ist ihre Treue von recht bedenklicher Art. Auf die Art lieben, wie sie es in diesem Augenblick tut, ist das eine Kunst? Nein, es ist Schwachheit. Ist es schön? nein, denn es ist unfrei. Ist es eine Kraft? Nein, es ist eine Ohnmacht. Ist es Sympathie? Nein, es ist Selbstliebe. Ist es Treue? Nein, es ist List der Natur. Jedoch, wenn es ein Weib ist, das so tut, dann ... Nein, ich glaube nicht, daß ich bei einer andern das gut hieße; wenn aber sie es tut, so tut sie es auf eine Art, oder ich sehe es auf eine Art, daß sie in meinen Augen ganz und gar nichts verliert. Sie bedient sich jeglichen Mit-
VI 333 tels wider mich, und nie läßt sie es sich einfallen, auch nur mit einem einzigen Worte anzudeuten, daß sie mir glauben und darum nachgeben könne, daß sie verzichten und mir damit meine Freiheit geben wolle, daß sie mich verachten und auf diese Bedingung hin mich fahren lassen will. Wir haben gewissermaßen die Rollen getauscht, denn in gewissem Sinne ist sie die Starke und ich der Schwache, sofern ich stets ihretwegen fürchte. Und wahrlich, stünde hier bloß ein Einziger gegen einen Einzigen, so wäre ich nicht imstande, ihr Widerpart zu halten; aber das Unglück ist, daß ich mehr als Einer bin, sofern ich die Kategorie und die Idee auf meiner Seite habe. Zum Helden tauge ich darum noch nicht, denn es ist nicht mein Sieg, den ich suche, sondern der der Idee, und ich bin bereit, mich vernichten zu lassen. Wenn ich daher gesiegt habe und es entschieden ist, so werde ich nicht wie Pyrrhus[347] sagen: ‚noch ein solcher Sieg und es ist aus'; denn dieser Sieg reicht zu.

den 3. Juni. Mitternacht.

So sitze ich denn wieder auf dem Ausguck. Wollte ich das zu einem Dritten sagen, so bedürfte es sicher einer Erklärung, denn man versteht leicht, daß der Lotse längs der Küste, daß der Wächter hoch auf dem Turm, daß der Spion auf dem Posten, daß der Räuber in seinem Versteck auf dem Ausguck sitzt, da es allda etwas zu erspähen gibt. Wer indes einsam auf seiner Stube sitzt, wonach kann er ausschauen? Und wer erwartet, daß alles, d. h. eine Geringfügigkeit, die vielleicht niemand beachten würde, in Stille abgeht, der schaut ja nach Nichts aus. Was Wunders denn, daß es ihm die Seele und den Kopf anstrengt; denn nach Etwas ausblicken, schärft das Auge, aber nach Nichts ausblicken, strengt an. Und wenn das Auge lange nach Nichts ausblickt, so sieht es zu guter Letzt sich selbst, d. h. sein eignes Sehen: ebenso zwingt die Leere um mich herum meinen Gedanken wieder in mich selbst zurück.

So fange ich wieder von vorne damit an, die dialektischen Schwierigkeiten meiner Erwartung zu durchlaufen. Der Gipfelpunkt meines Daseins, mein nahezu wahnsinniger Wunsch, die äußerste Anstrengung und das letzte Verlangen der Begeisterung ist: daß das Ganze sich wieder gut machen ließe. Auf dieser Spitze habe ich meine Seele gehalten; ich spüre sehr wohl, daß ich jetzt in vereinzelten Stunden durch das Gewicht der Endlichkeit niedergezogen werde. Mithin neue Übungen. Von diesem Wunsch aus teilen sich die Wege, der Wunsch wird einer mit Rücksicht auf sie, ein andrer mit Rücksicht auf mich. Für mich selber muß ich wünschen, daß sie eines andern würde, dies ist für meine Persönlich- VI 334
keit in ihrer Ichbezogenheit schlechthin der leichteste Ausgang. Für sie dagegen wünsche ich es nicht, es sei denn, daß es auf jene unbegreifliche Weise geschehe, als eine Rückkehr zu einer ersten Liebe, denn ansonst ist es eine Heilung im Endlichen und nicht das Höchste. Eine Verunendlichung in religiösem Sinne wäre und ist im zweiten Falle das Höchste, und also müßte ich es wünschen, wiewohl (die Sache mit Rücksicht auf mich selbst gesehen) eine solche Existenz von ihr mir zur schweren Last würde. Für sie dürfte es nicht schwer sein, einen religiösen Abschluß zu finden. Sie hat sich nichts vorzuwerfen, sie kann in seliger Freundschaft mit dem Ewigen leben, sie kann still und sanft in Gott sterben „wie das Wiegenkind mit seiner Mutter Brust im Munde sterbend.“ [348] Für mich würde solch ein Dasein von ihr eine Verurteilung zu dauernder Pönitenz werden. Nächst einer religiösen Verunendlichung wäre mein Wunsch mit Rücksicht auf sie am ehesten, daß sie in zeitlicher Daseinsfülle gesteigert werde, etwas Großes und Ungewöhnliches werde. Geschähe dies, so wäre mein Leben abermals mit Beschlag belegt. — Schreckenskatastrophen brauche ich kaum noch aufzuführen, sie müssen als hinter mich gebracht betrachtet werden.

Dieser langen Stufenleiter zum Trotz ist doch Sinn in meinem

Dasein. Was ich bisher getan habe, bis hin zu jenen letzten Briefen, ist folgerichtig. Ich habe mich durchaus stille, lautlos verhalten, als wäre da nichts geschehen. Welch eine Anstrengung mich das gekostet hat, begreift nur der, welcher meine Leidenschaften begreift, kein anderer. Wie wahr sagt doch Joh. Ludw. Heiberg in einer meisterlichen Novelle ‚Das gefährliche Schweigen': „Wir mögen noch so starke Gründe haben, einen Menschen für unglücklich zu halten, für zerrissen in seinem Innersten: zeigt er sich gefaßt, aufgeräumt und heiter, so sind alle unsre Gründe in die Flucht geschlagen, und wir glauben lieber was wir sehen als was wir wissen." — Man hat oft genug über den Bären gelacht, welcher seinen Herrn durch einen Schlag gefährlich verletzte, um eine Fliege zu verscheuchen. Es ist auch komisch; die Situation kann aber auch leicht tief tragisch werden. Gesetzt, der Bär hätte gewußt, welche Folgen es haben würde, wenn er seine Kräfte so brauchte, wie er sie allein brauchen konnte, und gesetzt dann, er sähe seinen Herrn gepeinigt und müßte nun sich zwingen, ruhig dazusitzen, um nicht alles noch gefährlicher zu machen. Das müßte hart und überaus schwierig sein, denn er wüßte ja, daß er die Fliege bequem zerquetschen könnte.

VI 335 Es ist des Schauspielers Kunst, bewegt zu scheinen, während er doch ruhig ist (ist er wirklich unruhig, so ist das ein Fehler); es ist des Verschlossenen Kunst, ruhig zu scheinen, wo er bewegt ist. Ist er nicht bewegt, nicht erschüttert, so ist seine Kunst gleich Null, und er ist nicht verschlossen.

den 5. Juni morgens.

Heute vor einem Jahr. So könnte ich ja die Trauung vermeiden und eine erotische Verbindung aufrichten, wofür man Beispiele hat.[349] Sie will sich in alles finden. Will sich in alles finden — aber soll man denn gar nicht fragen, w o r e i n man sich finden will? Die Stellung ist so verzweifelt verkehrt, daß ich mit Leichtigkeit die Verführung aus ihr hervorlocken könnte. Aber, mag sie nun auch, ach in ihrem Schmerz, wähnen, daß ich leicht ein vortrefflicheres Mädchen finden könnte; oder mag sie auch, ach in ihrer Irrnis, wähnen, daß ich sie so leicht vergessen und auf andre Weise neue und aber neue Freude finden könnte in der Welt, darf sie denn auch meinen, ich veranschlagte meine Ehre so gering, daß ich um einer Einbildung willen verspielen werde, was sich nie zurückgewinnen läßt; denn die Ehre bekomme ich doch nicht wieder, oder doch zu allerletzt, weit eher bekommt sie für sich wieder eine neue Liebe. Indes die Trauung umgehen, ganz gleich, ob sie sich darein finden will oder nicht, ganz gleich, ob sie auf meine Treue sich verlassen dürfte oder nicht, ist, von der Idee her gesehen, eine Beleidigung. Und sie mag sterben, und sie mag mir einen Mord auf das Gewissen legen, und sie mag mich verfluchen, und sie mag mich verabscheuen, und sie mag ein Epigramm[350] auf meine Schwermut schreiben, wenn sie in einer neuen Liebe Ruhe gefunden hat und ich unverändert dort bin, wo sie sich einbildete zu sein: beleidigt werden soll sie doch nicht, und am allerwenigsten auf eine Art, daß ich dabei ein Ritter werde.

Gäbe es einen Menschen, an den ich mich wenden könnte, ich würde zu ihm gehen und sprechen: bitte, bitte, bringen Sie mir ein bißchen Sinn in meine Wirrnis. Der entsetzlichste Sinn ist mir nicht so entsetzlich wie Sinnlosigkeit, und diese ist mir um so grauenhafter, je gedankenloser sie lächelt.

* * *

Das Lachen dient der Erkundung in jeder Richtung, und mit dessen Hilfe und unter dessen falscher Flagge bringe ich alles zur Sprache, damit meine Reflexion die Gedankenwege ihrer Seele und ihre Kräfte überprüfen kann. So viel sehe ich sehr wohl ein, daß VI 336
sie vom Leid Tragen nicht die rechte ideale Vorstellung hat. Sie ist in endlichem Sinne gesund, und sie muß also frei gemacht werden durch die Endlichkeit. Sie muß dahin gebracht werden, daß ihr das Ganze widerwärtig wird, und dann trennen wir uns, dann legt sie sich schlafen, dann schläft sie die Sache aus, und dann ist sie wieder gerettet für das Zeitliche. Sie kämpft nicht mit den Kräften der Idealität, sie hält fest an einer Hoffnung, die endlich ist, und meine Gegenwart hilft ihr. Daß ich selber zugegen bin und zugucken muß, verleiht ihr eine Bedeutung, die sie nicht haben wird, wenn ich fort bin.

Wäre ich meiner selbst nicht sicher, daß ich mehr leide denn sie, und dies immer noch mehr tun werde (denn das Schlimmste harrt meiner, wenn ich nur noch mit mir selbst zu tun habe), so hielte ich die Sache nicht aus. Jedoch es geht, und man kann an alles Leiden sich gewöhnen. Wovor mir schauderte, wie vor dem Eingehn in einen feurigen Ofen, daran gewöhne ich mich. Geplapper und Gesabber glückt mir so über die Maßen, daß ich zu Hause die entgegengesetzten Bewegungen machen muß, damit es nicht auch für mich damit ende, daß die ganze Sache sich in Gallimathias auflöst. Hätte sie in ihrer Seele Unendlichkeit, so wäre die Aufgabe leicht, gegen mich hochherzig zu sein (o, beneidenswerte Bedingungen), mir meine Freiheit zu geben, den Schmerz zu nehmen und auf ihn eine religiöse Gutschrift zu erhalten und so mich zu ihrem Schuldner zu machen, einem Schuldner je nach Maßgabe der Hochherzigkeit. Die Bedingungen sind angeboten, ich habe sie ihr nicht verweigern dürfen; aber wahrlich, es wäre für mich eine schreckliche Strafe geworden. Was ist all ihr Zorn, alle ihre Verachtung in Vergleich mit Hochherzigkeit.

den 5. Juni. Mitternacht.[351+]

NEBUKADNEZAR

(Daniel)

1. Erinnerungen aus meinem Leben, da ich ein Tier auf dem Felde war, und Gräser fraß, ich Nebukadnezar, an alle Völker und Zungen der Erde.

2. War nicht Babel die große Stadt, die größeste unter allen Städten der Völker, ich, ich Nebukadnezar habe sie erbauet.

VI 337 3. Keine Stadt ist Babel gleich gewesen an Ruhm, und kein König ist gewesen, wie ich es ward durch Babel, meiner Ehre Herrlichkeit.

4. Mein königliches Haus war sichtbar bis an alle Enden der Erde, und meine Weisheit war einem dunklen Worte gleich, welches niemand von den Weisen zu erklären wußte.

5. So daß sie mir nicht zu sagen vermochten, was es gewesen, das ich geträumt.

6. Und es kam zu mir das Wort, ich solle verwandelt werden und sein wie ein Tier, welches die Gräser auf dem Felde frißt, bis daß sieben Zeiten im Wechsel hingegangen seien über mich.

7. Da sammelte ich alle meine Hauptleute mit ihren Heerhaufen um mich und hatte Eilboten draußen aufgestellt, damit ich gerüstet sei, wenn der Feind komme, wie das Wort mir bedeutete.

8. Doch niemand wagte es, der stolzen Babel sich zu nähern, und ich sprach: ist dies nicht die stolze Babel, die ich, ich Nebukadnezar, erbauet habe?

9. Da plötzlich ward eine Stimme vernommen, und ich ward verwandelt, geschwinde, so wie ein Weib die Farbe wechselt.

10. Die Gräser waren meine Nahrung, der Tau fiel auf mich nieder, und niemand kannte mich, wer ich sei.

11. Aber ich kannte Babel, und rief laut: ist dies nicht Babel, und niemand verstund mein Wort, denn es ward wie das Brüllen des Tieres, da es erscholl.

12. Meine Gedanken entsetzten mich, meine Gedanken in meinem Innern, denn mein Mund war gebunden, und niemand vermochte andres zu vernehmen als eine Stimme, so wie das Tier sie hat.

13. Und ich dachte: wer ist dieser Gewaltige, der Herr, Herr, dessen Weisheit ist wie der Nacht Finsternis und wie des Meeres Tiefe, unergründlich,

14. ja, wie ein Traum, über den allein er gebietet, und dessen Deutung er nicht gegeben hat in eines Menschen Macht, wenn der Traum plötzlich über einem ist und einen hält in seinen starken Armen.

15. Niemand weiß, wo dieser Gewaltige wohnt, so daß man darauf weisen könnte und sprechen: siehe, hier ist sein Thron; so daß man reisen könnte durch die Lande, bis daß es heißt: siehe, hier ist seiner Herrschaft Grenze.

16. Denn er wohnet nicht an meines Reiches Grenze, meinem Nachbar gleich; auch nicht von dem äußersten Meer bis hin zu meines Reiches Grenze als ein rings sich türmender Wall.

17. Und auch in seinem Tempel wohnt er nicht; denn ich, ich
Nebukadnezar habe genommen sein goldenes Gerät und sein sil- VI 338
bernes Gerät und habe zerstört seinen Tempel.

18. Und niemand weiß etwas von ihm, wer sein Vater gewesen, und wie er die Macht gewonnen, oder wer ihn gelehrt das Geheimnis seiner Gewalt.

19. Und er hat keine Ratgeber, so daß man sein Geheimnis kaufen könnte für Gold, hat niemand, zu dem er spricht: was soll ich tun und niemand, der zu ihm spräche: was tust du?

20. Späher hat er nicht, die Gelegenheit zu erspähen, daß man sie fangen könnte, denn er spricht nicht: morgen, sondern: heute, spricht er.

21. Denn er trifft nicht Vorbereitungen wie ein Mensch, und seine Vorbereitungen gönnen dem Feinde keine Frist, denn er spricht: es geschehe, und es geschieht.

22. Er sitzt stille da und spricht mit mir, man weiß nicht, ob er da ist, bis daß es geschehen ist.

23. Dies hat er getan wider mich. Er zielt nicht wie der Bogenschütze, daß man seinem Pfeil entfliehen könnte, er spricht bei sich selbst und es ist vollbracht.

24. In seiner Hand ist der Könige Hirn wie Wachs im Schmelzofen, und ihre Gewalt wie eine Feder, wenn er haucht.

25. Und doch wohnet er nicht auf Erden als der Gewaltige, daß er Babel mir nehmen könnte und mir wenig übrig lassen, oder daß er alles mir nehmen könnte, und der Gewaltige in Babel sein.

26. So also dachte ich in meines Sinnes Heimlichkeit, da niemand mich kannte, und die Gedanken in meinem Hirn entsetzten mich, daß der Herr, Herr ein solcher sei.

27. Als aber die sieben Jahre verstrichen waren, ward ich wiederum Nebukadnezar.

28. Und ich rief alle Weisen zusammen, auf daß sie mir das Geheimnis dieser Macht erklärten, und wodurch ich geworden sei wie ein Tier auf dem Felde.

29. Aber sie fielen sämtlich auf ihr Angesicht und sprachen: Großer Nebukadnezar, es ist eine Einbildung, ein böser Traum, wer sollte solches wider dich vermögen!

30. Aber mein Grimm war über den Weisen im ganzen Lande, so daß ich sie niederhauen ließ in ihrer Torheit.

31. Denn der Herr, Herr hat alle Gewalt, so wie kein Mensch sie hat, und ich will ihm seine Macht nicht neiden, sondern will sie preisen und der Nächste nach ihm sein, denn ich habe genommen sein goldenes Gerät und sein silbernes Gerät.

32. Babel ist nimmer die berühmte Babel, ich, ich Nebukadnezar VI 339
bin nimmermehr Nebuknadnezar, und meine Heerhaufen geben mir nicht Sicherheit, denn niemand vermag den Herrn, Herrn zu sehen, und niemand Kunde von ihm zu haben,

33. ob er kommen werde, und die Wächter werden umsonst rufen, denn ich wäre allbereits geworden wie ein Vogel auf dem Baum oder wie ein Fisch im Wasser, nur gekannt von den andern Fischen.

34. Darum will ich nicht berühmt sein zu Babel, sondern jedes siebente Jahr soll ein Fest sein im Lande,

35. ein hohes Fest unter dem Volk, und es soll heißen der Verkehrung Fest.

36. Und ein Sternkundiger soll durch die Straßen geführt werden, verkleidet sein als ein Tier, und seine Berechnungen soll er mit sich führen, zerrissen wie ein Bündel Heu.

37. Und alles Volk soll rufen: der Herr, Herr, Herr ist der Gewaltige, und sein Tun ist geschwinde wie des großen Fisches Springen im Meer.

38. Denn meine Tage sind bald gezählt, und meine Herrschaft bald vorüber wie eine Nachtwache, und ich weiß nicht, wohin ich fahre,

39. ob ich kommen werde zu dem unsichtbaren Land in der Ferne, wo der Gewaltige wohnt, auf daß ich Gnade finden möge vor seinen Augen;

40. ob er es ist, der mir den Lebensodem nimmt, daß ich werde wie ein veraltetes Kleid gleich meinen Vorgängern, auf daß er Wohlgefallen finde an mir.

41. Dies habe ich, ich Nebukadnezar kund gemacht vor allen Völkern und Zungen der Erde, und die große Babel soll meinen Willen vollbringen.

den 7. Juni. Mitternacht.

Als ich Kind war, da war eine kleine Torfgrube mein Ein und Alles: die schwarzen Baumwurzeln, die da und dort in die dunkle Tiefe sich vorstreckten, waren mir entschwundene Reiche und Lande und jegliche Entdeckung mir wichtig wie die vorsintflutlichen Entdeckungen dem Naturforscher. Der Ereignisse gab es genug, denn warf ich einen Stein, welch eine ungeheure Bewegung brachte er doch zustande, der eine Kreis war immer noch größer als der andre, bis daß das Wasser wiederum ruhig ward; und warf ich den Stein auf andre Art, so war die Bewegung von jener ersten unterschieden, und in sich selber reich an neuen Unterschieden. Da lag ich am Rande und sah hin über die Wasserfläche, wie der Wind zuerst draußen in der Mitte anhob das Wasser zu kräuseln, bis daß der geriffelte Wellengang unter dem Schilfrohr auf der
VI 340 entgegengesetzten Seite verschwand; da stieg ich hinauf auf die Weide, die sich über die Grube hinausneigte, setzte mich so weit hinaus als möglich, drückte die Weide ein wenig hinab, um in die dunkle Tiefe niederstarren zu können, da kamen die Enten geschwommen zu fremden Landen, stiegen auf die schmale Zunge, die hinauslief und mit dem Rohr eine Bucht bildete, in der mein Floß im Hafen lag. Flog dann aber eine Wildente vom Walde her über die Grube, weckte ihr Schrei dunkle Erinnerungen in den Köpfen der seßhaften Enten, fingen sie an mit den Flügeln zu schlagen, wild längs der Oberfläche einherzufliegen: so erwachte auch in meiner Brust ein Sehnen, bis daß ich mich wieder zufrieden starrte an meiner kleinen Torfgrube.

Ähnlich geht es allezeit, so barmherzig, so reich ist das Dasein: je weniger man hat, um so mehr sieht man. Nimm ein Buch, das mäßigste, das je geschrieben worden, jedoch lies es mit der Leidenschaft, daß es das einzige ist, das du lesen willst: du liesest zuletzt alles aus ihm heraus, d. h. so viel, als etwa in dir selber ist, und mehr würdest du dir doch niemals anlesen, auch wenn du die allerbesten Bücher läsest.

Die Kinderzeit ist nun schon lange vorüber, daher hab ich vielleicht, was die Phantasie anlangt, nicht mehr so viel herauszuholen, so sehr bin ich verändert. Der Gegenstand meiner Betrachtung aber ist nicht in dem Maße größer und weiter geworden, in dem dies bei einem älteren Menschen sonst der Fall ist. Es ist nur

ein Mensch, ein einziger Mensch, um den alles sich dreht. Ich starre
und starre auf dies Mädchen so lange, bis daß ich aus mir selber
heraus produziere, was ich sonst vielleicht nie zu sehen bekommen
hätte, und hätte ich noch so viel gesehen; denn daraus würde nicht
folgen, daß mir meine Innerlichkeit durchsichtig geworden ist.
Wäre ‚sie' geistig ungewöhnlich begabt gewesen, so hätte sie nie
derart auf mich gewirkt. Sie ist für mich gerade genug an Verant-
wortung, und die Verantwortung ist wiederum mein, und doch ist
es eben sie, welche in dieser Verantwortung mir meine Innerlich-
keit zum Bewußtsein bringt. Ich bin viel zu sehr und viel zu be-
stimmt entwickelt gewesen, als daß sie auf dem Wege der Mittei-
lung irgend welchen Einfluß auf mich hätte haben können, und sie
ist auch nicht dazu ausgerüstet gewesen, um in geistigem Sinne
mich mit neuem Inhalt zu bereichern. Indes, um in letzter Instanz
sich selbst zu verstehen, gilt es, in die rechte Situation gestellt zu
werden. Dazu hat sie mir mit der Verantwortung geholfen. In die-
ser Hinsicht ist all mein Leiden geradezu eine Begünstigung. Der
Verantwortung prüfende Stille lehrt einen, daß man sich in Kraft
des Geistes helfen muß; Schaffen, Handeln, Wirken, die so oft
empfohlen werden und das auch verdienen, können doch leicht
einen Beisatz von Zerstreuung haben, so daß man nicht zu wissen
bekommt, wessen man in Kraft des Geistes mächtig ist, und wozu
einem die vielfältigen äußeren Reize verhelfen; man entwischt
auch manchem Erschrecken, das nicht Zeit genug hat, einen zu
packen, aber solch ein Entwischen ist kein Überwinden und kein
sich selber Verstehn. Mit der Verantwortung wird sie mir auch VI 341
fernerhin helfen, denn ich werde nicht fertig, wie sie. Gesetzt, sie
würde eines andern, und ich würde frei, so bin ich nicht fertig;
ich würde die Möglichkeit übrig behalten, daß es plötzlich (viel-
leicht veranlaßt durch die Anleitung eines Denkers, vielleicht dank
einem zufälligen Wort, das mitunter sehr große Gewalt hat), daß
es also plötzlich mir aufginge, wie aus unserm Verhältnis eine Ehe
sich hätte aufbauen lassen. Eben, weil ich solchenfalls nicht das
sympathetische Erschrecken um ihretwillen hätte, würde der
Schmerz mich wiederum packen, aber autopathisch. Was wird als-
dann die Verantwortung für mich werden? Sie wird mir gerade
mein Trost werden, und ich werde gerade in der Verantwortung
dahin gelangen, mich selbst zu verstehen.

Von diesem Standpunkt des Selbstverständnisses aus begreife ich recht wohl, daß ich als Mensch weit davon bin, paradigmatisch zu sein, ich bin weit eher so etwas wie ein Probemensch. Ich gebe mit ziemlicher Genauigkeit die Temperatur jeder Stimmung und Leidenschaft an; und indem ich meine eigne Innerlichkeit produziere, verstehe ich die Worte: „Mensch bin ich; nichts, was menschlich, acht' ich mir als fremd" (homo sum, nil humani a me alienum puto[352]). Jedoch im Sinne des Humanen kann niemand sich nach mir bilden, und noch weniger bin ich in historischem Sinne für irgend einen Menschen Prototyp. Ich bin eher so wie man etwa in einer Krisis einen Menschen nötig hätte, ein Probestück, welches vom Dasein gebraucht wird, um sich vorzufühlen. Ein Mensch, der halb so reflektiert wäre wie ich, könnte Bedeutung für viele erlangen; indes eben weil ich ganz und gar durchreflektiert bin, erlange ich keine Bedeutung. Sobald ich außerhalb meines religiösen Verständnisses bin, ist mir zumute, wie einem Insekt es sein muß, mit welchem die Kinder spielen, denn so unbarmherzig scheint mir das Dasein wider mich gehandelt zu haben; sobald ich innerhalb meines religiösen Verständnisses bin, verstehe ich, daß diese Behandlung eben für mich unbedingte Bedeutung hat. Was in einem Falle ein grausiger Scherz ist, das ist im andern Sinn der tiefste Ernst.

Im Grunde ist Ernst auch nichts Einfaches, nicht ein Symplex, sondern ein Kompositum, denn der wahre Ernst ist die Einheit von Scherz und Ernst. Hiervon überzeuge ich mich am besten, indem ich Sokrates betrachte. Wenn man recht sinnreich gemäß einer der Auffassungen Platos Sokrates zur Einheit des Komischen und des Tragischen werden läßt, so ist dies ganz richtig; die Frage aber ist, worin die Einheit liegt. Von einer neuen Dichtungsart und anderm
VI 342 dergleichen kann gar nicht die Rede sein; nein, die Einheit liegt im Ernst. So ist denn Sokrates der ernsthafteste Mann in ganz Griechenland gewesen. Seine Geistigkeit hat in einem absoluten Verhältnis zum Ethischen an ihm gestanden (ansonst kann man über Geringfügigkeiten ernst werden); sein Sinn für Komik ist ebenso groß gewesen wie sein ethisches Pathos, darum war er davor sicher, in seinem Pathos selber närrisch zu werden; sein Ernst ist verhüllt gewesen in Scherz, darum war er in ihm frei und bedurfte zum Ernstwerden nicht der mindesten äußeren Unterstüt-

zung, etwas, das stets ein gegen den spezifischen Wert des Ernstes sprechendes Anzeichen ist.

Bei aller unmittelbaren Existenz gilt es, den Gegensatz nicht zu Gesicht zu bekommen, denn alsdann ist das Unmittelbare dahin; in der Geistesexistenz gilt es, den Gegensatz auszuhalten, zugleich aber ihn von sich abzurücken in Freiheit. Der beschränkte Ernst fürchtet daher jederzeit das Komische und mit Recht, der wahre Ernst entdeckt selber das Komische. Wäre es nicht an dem, so wäre Dummheit, was Ernst anlangt, die privilegierte Kaste. Der Ernst ist jedoch nicht etwa die Vermittlung, diese ist Scherz und ein neues Motiv für das Komische. Die Vermittlung hat nichts zu suchen in der Existenzsphäre der Freiheit, und nur auf lächerliche Weise kann sie sich von der Metaphysik her dort eindrängen wollen, wo die Freiheit in ständigem Werden ist. Der Ernst durchschaut das Komische, und je tiefer er sich selber von unten heraufholt, um so besser, aber er vermittelt nicht. Was er im Ernste will, hält er freilich, insofern er es selber will, nicht für komisch, darum aber kann er doch gern das Komische daran sehen. Dergestalt läutert das Komische das Pathetische, und umgekehrt gibt das Pathetische dem Komischen Nachdruck. Am vernichtendsten wäre somit eine komische Auffassung, die auf solche Weise gestaltet ist, daß heimlich in ihr die Indignation wirkt, doch so, daß niemand sie merkt vor lauter Lachen. Die Vis comica ist die verantwortungsschwerste Waffe, und ist daher wesentlich allein demjenigen zur Verfügung, welcher das entsprechende Pathos hat. Wer z. B. einen Heuchler in Wahrheit lächerlich zu machen weiß, wird ihn auch zermalmen können mit der Indignation. Wer hingegen Indignation brauchen will und die entsprechende Vis comica nicht besitzt, der wird leicht der Deklamation verfallen und selber komisch werden.

Aber da sitze ich hier und vergesse ‚sie'! Nein, gewiß nicht; denn die Einheit des Komischen und des Tragischen geht mich sehr an. Mein widerspenstiger Verstand hat bald genug mir die ganze Sache in Gelächter herumwirbeln wollen, jedoch eben aus diesem Wirbel heraus hat meine tragische Leidenschaft sich stärker
entwickelt. Auf die Art verstehe ich mich selbst besser, und ver- VI 343
stehe, daß ich in meinem Verhältnis zu ihr mich eben an den Ernst gehalten habe. Wäre es nicht von Anfang an so gewesen, hätte ich nicht Schritt um Schritt das Komische gesehn und unter dessen

Aufsicht mir das Tragische bewahrt, so hätte vermutlich, falls sie wirklich eines andern wird, entweder eine gewisse Leidenschaftlichkeit (welche aller ihrer Heftigkeit zum Trotz nicht Ernst ist) oder das Gelächter (auf eine unbefugte Weise, nachdem es sich vom Pathetischen getrennt hat) über mich die Gewalt gewonnen. Es ist nämlich komisch, daß ich ein Schurke bin und sie diejenige, welche sterben wird, jetzt, wo das Umgekehrte sich zeigt. Doch ich kann diesen Stoß wohl aushalten, denn mein Pathos ist durchaus von Anfang an bewahrt. Mein Pathos stammt nicht von ihr oder von ihren heftigen Ausbrüchen, es ist die Innerlichkeit meiner Seele. Daher vermag der Wechsel nicht sein Spiel mit mir zu haben, ich halte die Idee fest, und das Komische draußen hat keine Gewalt über mich. Daß ich alles geglaubt habe, jedes Wort von ihr, so ernsthaft, wie es einem Menschen möglich ist, daß ich mich dadurch gebunden fühle so fest, wie ein Mensch es nur kann, ist ganz und gar nicht komisch. Ob sie es gar nicht ernst gemeint hat, tut hier durchaus nichts zur Sache, ob sie ebenso wie Jakob von Thyboe sagt: ‚wir haben uns bedacht[353+]', tut hier überhaupt nichts ab und überhaupt nichts zu. Ja, hätte ich es lediglich kraft ihrer geglaubt, weil sie es gesagt, hätte ich es geglaubt in Vertrauen auf ihre Beständigkeit, so wäre ich komisch und wäre es in gewissem Sinne bereits gewesen. Aber ich habe ihr geglaubt, weil sie in dem ethischen Verhältnis zu mir stand, so daß es meine Pflicht war, ihr zu glauben, ich habe aus mir selber ihrem Worte das Gewicht der Ewigkeit für mich gegeben, weil ich das Verhältnis respektierte; ‚auf ihr Wort und ihren Rock' hab ich mein Leben nicht angelegt.[354] Daher hab ich das Komische gleich von Anfang an gesehen, und eben darum kann ich in alle Ewigkeit nicht komisch werden. Ich kann das Komische hervorbringen jeden Augenblick, den ich will, aber ich will es nicht, und dies ist die Kontrolle über mein Pathos, daß es nicht heftig und blind — und dadurch komisch wird.

So steht also die Sache, sogar in dem Falle, daß jenes ‚falls' eintreten sollte; ich bin und bleibe unverändert.

den 11. Juni. Mitternacht.

Heute habe ich sie gesehen. Dies Sehen nützt mir indes nicht viel, denn ich darf ja dem nicht trauen, was man ansonst für das

Sicherste ansieht, meinen eignen Augen. Aber heute hat die Situation VI 344
mich begünstigt. Ich war in Begleitung eines andern, als wir ihr begegneten; ich wußte, daß dieser sie nicht kannte. Als wir näher kamen, sprach ich davon, wie leidend dies Mädchen aussehe. Das war nun freilich eine Unwahrheit, aber was tut man nicht, um in einer Sache klar zu sehn. Er antwortete völlig gleichgiltig: „Das finde ich ganz und gar nicht". Es ist recht wunderlich, mit einem Menschen auf die Art zu sprechen; ich zweifle, daß er je in seinem Leben mir noch einmal ein Wort sagen wird, das mir so wichtig wäre, wiewohl es für ihn schlechterdings nichts bedeutet. Dabei blieb es indessen nicht, wir hatten etwas miteinander zu bereden und gingen deshalb die Straße auf und nieder; eine halbe Stunde später kommt sie aus einem Laden den gleichen Weg zurück. Indem sie an uns vorüberging — sie konnte es nicht vermeiden, da eine Seitenstraße nicht vorhanden war und sie uns zu spät gesehen hatte —, machte ich ihn abermals aufmerksam, und als sie vorüber war, sagte ich: „Du hattest wirklich Recht, sie sah ja beinahe blühend aus." Er antwortete völlig gleichmütig: „ja, das hab ich allerdings gesagt, aber ich begreife nicht, was dich das kümmert." Es ist wunderlich, mit einem Menschen auf die Art zu sprechen; ich zweifle, daß er jemals eine Bemerkung machen wird, die in dem Maße mich berührt, und gleichwohl dachte er sich nicht viel dabei. Ich erklärte ihm, es sei eine meiner Unterhaltungen, auf das Äußere der Menschen zu achten und daraus meine Schlüsse auf ihr Inneres zu ziehn. So würde ich ihm z. B. gern zugeben, daß sie beim zweiten Male wohl, ja vergnügt ausgesehn habe, ich sei jedoch überzeugt, es müsse auf ihrem Weg irgend etwas geschehen sein, das diese Wirkung erzeugt habe, denn das erste Mal habe sie leidend ausgesehn. Er wurde etwas verdrießlich und behauptete, er verstehe sich ebenso gut auf Gesichter als ich, und sie habe beide Male ganz gleich ausgesehn. Ich stand wie auf Kohlen, daß ich mich vergaloppiert hatte; um mich aber aus den Fesseln der Einbildung zu befreien, falls diese mich in der Einsamkeit damit ängstigen würde, daß er auf sie aufmerksam geworden sein und später erfahren könne, daß es meine frühere Verlobte war, wagte ich das Äußerste: ‚ja, wir wollen die Sache bald entschieden haben; glaubst du, daß du sie wiedererkennen wirst, denn ich, ich bin dessen nicht sicher, obwohl ich sie etwas aufmerksamer angesehen habe als du,

so verschaffen wir uns mit vereinten Kräften über sie Aufklärung.' „Ausreden", erwiderte er, „Ausreden, bloß um Recht zu behalten; wie sollte ich sie wiedererkennen, wo ich doch bloß ganz flüchtig auf sie geblickt habe, obwohl ich immerhin genug gesehen habe, um auf dem, was ich gesagt, zu bestehen." Es ist wunderlich, mit einem Menschen auf die Art zu sprechen; ich zweifle, daß er jemals ein Wort sagen wird, das meine Besorgnis in dem Maße zerstreut wie dies Wort, welches er doch gerade gesagt hat, um wider mich Recht zu behalten.

Dies ist ja gleichsam eine Okularinspektion gewesen; mein Begleiter war in Wahrheit ein unvoreingenommener Zeuge. Mithin darf ich mich wohl darauf verlassen. Wenn man sich dergestalt etwas erschleichen muß, so ist man dafür auch recht dankbar. — Sich zu einem Vergnügen schleichen, das läßt sich hören, aber noch nicht einmal bekümmert sein dürfen, auf dem Weg der Bekümmerung zu gehn wie jemand, der verbotne Wege geht, — und falls das Ergebnis nun gewesen wäre, daß sie wirklich leidend aussehe, so hätte ich mir ja auch dies erschleichen müssen.

den 12. Juni morgens.

Heute vor einem Jahr. Wenn nun meiner Verschlossenheit zum Trotz eine Ehe sich aufbauen ließe, dann entspricht die Verbindung ja meinem Wunsche. Ganz gewiß, wiewohl ich in diesem Augenblick nicht entscheiden kann, inwieweit dieser Wunsch rein erotisch ist oder einen Beisatz hat von Bewegtheit über ihren Schmerz in Verein mit meinem Stolz, den sie in gewissem Sinne auf ihrer Seite hat. So könnte ich ja mir einzubilden suchen, daß mein Bruch mit der Idee löblich wäre, da er um ihretwillen geschehe, und könnte, ohne mir um ‚sie' Sorgen zu machen, sie bei ihrem leidenschaftlichen Worte nehmen, und dann so viel als möglich von der Freude haben, die ich mir wünsche und die jederzeit in dem Besitz von ihr liegt und könnte so ohne Reue und aller Weiterungen und Schrecknisse ledig sein. Wenn ich von der Idee absehe, stehe ich mich dabei recht gut. Und wenn sie nun sich nicht allein in alles finden, sondern mir auch noch dafür danken will als für eine Wohltat, dann ... Ich kann diese Verwirrung nicht aushalten. Wo findet denn mein ermüdeter Gedanke irgend einen

Ruhepunkt. Die Lage ändert sich und alles dreht sich mir im Kreise. Es wäre mein Wunsch, daß sie mein wird, es wird mein Schmerz, ihn aufzugeben; es wäre meine Pflicht, das Verhältnis zu ihr festzuhalten, es wird etwas, daran man zu zehren hat, ein Pflichtverhältnis zu brechen — aber Gott im Himmel, bewahre du mir den Verstand, bewahre mich vor einem: laß mich nicht ihren Wohltäter werden. Ganz ohne Sinn vermag ich nicht zu leben, ein bißchen muß ich haben, es kann wenig genug sein. Laß mich ihren Mörder werden, wenn es denn sein soll, ich verstehe alsdann, daß ich da mich vorgedrängt habe, wo ich mich nicht hin hätte wagen dürfen, ich kann, wenn ich mir Mühe gebe, verstehen, daß dies die mir zudiktierte harte Strafe ist, und das Gedankenleben des Bewußtseins in mir vermag noch zu atmen — aber ihr Wohltäter sein! Nein, es ist unmöglich. Weiche von mir, wahnsinnige Sinnlosigkeit mit deiner lächelnden Fratze, mach mich elend, wenn nur Sinn darin ist, aber mach mich nicht selig in Unsinn. Kann ich es nicht tun, ohne Rücksicht darauf, daß es mein Wunsch ist, kann ich es nicht tun, ohne Rücksicht darauf, daß es VI 346
meine Pflicht ist, so bedarf es keiner weiteren Worte; was darüber ist, ist nicht vom Übel, sondern von der Narrheit.

Geschehe, was da will, und fiele ich noch diesen Tag tot um, es ist doch nicht so schrecklich, von hinnen zu gehen vielleicht mit einem Mordversuch auf dem Gewissen, wie als ihr Wohltäter zu leben. Es muß auf ihrer Seite etwas Verkehrtes sein; eine solche Bedingung hätte mir nie angeboten werden dürfen. Diese enthält eine Kränkung für uns beide, denn es liegt etwa Folgendes darin: ‚Du liebst mich zwar nicht, du achtest deine Pflicht nicht, aber du bist doch jämmerlich genug, dich rühren zu lassen, und ich bin schwach genug, letzteres zu wollen.'

Leidet sie etwa daran, daß ihre Brust beschwert ist von erstickten Seufzern, daß sie nicht weinen kann, so leidet mein Bewußtsein unter dem Gleichen, daß es nicht zum Ausatmen kommt, sondern in erstickten Gedanken stöhnt und in Sinnlosigkeit umkommt. Gleich wie der Fisch, wenn er im Ufersande liegt, vergebens nach dem Meere jappt, in dem er atmen kann, ebenso schnappe ich vergebens nach Sinn.

* * *

Sie leidet, das ist deutlich sichtbar, und wer es sieht, das bin ich. Niemand sonst ahnt, was da zwischen uns vorgeht. Sobald jemand zugegen ist, ist mein Wesen wie immer. Sie verhält sich still, und ich wache mit hundert Augen über jedem Wort, das gesprochen wird, auf daß nicht plötzlich eine Explosion geschehe. Falls sie zu jemand spricht, würde sie Linderung finden, aber es wäre nichts als eine Kühlung, und die schlimmsten Symptome würden sie vielleicht in der Einsamkeit überfallen; es ist ihr weit besser, mit mir auszuhalten.

Eine zufällige Äußerung kann am allermeisten stören. Wenn man mit seinen Berechnungen alles umspannt hält, kann da plötzlich eine Bemerkung fallen, die nahe an das Entscheidende rührt, ohne es zu ahnen. Gestern waren wir in Gesellschaft. Bei Tische war von Verlobungen die Rede. Eine Dame bemerkte, „daß Verlobte immer elend aussähen". Wie anzüglich (δεικτικῶς)! Für sie und mich war es eine erschütternde Wahrheit. Ich war bereits im Begriff, die Aufmerksamkeit von diesem Gegenstande abzulenken, damit keine weitere Anwendung dieses Erfahrungssatzes passiere, als ein Herr ihn vervollständigte: ‚Doch zum Entgelt pflegt man fett zu werden, wenn man verheiratet ist.' Das unglückliche Mädchen! Ich behielt jedoch so viel Fassung, daß
VI 347 ich so leicht, als ein Schwerbewaffneter es vermag, hinzufügte: ‚man hat doch auch Beispiele für das Gegenteil'; und indem ich den Namen jemandes nannte, der hinreichte, ein Gelächter zu erregen, sagte ich: er ist dreimal verheiratet gewesen, und doch ist er magerer als ich. Man beliebte zu lachen; sie gewann Zeit, sich zu sammeln. Indes solch eine Tortur verdirbt Seele wie Leib.

Im Übrigen ist und bleibt sie ohne Resignation. Sie unterbietet sich und unterbietet sich, aber die Aufgabe sympathetisch zu begreifen, kommt ihr überhaupt nicht bei. Wenn sie bereit ist, sich als eine Sklavin hinzuwerfen, als ein Nichts, als eine Last, so scheint es ihr, als ob sie die Resignation bis zum Äußersten treibe. Gott weiß, die Resignation ist in diesem Stil auch unendlich viel weiter getrieben als ich ertragen könnte es zu sehn. Dahingegen kann sie entweder nicht oder will auch nicht verstehen, was sie tun sollte, und daß sie mich auf unbillige Weise quält, denn teils ist darüber, daß sie liebenswert ist, nie Streit gewesen, teils bestärkt mich solch ein Gebaren eben aus Fürsorge für sie in meinem Entschluß.

Was ich am meisten fürchte, ist, daß sie in ihrer Einbildung aus mir doch etwas Großes sich zurechtgemacht hat. Steht es so, dann ist diese Demütigung das allergrößte Unglück. Hier bin ich auf eine Grenze meines Betrugs gestoßen. Spräche ich in der Gestalt eines Geschwätzes davon, daß ich unbedeutend sei, so wird solch eine Einbildung, falls sie da ist, von mir lediglich bestärkt. Ebenso wie ich sie darum jede Woche einmal ernsthaft auffordere, abzubrechen, ebenso habe ich auch mit meiner Innerlichkeit einen kleinen Gedankenaustausch betreffs der letzteren Mißlichkeit eröffnet. Gleich dahinter, daß ich ihr Wohltäter sein soll, kommt die Absurdität zu stehen, daß ich etwa etwas Großes wäre und sie verschmähte. Es währt nur einen Augenblick, denn gleich, nachdem ich gesagt habe, sie sei allemal gut genug, beginnt das Geschwätz von Neuem. Ich getröste mich in dieser Hinsicht dessen, daß ihr, wenn ich sie endgiltig verlassen haben werde, von jedermann das Urteil bestätigt werden wird, es sei nicht eben ein großer Verlust. Was meine Herzlosigkeit, sie so zu behandeln, anlangt, wird sie hoffentlich ebenfalls in jedermanns Urteil die Bestätigung finden.

Unvergleichlich wäre es, wenn sie selber dahin gebracht werden könnte oder darauf verfiele, die Verbindung zu lösen; dann wäre sie verschont mit jener Demütigung. Ich lasse derhalben Winke fallen, denn mit voller Stimme und ganzer Leidenschaft darf ich davon nicht sprechen, alsdann würde sie entdecken, wie sehr sie mich beschäftigt, und dann würde sie alle Mittel von vorne an versuchen; daher muß ich mit halber Stimme und falscher Leidenschaft sprechen.

den 14. Juni. Mitternacht.

Im Mittelalter löste man seine Seele, indem man eine bestimmte VI 348
Anzahl von Rosenkränzen betete; könnte ich ebenso meine Seele lösen, indem ich meine Leidensgeschichte für mich repetiere, so wäre ich schon lange frei. Wenn mein Repetieren vielleicht auch nicht immer betend ist, o, es endet doch am liebsten mit diesem letzten Trost. Dazu hilft ‚sie' mir auf eigne Art. Falls ich mich nicht in der Leidenschaft der Handlung erhalten müßte, falls es vorüber wäre und ich in Stille, d. h. ruhig, das Ganze überdenken

dürfte, so würde ich sagen: ‚sie' ist mir dienlich gewesen, sofern ich, gedemütigt davon, sie sich vor mir niederwerfen zu sehn, umso mehr Freude darin finde, mich selbst niederzuwerfen vor einem Höheren. Ihr Unglück ist gewesen, daß sie nichts Höheres hatte als einen Menschen. Gleich wie die Schrift[355] sagt, ‚ein Götze ist nichts in der Welt', ebenso mag es wohl auch damit enden, daß ich ein Nichts werde, eben weil ich ihr ein Götze gewesen bin.

Wie sonderbar ist aber doch das Ganze gewesen, es ist derart dialektisch täuschend, daß es gleichsam jeden Augenblick sich mir entziehen kann, alsodaß ich sie nicht verlassen hätte, weil ich sie geliebt, sondern weil ich mich selber liebte! Ich finde alles genau so, wie ich es gewünscht habe, ihre ganze Umgebung, wie ich sie nach einer Prüfung mir vorgestellt hatte. Diese paßt zu mir wie keine andre, ich könnte eine Reise um die Welt machen und keine finden, die mir dermaßen günstig wäre. Ist ein Schritt, welcher der Ehe voraus geht, dazu erforderlich, eine Verstandesüberlegung, so darf ich sagen, daß ich mich mit Verantwortung geprüft habe. ‚Sie' allein habe ich nicht gewünscht mit Rekognoszierungen zu kränken. Ich finde sie etwas anders, als ich sie mir vorgestellt hatte; ein kleiner Auftritt kommt uns zu Hilfe, und sie wird in meinen Augen liebreizender denn je — und sieh, dann kommt die ganze Schwierigkeit von meiner Seite her! Bin ich dann aber etwa ein leichtsinniger Mensch? Mein ganzes Überlegen ihrer Lage sowie der Individualität ihrer Familie vor dem Schritt beweist genau das Gegenteil; und ich darf mir das Zeugnis geben, daß ich mit dem redlichsten Willen das Verhältnis eingegangen bin, überzeugt, daß ich wisse, worin die Aufgabe bestehe, vielleicht ein wenig stolz darauf, sie lösen zu können: die Aufgabe nämlich, meiner Selbstverschlossenheit in mir Herr zu sein — und sieh, eben hieran scheitere ich, nicht etwa in dem Sinne, daß ich diese Aufgabe nicht lösen könnte, sondern in dem Sinne, daß dies nicht die Aufgabe ist. Ihre Hingabe wird nach jener kleinen Begebenheit immer rücksichtsloser in ihrem Ausdruck und wird mir eben zum Beweis, daß meine Verschlossenheit schlechthin ein Miß-
VI 349 verhältnis ist, daß ihr Verhältnis zu mir für sie eine mésalliance werden wird, auch wenn sie es nicht begreift. Daß es so zusammenhängt, ist mein Schmerz, gleichwohl kann ich deswegen meine Verschlossenheit nicht aufgeben. Hab ich fünfzehn Jahre ge-

braucht, um mir eine Lebensanschauung zu bilden und mich darin zu vervollkommnen, eine Lebensanschauung, welche sowohl mich begeisterte wie meinem Wesen durchaus gemäß war, so kann ich nicht plötzlich derart umgewandelt werden. Ja, ich kann ihr noch nicht einmal sagen, daß ich den Wunsch danach hätte; denn solch ein Wunsch ist eine ganz und gar unbestimmbare Bestimmung, und mittels dieser über ihr Leben zu verfügen, wäre sehr leichtsinnig. Insofern sie mit äußerster Kraft dafür gestritten hat, ihre Hingabe darzutun, hat sie gerade mit allen Leibeskräften sich entgegen gearbeitet.

Und jetzt sehe ich deutlich, daß meine Schwermut es mir unmöglich macht, einen Vertrauten zu haben, und ich weiß ja, die Trauung würde von mir heischen, daß sie dies sein solle. Dies wäre sie indes niemals geworden, und hätte ich mich ihr gleich noch so tief eröffnet, denn wir verstehen einander nicht. Dies liegt daran, daß mein Bewußtsein einen Auszug mehr hat. In dem Zwischenbereich, in dem eigentlich das tägliche Leben oder die Wirklichkeit zu Hause ist, in dem Zwischenbereich, in dem sie wesentlich ihr Leben hat, und wo die allermeisten es haben, bin ich ein Verrückter. Erst auf einem langen Umwege werde ich in einem höheren Sinne wiederum wie andre Menschen sicher und ruhig. Geisteskrank bin ich nicht, denn ich kann mir gut selber zurechthelfen, ich bedarf keines Vertrauten, ich lade niemandem mein Unglück auf; es stört mich auch nicht in meiner Arbeit. In jeglicher Richtung sucht meine Schwermut das Schreckliche auf. Jetzt greift es mich mit seinem ganzen Grauen. Dem entfliehen kann und will ich nicht, ich muß den Gedanken aushalten; dann finde ich eine religiöse Beruhigung, und dann erst bin ich frei und glücklich als Geist. Wiewohl ich eine hoch begeisternde Vorstellung von Gottes Liebe habe, denke ich ihn mir doch nicht als einen Schwachkopf, der im Himmel sitzt und tut was man will, sondern daß man darauf gefaßt sein muß, in der Zeit und im Zeitlichen alles zu leiden. Es ist meine Überzeugung: nur eine judaisierende Reminiszenz, ein verkleinernder Partikularismus im Christentum, oder gewöhnlich Feigheit und Schlaffheit wähnen, in einem Verhältnis zu Gott zu stehn und von dergleichen dispensiert zu sein. Geschäftige geistliche oder weltliche Ratschläge, das Schreckliche fernzuhalten, sind mir reinweg zum Ekel, denn diese Ratschläge

begreifen nicht, was das Schreckliche ist. Ja, wer emsig dabei ist, etwas in dieser endlichen Welt werden zu wollen oder groß geworden ist indem er es wollte, er tut wohl daran oder er ist dazu genötigt gewesen, das Schreckliche fernzuhalten, auf daß es ihm sein Ziel nicht in ein Nichts verwandle, oder daran hindere, das
VI 350 eingebildete Große zu erreichen. Wer jedoch in religiösem Sinne will, muß gerade Empfänglichkeit haben für das Schrecknis, er soll sich ihm öffnen, und hat lediglich darauf zu achten, daß er nicht auf halbem Wege stehen bleibe, sondern daß es ihn geleite in die Verläßlichkeit des Unendlichen hinein. Dies geschieht Stück um Stück mittels des einzelnen Schrecknisses. Er wird vertraut damit, ja vertraut damit, daß ihm das widerfahren wird, was er am meisten fürchtet, aber er wird auch geübt darin, diesen Gedanken einzuüben in seiner Gewißheit von Gottes Liebe. So besucht ihn denn wohl ab und an dieser Gedanke; aber es währt nur eine Minute, er hat sich in gleichem Nu in ihm religiös zurechtgefunden, und das Ganze verstört ihn nicht. Aber dann kommt ein andres Schrecknis, und er plappert nicht mit den Menschen darüber, sondern tut, was er soll, und auch mit diesem gelingt es ihm und so fort.

Wäre sie mein geworden, ich bin überzeugt, ich hätte am Tage der Trauung neben ihr gestanden mit dem Gedanken, einer von uns beiden werde noch vor Abend tot sein, oder mit einer ähnlichen finstern Einbildung. Ich stehe dafür ein, weder sie noch sonst jemand würde dies in meinen Zügen lesen. Ich würde auch in mir selber beruhigt sein, aber religiös beruhigt, und den Gedanken hegte ich gleichwohl. Sieh, dies ist ein Betrug! Hätte ich einen Vertrauten, so fragte ich ihn folgendermaßen: „Ist es nicht eine Schande, wenn ein Mann, der schwermütig ist, sein Weib mit seinen schwermütigen Vorstellungen peinigt?“ Und er würde erwidern und mit ihm doch wohl alle: „gewiß, ein Mann soll sich überwinden und damit zeigen, daß er Mann ist.“ „Nun wohl“, würde ich entgegnen, „das kann ich, ich kann aussehn wie die lächelnde Hoffnung selbst; und doch, eben daran bin ich gescheitert, denn es ist ein Betrug, welchen die Ehe nicht duldet, mag dies nun die dazugehörige Gattin verstehen oder nicht.“ Und das Unglück ist, daß ich selber geglaubt hatte, dies sei die Aufgabe, bis daß ich einsehen lernte, daß die Trauung ein göttlicher Einspruch darwider ist.

Mit einem Vertrauten sprechen kann ich nicht. Ein Vertrauter wird meine schwermütige Idee nicht mit der gleichen Leidenschaft denken wie ich, und mithin auch nicht verstehen, daß sie mir ein religiöser Ausgangspunkt wird. Um mit einem andern Menschen in Vertrautheit zu leben, ist von zweien eins erforderlich: *entweder*, man hat solche Gedanken gar nicht, die eigne Bewußtseinswelt endet an der systematischen schwerlich griechischen, geschweige denn christlichen Umzäunung: ‚das Äußere ist das Innere und das Innere ist das Äußere',[356] oder man hat sie nicht in allzu großem Maßstabe, so daß sie dem, was man so ‚vernünftige Gründe' nennt, weichen. Die meisten Menschen haben eine bruchähnliche Vorstellung von des Lebens Tücke, dann aber kommt die VI 351 Erfahrung und die Wahrscheinlichkeit u.s.w. und klittert die Brüche zusammen, und dann sind sie gesichert und haben dafür vernünftige Gründe. Darüber weiß ich meinerseits recht gut Bescheid. Eine ältere Frau war einmal auf die Idee verfallen, sie würde lebendig begraben werden. Sie vertraute sich mir an. Natürlich, sie hatte sich drei Vorsichtsmaßregeln ausgedacht; sintemal ihre Besorgnis aber in Schwermut wurzelte, hatte diese ihr natürlich alle drei wieder genommen, d. h. sie konnte sich die Möglichkeit denken, daß sie nicht zureichten. Wäre sie nun nicht schwermütig gewesen, so wäre sie glücklich und zufrieden gewesen in der Überzeugung, daß es solche Klugheitsregeln und ganz unschätzbare Wahrheiten gibt, die einem Menschen im Endlichen Sicherheit geben können. Nun müßte ich ihr dazu helfen, glücklich und zufrieden zu werden in diesem Gallimathias; denn da ich einsah, die Unendlichkeit werde sie wohl ganz und gar verstören, wählte ich die Endlichkeit. Ich war einmal selber von der gleichen Idee geplagt gewesen und war daher mit Vorsichtsmaßregeln reichlich versehen. Mir hatte dieser Überfluß nichts genützt, denn meine Schwermut hatte ihn mir genommen, bis daß ich Trost gefunden in der Unendlichkeit. Ich wandte ihr nun eine vierte und eine fünfte Vorsichtsmaßregel zu, von der sie sich nichts hatte träumen lassen, und ihr war geholfen, und sie ist mir stets dankbar gewesen; ich jedoch habe nie gewußt, ob ich darüber lachen sollte oder weinen.

Wäre ich etwa jetzt verheiratet und mein Weib wäre meine Vertraute, was dann? Ich will annehmen, es sei die schwermütige Idee

jener alten Frau, welche mich plage, und es sei in der Zeit des Leidens, bevor ich mich durchgerungen hätte. Ich würde somit reden und sie einweihen. Eigentlich würde sie nun wohl lachen, denn es wäre ihr unbegreiflich, wieso ein Mensch auf solche Ideen verfallen kann. Wofern nun meine Schwermut für mich nicht ständiger Ausgangspunkt für den Gewinn einer religiösen Befriedigung wäre, wofern es sich um leere Grillenfängerei handelte, aus der nichts herauskäme, so wäre am Ende gerade jenes unschuldige Lachen das Heilsamste; denn auch ein liebenswerter jugendlicher Sinn hat große Gewalt. Aber die religiöse Befriedigung ist mir mehr wert als alle Jugendlichkeit, und darum würde letztere nichts helfen, außer etwa dazu, daß ich mich wehmutsvoll über ihr Glück freute, welches ich doch nicht begehre. Reden muß ich jedoch, denn Schweigen wäre für mich das Leichtere. So würde sie denn wohl bekümmert werden, und nun müßte sie sich also in den Vernunftgründen versuchen. Laß sie nun fünf Vorsichtsmaßregeln erdenken, und nun soll es ihre Dialektik sein, welche der meinen den Wind aus den Segeln nimmt. Das Ganze wird mir so deutlich, daß ich ihre Stimme hören will, um mich so recht davon zu überzeugen, wie recht ich getan zu verhindern, daß ich dazu gekommen bin
VI 352 sie zu hören. Sie würde also die vier Vorsichtsmaßregeln namhaft machen, und dann würde sie sprechen: „und endlich hast du ja mich, mich, die ich alles für dich tun würde, glaub mir, wenn es deine düstern Gedanken verscheuchen kann, glaub mir, ich verspreche es dir, es soll nicht geschehen, es wird alles so getan werden, als ob meiner Seelen Seligkeit daran hinge — und nun sei also wieder vergnügt." Mich dünkt, diese Situation müßte Steine zum Weinen bringen. Das arme Eheweib! Alles hat sie erdacht, worauf ihr Sinn nur verfallen kann; widerspreche ich ihr, so glaubt sie, ich habe nicht das Vertrauen zu ihr, daß sie wirklich die ist, für die sie gelten will, und das betrübt sie; und anderseits denn: dies also ist die Dialektik, die mich binden soll. Sogar der simpelste Einwand, der wohl auch jedermann einfallen wird, daß sie vor mir sterben könnte, bliebe ihr unverständlich, denn eben weil es ihre wesentliche Eigenheit ist, alles Glückliche zu erwarten, und sie in diesem Hoffen und Zutrauen und Glauben ihren sicheren Lebensrückhalt hat, würde sie aus ihrem innigsten Empfinden heraus sprechen, wenn sie sagte: „wie kannst du doch

glauben, daß ich jetzt noch vor dir sterben könnte, jetzt, wo ich weiß, wie viel für dich darauf ankommt u.s.w. Sie würde wiederum Steine zum Weinen bringen, mit ihrer wahren innigen Bewegtheit, anderseits aber: das ist also die Dialektik, die einen Mann binden soll, der fünfzehn Jahre lang Tag und Nacht sich darin vervollkommnet hat, die Gedanken dialektisch zu tummeln, gleich wie der Araber den schnaubenden Renner, gleich wie der Jongleur mit den scharfen Messern spielt. Was würde also das Ende sein? Daß ich es nicht aushalten könnte, sie betrübt zu sehn, daß ich nicht das Herz hätte, sie in dem gekränkten Gefühl einhergehn zu lassen, ich hätte zu ihr kein Vertrauen. Und was dann? So ließe ich denn einen Tag verstreichen, dann legte ich das Gewand des Betruges an, machte ein so freundliches Gesicht als nur möglich und spräche zu ihr: „ja, meine Liebe, es ist so wie du gesagt, ich habe ja dich, und du hast mich denn überzeugt, wenn nicht mit deinen Gründen, so doch mit dem, was du von dir selber gesagt hast." Und dann sähe sie so glücklich und vergnügt aus, sie, meiner Augen reizende Lust — und ich habe sie betrogen. Und dies kann ich nicht aushalten, weil ich an ihrer Stelle es nicht aushalten könnte, und weil ich sie ehren will und soll, indem ich sie so sehr liebe als mich selbst, etwas, das ich nur tue, indem ich sie verlasse. Im Verhältnis zu andern Menschen ist der Betrug zulässig; denn sie sind an mich nicht gebunden, nicht göttlich eingesetzt zu meinen Vertrauten, und sind sie meiner leid, so können sie ja gehen, und das kann ‚sie' nicht, wenn sie etwa einmal dunkel das Mißverhältnis begreift. — Und wenn ich wirklich schon ruhig geworden wäre in dem Augenblick, da ich so zu ihr spräche, das tut nichts zur Sache, denn wäre ich da ruhig gewesen, so wäre ich es in mir selber geworden. In diesem Falle zeigt sich das Mißverhältnis abermals. Für sie kann eine schwermütige Idee nicht die Bedeutung gewinnen, daß sie Ausgangspunkt würde für eine religiöse Befriedigung. Ob über ein Theaterstück sie einer Meinung VI 353
wäre, ich einer andern, ob die Meinungsverschiedenheit etwa bewiese, daß ich aesthetisch gebildet sei, sie alles andre eher als das, das trägt überhaupt nichts dazu bei, ein Mißverhältnis zwischen uns aufzurichten, und wenn es darauf ankäme, so würde ich um ihretwillen mit Freuden meine Meinung preisgeben. Aber die eigentümlichen Ideen der Schwermut gebe ich nicht preis, denn

diese, welche ein Dritter vielleicht Mucken nennen würde, diese, welche sie vielleicht traurige Einfälle nennen würde, nenne ich Mahner: wenn ich nur ihnen folge und aushalte, so geleiten sie mich zu der ewigen Gewißheit der Unendlichkeit.

In meiner Einsamkeit sind mir diese Ideen darum lieb, ob sie mich gleich erschrecken; sie haben große Bedeutung für mich und lehren mich — statt daß ich mir Glück wünsche zu ‚unvergleichlichen Entdeckungen'[357] auf dem religiösen Gebiet und mit ihnen die Menschheit zu beglücken suche — vielmehr zu meiner eigenen Erniedrigung das Allereinfachste zu entdecken und daran in unendlicher Befriedigung mir genügen zu lassen. — Im Begriff der Gottesfürchtigkeit liegt auch, daß man Gott fürchten soll; und wenn es für einen Menschen gefährlich ist, Gott zu einem Despoten zu machen, so ist es für seine Frömmigkeit auch gefährlich, Gott spekulativ zu einem reduzierten Subjekt zu machen; und wenn für eines Menschen Seele die Frage beängstigend ist, ob etwa Gott in ewigem Schweigen verschlossen sei, so ist es doch auch gefährlich, spekulativ Gottes Rechnungsbücher zu revidieren oder prophetisch mit Gepränge Einzug zu halten in die Weltgeschichte. Woher kommt es wohl, daß in den entlegenen Gegenden, in denen zwischen Hütte und Hütte eine halbe Meile Weges ist, mehr Gottesfurcht sich findet als in den lärmenden Städten, daß der Seemann mehr Gottesfurcht hat als der Bürger der Kleinstadt, woher denn wohl, wenn nicht daher, daß jene etwas erleben, und es so erleben, daß es Ausflüchte nicht gibt. Wenn der nächtliche Sturmwind tobt und eines hungrigen Wolfes Geheul warnend in ihm widerhallt, wenn man in Seenot sich gerettet hat auf eine Planke, d. h. auf einem Strohhalm gerettet werden soll vor dem sicheren Untergang, und man also nicht zur nächsten Hütte Botschaft senden kann, weil niemand sich hinaustraut in die Nacht, und man also Rufen und Schreien sich sparen kann: so lernt man seine Seele in Geduld zu schicken kraft eines andern Vertrauens als dem zu Nachtwächtern und Gendarmen und zur Wirkung eines Notschusses. In den großen Städten sind die Menschen wie die Gebäude allzu dicht aneinandergelehnt. Soll man allda wirklich einen ursprünglichen Eindruck empfangen, so muß entweder etwas geschehen oder man muß einen andern Weg haben, so wie ich ihn habe in meiner Schwermut. Wo nicht, so ist Ge-

fahr, daß die Ausbeute eines Menschenlebens etwa diese wird: er ist einmal jung gewesen und hat noch viele angenehme Eindrücke VI 354
aus jener Zeit im Gedächtnis, viele frohe Tage, dann hat er sich verheiratet und alles ist gut gegangen, nur einmal wurde er ernstlich krank, und da schickte man gleich nach dem Arzt, in der Eile holte man den ersten besten, und da kam Professor D., und man lernte in ihm einen überaus gewissenhaften Arzt kennen, welcher daher Hausarzt wurde, auch fand man an Pastor P. einen ernsthaften Seelsorger, von dessen tiefer Frömmigkeit und Innerlichkeit man mehr überzeugt war als von der eignen Frömmigkeit, weswegen man ihn von Jahr zu Jahr lieber gewann, dann lernte man mehrere teilnahmsvolle Familien kennen, schloß sich an sie an, und dann starb man. Und warum sollte es auch nicht schön sein, eine glückliche Jugend gehabt zu haben, und ihrer zu gedenken, warum sollte es nicht erfreulich sein, Professor D. und Pastor P. kennen gelernt zu haben, soll dies aber das Höchste sein, wenn alles ausgesprochen ist – so hätte ich lieber sowohl den Professor wie den Pastor unbehelligt gelassen, und stattdessen das Heulen der Wölfe gehört und Gott kennen gelernt.

In Liebeserzählungen ist der Bote, den der Liebende sendet, oft ein Zwerg, ein Krüppel, eine alte Vettel, wer sollte glauben, daß dies ein Liebesbote sei: ebenso sind mir meine schwermütigen Ideen ein Bote, von Ihm, der meine erste Liebe gewesen ist, von ihm, der allezeit meine einzige Liebe bleiben muß. Sie schrecken mich, aber nie haben sie von dem, der sie sendet, die Erlaubnis bekommen, mich zu vernichten, meinen Geist zu schwächen, mich andern Menschen zur Last werden zu lassen. Ob es einmal geschehen soll, weiß ich nicht, ob es sofort oder bald geschehen soll, weiß ich nicht, denn alsdann wäre ich nicht schwermütig, aber das weiß ich: sie haben mich zu der seligsten Gewißheit geleitet – und so kann es ja gleich sein, wie man von der Stelle gebracht wird, „ob man hinkend kommt gegangen, ob man humpelnd kommt gegangen, ohne schönen Scheines Prangen.“[358] Sogar in diesem Augenblick überwältigt mich der Gedanke, daß ich habe aushalten können. O, nie begehr ich in der Einsamkeit den Tod! Ich verstehe nicht, wie die Menschen plötzlich so schlaff werden können, sich den Tod zu wünschen. Im Gegenteil, je schwärzer es um mich wird, desto mehr begehre ich zu leben, um mit mir selber auszuhalten, um zu sehen,

ob meine Begeisterung ein leeres Wort gewesen ist oder eine Kraft, ob sie der starke Trunk gewesen ist, der aus sich selber schäumt oder das Groschenbier, das ebenfalls schäumt – vermöge eines fremden Beisatzes. Und wenn man verstehen kann, inwiefern
VI 355 für den, der um die Königskrone kämpft, es schrecklich sein kann, sich des Todes ungelegenes Kommen zu denken, eben, wenn er dem Ziele etwa am nächsten ist, so kann ich verstehen, daß einer, dessen Leben von Grund auf erschüttert ist, daß einer, der keinen Vertrauten an seiner Brust liegen hat und keine wegweisende Spur (impressa vestigia) vor seinem Fuß, es für ihn selber für wichtig hält, daß der Tod nicht komme und es ihm unmöglich mache zu erfahren, ob auf diesem Wege ein Vorwärtsdringen sei oder ein Blendwerk ihn betört habe, ob sein aller Deklamation entsagender Entschluß ebenso sehr Plapperwerk sei wie der des Deklamierenden.

den 18. Juni. Mitternacht.

Bin ich also schuldig? Ja. Wie denn? Dadurch, daß ich angefangen habe, was ich nicht zu verwirklichen vermochte. Wie denn verstehst du das jetzt? Ich verstehe jetzt deutlicher, weshalb es mir unmöglich gewesen ist. Welches ist also meine Schuld? Daß ich es nicht früher verstanden habe. Welches ist deine Verantwortung? Jede mögliche Folge, die es für ihr Leben hat. Weshalb ‚jede mögliche' (dies scheint nämlich eine Übertreibung)? Weil hier nicht von einem Begebnis die Rede ist, sondern von einer Handlung und einer ethischen Verantwortung, gegen deren Folgen ich mich nicht mit Mut wappnen darf, sintemal der Mut eben darin besteht, sich ihnen zu öffnen. Was kann zu deiner Entschuldigung dienen? Meine ganze Individualität hat mich zu einem Urteil disponiert, in dem ich allenthalben bestärkt worden bin, und in dem ich, falls ich einen Vertrauten suchte, bestätigt würde, dem Urteil: „daß ein Schwermütiger seine Gattin nicht mit seinen Leiden quälen, sondern diese in sich selbst verschließen soll als ein Mann." Welches ist dein Trost? Daß ich, indem ich diese Schuld erkenne, zugleich eine Lenkung in dem Ganzen erahne. Eben weil ich die Sache nach bestem Vermögen bedacht und so redlich, als mir nur möglich war, in Kraft des Erkannten gehandelt habe, eben darum erkenne ich ein Mitwirken, welches mich hingeleitet hat zu einem Punkte, an

dem ich mich selber so verstand, wie ich es ansonst vielleicht nie getan hätte, an dem ich es aber auch auf eine Weise lernte, die mich nicht hochmütig werden läßt. Welches ist deine Hoffnung? Daß es vergeben werden kann, wo nicht hier, so doch in einer Ewigkeit. Gibt es betreffs dieser Vergebung keinerlei Mißlichkeit? Freilich: die nämlich, daß ich ‚ihre' Vergebung nicht habe; und sie ist und bleibt eine Zwischeninstanz, eine berechtigte, die nicht übergangen werden darf. Ihre Vergebung kann mich allerdings VI 356
nicht ewig rechtfertigen, so wenig als die Unversöhnlichkeit eines Menschen andern denn bloß ihm selber schaden kann; jedoch ‚ihre' Vergebung gehört mit in den von Gott verordneten Gang der Dinge. Weswegen hast du denn ihre Vergebung nicht? Weil ich es nicht vermochte, mich ihr verständlich zu machen; es wäre ja weitaus leichter gewesen, mir rein diese zu verschaffen, und damit dem grauenvollen Schweben entnommen zu sein, in welchem ich festen Grund allein finde, indem ich die äußerste Möglichkeit der Verantwortung übernehme. Danach fragt man dich nicht, was leichter oder schwerer ist, denn man kann, obwohl man das Allerschwerste wählt, doch unrecht wählen; weswegen also hast du ihre Vergebung nicht? Weil ich sie nicht erhalten konnte. Als ich mit meinem Schreiben[359] die Verbindung aufhob, trug ich darauf an. Dies wollte sie nicht verstehen und nötigte mich deshalb, das einzige Mittel zu brauchen, welches noch übrig war, um sie zu retten: zwischen uns beide das Mißverstehen des Betrugs zu stellen. Mein damit Fortfahren zeigte mir, daß der Betrug selber eigentlich die Wahrheit ausdrückte: nämlich daß sie mich ganz und gar nicht verstehe. Ihre Meinung von mir ist gewesen, daß ich mehr Lust auf die Welt hätte, daß ich meine Freiheit haben wolle, weil mir das Verhältnis zu eng werde. Eben weil dies ihre Meinung war, fühlte sich ihr Stolz gekränkt, daher war sie rücksichtslos im Gebrauch jeglichen Mittels. Der Versuch, mich für sie zurückzugewinnen, mußte also wesentlich darauf gegründet werden, mich zu meiner Pflicht zurückzuführen und mich sympathetisch zu rühren. Hätte ich nun offen gesprochen und ihr gesagt: ‚Die Aufrechterhaltung des Verhältnisses ist mein eigener Wunsch' — so hätte ich nicht die Möglichkeit gehabt, noch irgend etwas hinzuzufügen, sondern sie hätte ungefähr folgendermaßen aufgejubelt: „O, Lieber, du weißt nicht, wie glücklich du mich machst! Es ist dein

eigener Wunsch; ach, ich hatte schon aufgehört, daran zu glauben und gelernt, mir an weniger genügen zu lassen, bis daß es wieder dein Wunsch werden würde, aber dann ist ja alles gut, ja besser als gut, herrlich: du wünschst es und ich wünsche es, so besteht ja kein Hindernis mehr." Was will das heißen? Das will heißen, sie versteht mich ganz und gar nicht. So wählte ich es, nicht von ihr verstanden zu werden, sondern ihr verständlich zu sein: nämlich, daß ich ihrer überdrüssig sei, ein Betrüger, ein Schwatzkopf. Ihre Rettung beruhte darauf, daß ich daran festhielt. Was aber würde es alsdann heißen, plötzlich sie um ihre Vergebung zu bitten? Das muß ja klingen, als ob man sie zum Narren hielte. Das Wort Vergebung stellt zwischen u n s alles auf das Religiöse. Ihr eine Vergebung abzustehlen ist doch nicht das, was von mir verlangt wird. Sollte ich also reden, so müßte ich meinen Fehler gestehen; sie müßte aber auch, falls es Ernst werden sollte, mein Recht verstehen können. Sobald dann meine Rede begönne, würde sie sich darauf beschränken, die erste Hälfte zu verstehen und darnach vom Rest nichts mehr verstehen, und das heißt, sie würde auch
VI 357 den Anfang mißverstehn. Hätte ich ihr in meiner ganzen Art verständlich werden, und ihre Vergebung also etwas andres werden können als eine Lustspielszene, so wäre ihr Gebaren gegen mich etwas so Empörendes, daß sie eher meiner Vergebung bedürfte, und somit habe ich genug getan durch jenes Billet. Indes so, wie die Sache gestanden hat, hätte jede Äußerung in Richtung auf Wahrheit lediglich dazu beigetragen, die zwei Monate noch zu verlängern; denn ‚sie' wäre dadurch verleitet worden, nur immer heftiger zu werden in ihrem Ansturm – ohne jedoch etwas zu erreichen. Insofern sind die ernsthaften Worte, die ich heimlich in die Wirrsal mischte, dasjenige, das ich mir am meisten vorzuwerfen habe. Ihre Vergebung besitze ich mithin nicht. Eine offiziöse Vergebung zwischen zweien, die sich nicht verstehen, ist eine leere Ceremonie und ebenso mißlich wie ein schriftlich aufgesetzter Vertrag zwischen zweien, von denen der eine weder schreiben noch lesen kann. Die größere gegenseitige Sicherung, die dem Schriftlichen einer bloß mündlichen Übereinkunft gegenüber beiwohnt, schwindet in zwiefachem Sinn: wer Schriftliches nicht lesen kann, hat nur das Gehörte, sich daran zu halten, er weiß nicht, ob es so, wie es vorgelesen wurde, dasteht und seine Unterschrift wird

nichtssagend; der andre aber hat die Last, als Einzelner für beide Teile einzustehn, obwohl die Urkunde gegenseitig hatte sein sollen. Sobald ich eine wirkliche Vergebung haben soll, muß ‚sie' sich in meinen Zustand versetzen können, ansonst wird ihre Vergebung einer schriftlichen Erklärung dessen ähnlich, der nicht lesen kann, ja ihre Vergebung ist sogar noch weniger, weil derjenige, der nicht lesen kann, doch sehr wohl zu verstehen vermag, wovon die Rede ist, jedoch die Vergebung jemandes, der nicht verstehen kann oder will, wovon die Rede ist, ist ebenso nichtssagend wie die Bewilligung eines Gesuchs durch einen, der nicht weiß, worauf das Gesuch geht. Sieh, darum besitze ich keine Vergebung! Ich habe sie höher zu ehren gemeint, indem ich ihr eine solche nicht ablistete, ich habe getan, was ich ihr schuldig zu sein meinte, oder richtiger, es ist um ihretwillen geschehen: die Vergebung ist mir so schwer zugänglich gemacht worden als nur möglich. Die Beschaffenheit meines Bruchs mit der Wirklichkeit hat zur einfachen Folge, daß eine eigentliche Vergebung von ihr undenkbar ist, denn diese würde mich eben in einen schlichten Zusammenhang mit der Wirklichkeit hineinstellen.

So steht die Sache im Zeitlichen. Was die Ewigkeit anlangt, so ist es meine Hoffnung, daß wir allda einander verständlich werden, und daß sie dort mir vergeben wird. In der Zeitlichkeit wird es für meinen Schmerz ein dialektischer Stachel, der mich vielfältig verwundet, weil er meiner Lebensanschauung sowohl in Richtung der Sympathie wie in Richtung des Betrugs zur Störung wird. Es liegt etwas Beängstigendes darin, daß ein Betrug, und sei er noch VI 358 so fromm und wohlgemeint, diese Gewalt haben soll; und es wird ja stets die Möglichkeit übrig bleiben, daß der Betrug eine epigrammatische Macht, zur Satire zu werden, gewinnt. Das Poetischste ist auch das Ethischste. Am poetischsten würde es von ihr sein, wenn sie mir ergeben oder sich selber in ihrer Liebe treu bliebe, und dies wäre auch die fürchterlichste Rache an mir. Jede prosaische Rache läßt von selbst meine Verantwortung leichter werden, weil sie minder ethisch ist.

Wie ist das Dasein doch so folgerichtig! Es gibt in der einen Sphäre nichts Wahres, welches das nicht auch in der andern wäre. Welch ein tiefer Ernst, daß des Daseins Gesetze so beschaffen sind, daß jeder ihnen dienen muß, er wolle oder nicht. Jene Lenkung, welche von jedem Menschen Versöhnlichkeit heischt, weiß auch ihr Recht zu wahren, denn eben wenn jemand sich selber rächen will, wird die Sache für den Schuldigen am leichtesten; und anderseits, wenn der Gekränkte die Versöhnlichkeit wählt, legt die Lenkung in diese Milde den Nachdruck der Rache. Cäsar hat manche rühmliche Großtat vollbracht; doch sogar, wenn von ihm nichts andres überliefert wäre als ein einziges Wort, das man ihm zuschreibt, würde ich ihn bewundern. Als Cato sich selbst entleibt hatte, soll Cäsar gesagt haben[360]: „damit hat mir Cato meinen schönsten Sieg entrissen, denn ich hätte ihm vergeben."

Meine Forderung an das Dasein ist, es möge es deutlich werden lassen, ob ich in einem Selbstbetrug gefesselt gewesen bin, oder treu geliebt habe, am Ende treuer denn sie. Wie lange ich aushalten muß, weiß man nicht. Ist gleich der Orakelsprüche Zeit schon lang entschwunden, es gibt doch ein Ding, davon der einfältigste und der tiefsinnigste Mensch, wenn sie davon reden, rätselvoll sprechen müssen, und das ist: die Zeit. Unleugbar ist es doch das schwerste Rätsel (und soll denn auch die höchste Weisheit sein), wie man sein Leben einrichten kann, als ob der Tag heute der letzte Tag, den man lebe sei, und zugleich der erste in einer Reihe von Jahren.

den 19. Juni morgens.

Heute vor einem Jahr. Doch diese Tränen, welche in ihren Augen sich ans Licht quälen, quälen in meinem Hirn die Möglichkeit der Unmöglichkeiten ans Licht. Obwohl es eine überflüssige
VI 359 Ceremonie ist, kann ich es nicht unterlassen. Also, ich schreie in die Welt hinaus, ob etwa jemand mich hören werde: ich biete, ich biete mein halbes Leben für ein halbes Jahr des Glücks mit ihr, ich biete es für vierzehn Tage, ich biete es für den Hochzeitstag — fällt denn da kein Hammerschlag?

Nein! — Sondern an die Arbeit muß ich. Wer auf Lebenszeit verurteilt ist, wird zu lebensgefährlicher Arbeit verwandt, ebenso ist es auch mit mir und meiner Arbeit.

Heute ist von ihr die merkwürdigste Erwiderung gefallen, die ich je gehört. In gewissem Sinne war es gerade ins Herz getroffen.

Falls bei einem Scheibenschießen plötzlich ein Schuß mitten ins Schwarze geht, so wendet der Ansager die Vorsicht an, sich erst zu erkundigen, ob es nicht ein Schuß aufs Geratewohl gewesen sei, ein Schuß ins Blaue, ein Schuß ohne Visieren, das Losgehen eines Gewehrs, ohne daß jemand geschossen. Sie sagte zu mir, eigentlich glaube sie, daß ich verrückt sei. Dann aber prüft man nach, und siehe, es war ein wilder Schuß; und vielleicht gibt es kein Wort von ihr, das mir deutlicher unsre Verschiedenheit gezeigt hätte. Ja, allerdings ist ein Schwermütiger in gewissem Sinne verrückt, es gehört aber sehr viel Dialektik und sehr viel Pathos dazu, diese Verrücktheit zu fassen. Wer so etwas ungefähr auf die gleiche Art sagt, wie man von einem etwas lächerlich gekleideten Menschen sagen würde: ‚ach, er ist verrückt!', zeigt eben damit das Fehlen jeder Spur von Ahnung, was denn eigentlich ist. Das Ganze ist blinder Lärm gewesen. Es war ein hitziger Ausbruch, der im Zufahren nichts anderes zu sagen wußte. Und ein bißchen hitzig ist sie ab und an. Sie erklärt, ich sei boshaft, nicht gut. Gestern hat sie es wieder gesagt. Dergleichen ist ein erwünschter Anreiz für meine Schwätzerei, die es gleich aufgegriffen hat. ‚Ja ich sehe es nun, wir verstehen einander. Die Sache ist ganz einfach. Du gibst bloß eine Erklärung ab ungefähr folgenden Inhalts: Von Lebens und Sterbens wegen erklärt Unterzeichnete, daß ich sehr wohl Achtung empfinde, sage und schreibe Achtung ... oder was es nun war, das ich sagen wollte, es war doch die Achtung, die du n i c h t empfindest, alles dreht sich mir um und um; im Roman, da hat man wohl Achtung; also: daß ich keine Achtung empfinde, und sintemal die wahre Liebe, die eigentliche Liebe nicht gedacht werden kann ohne Achtung, so u.s.w. Du siehst, man kann es so machen und so machen. Wenn nämlich Achtung und Liebe sich wider einen Menschen zusammentun, dann gut Nacht, mein Schatz, dahingegen kann man sowohl mittels allein der Achtung wie mittels der Liebe ganz gut davon kommen. Wenn man nämlich bedenkt, was Achtung eigentlich ist ...' Hier ward ich
unterbrochen. Sie kann sich nicht entbrechen zu lachen, wenn ich VI 360
so richtig lostrommele in Gallimathias. Das tröstet mich. Im Grunde leidet sie dabei weniger als ich, der ich auf so verzweifelte Art sie losarbeiten muß.

den 24. Juni. Mitternacht.

Noch nicht einmal das, was ich hier niederschreibe, ist doch meine innerste Meinung. Auf die Art vermag ich mich dem Papier nicht anzuvertrauen, wenn ich auch in dem Geschriebenen meine Meinung finde. Was könnte nicht alles geschehen? Die Aufzeichnungen könnten abhanden kommen, es könnte da, wo ich wohne, ein Feuer auskommen, und ich geriete in Unruhe, ob sie verbrannt oder noch vorhanden seien, ich könnte sterben und sie also hinterlassen, ich könnte den Verstand verlieren und mein Geheimstes in fremder Hand sein, ich könnte blind werden und meine Papiere nicht selber finden, könnte nicht wissen, ob ich sie in der Hand hielte, ohne einen andern zu fragen, und nicht wissen, ob er lüge, ob er vorläse, was da steht oder etwas andres, um mich auszuspionieren.

Mich daran erinnern, das kann ich, geschwinder, als der geringste Bruchteil eines Augenblicks ist. Lessing[361] hat doch Unrecht, wenn er spricht: das Geschwindeste, geschwinder denn der Schall und das Licht, sei der Übergang vom Guten zum Bösen; denn geschwinder noch ist das ‚Zugleich', das ‚Auf einmal'. Der Übergang selbst ist doch eine Zeitdauer; was aber auf einmal ist, ist geschwinder als aller Übergang. Der Übergang ist doch eine Zeitbestimmung, die Eile jedoch, mit der das einmal Gewesene und nie Vergessene gegenwärtig ist, dem zum Trotz, daß es gegenwärtig g e w e s e n ist, diese Eile ist das Geschwindeste von allem; denn sie ist so geschwinde, daß sein Fortgewesensein nichts als eine Täuschung ist.

den 26. Juni morgens.

Heute vor einem Jahr.

Ich biete mein ganzes Leben für den Hochzeitstag; und wir sind ja zwei. Nein, das sind wir nicht, denn sie bietet nicht auf diese Art, sie will kämpfen, aber auch eine Zukunft haben. Versteht sich, sie wird ihre Ehre und ihren Stolz auch nicht im Stich lassen. Kein Hammerschlag.

Vorgestern ist das Plapperwerk unverdrossen abgelaufen wie VI 361
immer. Wir sprachen von meiner Verabschiedung, und daß dies das Klügste sei, das sie tun könne, falls ich raten dürfe. Die Folge würde sein, daß ich es alsbald bereuen würde und wiederkäme als ein begossener Pudel. Diesen Rat nahm sie auf mit der lakonischen Antwort: ‚So, so' und mit der Beifügung: ‚nein, ich traue dir nicht über die Schwelle'. Ich ersah daraus, wie gering sie im Grunde doch von mir denkt, und welch einen mißverstandenen Aberglauben sie hat an die Bedeutung ihres persönlichen Zugegenseins. Das ist ein Glück. Aber wie nun das Geplapper im schönsten Gange ist, bricht sie in Tränen aus. Wer in der Not der Verzweiflung steckt, hat jederzeit übernatürliche Kräfte, und so blieb denn meine Miene ganz und gar unverändert. Darauf sagte sie: ‚laß mich weinen, das lindert.' Im Gesetz ist jegliche Folterung verboten, wahrlich, dies ist eine entsetzliche Folter. Ich muß indes das Argument respektieren, aber nicht so, daß es mich irre macht. Und es liegt ja auch ein Trost darin, daß ich mich nicht dem Anblick dessen entzogen habe, davon jemand in meiner Lage, wenn er nun ja doch als ein verächtlicher Kerl abtreten soll, sich zu dispensieren pflegt. So kam denn die Schwätzerei wieder in Gang, und es bedeutet sicherlich nicht so viel für sie wie für mich.

Nicht ein ernsthaftes Wort sagen dürfen, denn es wäre doch Wahnsinn, wenn ich, der Schuldige, mahnen oder trösten wollte; aber ist es nicht auch Wahnsinn, daß ich dasitze und zugucke! Aber das Gute daran ist, daß eben meine Gegenwart sie reizt, wiewohl gegen ihren Willen, sich derart zu äußern. Wenn ich fort bin, tut sie es schwerlich und empfindet wohl auch kein Bedürfnis danach.

Laß einen Dritten in dieser Situation Zeuge gewesen sein! Laß einen, der nie etwas andres getan hat als Rätsel schreiben und einen, der ein Greis geworden ist beim Rätselraten, sich zusammentun und raten, wer von den beiden am meisten leide, bei wem von den beiden der Eindruck am tiefsten gehe! Erfahrener Mann, erzähl du uns nur von einem Wirbel, welcher das Dasein in Verwirrung gebracht: ich habe trotz allem eine Verwirrung gesehen, bei der es schien, als wolle der Aufruhr dem Steuerruder eines redlichen Willens nicht gehorchen! Erzähl du uns von einer Windstille, welche alles sich Anstrengen zur Verzweiflung gebracht, ich habe trotz allem eine Windstille gesehen, in der ein Liebender arbeitete und arbeitete und nahezu der Geliebten Mörder ward, nicht aus Bosheit, nicht aus Versehen, sondern seiner redlichsten Überzeugung gemäß.

VI 362 den 30. Juni. Mitternacht.

Was ist mein Leben somit andres als unselige Mühe![362] Mein Dasein ist eitel Mühsal (molimina); ich kann zu mir selbst nicht zurückfinden. Ob es in der Zeitlichkeit noch je geschehen wird, weiß ich nicht. Und werde ich frei, so, daß ich mich wieder zusammenfassen kann, so werde ich es wohl arg genug damit haben, das Fremdartige auszuscheiden, welches ich eigentlich doch nicht ausscheiden will. Werde ich frei, so wird in meiner Verschlossenheit doch der Kummer sein, daß ‚sie' anders geworden ist.

Ebenso liegt eine Muschel am Meeresstrand; sie öffnet ihre Schalen, Nahrung zu suchen, ein Kind steckt ein Hölzchen dazwischen, so kann sie sich nicht schließen. Endlich wird das Kind der Sache leid, will das Hölzchen herausreißen, aber ein Splitter ist zurückgeblieben. Und die Muschel schließt sich; aber in ihrem Innersten leidet sie wieder und kann den Splitter nicht entfernt bekommen. Daß ein Splitter in ihr ist, vermag niemand zu sehen, denn die Muschel hat sich ja geschlossen; doch daß er da ist, das weiß die Muschel.

Jedoch fort mit allem Mißmut, er ist ein Betrug an ihr und meiner Seele wesentlich fremd. Ist es dem jüdischen Hohenpriester verboten[363] gewesen, seine Kleider vor Trauer zu zerreißen, weil dies ein zu leidenschaftlicher und zu starker Ausdruck wäre, so ist es mir auch verboten, mißmutig zu werden, weil das zu apathisch und zu schwach ist. Daß ich aber für einen Augenblick mißmutig geworden bin, dies zeigt mir, daß ich zum ersten Mal in meinem Leben meinem Verstande wider sie geglaubt habe. Was der mir hat sagen können, hab ich stets gewußt, aber ich habe nicht gewollt. Der Eindruck jener Begegnung hat meinem Verstande das Übergewicht verliehen.

Meine Sympathie bringt mich zu guter Letzt doch an den Bettelstab. Es geht mir gleich jenem Engländer, der in Geldverlegenheit geriet, obwohl er eine Fünfhundertpfundnote in Händen hatte –

jedoch niemand in dem Dorf, da er war, vermochte sie ihm zu wechseln. Soll denn aber etwa die Sympathie dem Wechseln eines größeren Geldstückes gleichen; ich hatte geglaubt, die Sympathie gleiche jener Münze im Säckel Fortunats, man gibt sie ständig als ganze aus und behält sie ständig als ganze übrig; will man sie wechseln, so schwindet der Zauber. Sieh, das tröstet mich.

den 2. Juli morgens.

Heute vor einem Jahr. Ein Augenzeuge meiner Situation würde VI 363
wohl zu mir sprechen: ‚du weißt nicht, was Liebe ist, sintemal du auf diese Art handelst.' Wohl möglich; so viel weiß ich jedoch, daß ich der Liebe Schmerz kenne. Der Liebe Lust kenne ich vielleicht auch, freilich auf Abstand, auf sehr weiten Abstand. Wäre es möglich, wäre es möglich, noch im gleichen Augenblick hauch ich jede Träne fort aus ihrem Auge, ach, so wie die Schulkinder es tun, damit niemand sieht, daß sie geweint haben; dann ist der Schmerz vergessen, mehr denn vergessen. Geschwinde dank der Liebe Allgewalt, geschwinde gleich der Blume Wachstum, wenn Feen sie sprießen lassen, entfaltet ‚sie' sich, liebreizender denn es je aus ihrer Kraft geschehen, dank der Liebe Keimkraft und dank meinem Hauch und dank dem Wort, das ich ihr ins Ohr raune; dann setze ich sie auf meinen Arm und stürme mit ihr durch die Welt: insoweit zum mindesten verstehe ich mich auf Liebe. Indes eben dieser mein Verstand von der Liebe könnte mich leicht des Verstandes berauben. Nie in meinem Leben hab ich die Versuchung zum Selbstmord gespürt, — erst jetzt. Der Teilnahme Folter und dann, daß man der Schuldige ist: dieser Widerspruch wirkt auf meine Seele, wie wenn man im Leiblichen einem Menschen die Gliedmaßen aus ihrer natürlichen Lage renkt. Indes, was würde ein Selbstmord helfen? Ja er würde verhindern, daß sie gekränkt würde, denn so könnte sie ja als die Meine dahinleben, falls sie es wollte. Gesetzt aber, sie erführe es einmal, das wäre doch entsetzlich. Hätte sie Verstand, so würde sie ja einsehn, daß sie mich doch niemals zu diesem Äußersten hätte treiben dürfen, und so hätte ich sie also schuldig werden lassen. Und mit einem solchen Schritt wäre ich ja vielleicht ihrem ganzen Leben zum bestimmenden Schicksal geworden, so daß sie ihre Heilung nicht

in der Endlichkeit suchte, allwo sie sie doch eigentlich suchen muß.

Geistig gesprochen leidet sie nicht so sehr. Sie ist noch nicht einmal in dem Maße ermattet, in dem sie müde zu werden beginnt mit einem kleinen Beisatz von Überdruß. Menschlich gesprochen wundert mich dies durchaus nicht, denn sie hat keine Vertraute, und ich bin unermüdlich in Unsinn.

Die Tage sind gezählt. Gesetzt, sie würde nun krank, ehe daß der letzte Tag gekommen wäre, gesetzt, sie verriete in einer Fieberverwirrung, was zwischen uns beiden vor sich geht! Ihre Angehörigen, die es für Phantasien halten müßten, und ich, der ich wüßte, es sei Wirklichkeit! Und wenn sie dann gesund würde, und wir wieder von vorn anfangen müßten!

VI 364 den 3. Juli. Mitternacht.

Wo sollen wir uns also wiedersehen? In der Ewigkeit. So ist denn ja Zeit genug zum einander Verstehen. Wo liegt die Ewigkeit? Wann hebt die Ewigkeit an? Welche Sprache spricht man dorten? Oder spricht man dort vielleicht gar nicht? Könnte denn nicht eine kleine Zwischenzeit vergönnt sein? Ist es immerfort heller, lichter Tag in der Ewigkeit? Könnte denn nicht eine Morgendämmerung vergönnt werden, in der man das Verstehen fände in Vertraulichkeit? Welches ist der Ewigkeit Spruch? Ist das Urteil schon gesprochen, bevor die Ewigkeit anhebt, und die Ewigkeit nichts als dessen Vollzug? Wie stellt man die Ewigkeit dar? Als den weiten Horizont, da man nichts erblickt. So stellt sie sich dar auf dem Bild, welches das Grab bietet: der Trauernde sitzt im Vordergrunde und spricht: er ist gegangen, nach dorten. Indes an dem weiten Horizont erblicke ich schlechthin nichts, und der Vorübergehende sieht allein den Trauernden im Vordergrunde, aber weiter sieht er auch nichts. So sehe ich denn auch ‚sie' nicht. Das ist unmöglich. Ich muß sie sehn. Ist dies etwa kein Argument? Oder ist es wohl ein bessres Argument, daß ich sie sehen muß, ganz gleich ob ich will oder nicht? Gesetzt, sie hätte mich vergessen. Können wir uns dann sehen? Gesetzt, sie hätte mir nicht vergeben. So hätte sie mich ja nicht vergessen. Aber können wir uns dann sehen? Gesetzt, sie stünde an eines andern Seite. Wenn sie in der Zeitlichkeit so dasteht, dann stehe ich ihr im Wege, und darum werde ich mich fernhalten. Indes, falls ich in der Ewigkeit ihr im Weg stünde, wo soll ich alsdann hingehen? Ist die Zeit in Vergleich mit der Ewigkeit die Stärkere? Hat die Zeit Gewalt, uns ewig zu scheiden? Ich meinte, die habe nur die Macht, in der Zeit mich unglücklich zu machen, müsse mich jedoch fahren lassen, sobald ich die Zeit mit der Ewigkeit vertausche und da bin, wo ‚sie' ist, denn ewig ist sie immerfort bei mir. In diesem Fall, was wäre alsdann die Zeit? Sie wäre dies, daß wir beide gestern abend einander nicht zu sehen bekamen; und daß sie einen andern bekäme, wäre dies, daß wir beide gestern abend einander nicht zu sehen bekamen, weil sie woanders zu Gaste war. Und wessen war die Schuld? Ja die Schuld war mein. Indes hätte ich denn nun anders handeln wollen oder können, als ich getan, falls man die Annahme macht, das Erste sei geschehn? Nein. Ich bereue das Erste. Von jenem Augenblick an habe ich redlichster Überlegung gemäß und nach bestem Vermögen gehandelt, so wie ich es auch bei dem Ersten getan, bis daß ich meinen Irrtum einsah.

Indes, spricht die Ewigkeit denn derart leichtsinnig von der Schuld? Die Zeit zum mindesten tut es nicht; sie wird auch fürder mich lehren, was sie mich gelehrt, daß ein Leben etwas mehr ist als ein ‚gestern abend'. Aber die Ewigkeit wird ja auch alle Krankheit heilen, dem Tauben das Gehör, dem Blinden das Gesicht und dem Mißgeschaffenen Schönheit des Leibes geben, ebenso wird sie VI 365
mich auch heilen. Welches ist meine Krankheit? Schwermut. Wo hat diese Krankheit ihren Sitz? In der Einbildungskraft, und ihre Speise ist die Möglichkeit. Die Ewigkeit aber nimmt die Möglichkeit fort. Und ist diese Krankheit für mich in der Zeit nicht hart genug gewesen, daß ich dadurch nicht bloß litt, sondern auch schuldig ward? Der Mißgestaltete hat doch allein den Schmerz zu tragen, daß er mißgestaltet ist; wie schrecklich aber, falls das Mißgestaltetsein ihn schuldig werden ließe!

So möge denn, mein Gott, wenn meine Zeit vorüber ist, mein letzter Seufzer zu Dir der Seligkeit meiner Seele gelten, mein vorletzter aber ‚ihr', oder laß mich zum ersten Mal wieder mit ihr vereinigt sein in dem gleichen letzten Seufzer![364+]

den 6. Juli. Mitternacht.

Heute hab ich sie gesehen. Wie sonderbar! Ein Gewitter nötigte mich, meine Zuflucht zu nehmen zu ihm, meinem alten Conditor, bei dem ich nicht gewesen bin seit jenen Tagen der Erwartung: „und nahe gegenüber lag eines Baders Raum" (erat in eo vicinio tonstrina quaedam).[365] Ein solcher Barbierladen, sagte der Lehrer zu uns, ist die nächste Entsprechung zu dem, was bei uns ein Conditor ist. „Und oftmals war'n wir dort und warteten bis sie nach Hause ginge fort" (Eo sedebamus plerumque, dum illa rediret). Der Regen war rasch vorüber, die Luft milde und einladend, alles erfrischt und verjüngt. Wäre ich nicht in Erinnerungen versunken gewesen, so wäre ich kaum so lange geblieben. Der alte Conditor kam heran und begrüßte mich, sprach mit mir, alles wirkte auf mich betäubend. Ich saß auf meinem alten Platze und warf gelegentlich einen Blick aus dem Fenster — da kam sie vorübergegangen. Sie war in Begleitung eines andern jungen Mädchens, beide waren in lebhafter Unterhaltung, sie heiter und gesund und vergnügt. Kam sie vielleicht von der Singstunde, meine geliebte Sängerin, geht sie wieder zur Singstunde? Ist vielleicht nur das Lied ein andres geworden?

Ach, daß ich für ein halbes Jahr in ein Weib verwandelt werden könnte, um ihr Wesen zu verstehen, mein Maßstab ist vielleicht doch noch immer zu groß.

Es scheint, als wäre alles beim Alten. Sie geht zur Singstunde, sie kommt von der Singstunde, fröhlich wie je. Niemand aber wartet auf sie. Hier beim Conditor ist gewissermaßen niemand, vielleicht aber sonstwo. Man hat doch oft davon gehört, daß ein Mädchen den Schmerz verwindet und sich neu verliebt. Und hier ist das Verhältnis zu etwas dergleichen ja geradezu ein Ansporn
VI 366 gewesen, denn ich war doch nicht ihr Liebster, sondern ein Betrüger. Man hat ja auch oft davon gehört, daß ein Mädchen nicht ohne einen Menschen zu leben vermochte, und dies erwies sich als wahr, aber es war nicht dieser Mensch sondern ein andrer.

So sind wir denn wieder beim Alten, sind dahin gelangt durch eine Veränderung, und ich bin unverändert bei ihm geblieben. Ich darf mit Wahrheit sprechen: ‚und verbleibe ich u.s.w.', was ich aber verbleibe, ist nicht leicht zu sagen. Ich nehme an, sie wird eines andern, was verbleibe ich also? Und doch nicht so, ich kann so sie nicht fahren lassen. Mein nahezu wahnsinniger Wunsch, das Verhältnis wieder aufgerichtet zu sehn, ist nun von einem andern ähnlichen Wunsch abgelöst: daß, falls sie eines andern wird, dieser andre ihre erste Liebe sein möge. Dann hat sie mit der Idee nicht gebrochen und hat nicht verloren in meinen Augen. Allerdings, was schiert es sie, in meinen Augen zu verlieren. Indes, so sollte sie nicht denken, denn meine Auffassung ist sorglicher für sie als die jedes andern. So muß ich meine Lebensanschauung nicht als durch sie gestört erblicken; ach, wie dies mich schmerzen und lähmen würde. Möge die ganze übrige Welt eine andre Lebensanschauung haben, das ist lediglich Signal zum Streit. Das Unglück ist aber, daß ich von einer solchen früheren Liebe durchaus nichts weiß. Doch ist daran zu denken, daß ich allzu sehr in mich selbst vertieft gewesen bin und allzu sehr ethisch beschäftigt, als daß ich dergleichen erfahren hätte. Insofern wäre es immerhin möglich. Es ist, falls etwas dergleichen der Fall sein sollte, eine kleine Satire auf mich, daß ich darüber habe unwissend sein können. Sie hat sich nicht veranlaßt gesehen, darüber eine Äußerung zu tun, vielleicht hat meine Verschlossenheit in diesem Sinne auf sie eingewirkt. Insofern wäre es immerhin möglich, daß es nun doch auch wirklich wäre! Und falls es wirklich ist und wirklich wird, welch ein Glück, daß ich es nicht gewußt! Vielleicht wäre ich dahin gekommen, die Sache allzu leicht zu nehmen, und das Geschehnis hätte für mich nicht die Bedeutung erlangt, die es erhalten hat.

Was verbleibe ich? Ja es ist nicht leicht zu sagen. Indes, hätte ich diese Geschichte nicht selbst erlebt und ein andrer erzählte sie mir, so würde ich meinen, er spreche von mir, so ganz und gar stimmt sie zu mir.

Mit ihr könnte ich weniger noch denn je sprechen, falls sie eines andern wird. Sollte ich ein wirkliches Verständnis suchen, als ob sie nur zum Scheine sich herunterhandelte? Sollte ich aus der Leidenschaft der Wahrheit heraus sprechen und wider meinen Willen eine Satire schreiben? Sie hat selber an einem Teil der Verwirrung Schuld, denn sie hat das Erotische gestört durch Falschspiel im Religiösen. Sie wollte sich nicht genügen lassen an dem Erotischen, daran, geliebt zu sein oder nicht geliebt zu sein, und an dem, was daraus für sie folgt, sie hat zu dem Religiösen gegriffen und ist

dadurch in der Verantwortung eine gigantische Figur für mich ge-
VI 367 worden. Wahrlich, wenn es zwischen großen Reichen einen Krieg veranlaßt hat, daß ein Fürst eine Königstochter heimschickte, so ist für mich mein Kampf, als ich sie zurückwies, zwiefach schrecklich geworden, denn der sie Verlobende ist Gott gewesen. Auf die Art hab ich die Sache betrachtet. Dieser fürchterliche Ernst aber verwandelt das Erotische in etwas nahezu Komisches; denn pathetisch gedacht müßte ich sagen: und wäre sie häßlich gewesen wie die Sünde, eine Keiferin vom Morgen bis zum Abend, sie hätte für mich die gleiche Bedeutung gehabt, jedoch das ist durchaus unerotisch gesprochen. Und wer ist denn schuld daran, daß ich derart sprechen muß, das ist sie, die da ein erotisches Verhältnis in ein religiöses verwandelt hat.

Nur wenn ich schweige, kann ich meine Seele im Pathos halten unter der Deckung durch den Betrug des Komischen, oder unter dem verhüllenden Schein, daß ich das Ganze längst vergessen habe.

den 7. Juli morgens.

Heute vor einem Jahr. Laß sehen! Meine Lebensanschauung ist gewesen, daß ich in meiner Verschlossenheit meine Schwermut verbärge. Es war mein Stolz, daß ich dies vermochte, mein Entschluß, mit äußerster Kraft darin fortzufahren. Ich bin gescheitert. Woran? An dem individuellen Mißverhältnis und an der Trauung als einem daraus seine Kraft nehmenden Einspruch. Welches ist meines Lebens Wirrsal? Daß für mich der Satz sinnlos geworden ist: ‚über sein Können hinaus ist niemand verpflichtet‘ (ultra posse nemo obligatur[366]). Welches ist meine Schuld? Mich in etwas hineingewagt zu haben, das ich nicht zu verwirklichen vermochte. Welches ist meine Verfehlung? Daß ich einen Menschen unglücklich gemacht habe. Wieso unglücklich? In der Möglichkeit, so nämlich, daß ich einen Mord auf meinem Gewissen habe ihrer Aussage zufolge und in Kraft der Möglichkeit. Welches ist meine Strafe? Daß ich dies Bewußtsein auszuhalten habe. Welches meine Hoffnung? Daß eine barmherzige Lenkung in der Wirklichkeit die Strafe verringern wird, indem sie ‚ihr‘ hilft. Was sagt mein Verstand von ‚ihr‘? Daß nicht eben Wahrscheinlichkeit besteht für das Schlimmste. Was folgt daraus für mich? Schlechthin nichts.

Eine ethische Verpflichtung kann durch Berechnung der Wahrscheinlichkeit nicht ausgeschöpft werden, sondern dadurch allein, daß man die äußerste Möglichkeit der Verantwortung auf sich nimmt.

Ich bin zu ihr gegangen. Ungemein froh trat ich ihr entgegen, VI 368
erklärte ihr, es lasse sich nach ihrem Wunsche machen. Es läßt sich leicht erklären, daß man, solange man kämpft, auch in dem Fall, daß man das von der Sympathie Gebotene begreift, diese Rücksicht vergessen kann, eben weil man kämpft. Hat man gesiegt, so pflegt die Sympathie am allermachtvollsten zu erwachen. Ich meinte also, dies Äußerste versuchen zu sollen, ob sie nicht etwa, von der Tatsache ihres Sieges bewegt, sich entschließen werde, mir die Freiheit zu geben. Nein! Sie nahm die Mitteilung entgegen; aber auch nicht ein Wort in Richtung auf Sympathie; vielmehr nahm sie die Mitteilung sogar ziemlich kalt entgegen, dies freut mich, denn es beweist, daß sie müde ist.

Ich ging. Gegen Mittag kam ich wieder. Ein unbedingter Entschluß verleiht Ruhe, ein Entschluß, welcher die Dialektik des Schreckens durchlaufen hat, macht unerschrocken. Kalt und bestimmt verkündete ich, es sei vorbei. Sie wollte sich den heftigsten Äußerungen von Leidenschaft hingeben, jedoch zum ersten Mal in meinem Leben sprach ich im Befehlston. Es ist schrecklich, dies wagen zu müssen, und doch war es das einzig Mögliche. Und wäre sie vor meinen Augen dem Tode nahe gekommen, ich hätte meinen Entschluß nicht ändern können. Meine Unbewegtheit half ihr, und was das tollkühnste Unternehmen war, lief in aller Ordnung ab. Es ward noch ein Versuch gemacht, mich sympathetisch zu bewegen, er blieb ohne Wirkung. Endlich bat sie mich, zuweilen an sie zu denken, dies ward versprochen in nachlässigem Ton, vielleicht dachte sie sich nicht viel dabei, zum Entgelt meinte ich es ernst.

So ist es denn vorbei. Wählt sie das Schreien, so wähle ich den Schmerz; und des Schreiens wird man müde, sie ist es vielleicht bereits; die Reihe des Schmerzes kommt an mich und wird es wiederum kommen.

Was lehrt mich mein Verstand mit Rücksicht auf sie betreffs der

Wirkung der zwei Monate? Sie wird nicht lebensgefährlich trauern; teils ist ihre Leidenschaft nicht eben sehr dialektisch in Innerlichkeit, teils wird niemand ihr eine so günstige Situation verschaffen können als sie gehabt: mich, den Schuldigen, erschrecken zu müssen, mich durch ihr Leiden bewegen zu müssen. Die Fürsorge eines Teilnehmenden kann, im Vergleich mit meiner Gegenwart, auf die Schmerzensausbrüche nicht den Nachdruck fallen lassen. Die Reflexion wird in ihr nicht leicht Fuß fassen, denn sie hat nunmehr einen bedeutenden Lehrgang durchgemacht. Worauf sie selber verfallen kann, das wird nicht viel sein in Vergleich mit dem, darin ich sie allbereits hinreichend, d. h. bis zum Ekel, eingeübt habe. Sie wird keine Sympathie für mich aufbringen können; ist da ein kleiner Rest, so wird er rasch erstickt sein. Nie wird ihr die Frage kommen, ob sie sich nicht ein klein bißchen vorzuwerfen habe, ob sie nicht doch anders gegen mich hätte handeln können. Vielleicht
VI 369 wird sie krank werden, ähnlich wie jemand, der sehr angestrengt aufs Examen gearbeitet hat, krank wird, nachdem er das Examen überstanden hat. Auch an solch einer Krankheit könnte man sterben, daraus aber folgt kein sicherer Schluß auf ein ‚deswegen' (propter hoc). — Was mich selbst anlangt, so hat sie, indem sie bis zum Äußersten Nötigung an mir geübt hat, mir geholfen, meine Persönlichkeit so weit als möglich aus ihr heraus zu ziehn. Sollte sie, meiner leid, für sich eine neue Liebe finden, so werde ich nicht bloß draußen stehn, sondern sogar jedes Bild von mir wird fort sein, denn sie hat kein Bild, zum mindesten keines, in dem einige Wahrheit wäre.

den 7. Juli. Mitternacht.

Sieh, für diesmal höre ich jetzt auf. Meine Schlafenszeit hinsichtlich ihrer hebt an, ich nehme meinen Abschied. Den dritten Januar hebt die Ruhelosigkeit von neuem an. Wenn man seinen Abschied nimmt, so heißt es: Rechts und links um, kehrt marsch. Das ist recht satirisch, denn mein Unglück ist: ich kann weder rechtsum noch linksum machen noch marschieren.

Die Zeit der Ruhelosigkeit währt das halbe Jahr, jenes halbe Jahr der Wirklichkeit, das wieder und immer wieder kehrt, bis daß ich frei werde. Gut, daß es damals nicht ein ganzes Jahr gewährt hat, denn alsdann würde ich ein Trauerjahr haben in dem gleichen Sinne, in dem man ein Kirchenjahr hat: in dem Augenblick, da ich mit dem alten fertig wäre, hätte ich ein neues anzufangen.

Eine alte Frau pflegte, wenn der Nachtwächter zu rufen anhob, zu sagen: jetzt ist er wohl irre gegangen. Und der Irregehende ruft ja auch. Ebenso bin ich in der Zeit der Ruhelosigkeit ein Rufender, ein Irregehender.

Mein Entschluß ist, in Treue gegen sie den Ideen und meiner geistigen Existenz treu zu bleiben mit äußerster Kraft, auf daß ich auf grund von Erfahrung dessen gewiß sei, es sei der Geist, der da lebendig macht[367], und es könne der äußerliche Mensch verschmachten und der Geist siegen, die Kreatur seufzen und der Geist jubeln; auf daß ich getröstet sei und froh werde durch den Geist, indem ich allen Trostgründen der Endlichkeit Valet sage; auf daß ich aushalten möge und nicht des Wortes Herrlichkeit enden lasse in des Werkes Kleinlichkeit und nicht in hohen Redewendungen Zeugnis ablegen möge und mir selbst widersprechen mit
Werken der Endlichkeit. Ich wäre vollkommener gewesen, wenn ich VI 370
ihr hätte treu bleiben können; es wäre größer gewesen, wenn meine geistige Existenz zu täglichem Gebrauch in einer Ehe sich bequemt hätte, und ich hätte dabei das Dasein sicherer und leichter verstanden. So ist die Rangordnung. Gleich dahinter kommt, was ich tue. Sollte sie in nutzloser Leidenschaft sich verbluten, sollte sie nicht gerettet werden dank einer Hilfe, die vielleicht näher ist als ich weiß, oder doch nahe genug sein wird, wenn sie nötig ist, so muß ich dermaßen arbeiten, daß meine Existenz für zwei zählen kann. Hilft sie sich selbst auf andre Art, so gewährt dies einen Überfluß. – Gesetzt, da sei ein Buch, das nun einmal gedruckt ist und nicht umgedruckt werden kann, und es sei in ihm kein Platz zu Berichtigungen, aber unter den Druckfehlern[368] finde sich eine Lesart, die an Bedeutung das, was an der gleichen Stelle im Texte stehe, übertreffe: so müßte sie damit zufrieden sein, unter den Druckfehlern zu stehen, aber doch mit allem ihrem Bedeutungsvollen. Gesetzt, da sei ein Unkraut, welches aus der guten Saat entfernt worden ist: so müßte es wohl abseits stehen, wäre freilich Unkraut, wäre freilich in Schanden, gesetzt aber, es heiße nun doch: Stolzer Heinrich.

Hier hat das Tagebuch für diesmal ein Ende. Es handelt von Nichts, jedoch nicht im gleichen Sinne wie das Ludwigs XVI., dessen wechselnder Inhalt gewesen sein soll: den ersten Tag ‚auf Jagd', den zweiten ‚rien', den dritten ‚auf Jagd'. Es enthält Nichts; indes, wenn es nach einem Wort Ciceros[369] die leichtesten Briefe sind, die von nichts handeln, so ist es unterweilen das schwerste Leben, das von nichts handelt.

ZUSCHRIFT AN DEN LESER

von

Frater Taciturnus

Mein lieber Leser! Wofern du irgendwie vom Fach[370] bist, wirst VI 371
du augenblicklich sehen, daß die Gestalt, welche hier heraufbeschworen ist, dämonisch ist in Richtung des Religiösen, will heißen auf das Religiöse zu. Wie redlich, wie reichlich dieser Quidam mit seinem Reden das Seine dazu tut, daß du ihn sehen mögest (loquere ut videam[371]), weiß niemand besser denn ich, der ich oft angestrengt, oft ermüdet versucht gewesen bin, ihn fahren zu lassen und die Geduld zu verlieren, was beides auf eins hinausläuft; daher tu ich auch als Sternkundiger und Kaffeegrundschauer vermöge meines Seherauges und Falkenblicks folgende unvergleichliche Weissagung kund und zu wissen: daß von den wenigen Lesern des Buches zwei Drittel auf halbem Wege stecken bleiben werden, und dies kann auch so ausgedrückt werden, daß sie aus Langerweile nicht weiterlesen und das Buch fortwerfen werden. Da er auf einer äußersten dialektischen Spitze steht, muß man mit unendlich kleinen Größen rechnen können, falls man ihn beobachten will. Für eine runde Summe, und sei sie noch so hoch, wenn sie gleichwohl rund ist, erkauft man sich nicht den Zutritt zu seinen dialektischen Darbietungen, und man tut daher richtiger, es überhaupt nicht der Mühe wert zu finden, einen solchen Gliedermann zu beobachten. Es kann indes sehr wohl seine Bedeutung haben, auf ihn aufmerksam zu sein, weil man an der Abirrung das Normale studieren kann, und wo nichts anderes, immerhin doch so VI 372
viel lernt, daß das Religiöse nicht etwas ist, das man gering achten soll, als ob man es nachgerade schon kann, nicht etwas für dumme Menschen und unrasierte Schlakse, sintemal es das Schwierigste von allem ist, wiewohl schlechthin zugänglich und schlechthin zureichend für alle, — und dies ist allbereits schwer zu verstehen, ähnlich dem Widerspruch, daß das gleiche Wasser an der gleichen Stelle so flach ist, daß ein Schaf darin waten kann, und so tief, daß ein Elephant darin schwimmen kann. — Das Mädchen habe ich in ganz allgemeinen Zügen gehalten (als Besonderheit sie lediglich der religiösen Voraussetzungen ermangeln lassen), und dies mit

Absicht, damit sie ihn besser beleuchte und ihn lehre, sich anzustrengen. Es würde fürchterliche Anstrengungen kosten, vielleicht gar unmöglich sein, mit einem Hebebaum einen winzig kleinen Gegenstand zu heben oder mit einer Zentnerwage ein halbes Pfund abzuwiegen: und ebenso hab ich mir auch gedacht: soll da ein Mißverständnis sein, so muß es gründlich sein.

Das Erotische und das erotische Verhältnis beschäftigen mich indes weniger. Ich benutze es wesentlich, um im Religiösen zu orientieren, auf daß man nicht irregehe und wähne, das Religiöse sei die erste Unmittelbarkeit oder so ein bißchen dies und das: Neigungen und Naturantriebe und Jugendlichkeit, darinnen vermöge des Beisatzes einer Prise Geist etwas Gärung eingetreten ist. Das Mädchen ist, was man so mit Recht ein rares Mädchen nennt.* In

---

* Die weibliche Gestalt ist natürlich bloß in ihren allgemeinen Umrissen angedeutet: ein sehr junges, liebenswürdiges Mädchen innerhalb des aesthetischen Bereichs von Naivität. Ich möchte hier eine Skizze von ihr geben, da sie ansonst nicht in ihrer Ganzheit zur Sprache kommt. Ich habe ständig ‚ihn' im Sinn, indem ich jedoch die psychologische Wahrscheinlichkeit respektiere, daß sie nicht aus der aesthetischen Naivität heraustritt. In der *Zeit der Verlobung* ist sie zuerst zurückhaltend. Seine Sonderbarkeit und seine unerotischen Gebärden müssen natürlich in einem jungen Mädchen wunderliche Empfindungen wecken. Das vermag sie nicht auszuhalten, sie wird es leid, sie runzelt die Stirn und setzt ihm den Stuhl vor die Tür. Da tritt ein kleines Begebnis ein, und sie besänftigt sich; sie stellt den Stuhl hin, bittet ihn, sich zu setzen, indessen sie mit Anmut einen allerliebsten schelmischen kleinen Kniefall tut. Er, der als Liebhaber recht traurige Held, nur er kann das nicht verstehen, und in keiner Situation ähnelt er als Liebhaber mehr jenem unsterblichen wandernden Ritter von der traurigen Gestalt, als da er auf diese Art zum Sitzen gekommen ist. Nunmehr will er sie verlassen. Sie beschwört ihn bei Gott und allem Heiligen, darauf sie in ihrem Weh gerade verfällt, sie bringt selbst ihr Billet zu ihm, sie ahnt nicht, daß darin etwas Verkehrtes liegen könnte. Nunmehr hebt der letzte Kampf um die Trennung an. Sie
VI 373 entfaltet ihre ganze liebreizende Sympathie, die mit jeder Bedingung sich zufrieden geben will, und dies ist die liebreizende sympathetische Resignation der Naivität. Anders vermag sie sich nicht zu äußern, und sogar wenn man folgewidrig eine Andeutung von reflektierter Resignation verlangen wollte, werden sein Betrug und seine verzweifelten Gebärden beim Betrug schlechthin zu einem Hindernis für jegliches Entstehen oder sich Äußern einer reflektierten Sympathie. Somit ist sie vom Scheitel bis zum Schuh liebenswürdig, jedoch lediglich (falls man diese messen will) mit so viel Spannkraft, daß die psychologische Wahrscheinlichkeit für eine neue Liebe gege-

der Novelle und im Drama und eigentlich erst im fünften Akt VI 373
macht „so ein Mädchen" einen Mann glücklich, in den fünf Akten der Wirklichkeit tut sie das Beste, das ihr möglich ist, im psychologischen Experiment vermag sie ihn nicht glücklich zu machen, nicht weil sie nicht könnte (denn sie kann es), sondern weil sie nicht dazu zu kommen vermag: darum eben machen sie einander unglücklich. Hätte ich sie anders ausgestattet, so hätte ich lediglich verhindert, daß meine Hauptgestalt hinreichend ins Licht gesetzt wird. Durch ihre Liebenswertheit leistet sie beträchtliche Dienste, mehr als irgend ein ‚Mädchen für alles, das sich vor keiner Arbeit scheut', und dies ist schon allerhand für ein Normalmädchen in einem psychologischen Experiment; denn da gehört sie nicht hin.

Als ‚Liebhaber' würde die männliche Gestalt in der Welt schwerlich eine Anstellung finden. Seine Gebärden und seine Treue sind so grobschlächtig, so unpraktisch und so unbehilflich, daß man sich versucht fühlt, (ich glaube mit einem französischen Schriftsteller[372])
zu fragen: ob er verrückt wurde, weil er dem Mädchen treu war, VI 374
oder ihr treu blieb, weil er verrückt war; denn als Liebhaber ist er verrückt. Gäbe es ihn wirklich, wäre ich imstande, der Figur eines psychologischen Experiments Fleisch und Blut zu verleihen und wäre er in unsrer Zeit und in seinem inwendigen Wesen so leben-

---

ben ist, mag man diese Liebe psychologisch auch in sehr verschiedenem Muster sich denken können. — Nach der Verlobung tut sie überhaupt nichts. Sogar dort, wo die psychologische Möglichkeit ihn am gefährlichsten aufs Korn nimmt, bei der Begegnung in der Kirche, ist es noch nicht einmal sicher, daß es sich um eine Wirklichkeit handelt, (es ist jedoch auch weit davon, daß es eine psychologische Unmöglichkeit wäre), denn seine Leidenschaft sieht alles, hier z. B. sogar der Entfernung zum Trotz. Selbst falls er aber richtig gesehen haben sollte, wäre das Ganze so ein kleiner Einfall von ihr, vielleicht ein wenig Wohlwollen, vielleicht, weil es ihr jetzt so scheinen möchte, daß sie mit ihm zu streng gewesen ist, so ein kleiner Einfall nach dem Muster jenes Kniefalls. Er jedoch, der im Verhältnis zu ihr sich vorgenommen hat, „Schicksal und Zufall abzuschaffen", er hat sich natürlich die Befähigung erworben, in einem fort genasführt zu werden, ebenso wie er sich von einigen zufälligen Äußerungen über ihre Zukunft anführen läßt, die er, zu seinem eignen Unglück, ihr entlockt hat, bei denen sie, als sie sie sagte, sich nicht viel gedacht hat, indessen er sich ewig verpflichtet fühlt, repetierend sich alles dabei zu denken.

dig da, daß sein auswendiges Gehabe nicht ein Trug wäre, ja, so würde es eine ganze Komödie geben. Wie schnurrig wäre es, solch einen Uhu, solch einen Troglodyten und Höhlenmenschen ans Licht schleichen zu sehen, um, nachdem er in der Stille auf die romantischen Reden der Menschen gelauscht hätte, Anspruch darauf zu erheben, daß er als unglücklicher Liebhaber rangiere! Die Gassenjungen liefen hinter ihm her, das ist einmal gewiß. Ein solcher Anachronismus in dem neunzehnten Jahrhundert, allwo jedermann weiß, daß unglücklich Liebende jenen Schlangen mit sieben Köpfen gleichen, von denen Linnée bewiesen hat, daß es sie nicht gibt, daß sie ein Hirngespinst sind! Solche Redensarten, über die jedermann Bescheid weiß, wie die, daß man nur einmal liebe, daß man einander glücklich machen solle u.s.w., für baren Ernst nehmen, vermöge dessen mit äußerster Anstrengung auf eine Art handeln, die man nur einem sehr jungen Menschen nur ein einziges Mal in seinem Leben und höchstens für einen halben Tag verzeiht, sich entzwei arbeiten im Dienst einer solchen hohlen Ceremonie, welcher gänzlich veraltete Sitten und Bräuche wieder einführen will, das wäre doch ein unerschöpflicher Stoff für Gelächter. Es versteht sich von selbst: ebenso wie man in seiner Kindheit sprechen lernt, ebenso verproviantiert man sich auch in der Jugend fürs ganze Leben und packt unter anderm einen kleinen Mundvorrat ein von schönen Redensarten und schwärmerischen Wendungen, mit denen man sich selbst und andre das ganze Leben hindurch bedient und in Freundschaft gesellschaftlich und in Gesellschaft freundschaftlich und zu jeglicher Zeit freundschaftlich ist. Daß die Redensarten das ganze Leben hindurch vorhalten, ist auch ganz in der Ordnung, und das um so mehr, als sie ein wenig verschiedene Dienste tun: für die Jugend am Tage ihres größten Glücks sind sie ein bißchen phantastischer Putz, und wenn Mama es sagt, ein hübscher Scherz, im Munde des Greises aber ein Witz; die Vorstellung jedoch, daß Liebe eine Unverschleißbarkeit gleicher Art besitze, gar nicht erst zu reden von unglücklicher Liebe, bekundet lediglich eine versäumte Erziehung; ich wenigstens spreche mit dem Dienstmädchen Pernille[373]: ich danke meinen Eltern noch im Grabe, daß ich anders erzogen bin. Wer kauft denn heutzutage noch, wie man das in verflossenen Zeiten tat, einen Regenschirm fürs ganze Leben, oder ein Seidenkleid, ein richtiges gutes Stück, das man brauchen kann, so-

lange man lebt, oder einen pelzgefütterten Mantel für die Ewigkeit? Man gibt gerne zu, das Stück sei vielleicht nicht von dersel- VI 375
ben Güte wie jene chinesische Atlasseide, man gibt gerne zu, die Besitzerin gehe mit ihren Kleidern nicht mit der gleichen Sorgfalt um, wie man es mit jener Atlasseide getan, indes der Vorteil, daß man sich Neues anschaffen kann, an die drei, viermal und der Vorteil, daß man mit seinen Kleidern schludern kann, sticht doch recht in die Augen. Diese Weisheit darf nicht als Privileg einzelner Auserwählter angesehen werden, sie ist zum Glück (gepriesen sei unser Jahrhundert!) allgemein verbreitet unter den Menschen. Ebenso selten darum, wie man einen Mantel aus chinesischer Atlasseide sieht, ebenso selten sieht man auch einen unglücklich Liebenden. Und nun gar ein unglücklich Liebender sein wollen, ungeachtet daß er es vielleicht überhaupt nicht ist, ja seine Ehre darein setzen, das heißt ja der Welt geradezu irrsinnigen Trotz bieten; noch höher könnte der Wahnsinn doch einzig gehen, falls er annähme, er sei nicht der Einzige, sondern es gebe einen ganzen Menschenschlag von solchen Leuten. Wie bekannt, meinte Don Quichote, daß er selbst ein wandernder Ritter sei. In dieser Idee gipfelt seine Narrheit jedoch keineswegs; Cervantes ist tiefsinniger. Als Don Quichote von seiner Krankheit geheilt ist, und der Licentiat für seinen Verstand bereits zu hoffen beginnt, will er ihn doch ein wenig auf die Probe stellen. Er spricht mit Don Quichote über allerlei Dinge und läßt nun überraschend die Neuigkeit mit einfließen, daß die Mauren in Spanien eingefallen sind. So gibt es nur ein einziges Mittel zur Rettung Spaniens, erwidert Don Quichote. Welches dies Mittel sei, fragt der Licentiat. Don Quichote will es nicht verraten, nur vor Seiner rechtgläubigen Majestät, dem König von Spanien, will er sein Geheimnis offenbaren. Zuletzt gibt er den Bitten des Licentiaten doch nach, und dieser empfängt unter dem Siegel der Verschwiegenheit mit der Feierlichkeit eines Beichtvaters die Beichte jenes berühmten Ritters: „Das einzige Mittel ist, daß Seine rechtgläubige Majestät einen Aufruf ergehen läßt an alle wandernden Ritter“. Selber ein wandernder Ritter sein, das ist, wenn man so will, das Treiben eines halbverrückten Manns; jedoch ganz Spanien mit wandernden Rittern bevölkern, das ist wahrhaftig eine Tollheit (ein delirium furibundum). In dieser Hinsicht besitzt mein Held mehr Vernunft, denn er hat die

Zeit dahin verstanden, daß er selber der einzige Ritter von der unglücklichen Liebe ist.

Indes, wie gesagt, das Erotische beschäftigt mich weniger. Ich habe es benutzt, ebenso wie Constantin Constantius in einer Schrift „Die Wiederholung" (Kopenhagen 1844) einen Versuch, es zu benutzen, gemacht hat, einen Versuch, der indes nicht gelungen ist; denn Constantin Constantius ist in den Grenzen des Aesthetischen geblieben. Der Konflikt, daß jemand durch ein Mädchen Dichter wird und daher des Mädchens Ehemann nicht werden kann,
VI 376 liegt innerhalb des Aesthetischen. Der Konflikt selber kann auch nur einem jungen Menschen Kummer bereiten, und ich verstehe nicht, warum Constantin vor dem jungen Menschen verhehlt hat, was jeder Praktikus mit Leichtigkeit sieht, daß der Konflikt ohne jegliche Schwierigkeit sich beheben läßt. Er verheiratet sich mit ihr, so wird er nicht Dichter. Eben letzteres befürchtet er ja, tut genau das Gegenteil und wird es dadurch vielleicht. Wenn gleich nicht jedes Mädchen einen Mann zum Dichter machen kann, so vermag doch jegliches Frauenzimmer einen Mann daran zu hindern, es zu werden, falls er sich mit ihr verheiratet, dafür stehe ich ihm ein, und vor allem und am allersichersten hindert ihn daran jenes Mädchen, das im Begriffe stand, ihn zum Dichter zu machen, denn des Dichters Umgang mit der Muse unterscheidet sich erheblich vom ehelichen Verhältnis, und Musen, sowie alles, was zu den märchenhaften Wesen gehört, tun am besten, sich auf Abstand zu halten. Und sintemal für ein Wesen, welches Fleisch und Blut hat, nichts so genierend ist wie Muse sein sollen, wird die Angebetete natürlich alles tun, um ihn am Dichterwerden zu hindern und jedem Versuch von ihm entgegenkommen, ein wirklicher Ehemann zu werden. Der ganze Konflikt ist so beschaffen, daß er eine Erfindung meines Helden sein könnte, etwas, darauf er etwa verfallen ist, um seinem Mädchen etwas Angenehmes zu sagen. Es ist jedoch nicht meine Absicht, hierdurch den jungen Menschen zu kränken, denn er mag bei seiner Jugend es überaus gut meinen. Meinem Helden hingegen könnte es nicht widerfahren, sich Derartiges einfallen zu lassen, dazu ist er viel zu sehr entwickelt. Um so besser, will heißen, um so kräftiger nimmt das Mißverständnis sich aus.

Zum Glück existiert mein Held nun lediglich innerhalb meines

Gedankenexperiments. Er kann nicht in der Wirklichkeit dem ausgesetzt sein, daß er Gelächter weckt. Dies trifft sich recht glücklich, noch glücklicher aber ist es für mich, daß es nicht meine Aufgabe werden kann, mit ihm zu disputieren, oder ihn aus seiner dialektischen Schwierigkeit herauszudialektisieren. Würde solch ein Mensch wirklich existieren, so machte er einem Doctor seraphicus und einem Magister contradictionum im Verein wohl genug zu schaffen[374]; und zu guter Letzt vermöchten sie vielleicht doch nichts auszurichten. Was immer ihnen einfiele, er würde wohl antworten: dies hab ich selber bedacht, jetzt sollt ihr nur hören. Und darauf würde er den dialektischen Einwand vortragen, bis daß er ihn klein bei klein zu seinem Vorteil umgebogen hätte. Es hülfe auch nichts, wenn man ihn mit Pathos in Schrecken setzen wollte; denn er ist seinerseits Manns genug, das Allerentgegengesetzteste pathetisch auszudrücken.

Es ist darum auch keineswegs meine Absicht, mit dem, was ich VI 377
hier schreibe, ihn überzeugen zu wollen, wohl aber auf etwas Wahres aufzumerken in ihm und in vielem, das er sagt. Ihn lasse ich hingehn als das was er ist, als einen Schwärmer, einen Schwärmer eigner Art, und das nicht bloß deshalb, weil er ein paar Jahrhunderte zu spät gekommen ist. Börne[375] hat ein glückliches Wort gesprochen: „es gehe mit den einzelnen Schwärmern in ihrem gegenseitigen Verhältnis wie mit den Teilhabern an einer Tontine, allmählich mit ihrem Aussterben werde der Anteil für die Überlebenden größer". Was Wunders denn, daß er als Schwärmer ungemein schwärmerisch ist, sintemal das gesamte Kapital samt Zins und Zinseszins ihm zufließt. Indes ist er nicht bloß derart dem Grade nach ein Schwärmer eigner Art, sondern auch dadurch, daß er nicht unmittelbar Schwärmer ist, sondern in der Form des Betrugs, unter dessen Decke er frei seiner Schwärmerei lebt. Dies ist ein neuer Ausdruck für den Grad seiner Schwärmerei und tut dar, daß dieser der höchste ist. Ein unmittelbarer Schwärmer (und in diese Klasse gehören wesentlich alle bekannt gewordenen Schwärmer) wird entweder jauchzend durch allen Widerstand der Welt vorandringen und das Siegesbanner aufpflanzen, oder er wird mit seinem Leiden schwer auf dem Dasein lasten; d. h. aller seiner Schwärmerei zum Trotz vermag der Schwärmer doch nicht der Welt zu entraten. Dies begehrt mein Held ganz und gar nicht, er will

vielmehr die Schwärmerei mit einem entgegengesetzten Äußeren zudecken und ist seiner Sache so sicher, daß er die Schwärmerei nicht einmal äußern mag, oder, wie er auch meint, nicht äußern darf.

Ich lasse ihn somit hingehen als das was er ist und gehe über zur Sache. Ich will diese abhandeln, indem ich den Gedanken auf bestimmte Punkte zurückführe, bei deren Ausarbeitung ich ihn stets heimlich im Sinne haben werde.

§ 1

Was ist unglückliche Liebe, und welches ist die Spielart des Experiments?

In der unglücklichen Liebe hat die Dichtung seit undenklichen Zeiten einen Gegenstand für ihre glückliche Liebe besessen. Man hat gesagt, es sei eine Mutter am Krankenlager ihres Kindes gewesen, die das Gebet erfunden habe, das Gebet, welches auf eine
VI 378 Leidende dieser Art ja gerade berechnet ist; ebenso sollte man fast meinen, die unglückliche Liebe habe die Dichtung erfunden. Aber dann ist es ja nicht mehr als billig, daß die Dichtung zum Entgelt nun der unglücklichen Liebe zu Hilfe kommt, und es ist nicht zu viel, daß sie dies liebend gern tut.

Nun gehört zu einer unglücklichen Liebe, daß die Liebe gegeben ist, und daß es eine Macht gibt, welche diese verhindert, ihren glücklichen Ausdruck zu finden in der Vereinigung der Liebenden. Nichts ist leichter zu sagen als dies; indes diese triviale Aussage ist durch einen Abstand gleich dem des Durchmessers der Erdbahn davon getrennt, daß man der Dichter ist, welcher aus seinem göttlichen Pathos diesem Nichts die Fülle gibt und es erschafft mit seines Geistes Hauch. Ohne Pathos kein Dichter. Pathos ist das Erste; das Nächste aber, welches denn zum Pathos in einem wesentlichen und unbedingten Verhältnis steht, ist das Ausfindigmachen eines tiefsinnigen Gegensatzes. Wollte man nämlich alle Hindernisse für der Liebe Glück aufstellen, so gäbe es in dieser Skala ähnlich wie bei der des Thermometers eine Plusreihe und eine Minusreihe. Mit den unbedeutenden Hindernissen anfangend, würde man einen Punkt erreichen, an dem der Umschlag geschähe und alles anders würde. Es lassen sich nämlich Hindernisse von der Art denken, daß man sagen müßte: die der Liebe gestellte Aufgabe ist es, sie zu überwinden. Wählt der Dichter solch ein Hindernis als Grund für eine unglückliche Liebe, so ist er nicht Dichter, sondern Satiriker wider Willen. Mithin darf es nicht in der Macht der Liebe stehen, das Hindernis zu beheben.

So steht die Sache, oder richtiger, an diesem Punkt ist sie seit vielen Jahren stehen geblieben. Das Spätere hat den gemeinsamen Fehler, auf beiden Seiten zu hinken: weder an die Liebe als unbedingte Leidenschaft zu glauben, noch Hindernisse erster Güte zu wählen: man verhandelt mit den Gläubigern über eine Abschlagzahlung und diese lassen mit sich reden — und der Artikel ‚unglückliche Liebe' geht aus, und an seine Stelle tritt ein anderer Artikel: die einigermaßen glückliche Liebe; es kommt zu gleichem Maß und zum Einheitspreis für alle.

Die Dichtung hat mit der Unmittelbarkeit zu tun und kann sich daher eine Zwiefältigkeit nicht denken. Hegt man auch nur für einen Augenblick einen Zweifel daran, daß die Liebenden in ihrer Eigenschaft als Liebende schlechtweg beständig sind, in sich selber schlechtweg bereit sind zur Vereinigung der Liebe, nur einen einzigen leisen Zweifel, so wendet die Dichtung sich ab von dem Schuldigen und spricht: „für mich ist dies ein Zeichen, daß du nicht liebst, darum kann ich mich mit dir nicht einlassen". Daran tut die Dichtung auch wohl, auf daß sie nicht selber zu einer lächerlichen Macht werde, wie sie dies in späteren Zeiten oft genug geworden ist, vermöge einer auf Mißverständnis beruhenden Wahl ihrer Aufgaben.

Ohne Leidenschaft kein Dichter und ohne Leidenschaft keine
Dichtung. Soll man daher ausbrechen aus der Dichtung und aus
jener Abgerundetheit, innerhalb deren Zwiefältigkeit Raum nicht
hat, soll dies Herausgehen nicht zu einem Sichverlieren in Ver- VI 379
ständigkeit und Endlichkeit werden, so muß es geschehen vermöge
einer höheren Leidenschaft. Der Dichtung die Leidenschaft nehmen
und das Verlorene ersetzen durch Dekorationen, liebliche Gegenden, beifallswürdige Waldpartien, bezaubernden Theatermondenschein ist Verlorenheit und Verderben, ebenso wie wenn man für die Minderwertigkeit der Bücher Ersatz bieten wollte durch die

Eleganz des Einbandes, etwas das doch nicht für Leser sondern höchstens für Buchbinder Interesse hat. Der Erwiderung die Leidenschaft nehmen und stattdessen das Orchester einen Tusch spielen lassen, heißt die Dichtung prostituieren und ist komisch, ebenso wie wenn in der Wirklichkeit der Liebhaber an der Stelle des Pathos in der Brust eine Spieldose in der Tasche hätte für den entscheidenden Augenblick.

Erst wenn zur Leidenschaft der Dichtung eine höhere Leidenschaft hinzutritt, erst dann hebt jene Zwiefältigkeit an, von der hier gesprochen wird. Die Aufgabe wird nun in sich selber dialektisch, und dies kann und darf die Aufgabe des Dichters niemals sein. Freilich hat z. B. unglückliche Liebe ihre Dialektik, jedoch sie hat diese nicht in ihr selbst, sondern außerhalb ihrer. Was in sich selber dialektisch ist, enthält in sich selber den Widerspruch. Des Dichters Aufgabe hingegen hat Einfalt, denn der Widerspruch kommt von außen. Aus sich selber müßte die unglückliche Liebe glücklich werden, dessen ist der Dichter gewiß; aber das Unglück ist, daß außerhalb ihrer eine Gewalt ist, welche das verhindern will. In der Dichtung verhält die Liebe sich darum nicht zu sich selbst, sondern sie verhält sich zur Welt, und dies Verhältnis entscheidet, ob sie unglücklich wird. Sobald daher der Leidenschaft Klangfülle aus dem Einen heraus aufhört, sobald in der Leidenschaft selber Widerstreit ist, ja, sogar wenn in neuer Klangfülle eine höhere Leidenschaft sich kundtut, sobald man darin den Zusammenklang des Zwiesinns vernimmt, kann sich der Dichter darauf nicht einlassen. Ist Liebe die Leidenschaft, so muß sie in sich selbst undialektisch sein, damit die Dichtung ‚in ihm' einen unglücklich Liebenden erkenne. Ist Vaterlandsliebe die Leidenschaft, so muß sie in sich selbst undialektisch sein, und auch wenn der Held vermöge seiner Leidenschaft ein erotisches Verhältnis aufopfert, nennt man ihn nicht einen unglücklich Liebenden, sondern gibt ihm den Namen nach der Leidenschaft, die in ihm undialektisch ist. Der vaterländische Held hat somit in seiner Begeisterung fürs Vaterland nicht etwa ein Verhältnis zu sich selbst; oder auch, die Begeisterung hat nicht ein Verhältnis zu ihr selber, sondern sie hat ein Verhältnis zur Umwelt, und innerhalb dessen auch zu einem Liebesverhältnis, zu einem Pietätsverhältnis; dergestalt muß die Dichtung es verstehen. Der aesthetische Held muß seinen

Widerstand außerhalb seiner, nicht in sich haben. Daß es mit Hamlet so sich nicht verhält, ist vielleicht gerade die Mißlichkeit; darüber später mehr.

Zurück zur unglücklichen Liebe. Wird man die Überragenden unter jenen Unglücklichen betrachten, diejenigen, welchen das Singen und Sagen der Dichter mit Ruhm gelohnt hat, so muß man sofort sehen, daß die Leidenschaft unmittelbar ist und der Wider- VI 380
spruch von draußen kommt, ungefähr ähnlich dem Widerspruch, zu dem der Prediger beim Aufgebot der Verlobten auffordert; denn auch er denkt ja nicht daran, daß in der eigenen Leidenschaft der Liebenden sich etwa ein Widerspruch finden sollte, alsdann nämlich müßte er doch wohl ebenso wie der Dichter, also mit der Vollmacht eines Dichters, über den Schuldigen den Spruch tun: er liebt nicht. Petrarca sieht Laura mit einem andern verbunden, Abälard fühlt sich von Héloise nicht durch seinen geistlichen Stand getrennt (denn Liebe ist die unbedingte Leidenschaft), sondern wird getrennt durch Fulberts Zorn, ach, und durch dessen Grausamkeit; Romeo empfindet nicht den Familienhaß als das Trennende, weil dieser vermöge des Pietätsverhältnisses zum Vater auch in ihm sich regt, sondern was ihn wirklich von Julia trennt, ist der Familienstreit; Axel[376] empfindet keinerlei Gewissensbedenken der nahen Verwandtschaft halben, und Walborg begreift lediglich, daß sie und Axel einander lieben, nein, die Kirche mit ihrer äußerlichen Gewalt ist das sie Trennende: nimm jene Hindernisse fort, und jene Unglücklichen sind die Glücklichsten aller Liebenden.

In unsrer Zeit nimmt sich unglückliche Liebe nicht gut aus. Man sieht Romeo und Julia, weiß aber nicht recht, was man daraus machen soll; wenn's hoch kommt, weint die Galerie wirklich, im übrigen weiht man eher Shakespeare als Julia eine Träne, und man fühlt sich im Theater in einer nahezu peinlichen Lage. Dies kommt nun ganz einfach daher, daß Liebe wie alle Leidenschaft dem gegenwärtigen Geschlecht dialektisch geworden ist. Man kann eine solche unmittelbare Leidenschaft nicht begreifen, und sogar der Ladengehilfe eines Grünkramhändlers vermöchte in unsrer Zeit Romeo und Julia erstaunliche Wahrheiten mitzuteilen. Es könnte vielleicht scheinen, als ob diese Mißlichkeit sich überwinden läßt, indem man sie in das Stück mit hineinnimmt und dort zum Bewußtsein bringt, so daß das Publikum sich nicht gänzlich fremd im Theater fühlt, sondern wenigstens in dem Ladengehilfen sich selbst wiedererkennt. Das Unglück ist, daß dies nichts hilft, denn alsdann müßte der Ladengehilfe, ein nüchterner Philosoph, ein Leihhausverwalter, oder wen man sonst zum Vertreter des Verstandes wählen möge, als Sieger abtreten; denn die schäbige Seite der Sache ist nun eben die Wahrheit. Geschähe das nicht, so würden Romeo und Julia nicht allein fremd vor den Zuschauern dastehn, sondern in deren Augen verlieren als halsstarrige Personen, deren Tod nicht tragisch wäre sondern wohlverdient wegen Verstockung gegen alle Räson. Shakespeare hat in seinem Trauerspiel ja auch widersprechende Anschauungen zu Worte kommen lassen, sein endgiltiges Pathos aber macht ihn selbst ebenso sicher, wie Romeo und Julia undialektisch sind in ihrer Leidenschaft.

VI 381 Falls nun die Menschen das Dichterische verschmähen, jedoch höhere Leidenschaft nicht besitzen, was mag dann die Folge davon sein? Natürlich die, daß man sich in halbe Gedanken verirrt, und in Einbildungen und Selbsttäuschungen sich glücklich fühlt, und diejenige Generation wird, welche am meisten rennt, aber am wenigsten erkennt, welche wie keine andere zu versprechen und zu schwindeln weiß, und dies ließe sich a priori beweisen. Während man also fast nie von einem unglücklich Liebenden sprechen hört, besteht um so größerer Wettbewerb darum, daß man es gewesen sei, daß man sogar mehr als bloß einmal gelitten habe, was jene Unglücklichen gelitten, indes diese Leiden auch überwunden habe u.s.w. u.s.w. u.s.w.. Die Dichtung hat für solche Menschen keine Verwendung; sie heischt einen wesentlichen Ausdruck für das, was man wesentlich gelitten und läßt sich weder an den Versicherungen von ein paar Freundinnen genügen, welche die Leiden von ihr gesehen haben, noch an dem verläßlichen Zeugnis eines Seelsorgers, sogar dann nicht, wenn dieser etwa den spekulativen Blick besäße und die notwendige Entwicklung schaute. O, was für lockende Früchte für einen komischen Dichter, und wenn er dermaleinst ersteht, so ist meine einzige Sorge, er möge, bezaubert von dem Anblick der Unerschöpflichkeit des Stoffes, sich totlachen und somit verhindert sein, etwas zu leisten. In solch einem Lustspiel wäre gerade ein Dichter als Hauptfigur gut verwendbar; gerade Scribe z. B. ist komisch, seinem vielleicht unver-

gleichlichen Talent zum Trotz, und zwar deshalb komisch, weil er sich selbst nicht verstanden hat, weil er *Dichter* sein will und gleichwohl vergessen hat, daß Dichtung und Leidenschaft unscheidbar sind, deshalb komisch, weil er die Zeit befriedigt hat als *Dichter*: dies alles ist komisch im Sinne des Aristophanes. Scribe's ganzes Dasein ist ein Widerspruch ähnlich dem, welchen er in seinen Stücken so oft darstellt. Ich will als Beispiel seine ‚Cameraderie', sein Rezeptionsstück nehmen, dessen meisterliche Wirkung man gar nicht genug bewundern kann. Hier wird der erbärmliche Zusammenhalt unter mittelmäßigen Subjekten geschildert, welche auf allerlei verächtlichen Wegen sich vorzudrängen wissen mit ihrer Aufdringlichkeit; ein junger Anwalt indes verachtet diese Wege; er wird deshalb Gegenstand für die Verfolgungen der Gaunerei und Lüge. Was geschieht? Eine junge Dame ist so gütig, sich für ihn zu interessieren, sie ist mit Intriguen nicht unbekannt, alles gelingt ihr, und der Anwalt kommt zu Würden und Ehren. Das Ergebnis ist mithin: daß die eine Kameraderie über die andre siegt, daß die eine Intrigue die andre entkräftet. VI 382
Als die Rubrik ‚unglückliche Liebe' in Fortfall kam, erhielt man anstelle der Gegensätze eine einzige Sorte: ‚die einigermaßen glückliche Liebe'; ganz ebenso kommen denn hier die Gegensätze: Ehrlichkeit und Unehrlichkeit, Tugend und Erbärmlichkeit in Fortfall, und man erhält nur eine einzige Sorte: die einigermaßen ehrliche Ehrlichkeit, oder es ist noch ein bißchen mehr nötig als Ehrlichkeit.

Sofern die Liebe nun selber dialektisch geworden ist, muß die Dichtung sie fahren lassen; denn der Umstand, daß sie dialektisch geworden ist, bedeutet erstlich, daß der Dichter seine Aufgabe nicht zu fassen bekommt, nicht dahin gelangt, anzufangen, weil eine Einleitung, deren Ausgang kritisch ist, sich eingestellt hat; und bedeutet zum andern, daß keinerlei Sicherheit gewährleistet ist für einen glücklichen Ausgang, sobald nur alle äußerlichen Hindernisse fortgeräumt sind; und bedeutet zum Dritten und Letzten, daß im Todesfalle keinerlei Sicherheit dafür gegeben ist, daß es sich um der Liebe oder der Leidenschaft Heldentod handelt, sintemal es vielleicht bloß eine fiebrige Erkältung ist, an der man stirbt.

Ist es nun zum Bewußtsein gekommen, daß die Liebe als eine

unbedingte Leidenschaft aufgegeben ist, so muß die Dichtung sie verlassen; und wo ein Aas ist, da sammeln sich die Adler[377], hier in Gestalt von Novellisten, Feuilletonisten und Hermaphroditen — d. h. sozusagen komischen Dichtern, welche nicht mit Bestimmtheit wissen, ob sie Tragiker oder Komiker sein wollen, und daher keines von beiden sind, denn ohne Leidenschaft kein Dichter, auch nicht ein komischer. Soll die Dichtung nicht aufhören zu existieren, so muß sie eine andre Leidenschaft entdecken, welche für die Dichtung ebenso viel Recht besitzt wie die Liebe es gehabt. Der Nachweis würde nicht schwer fallen, daß es solch eine Leidenschaft nicht gibt, eben um der eigentümlichen Synthesis des Erotischen willen. Ich möchte dies indes hier nicht näher ausführen, dafür aber auch von niemand verlangen, daß er glaubt, ich könne es, da ich es nicht tue. Es gibt jedoch auch andere in den Augen der Dichtung berechtigte Leidenschaften. Ebenso wird auch das Gleiche, welches den Glauben an die Liebe hat kraftlos werden lassen, daß man nämlich des Sinns für die Unendlichkeit ermangelt, den Glauben an die andern Leidenschaften kraftlos machen. So wird man sich denn, von der Dichtung verlassen, in die Endlichkeit hinunterarbeiten, bis man endlich bei der Politik in schlechtem Sinne anlangt[378]. Wird die Politik mit der Leidenschaft der Unendlichkeit erfaßt, so wird sie natürlich Helden liefern können, wie dies in der Antike der Fall gewesen ist, allwo man denn auch an die Liebe geglaubt hat. In der Welt der Unendlichkeit gilt, daß wer in *Einem* strauchelt in allem strauchelt[379]; denn wer Sinn für Unendlichkeit hat, hat Sinn für jegliche Unendlichkeit. Die
VI 383 gleiche Reflexion, welche die Liebe verschlungen hat, wird auch die unendliche Leidenschaft der Politik verschlingen. Ein heldenhafter Mann in solch einem Zeitalter ist ein Mann, der auf ein endliches Ziel hin arbeiten will, für dies Ziel, wie er sagt, das Leben opfern will, was ihm vermöge eines Irrtums vielleicht auch widerfährt, worauf er vermöge eines neuen Irrtums als Held kanonisch wird. Eine solche Figur ist für die Dichtung indes gänzlich unbrauchbar (es sei denn, daß man ihn etwa wie den Wursthändler in den Rittern des Aristophanes verwendete), er ist unpoetisch und widerspricht sich selbst. Insofern ist es durchaus folgerichtig, daß in unsrer Zeit die Politik ihre Verehrer nicht zu Opfern begeistert; denn sie begeistert überhaupt nicht, ansonst kommt es

mit den Opfern von selbst. Es ist ein Widerspruch, wenn man für ein endliches Ziel das Leben opfern will, und ein solches Verhalten ist in der Dichtung Augen komisch, ebenso wie wenn man sich zu Tode tanzen will, oder mit Sporen gehen bei Säbelbeinigkeit, in diese fallen und das Leben lassen — lieber als daß man es unterläßt, mit Sporen zu gehen. O, was für eine lockende Aufgabe für einen komischen Dichter, aber ohne Leidenschaft kein Dichter, auch nicht ein komischer. An Stoff wird es ihm nicht fehlen, denn der Politik fehlt es nicht an Dienerschaft. Eine brauchbare Hauptfigur könnte ein Politiker abgeben, welcher aller seiner Klugheit zum Trotz begeistert sein will, Opfer sein will, aber sich nicht opfern will, welcher fallen, aber selber Zeuge der Akklamation sein will, weswegen er nicht dahin gelangen kann zu fallen, und vielleicht im letzten Betracht an ihm selber den einzigen ihm im Wege stehenden Menschen hat; ein Begeisterter, der keine Ahnung davon hat, was Begeisterung ist. Sein Pathos hätte seinen Gipfel in jener unbegreiflicherweise nicht längst schon verbrauchten Redensart: „Ich will mein Leben opfern, niemand soll sagen, daß es mir an Heldenmut fehle, dieser blinde Mut aber ist nicht das Höchste, darum übe ich Selbstbeherrschung — und fahre fort zu leben; darum übe ich Selbstbeherrschung — und lasse statt meiner einen andern, einen weniger Wichtigen fallen. Klatscht Beifall. (Plaudite.)“ Es ist ja in der Ordnung, daß ein Politiker, der klug ist, auch genügend Klugheit besitzt, um einzusehn, was dem Einfältigeren verborgen ist, nämlich, wie wichtig sein Leben ist für den Staat, daß

wenn er lang genug wird leben,
alle Nöte sich beheben;

aber Begeisterung ist das nicht. Alle Begeisterung liegt in der Leidenschaft der Unendlichkeit, wo Gevatter Schuster und Schneider mitsamt ihrer Gescheitheit entschwinden als ein Nichts. Gott helfe der Dichtung, mit Hilfe der Politik wird sie auf Wasser und
Brot gesetzt! Bereits Aristoteles hat die Menschen in Theologen, VI 384
Philosophen und Politiker eingeteilt.[380] Die Politiker kommen zuletzt, ganz zu schweigen von den Politikern der Endlichkeit, welche der Leidenschaft der Unendlichkeit Valet sagen, sie kommen zuallerletzt, oder richtiger, wenn alles vorbei ist; das tut Dünnbier

stets. Im Glauben an sich selbst ist keine Begeisterung, noch weniger denn im Glauben an sein bißchen Krämerklugheit; alle Begeisterung gründet sich entweder im Glauben an seine Leidenschaft oder tiefer im Glauben an eine Vorsehung, welcher einen lehrt, sogar des größten Menschen Tod sei nur ein Scherz für eine Vorsehung, welche Legionen Engel im Hintergrunde bereit hat, und darum solle er nur getrost in den Tod gehen und der Vorsehung seine gute Sache und dem Dichter seinen Nachruhm überlassen. Gleich wie man in unsrer Zeit also selten einen unglücklich Liebenden sieht, ebenso selten sieht man einen Märtyrer in der Welt der Politik, dahingegen besteht ein allgemeines Wetteifern in der Redensart: „Zum Teufel, man wäre ja dazu bereit gewesen, ja, man wäre es noch, falls man nicht einsähe, daß es größer ist u.s.w.“; und die Politik hat eine unzählige Schar von Titularhelden und Märtyrervolontären, nicht so unter Waffen als vielmehr auf der Bierbank (inter pocula). Sie besitzen alle jenen hohen Sinn des Heldentods, haben aber auch mit ebenso heldenmütiger Weisheit eingesehen, „daß es für das Ganze, für die Gesamtheit besser sei, daß sie es der Menschheit schuldig seien, weiterzuleben — und sich zuzuprosten.“ Nur ein Schritt ist noch übrig, und dieser ist ein wahres Non plus ultra, nämlich wenn solch eine kannegießernde Generation von Lebensversicherern es für eine Ungerechtigkeit der Dichtung hält, daß sie ihre Helden nicht unter den würdigen Zeitgenossen wählt. Aber man tut der Dichtung Unrecht, oder richtiger, man möge sie nicht allzulange reizen, auf daß es nicht damit ende, daß sie nach Art des Aristophanes den ersten besten unter den Wursthändlern nehme und zum Helden mache. Auf andre Art begeistert sich die Dichtung nicht am auftrumpfenden Schlag auf den Tisch.

So scheint denn die Zeit der Dichtung vorüber zu sein, die tragische nämlich. Ein komischer Dichter wird Publikum vermissen, da auch Publikum nicht zu gleicher Zeit an zwei Stellen zu sein vermag: auf der Bühne und im Zuschauerraum. Überdies hat ein komischer Dichter seine eigene Zuflucht bei einem Pathos, welches außerhalb des Stücks liegt, und beweist durch sein Dasein, daß die Zeit der Dichtung vorüber ist. Wer seine Hoffnung auf ein spekulatives Drama setzen möchte, dient der Dichtung nur
VI 385 insofern, als er dem Komischen dient. Sollte es einem Hexen-

meister oder Hexenweib gelingen, solch ein Drama zustande zu bringen, sollte dies Drama unter Beistand eines spekulativen Thaumaturgen oder Wundertäters (denn ein Dramaturg würde nicht zureichen) als d i c h t e r i s c h e Arbeit der Forderung der Zeit genugtun, so wäre diese Begebenheit ein gutes Motiv zu einer Komödie, wiewohl sie diese komische Wirkung durch so viele Voraussetzungen hindurch erreichte, daß sie deshalb populär nicht werden könnte.

Daß die Zeit der Dichtung vorüber ist, bedeutet im Grunde, daß die Unmittelbarkeit vorüber ist. Ganz ohne Reflexion ist die Unmittelbarkeit nicht, sie hat in der Auffassung durch die Dichtung bedingt Reflexion, sofern sie ihren Widerstand außerhalb ihrer hat. Erst dann aber ist die Unmittelbarkeit eigentlich vorüber, wenn die unmittelbare Unendlichkeit von einer ebenso unendlichen Reflexion erfaßt werden soll. Im gleichen Augenblick sind alle Aufgaben verwandelt und dialektisch in sich selber geworden; keine Unmittelbarkeit erhält Erlaubnis aus sich selbst zu stehen oder ist allein dem, daß sie mit etwas anderm streiten muß, ausgesetzt, da sie mit sich selber streiten muß.

Zurück zur Liebe. Wenn die Liebe nicht aus sich selber steht, so heißt das, daß sie nicht, wie in der Dichtung, als etwas ihrerseits fest Gegebenes ihre Hemmung lediglich außerhalb ihrer hat, sondern in ihr selber ihre Hemmung erhält. Dergestalt entsteht eine Aufgabe, welche jeder Dichter verwerfen muß, die aber gleichwohl ihre Bedeutung hat, eine Aufgabe, die vielfältig abgewandelt werden kann, und eine dieser Abwandlungen hab ich mir in meinem psychologischen Experiment erkoren. Die Liebe ist gegeben, Hindernisse zeigen sich nicht, im Gegenteil Friede und Sicherheit, eine Windstille sind ihr günstig. Jedoch, indem sie in die unendliche Reflexion überführt werden soll, stößt sie auf Schwierigkeiten. Die Schwierigkeiten erstehen somit nicht aus einem Zusammenstoß der Liebe mit der Welt, sondern dadurch, daß sie sich in der Individualität reflektieren soll. Das Problem ist so dialektisch, daß der Umstand, daß die Liebe derart anstößt, auch zu dem umgekehrten Ausdruck verführen kann: ist denn die Liebe wirklich gegeben? Handelt es sich nun nicht um einen religiösen Konflikt, so ist das Problem überhaupt nicht vorhanden, es sei denn als Geschwätz; denn das Dichterische ist herrlich, das Religiöse noch herrlicher, jedoch was zwischen beiden liegt, ist Geschwätz, wie viel Talent man auch daran verschwende.

Die Liebe stößt nun an, oder es erscheint dem Menschen doch so, und er sagt von sich selber aus, er habe eine unglückliche Liebe. Ich drücke mich ganz und gar unentschieden aus und habe VI 386 nicht die gleiche Leidenschaft wie mein Ritter, aber ich versuche ihn zu verstehen. Der Dichter würde ihn nun fragen: „was steht denn im Wege, sind es grausame Eltern, die besänftigt werden müssen, ist es Familienhaß, der ausgesöhnt werden muß, muß ein päpstlicher Dispens eingeholt werden, muß ein andrer aus der Welt geschafft werden, oder soll ich (ach, ich muß über mich und meine Stellung trauern) dir ein Scherflein zuwerfen, brauchst du Geld, um glücklich zu werden, nun wohl — wenn du etwa nicht lieber in einem der vier vorhergehenden Fälle das wollen solltest, so mach ich dich unglücklich, aber zum Helden. Der Betreffende lehnt ab. Da wendet der Dichter sich ab und spricht: ja, lieber Freund, so liebst du nicht. Die Dichtung ist bereit, alles zu tun der Liebe halben, bereit, die glückliche Liebe zu verschönen, bereit, die unglückliche zu besingen, *einer* Sache aber muß sie in ihrer liebenswerten Naivität sicher sein: der Liebe; sie möchte nicht, nachdem sie alles getan, plötzlich entdecken müssen, daß es umsonst gewesen ist, weil es sich um andre Hindernisse handelte.

Um die Aufgabe festzuhalten, muß man fort und fort Doppelbewegungen machen. Wer dies nicht vermag und es nicht mit Leichtigkeit vermag, sieht die Aufgabe überhaupt nicht, und Heil sei ihm alsdann, falls er die Freude an der Dichtung nicht verloren hat. Vermag er es aber, so weiß er auch: die unendliche Reflexion ist nichts Fremdartiges, sondern ist das sich selber Durchsichtigsein der Unmittelbarkeit.

Nimmt man an, die Liebe habe die unendliche Reflexion glücklich durchgangen, so ist sie etwas anderes, so ist sie religiös; scheitert sie unterwegs, so scheitert sie am Religiösen. Vielleicht sieht man dies nicht sofort, weil man recht oft sogar unter dem Namen der unendlichen Reflexion eine endliche Reflexion denkt. Jeder endlichen Reflexion gegenüber ist die Unmittelbarkeit wesentlich das Höhere, und es ist für die Unmittelbarkeit eine Kränkung, wenn sie mit einer solchen sich einlassen soll. Dies verstehen die Dichter sehr gut, und deshalb kommen die Hindernisse von außen,

und das Tragische liegt eben darin, daß diese die Macht haben, in gewissem Sinne über die Unendlichkeit der Unmittelbarkeit zu siegen; bloß Spießbürger und hermaphroditische Dichter verstehen es anders. Eine unendliche Reflexion indes ist unendlich viel höher als die Unmittelbarkeit, und in ihr verhält die Unmittelbarkeit sich zu sich selbst in der Idee. Aber der Ausdruck ‚in der Idee' bezeichnet ein Gottesverhältnis im weitesten Umfang, und inner- VI 387
halb dieses Umfangs gibt es eine Mannigfaltigkeit näherer Bestimmungen.

Auch in der Unmittelbarkeit ist die Idee, der Dichter sieht diese ja, für seinen Helden aber ist sie nicht, oder dieser ist in seinem Verhältnis zu ihr nicht im Verhältnis zu sich selbst. Eben deshalb ist er in seiner Leidenschaft nicht frei. Die Freiheit bedeutet nämlich keineswegs, daß er seine Leidenschaft aufgeben soll, sondern die Freiheit bedeutet, daß er jene Leidenschaft der Unendlichkeit, mit der er sie aufgeben könnte, dazu braucht, sie festzuhalten. Solch einen Gedanken vermag der dichterische Held überhaupt nicht zu denken, und der Dichter darf ihn diesen auch nicht denken lassen, denn im gleichen Augenblick hört er auf, dichterische Gestalt zu sein.

In der unendlichen Reflexion wird somit die Freiheit gewonnen, möge diese nun bestätigend oder verneinend sein. In meinem Experiment habe ich den Einspruch der Freiheit gewählt, so zeigen sich die Doppelbewegungen am deutlichsten. Er hält einerseits seine Liebe fest, er hat von außen her kein Hindernis, alles lächelt vielmehr günstig und droht, sich in Schrecknis zu verwandeln, falls er seinem Wunsche nicht folgt, droht ihm mit dem sichern Verlust der Ehre, mit dem Tod der Geliebten: also er hält einerseits seine Liebe fest und anderseits, daß er dennoch trotz allem sie nicht verwirklichen will noch kann.

Die Stellung ist derart dialektisch, daß man sich nicht übereilen darf, sonst gibt es nichts als Verwirrung. Aber ist es wahr, daß die Zeit der Unmittelbarkeit vorüber ist, so gilt es, das Religiöse zu erreichen, alles Vorläufige ist nutzlos. Und für jemand, für den es wahr ist, daß die Zeit der Unmittelbarkeit vorüber ist, wird auch die schwierigste dialektische Bewegung populär werden; im übrigen bin ich durchaus bereit, zuzugeben, daß mein Experiment weit davon ist, populär zu sein. Nach der gewöhnlichen Mei-

nung sind es die vielen Kunstausdrücke in der wissenschaftlichen Phraseologie, welche eine Darstellung unpopulär machen. Dies ist indes eine ganz und gar zufällige Art von Unpopularität, welche wissenschaftliche Wortemacher z. B. mit Schiffern gemeinsam haben, die ebenfalls unpopulär sind, weil sie einen Jargon sprechen, aber durchaus nicht, weil sie etwa tiefsinnig redeten. Im Lauf der Zeit kann ja auch eine philosophische Terminologie geradenwegs zum gemeinen Mann durchdringen, und mithin ist es mit jener Unpopularität eine Zufälligkeit gewesen. Es ist der Gedanke, nicht die Zufälligkeit des Ausdrucks, was eine Darstellung wesentlich unpopulär macht. Ein systematischer Knopf- und Troddelmacher kann unpopulär werden, ist es wesentlich jedoch nicht, sofern er bei dem höchst Absonderlichen, das er sagt, (ach, auch dergleichen ist eine populäre Kunst) nicht viel denkt; Sokrates dagegen ist der unpopulärste Mann in Griechenland gewesen, eben deshalb, weil er das Gleiche sagte wie der einfältigste Mensch,
VI 388 aber unendlich viel dabei dachte. Bei einem einzigen Gedanken ausharren können, ihn aushalten mit ethischer Leidenschaft und geistiger Unerschrockenheit, die innere Zwiefältigkeit dieses einen Gedankens mit gleicher Unparteilichkeit gewahren und in einem und dem Gleichen zugleich den tiefsten Ernst und den höchsten Scherz erblicken, die tiefste Tragik und die höchste Komik, ja, das ist zu allen Zeiten unpopulär für jedermann, der nicht begriffen hat, daß die Unmittelbarkeit vorüber ist. Was aber wesentlich unpopulär ist, das kann auch nicht auswendig gelernt werden. Hierüber jedoch an andrer Stelle.

Die Aufgabe, die ich mir gestellt habe, ist mithin die folgende: die Geschichte einer unglücklichen Liebe, allwo die Liebe in sich selber dialektisch ist und in der Krise der unendlichen Reflexion einen religiösen Anstrich gewinnt. Man sieht leicht, wie die Aufgabe sich von jeder andern Geschichte einer unglücklichen Liebe unterscheidet; man sieht es leicht, wenn man zu gleicher Zeit beide Teile sieht, ansonst sieht man vielleicht keinen der beiden Teile.

§ 2

Mißverständnis als tragisches und komitragisches Prinzip, im Experiment benutzt

Wenn Claudius[381] sagt, Mißverständnis komme eigentlich daher, daß man einander nicht versteht, so sind in seiner naiven Laune als in einer Unmittelbarkeit die Unterschiede verborgen, welche, sobald sie ans Licht gezogen werden, das Komische und das Tragische sichtbar machen; und deshalb gewinnt auch jene naive Aussage einen unterschiedlichen Sinn, je nach der entgegengesetzten Leidenschaft, mit der sie betont werden kann. Das Tautologische der Aussage kann ebenso gut auf die komische wie auf die tragische Leidenschaft als Reizmittel wirken, das Wort selbst gehört der Laune. So könnte z. B. Sokrates in der unterminierten Situation des Gesprächs sehr gut mit Ironie sagen: recht sonderbar, bei den Göttern, lieber Polos, daß wir einander nicht verstehen; „es muß das Mißverständnis sein". Tragisch würde ein Begeisterter sprechen: ‚o Mißverständnis, daß wir einander nicht verstehen können!' Von einem Einheitspunkt des Komischen und des Tragischen her wird die Aussage nicht launig sondern tiefsinnig sein. Sobald man nämlich zwischen zwei das Mißverständnis setzt, wird VI 389
sich, solange sie einander mißverstehen, kein andrer Grund angeben lassen als das Mißverständnis. Kann der Grund des Mißverständnisses angegeben werden, so ist die Scheidemacht (discrimen) des Mißverständnisses behoben. Die Zwei können darum doch gern dabei bleiben, einander mißzuverstehn, verstehen aber einander im Grunde zugleich dennoch.

Das Mißverständnis ist nun überall, wo man das Ungleichartige zusammenbringt, jedoch wohl zu merken ein Ungleichartiges von der Art, daß von einem Verhältnis die Rede sein kann; denn ansonst *ist* das Mißverständnis nicht. Darum kann man sagen, daß dem Mißverständnis ein Sichverstehen zugrunde liegt, will heißen die Möglichkeit eines Sichverstehens. Ist die Unmöglichkeit zur Stelle, so ist das Mißverständnis nicht zur Stelle. Mit der Möglichkeit hingegen ist das Mißverständnis und ist, dialektisch gesehen, sowohl komisch als tragisch.

Mit dieser Zwiefältigkeit des Mißverständnisses kann die Dichtung sich jedoch nicht einlassen; die Dichtung muß das Mißverständnis entweder komisch verwenden oder tragisch. Insofern tut sie recht daran, den Grund des Mißverständnisses in etwas Drittes außerhalb zu verlegen, bei dessen Entfernung die Mißverstehenden einander verstehen. Liegt nämlich das Mißverständnis in dem Verhältnis selber, welches das Ungleichartige zueinander hat, so ist das Verhältnis dialektisch und das Mißverständnis ebenso komisch wie tragisch. Ist es hingegen ein Drittes außerhalb, welches die zwei im Mißverständnis scheidet, so sind die Zwei aufs Wesentliche gesehen nicht Mißverstehende sondern Verstehende, und das sieht man, wenn das Dritte außerhalb fortgenommen wird.

Um in Beispielen und Vergleichen nicht zu weit zu gehen: wenn die Dichtung das Mißverständnis in Beziehung auf eine unglückliche Liebe verwendet, so verlegt sie das Mißverständnis in eine fatale Begebenheit, in ein rätselhaftes Widerfahrnis, in eine boshafte oder törichte Person, welche durch ihre Einmischung zwischen die Zwei das Mißverständnis setzt. Freilich muß die Dichtung die reale Möglichkeit des Sichverstehens gesichert wissen, denn sonst kann sie gar nicht anfangen. Nimm darum jene Begebenheit, jenes Widerfahrnis, jene Person fort, so verstehen die Zwei einander; denn das Hindernis bewirkt lediglich, daß sie nicht dahin gelangen können. Ein solches Mißverständnis ist nicht etwa zugleich komisch und tragisch. Das Verhältnis des Mißverständnisses ist eindeutig, und dasjenige, dadurch es tragisch wird, ist der Umstand, daß der Gehalt der Liebe in die Leidenschaft der Liebe gesetzt ist. Wird der substantielle Gehalt aus den Mißverstehenden fortgenommen, so ist das Mißverständnis komisch, die Mißverstehenden werden eben vermöge des Mißverständnisses
VI 390 offenbar in ihrer Hohlheit, und das Lachen über sie ist das Gericht, durch welches das Dasein versöhnt und befriedigt wird.

Daß das Entgegengesetzte zu gleicher Zeit ist, das ist eine Betrachtung, welche der Dichtung allzu dialektisch ist. Wenn die romantische Dichtung nun auch das Komische und das Tragische zusammenfügt, so geschieht es doch in der Form der Entgegensetzung, und zuhöchst in der negativen Einheit einer Lebensanschauung, die in der Poesie nicht gegeben ist, sondern von ihr aus gleichsam erahnt wird. Aber es ist nicht das Gleiche, welches zugleich komisch und tragisch ist, vielmehr ist der Gegensatz das Trennende, welches mit dem gleichen Druck, dadurch es das Niedrig-Komische hinunterdrückt, das Lyrische in die Höhe hebt. — In der Unmittelbarkeit ist fort und fort nur das Eine, und die höchste Gestalt des Zusammenhangs ist, daß wenn das eine gewesen ist, das andere hinterherkommt. In Hinblick auf einen sinnlichen Eindruck, den des Angenehmen und des Unangenehmen, entwickelt Sokrates diese Aufeinanderfolge gegen Anfang von Platos Phaidon[382] so schön und in einer die Sache veranschaulichenden Situation. Man sieht ihn dasitzen und mit Wohlbehagen das Bein reiben, von dem die Fessel abgenommen worden ist; durch ihre Entfernung empfindet er nunmehr Wohlbehagen, wohingegen sie ihn geschmerzt hatte, als sie noch da war. Er meint, es wäre eine Aufgabe für Äsop gewesen, eine Fabel zu dichten, die erzähle, wie die Götter, weil sie die widerstreitenden Gewalten des Angenehmen und des Unangenehmen anders nicht vereinigen konnten, diese an den Endpunkten miteinander verknüpft hätten. Sokrates räumt somit freilich ein, daß das Angenehme und das Unangenehme nicht zugleich sind, in seinem ironischen Bewußtsein jedoch findet sich eine negative Einheit beider. Gleichermaßen sind die Gegensätze der Dichtung nur als einander ablösend da. Darum vermöchte sie den Tod des Sokrates niemals zu erfassen. Hier ist alles abgeschlossen, gleichwohl könnte die Dichtung nur eine der beiden Seiten wählen, hier wohl das Tragische. Höchstens könnte sie einen komischen Gegensatz zustandebringen, obwohl dies am Ende nicht leicht ist. Man kann nicht leugnen, daß Xantippe mit ihrem Geschrei und Gelärm eine komische Figur macht, daß ihr Gebaren an den zerknirschten Nachruf auf den Toten erinnert, wie ihn so manche verwitwete Zänkerin einrückt, man kann auch nicht leugnen, daß Sokrates ironisch genug ist, um ein komisches Licht darauf fallen zu lassen, wenn man Xantippe mitsamt ihrer Zärtlichkeit und der in vielen Jahren aufgespeicherten, für solch einen feierlichen Augenblick verwahrten tränenreichen Rührung zur Tür hinausbefördert werden sieht; indes dieser Gegensatz dürfte ein wenig ungerecht und unzureichend sein. Weit besser bildete man wohl in phantastischem Stile einen Chor einer gewissen Klasse von Philologen, deren zu Tränen rührende Betrachtungen über dies Tugendmuster eines Menschen und seinen

VI 391 Märtyrertod einen trefflichen Gegensatz zur ganzen Anschauung des Sokrates bilden. Alsdann aber würde wieder das Geschichtliche sich verflüchtigen. Sogar die Freunde des Sokrates sind schon weiter, als die Dichtung gehen kann; denn Phaidon erklärt selbst, daß er sich als Zeuge jener Begebenheit in einem wunderlichen Zustande befunden habe, in einer ungewöhnlichen Mischung von Freude und Trauer, ja daß die Anwesenden bald gelacht, bald geweint hätten, vornehmlich Apollodor. Ganz zu schweigen von Sokrates; denn der Umstand, daß die Anwesenden *bald* gelacht, *bald* geweint haben, beweist lediglich, daß sie Sokrates nicht ganz verstanden hatten. Sokrates setzt eben eine Zwiefältigkeit, die von der Dichtung nicht ausgedrückt werden kann. Will die Dichtung das Pathos der Tragödie brauchen, um des Sokrates Leiden als Märtyrer zu schildern, so nehme sie sich ja in Acht, denn er leidet ganz und gar nicht, er hat allbereits das Schnurrige bedacht, das darin liegt, daß ein solcher ungeschickter Mensch (ἄτοπός τις) ausgerechnet durch eine Hinrichtung ums Leben kommt. Komisch kann die Dichtung ihn nicht auffassen, denn der Umstand, daß er alles das Komische selber schon bedacht hat, beweist eben, daß er nicht komisch ist; und wenn anders überhaupt ein Mensch des Komischen bar gewesen ist, so Sokrates. Ein tragischer Heldentod hat Einfalt, und dies liebt die Dichtung; erhält sie aber gleichzeitig Nachricht, daß der Mann selber annehme, es könne auch komisch sein, so muß die Dichtung Konkurs anmelden.

Bevor ich indes von der Dichtung Abschied nehme, muß ich noch eine Bemerkung über das Mißverständnis machen, sofern dies aesthetisch verwendet wird. Die Dichtung kann das Mißverständnis auch auf solche Art benutzen, daß es den Einzelnen trifft, eben, weil es für ihn keinen Verknüpfungspunkt gibt mit dem oder denen, die ihn mißverstehn. Dies kann je nach Maßgabe der Qualität und der Leidenschaft entweder komisch oder tragisch ausfallen, aber es kann nicht zugleich komisch und tragisch werden, weil es an dem Verknüpfungspunkt fehlt, welcher die Mißverstehenden in einer Einheit zusammenhält, oder vermöge dessen sie selbst sich derart miteinander verknüpfen, daß zugleich ein Zusammenhalt und doch ein Auseinandergehen in Mißverständnis statthat, sie aber gleichwohl nicht geschieden werden können, weil jene Verknüpfung vorhanden ist; und daß diese vorhanden ist, ist das Ver-

hältnis, welches zugleich komisch und tragisch ist. – Es ist tragisch, wenn ein Begeisterter zu einer Generation von Philistern spricht und nicht verstanden wird; es ist indes tragisch nur, weil es zwischen ihnen keinen Einheitspunkt gibt; denn die Philister scheren sich einen Dreck um den Begeisterten. Gullivers Reisen sind durch Vermittlung der Phantasie bis hin zum Wahnwitz komisch, die Wirkung indes ist nichts als komisch, und zwar komisch deshalb, weil der Gehalt der qualitativen Leidenschaft nicht gegenwärtig ist im Mißverständnis, obwohl es dem Dichter nicht VI 392
an Leidenschaft fehlt, denn ohne Leidenschaft kein Dichter, auch nicht ein komischer. Geht das Mißverständnis ganz und gar auf Geringfügigkeiten, so wird es gleichsam ein unbekümmerter Scherz. Das Leben ist an Beispielen reich genug. Ein Tauber tritt während der Verhandlung in einen Versammlungsraum; er will nicht stören und öffnet die große Flügeltür daher sehr langsam. Unglücklicherweise hat die Tür die Unart zu knarren. Dies kann er nicht hören, er meint, seine Sache gut zu machen, und das langsame Öffnen erzeugt ein langanhaltendes Knarren. Man wird ungeduldig, einer dreht sich um und zischt ihn an, er meint, er sei am Ende zu rasch mit der Tür gewesen, und ihr Knarren hält an. Diese Situation ist rein scherzhaft, und darum vermag weder das Komische noch das Tragische richtig in ihr Fuß zu fassen. Jedoch gibt es hier einen erahnten Einheitspunkt: er will nicht stören, die Versammlung will nicht gestört werden, und er stört. Nun ein etwas größerer Beisatz von Empfindung und sonst dergleichen, und es entstehen die vielen Situationen, bei denen man nicht weiß, ob man lachen oder weinen soll. Dies ist das Tragikomische, in dem also keine wesentliche Leidenschaft gesetzt ist, weder das Komische noch das Tragische wesentlich vorhanden ist. Im Komitragischen sind beide gesetzt, und der dialektisch verunendlichte Geist erblickt gleichzeitig beides in dem Gleichen.

Nunmehr zu meinem Experiment. Ich habe zwei ungleichartige Individualitäten in Beziehung zueinander gesetzt, eine männliche und eine weibliche. Ihn hab ich gehalten in der Potenz des Geistes mit Richtung auf das Religiöse, sie hab ich in aesthetischen Kategorien gehalten. Des Mißverständnisses kann es genug geben, sobald ich einen Einheitspunkt setze. Dieser ist, daß sie sich vereinigen in gegenseitiger Liebe. Das Mißverständnis ist nun nicht in

etwas Drittes gelegt, so als ob sie einander verstünden und getrennt würden durch eine fremde Gewalt, nein, ironisch genug ist alles ihrem sich Mißverstehen günstig, es besteht kein Hindernis, daß sie einander kriegen und miteinander sprechen können, eben damit aber hebt das Mißverständnis an. Nehme ich nun die Leidenschaft fort, so wird das Ganze eine ironische Situation mit griechischer Heiterkeit[383], setze ich die Leidenschaft, so ist die Situation wesentlich tragisch; betrachte ich sie, so sage ich, sie ist zugleich komisch und tragisch. Die Heldin vermag sie natürlich auf die Art nicht zu sehn, dazu ist sie zu unmittelbar. Sieht sie sie komisch, so müßte dies auf Grund des Gesetzes der Aufeinanderfolge erst in einem späteren Moment geschehen, allwo denn das Gelächter wiederum sie selber sich komisch machen müßte, denn über eine wesentliche Irrung lachen beweist, daß man in einer neuen Irrung ist, und wer auf die Art lacht, ist ebenso wenig geheilt wie „der
VI 393 frei ist, der seiner Ketten spottet."[384] Der Held ist freilich sogleich darauf aufmerksam, daß das Komische vorhanden ist, was ihn davor bewahrt, komisch zu werden, er kann jedoch das Verhältnis nicht so sehen, wie ich es sehe als der, welcher experimentierend den Plan des Ganzen entworfen hat. Dies kommt daher, daß er in Leidenschaft ist, und das Maß seiner Leidenschaft wird am besten darin sichtbar, daß er sich am Erblicken des Komischen pathetisch stärkt. Er ist in Leidenschaft. Spräche ich zu ihm: „versuche sie abzutun", so setzt er alsogleich an ihre Stelle eine andre Leidenschaft und erklärt, das sei eine Gemeinheit gegen das Mädchen. Dergestalt kann er freilich das Komische am Mißverhältnis, und am Mißverständnis, sehen, er betrachtet diese Auffassung jedoch als eine untergeordnete Instanz, und seine Leidenschaft entfaltet sich von ihr her zu immer größerem Pathos. Das verbindende Wort in ihrem Sichmißverstehen ist, daß sie einander lieben, bei ihrer Ungleichartigkeit aber muß diese Leidenschaft sich wesentlich verschieden ausdrücken, und somit muß das Mißverständnis nicht von außen her zwischen sie treten, sondern in dem zwischen ihnen bestehenden Verhältnis selber sich entwickeln. Das Tragische ist, daß zwei Liebende einander nicht verstehen, das Komische ist, daß Zwei, die einander nicht verstehen, sich lieben. Daß dergleichen vorkommen mag, ist nicht undenklich, sintemal Liebe ihre eigne Dialektik hat; und wäre es unerhört, so steht es einem Experiment

ja schlechterdings frei zu experimentieren. Wenn das Ungleichartige so gestaltet ist, wie ich es gestaltet habe, so haben beide Teile auch damit Recht, daß sie lieben. Die Liebe selbst hat ein ethisches und ein aesthetisches Moment. Sie sagt, daß sie liebt, und hat das Aesthetische und versteht es aesthetisch; er sagt, daß er liebt und versteht es ethisch. So lieben sie alle beide und lieben einander, und gleichwohl ist es ein Mißverständnis. Das Ungleichartige wird auseinandergehalten durch die Kategorie, und das Mißverständnis ist somit unterschieden von novellistischem Tauschgeschäft und nachträglichem Sichbedenken innerhalb rein aesthetischer Kategorien.

Die männliche Gestalt des Experiments sieht somit das Komische, indes nicht so, wie ein abgehärteter Beobachter es sieht. Er sieht das Komische und stärkt sich damit für das Tragische. Dies insbesondere beschäftigt mich, denn dadurch wird das Religiöse beleuchtet. In jener Geistesstärke, welche in dem Gleichen zugleich das Komische und das Tragische sieht, gipfelt das Heidentum. In der höheren Leidenschaft, welche von dieser Einheit her das Tragische erwählt, hebt das Religiöse an, will heißen jene Religiosität, für welche die Unmittelbarkeit vorüber ist — und die Unmittelbarkeit soll ja in unsrer Zeit für alle vorüber sein, so sagt man. Als tierartiges Geschöpf hat der Mensch zwei Beine (die Extremitäten), ebenso sind das Komische und das Tragische notwendige Extremitäten der Bewegung für denjenigen, der existieren will in Kraft des Geistes und nachdem er die Unmittelbarkeit aufgegeben
hat. Ein jeder, der bloß ein Bein hat und gleichwohl Geist in Kraft VI 394
des Geistes sein will, ist lächerlich, und sei er ein noch so großes Genie. In dem dem Verhältnis eigenen Gleichgewicht zwischen dem Komischen und dem Tragischen liegt die Voraussetzung für das richtige Gehen; das Mißverhältnis kann auch hier bezeichnet werden als hinken, krummbeinig sein, klumpfußig sein usw. — Das Unglück meines Ritters ist, daß er, bei dem notwendigen Sichzusammenfassen im Religiösen, auf dem äußersten Punkte dialektisch wird; darüber mehr in einem andern Paragraphen. Hier nur so viel: er wird nicht etwa dialektisch, indem er von dem Komischen und Tragischen her die tragische höhere Leidenschaft greift, denn alsdann hätte ich ihn ganz und gar nicht brauchen können, sondern er wird dialektisch in dem letzten Ausdruck dieser Lei-

denschaft selber. Ohne Letzteres könnte ich ihn gleichfalls nicht brauchen; denn allda liegt eben eine Bestimmung dämonischer Annäherung an das Religiöse.

Um das Experiment näher zu beleuchten, werde ich den Aufbau durchnehmen.

Die Form der äußeren Anlage drückt die Zwiefältigkeit aus. Am Morgen erinnert er sich an die Wirklichkeit, in der Nacht hat er mit der gleichen Geschichte zu tun, aber als einer von seiner eigenen Idealität durchdrungenen. Diese Idealität ist somit keine illusorische Vorwegnahme, welche noch nicht die Wirklichkeit gesehen hat, sondern kommt hinter der Wirklichkeit her als ein Tun der Freiheit. Dies ist der Unterschied zwischen der aesthetischen und der religiösen Idealität. Die aesthetische Idealität ist höher als die Wirklichkeit vor der Wirklichkeit, mithin in der Illusion; die religiöse Idealität ist höher als die Wirklichkeit nach der Wirklichkeit, mithin kraft eines Gottesverhältnisses. Die Zwiefältigkeit ist ausgedrückt. Ein Dichter oder ein Liebhaber vermag von der Geliebten wohl eine ideale Vorstellung zu haben, jedoch nicht zu gleicher Zeit ein Wirklichkeitsbewußtsein, wie weit sie wahr ist, oder ein Wirklichkeitsbewußtsein, wie weit sie unwahr ist. Diesen Widerspruch vermag nur die neue Idealität auszuhalten, welche nach der Wirklichkeit kommt.

Die Geschichte fängt somit zweimal an. Ich habe ein halbes Jahr dazwischen gelegt, und nehme an, er habe während dieser Zeit in einer Art von Betäubung gelebt, bis daß mit dem dritten Januar plötzlich die Leidenschaft erwacht. Auch andre Auffassungen könnten hier angeführt werden, meine Wahl ist geschehen, in Gemäßheit zum angelegten Plan.

Die beiden Personen verhalten sich entgegengesetzt zu einander. Der kritische Punkt tritt für ‚sie' in der Wirklichkeit ein, ‚er' jedoch, welcher im Verhältnis zum andern Geschlecht ohne Erfahrung ist, sieht das nicht deutlich, und allein in theoretischen Anstrengungen ahnt er davon etwas. Shakespeare hat irgendwo[385]
VI 395 gesagt (ich erinnere mich nicht, wo und kann darum nicht zitieren, sondern nur den Sinn wiedergeben): ‚in dem Augenblick, ehe die Heilung von einer heftigen Krankheit eintritt, im Augenblick der Besserung, ist der Anfall am heftigsten, und jegliches Übel ist am ärgsten, wenn es Abschied nimmt.' Der kritische Punkt für ‚sie', an

dem die Heilung eigentlich beginnt, ist der Augenblick, da sie alles gewagt hat, um ihn festzuhalten[386] und er nunmehr, von seinem Standpunkt aus durchaus folgerichtig, das Äußerste wagt, um sich von ihr loszukämpfen. Von diesem Augenblick an, da sie den Schmerz am tiefsten gefühlt, ist (psychologisch gesehn,) ihre Besserung eingetreten. Sein Bild entschwindet daher schon, während er noch gegenwärtig ist, und wird, da die Trennung gesetzt ist, mehr und mehr wie eine Erinnerung, die Wirklichkeit muß ihr helfen. Mit ihm ist es umgekehrt. In der Zeit der Wirklichkeit ist er am stärksten, weil er ‚sie' allein als eine Wirklichkeit hat. In dem Augenblick hingegen, da er beim zweiten Mal sie nicht in der Wirklichkeit sehen soll, sondern in der Beleuchtung seiner eignen Idealität, wandelt sie sich zu einer gigantischen Gestalt. Was er in der Wirklichkeit getan, den Betrug, mit dem er ihr wirklich genützt hat (denn das Verhältnis ist so dialektisch, daß im Grunde der Betrug für sie Wahrheit ist, d. h. daß sie diesen am besten versteht), das kann er ihr gegenüber nicht festhalten, sobald er selber sie erzeugt. Um an die Bedeutung des Betrugs zu glauben, muß er sein Verhältnis zu ihr in der Wirklichkeit haben und sie wirklich sehn. Darum tritt sein kritischer Augenblick mit dem dritten Januar im Jahre darnach ein; denn er muß religiös geheilt werden, und in dieser Hinsicht stört ihn die Wirklichkeit von ihr, er muß sie ideal haben. Da sie sich von Anfang an mißverstanden haben, bleibt das Mißverständnis nach der Trennung bestehen, und zeigt sich nunmehr gerade am deutlichsten. In dem Augenblick, da sie beinahe so weit ist, daß sie ihn vergessen hat, weil sie ihn ja nicht mehr sieht und bereits weit fortgeschritten ist in der Heilung, und er für sie die Bedeutung verloren hat, in eben diesem Augenblick hat für ihn sie die größte Bedeutung erlangt, gerade weil er sie nicht sieht. Sobald er sie sieht, bei ihr ist, mit ihr spricht, hat er seinen Verstand und ist stark; sobald er sie sich bildet, verliert er seinen Verstand, wagt nicht ihm zu trauen, und das Religiöse muß sich bestimmter ans Licht arbeiten. Ein Wiedergänger[387] ist jederzeit etwas Entsetzliches, und sie wird das für ihn. Indes welch ein Unterschied zwischen einem jungen Mädchen, mit dem sein Verstand es aufnehmen kann, und einer ihm schreckend entgegentretenden idealen Gestalt, wider die sein Verstand ganz und gar machtlos ist! Seine Individualität ist ethisch religiös angelegt ge-

VI 396 wesen. Dies ist das was er werden soll. Und ‚sie' hilft ihm auch, jedoch nicht mit ihrer Wirklichkeit. Hier liegt auch die Bedeutung seiner Schwermut. Diese ist die Fortsetzung der Möglichkeit.[388] Wenn aber Schwermut etwas Derartiges bedeutet, so ist alle Rede von der Fröhlichkeit eines jungen Mädchens und von der Tauglichkeit der Ehe, Schwermut zu zerstreuen, eine törichte Rede; denn sie soll nicht zerstreut werden. Im Gegenteil, sein Sinn soll sich noch mehr umdüstern, so findet er sich schon. Dies vermag ‚sie' nicht einzusehn, und sie handelt durchaus folgerichtig. Auch er vermag es nicht zu sehen, denn sonst empfinge er nicht den Gnadenstoß des Entsetzens, auf die Art wie dieser am sichersten sein Ziel findet, wenn er trifft durch seine eigne Schuld und durch ihre Fährnis.

Die Idee verlangt, daß er sie wieder zu sehen bekommt, indes wohlzumerken, daß er nicht eine Wirklichkeit zu sehen bekommt, denn alsdann ist ihm geholfen. Darum hab ich es so eingerichtet, daß er sie zu mehreren Malen wiedersieht. Aber es hat mit diesen Wiedersehen eine eigene Bewandtnis. Er meint (was von seinem Standpunkt her gesehen durchaus folgerichtig ist) es der Unendlichkeit in ihr schuldig zu sein, daß er nicht störe mit dazwischentretenden halben Schritten. Man sieht sofort, er hat es ganz allein mit sich zu tun und hat ‚sie' nicht außerhalb seiner als eine Wirklichkeit, denn alsdann würde der Betrug wieder in Erscheinung treten. Mithin, um die Unendlichkeit in ihr nicht zu stören, bannt er sich hinein in eine grauenhafte Erstorbenheit oder Abgestorbenheit. Dies ist von seinem Standpunkt aus ein ebenso kraftvoller Ausdruck für seine Liebe wie es für ‚sie' ihre heftigen Ausbrüche gewesen sind. Was das gegenseitige Verhältnis anlangt, ist dies natürlich das Verkehrteste, was sie für einander tun können.

Mithin, er sieht sie wieder. Eben weil er aber, um ihr dienlich zu sein, sich wie ein Verstorbener hält, hat er sich daran gehindert, einen einzigen unmittelbaren Eindruck zu empfangen. Hier ist er im Begriff, normal zu werden; die Abirrung liegt darin, daß er gleichwohl mit seiner ganzen Leidenschaft sich darum Sorgen macht. Er bekommt nie irgend ein auf ‚sie' sich beziehendes Ereignis oder ein eindeutiges Verhältnis zu einem solchen Ereignis, nie irgend eine Gewißheit; sondern indem er mit seiner ganzen Leidenschaft fortfährt, sich darum Sorge zu machen, eignet er sich alles in dialektischen Anstrengungen an, auch das Allerunbedeu-

tendste, und sehr viel mehr bekommt er nicht zu fassen.* Das will VI 397
heißen, er gelangt mehr und mehr dahin, sich in sich selbst zu vertiefen.

Was nun die Wiedersehen anlangt, so beweisen sie ihm tatsächlich nichts. Die Schlüsse, die er zieht, wird niemand außer ihm ziehen; alle die Bleichheit, die er sieht, findet bei mir ganz und gar keinen Glauben, es gibt für diese viele andre Erklärungsgründe. Daß es das dritte Mal war, daß er an einem Mittwoch sie auf dem Hauserplatz sah, hätte niemand sonst an seiner Stelle entdeckt, geschweige denn aus einem Zufall die Schlüsse gezogen, die er zieht. Sogar das Wiedersehen in der Kirche ist nichts, daran man sich halten könnte, und eigentlich weiß er gar nichts. Dies merkt er auch selbst, es ist aber von seinem Standpunkt aus folgerichtig, daß er dem Verstand den Laufpaß gibt. Er tut es, um sie zu ehren, aus Stolz um ihretwillen; zugleich aber widerfährt ihm etwas andres, er vertieft sich religiös mehr und mehr in sich selbst. Ließe er sich mit ihr ein, so hat er seinen Verstand wieder und das religiöse Vorwärtskommen ist verhindert. Dies sieht er selber nicht, er tut es, um ihr ihr Recht zu geben. — Diese Wiedersehen sind daher seinem seelischen Zustande gemäß; und jene Berührung mit dem Wirklichen, mit der er es lediglich streift in der Richtung von diesem fort, hält ihn in dem Schweben, in welchem das Religiöse sich verfestigen soll. Er dichtet ‚sie' nun, aber vermöge einer religiösen Idealität, welche hinter der Wirklichkeit her kommt. Gleich wie ein Liebhaber vermöge einer vor der Wirklichkeit liegenden Idealität Schönheiten, die gar nicht da sind, an der Geliebten erblickt, ebenso sieht er mit der erstrebten Leidenschaft der Reue Schrecknisse,

* Wie anstrengend eine solche Existenz sein muß, ersehe ich daraus, daß es bereits anstrengend ist, sie gedanklich zu konstruieren, so daß man nicht etwa in einem einzelnen Punkte, z. B. in einem Komma, seine dialektische Schwierigkeit vergißt. Im Mitternachtsstück vom 13. Februar hätte es anstelle der ganzen dialektischen Umständlichkeit[389] gut und gern heißen können: „Die Meinung des Arztes geht dahin, daß sie sich wohl befindet." Von den wenigen Lesern des Buchs hätten die eiligen überhaupt nichts gemerkt, und sogar von den paar nachdenkenden Lesern
hätte wohl nur ein ganz vereinzelter gefragt: ‚woher hat der Quidam VI 397
solch eine unmittelbare Nachricht, er muß ja jemand gefragt haben, und seine angestrengte Leidenschaftlichkeit hat ihn doch nicht gehindert, das zu tun, was er in der Gestalt der Möglichkeit für das Entsetzlichste halten müßte.'

die gar nicht da sind. – Hier liegt zugleich das Gute und das Ungewöhnliche an ihm, aber auch das Dämonische, daß er nicht dazu gelangen kann zu ruhen und sich auszuruhen im letzten religiösen Entschluß, sondern fort und fort in der Spannung gehalten wird. Er sagt, daß ‚sie' sein Schicksal entscheidet, und das ist wahr; aber das Unwahre ist, daß sie es entscheidet, denn es ist entschieden. Daß er in der Schwebe (in suspenso) bleibt, ist zugleich ein leiden-
VI 398 schaftlicher Ausdruck für die Sympathie, die er für ‚sie' hat, aber auch das Dämonische.* Er soll freilich in der Schwebe (in suspenso) oder, wie er sagt, auf der Spitze des Wunsches bleiben, soll jedoch zugleich kraft dessen, daß die Entscheidung für ihn vorüber ist, seinen religiösen Entschluß in sich ruhen lassen und die Entscheidung nicht dialektisch werden lassen durch ‚sie'. Eben aber, weil es mit ihm so nicht steht, beleuchtet er mit seinem Schweben und seiner Abirrung so manches religiöse Problem; man muß sich jedoch erinnern, daß das, was er sagt, eine Erwiderung[390] in individueller Leidenschaft ist. – Er hatte Energie genug, um seinen Betrug durchzuhalten, Energie genug, um das Religiöse zu wählen, und eben in dem äußersten Augenblick oder auf der äußersten Spitze der religiösen Leidenschaft wird er dialektisch. Es ist, als gebe es da eine Möglichkeit, daß er sein Leben anders anlegte, falls ‚sie' heil aus dem Ganzen heraus komme. Eben hierin liegt das Dämonische, daß er in einer erahnten Möglichkeit sich nicht in seiner religiösen Idee zu sich selbst verhalten will, sondern ‚sie' unter aesthetischen Kategorien begreifen und das Ethische ein ganz klein bißchen betrügen will, so als ob er, falls er schuldig ist, minder schuldig wäre, weil ‚sie' etwa gut davon käme, deswegen minder schuldig sogar, wenn ‚sie' Unrecht gegen ihn hätte. Indes hierüber mehr an andrer Stelle.

Die Ungleichartigkeit der beiden Individualitäten soll nun an den entscheidenden Punkten dargetan werden. Die Ungleichartig-

* Auf diese Art muß jeder Schritt betrachtet werden, den er tut, ihr zu helfen. In dem letzten Schritt aber, den er für eine Schwachheit hält, ist er erhaben in seinem Leiden, sintemal in dem Augenblick, da der Verstand sprechen muß, ‚jetzt scheint alles gut zu werden', er rein sympathetisch in dem Gedanken zusammensinkt, daß sie nur endlich geheilt ist.

keit wird bewirken, daß das Dialektische das Verhältnis immerfort im Wechsel hält, worauf der Leser im Buche selber aufmerken wolle.

1. Er ist verschlossen — sie vermag es nicht einmal zu sein

Warum vermag sie es nicht zu sein? Alle Verschlossenheit gründet sich in einer dialektischen Verdoppelung, welche der Unmittelbarkeit schlechterdings nicht möglich ist. Die Sprache der Unmittelbarkeit ist ebenso wie die vokalreichen Sprachen leicht aussprechbar, die Sprache der Verschlossenheit ist allein im Schweigen eine Sprache, oder gleicht zuhöchst jenen Sprachen, welche 4, 6 Konsonanten vor einen Vokal setzen. Weil ‚sie' solchermaßen unmittelbar ist, wird Hingabe durchaus richtig das Medium, in welchem ‚sie', nachdem sie eine Weile von ihm überwältigt worden
ist und Unrecht erlitten hat, von einem kleinen Begebnis angetrie- VI 399
ben alsdann ihre Leidenschaft zum Ausdruck bringt. An dieser Hingabe strandet seine Verschlossenheit, will heißen, er ist um so vieles dialektischer, daß er das Mißverhältnis einsieht.

Verschlossenheit kann mittlerweile Unterschiedliches bedeuten. Seine Verschlossenheit ist wesentlich Gestalt der Schwermut, und die Schwermut in ihm ist wiederum die verdichtete Möglichkeit, welche in einer Krise durchlaufen werden muß, damit er sich selber im Religiösen klar wird. Was seine Verschlossenheit anlangt, so macht er an keiner Stelle kund, was sie enthält. Ich habe ihn mit Fleiß auf dieser Linie gehalten, teils weil ich der Verschlossenheit lediglich als Grenze bedurfte, als jener Grenze des Verstehens, welche das Mißverständnis setzt, teils, weil er noch nicht einmal selbst zu sagen vermag, was die Verschlossenheit enthält. Seine Verschlossenheit ist nämlich nicht mehr und nicht weniger als die verdichtete Vorwegnahme der religiösen Subjektivität. Die religiöse Subjektivität hat ein dialektisches Moment mehr denn alle Wirklichkeit, nicht als der Wirklichkeit vorhergehend, sondern als hinter ihr her kommend. Er kann darum in der Wirklichkeit ausgezeichnet existieren, und die Annahme ist, daß er dies getan hat, aber die Verschlossenheit ist und bleibt Ahnung eines höheren Lebens. Es versteht sich nämlich von selbst, daß Kategorien der

Wirklichkeit wie die, daß das Äußere das Innere ist und das Innere das Äußere ist, in Beziehung auf das Religiöse von Münchhausens erfunden sind, welche sich auf das Religiöse überhaupt nicht verstehen (und dies vermag doch auch ein Verstandesbegeisterter wie ich sehr wohl, ohne religiös zu sein[391]). Sie nützen in diesen Bereichen darum ebenso viel, wie daß man, um mit einem alten Worte zu reden, die Zunge aus dem Fenster streckt und ein Geschmäcklein auf sie bekommt.

Seine Verschlossenheit enthält insofern also überhaupt nichts bis auf Weiteres, sondern sie ist als Grenze da, und diese hält ihn fest, und bis auf Weiteres ist er schwermütig in seiner Verschlossenheit. Die abstrakteste Gestalt der Verschlossenheit ist, daß sie sich selbst verschließt. Der Psychologe weiß Bescheid damit, daß der Verschlossene allerdings viel und mit Leichtigkeit von dem sagt, was ihn verschlossen gemacht *hat*, jedoch nichts sagt und sagen kann von dem, was ihn verschlossen *macht*. Man kann daher dem Verschlossenen die Verschlossenheit nur schwer entreißen, und eigentlich muß er religiös in sich selber geheilt werden. Dies ist die abstrakteste Gestalt der Verschlossenheit, wenn sie die Vorwegnahme eines höheren Lebens in der Verdichtung der Möglichkeit ist. Darum sagt Quidam nie, was seine Verschlossenheit enthält, sondern lediglich, daß sie da ist. Von diesem Standpunkt der Möglichkeit her gibt es ein Voranschreiten zu religiöser Durchsichtigkeit, und das soll er vollbringen. Aber das weiß er nicht und ahnt am allerwenigsten, daß der Weg durch die Schrecknisse geht,
VI 400 sein Verhältnis zu ihr aufzugeben, weil es ein Mißverhältnis ist. Gesetzt, er hätte nicht in sich selbst Kraft zum Entschluß der Verzweiflung gefunden, hätte nicht, auch ohne zu verstehen, welche Bedeutung es für ihn selber habe, oder richtiger, ohne etwas andres zu begreifen als daß es sein Untergang sei, dennoch in sympathetischer Begeisterung für ‚sie' die Stärke dazu gefunden, ohne Rücksicht auf ihr Verstehen oder Nichtverstehen, gesetzt also, sie hätte gesiegt: ja, so wäre er verloren gewesen. Der Entwicklungsprozeß der Verschlossenheit wäre zum Stillstand gekommen, er wäre in Beziehung auf seine Verschlossenheit ein Handelnder geworden, hätte sie zum Abschluß gebracht, sie als fixe Idee in seinem Innern versteckt, vielleicht in der stillen Gestalt der Geistesschwäche, vielleicht sogar in der Gestalt einer Schuld, denn diese

beiden Gestalten sind die wesentlichen der in sich verfestigten Verschlossenheit.[392] — Er hat das Leben von ihr auf sein Gewissen bekommen, das hat ihm geholfen und wird ihm helfen: sie hatte seine gesamte geistige Existenz auf dem Gewissen; davon hat sie sich nie etwas träumen lassen.

Um seine Verschlossenheit zu beleuchten, habe ich in das Tagebuch einige Aufsätze einfließen lassen, in denen er gleichsam nach einem Ausdruck für seine eigne Verschlossenheit tastet. Geradezu drückt er sich niemals aus, das vermag er nicht, wohl aber mittelbar. Die Aufsätze müssen darum auch als bloß mittelbarer Ausdruck verstanden werden. Einer von ihnen heißt: ‚Eine Möglichkeit', das ist die für ihn entscheidende Kategorie, welche daher bis zu einem äußersten Punkte verfolgt werden mußte. Der Aufsatz endet damit, daß es mit der Schuld eine Einbildung, ein Fiebertraum gewesen ist. Er tastet hier nach der Sünde. Hätte er eine Sünde auf seinem Gewissen gehabt, hätte ich ihn mir auf die Art vorgestellt, so wäre es weit leichter gewesen, ihn da heraus zu klären; alsdann jedoch hätte der ganze Plan auch nicht das dargetan, was ich haben will.

2. Er ist schwermütig — sie lebensfroh

Ist aber seine Schwermut von der Art, daß sie zum Stillstand gebracht werden soll, so laß seine Partnerin nur heran; denn alsdann hilft sie ihm, wie denn er selbst so bewegt davon spricht. Aber es ist nicht an dem. Er weiß nichts davon, daß diese Schwermut etwas andres bedeutet; das Weh der Sympathie ihretwegen siegt doch sogar als vernichtetes; er beschließt sie zu verlassen, ohne zu ahnen, daß eben dies ihm helfen muß. Im Ganzen ist seine Besorgnis für das Mädchen nichts als Schwärmerei, an sich selbst lächerlich, vermöge seines Leidens tragisch, und weil er das Allerverkehrteste tut, komisch.

Es ist ein Unterschied zwischen Schwermut und Schwermut. Es gibt eine Schwermut, welche für Dichter, Künstler, Denker die Krise ist, und die beim Weibe eine erotische Krise sein kann. Ebenso ist die Schwermut meiner Gestalt die Krise für das Religiöse. Nehme ich einen Künstler, so äußert diese krisenhafte Schwermut sich nicht gleich darin, daß er wehklagt, er tauge nicht zum Künstler. Weit davon; es ist mitunter verdächtig, daß der Leidende auf solche Weise Bescheid weiß über das, worum es geht, VI 401 daß sein Leiden vielleicht nur aufgewärmt ist. Nein, diese Schwermut kann sich auf alles werfen, auf das Geringfügigste, und erst, wenn des Menschen wesentliche Bestimmung gesetzt ist, sieht man, daß dies das Geheimnis der Schwermut gewesen. Indes, für den Religiösen muß die Krise später kommen, will heißen für jene Art der Religiosität, von der es gilt, daß die Unmittelbarkeit untergegangen ist. Grund dafür sind die vielen Voraussetzungen, deren es bedarf: er muß aesthetisch entwickelt sein in der Phantasie, muß das Ethische mit ursprünglicher Leidenschaft ergreifen können, um richtig anzustoßen, auf daß die ursprüngliche Möglichkeit des Religiösen in dieser Katastrophe hervorbreche. Die Schwermut muß ihn deshalb durch die vorbereitenden Stadien geleitet haben.

Ebenso auch mit der in meinem Experiment dargestellten Persönlichkeit. Was ihm helfen soll, ist eben das Entsetzen. Davon läßt er sich nichts träumen, er denkt lediglich an ‚sie' und an sein Leiden in Schuld. Seine Sympathie für ‚sie' begeistert ihn, peinlich genau zu sein im Wagen des Äußersten. Er verläßt sie: indes, nicht um sie aufzugeben, sondern um auszuharren, ob es nicht etwa helfe. Dies will er ihr nicht sagen, denn da es ungewiß und unsicher ist, heißt es ihr zu nahe treten, wenn man sie mit solch einer Hoffnung hinhält. Dies ist durchaus folgerichtig, es ist das, was helfen muß, er weiß jedoch nicht, wie. Ein Wort zwischen beiden, und seine Entwicklung wäre dennoch gestört gewesen.

Die Folge wird natürlich sein, daß sie in der Zwischenzeit sich bedenkt[393], sie vermag sich nicht aus eigner Kraft zu halten. Das ist nun wie es sein soll; sein Weg sollte dahin nicht führen, und alles wird für ihn so zurechtgelegt, daß er eine rechtschaffene Individualität werden kann. — Auf diese Art hab ich das Experiment angelegt: das Gleiche ist komisch und tragisch zugleich.

Hätte sie gesiegt, so wäre er verloren gewesen. Sogar falls ihr lebensfroher Sinn, welcher doch ein in Abnahme begriffenes Kapital ist, es vermocht hätte, ihn zu einem glücklichen Ehemann zu machen: es wäre doch nicht das, was er werden sollte. Indes, davon läßt er sich nichts träumen, und fühlt lediglich sein Elend so sehr tief, daß er nicht dazu tauglich ist, dazu jeder taugt — Ehemann zu sein.

Er bekommt ihr Leben auf sein Gewissen, sie hat seine ganze Persönlichkeit auf dem ihren gehabt, und sich davon natürlich nichts träumen lassen.

3. Er ist wesentlich Denker – sie alles andre eher als das

Mit diesem Worte „Denker“ fällt über ihn ein gewisses komisches Licht; denn allein daraus, daß er einzig und allein mit Gedanken sich zu schaffen macht, läßt sich das im Experiment Angenommene erklären, daß er hat dahinleben können ohne die geringste Kenntnis von der Welt und insbesondere von dem anderen VI 402
Geschlecht. Hätte er eine solche, insbesondere die letztere gehabt, ja, so könnte das Experiment schlechterdings nicht zustande kommen; denn man braucht sich alsdann nicht lange umzusehn, um zu gewahren, was er zu tun gehabt hätte und insbesondere, was man mit den Schrecknissen eines jungen Mädchens zu machen hat: diese werden am besten quittiert, indem man einen alten Vers zur Lebensregel erhebt:

Cantantur haec, laudantur haec
dicuntur, audiuntur;
scribuntur haec, leguntur haec –
et lecta negliguntur.

Man singt, man prahlt, man sagt es wohl,
Läßt's zu den Ohren dringen,
Man schreibt es auch, man liest es auch, –
Und dann läßt man's verklingen.

Im Experiment fällt als Widerschein seines Mangels an Weltkenntnis auf ihn ein gewisses lächerliches Licht; anderseits hat seine unerfahrene Ehrerbietung vor dem andern Geschlecht etwas Rührendes, zugleich auch eine gewisse epigrammatische Kraft betreffs aller Weltkenntnis.

Daß er Denker ist, bedeutet nun nicht, daß er viele Bücher liest und das Katheder als Privatdozent zu besteigen gedenkt. Denker von dieser Sorte können das Verschiedenartige gut unter einen Hut bringen, und dann haben sie ja auch die ‚Vermittlung'. Er hingegen ist wesentlich Selbstdenker, und zwar in dem Sinne, daß er, um existieren zu können, stets die Idee auf seiner Seite haben muß. Dies beschäftigt ihn mit eines Selbstdenkers Leidenschaft, nicht mit der affektierten Versicherungs-Stetigkeit eines Privatdozenten.

Das Mädchen hat, so wie es sie in ihrer Unmittelbarkeit kleidet, das Leben und den Tag vor sich, und das ist allerliebst. Sie hat nichts dagegen, daß er, wenn es sein muß, Aramäisch lernt; sie pfeift auf gelehrte und kuriose Gegenstände, und das ist liebenswert und nicht ohne Reiz. Ihn jedoch beschäftigt nicht das Aramäische oder das Elamitische, sondern das Dasein selber, in dem er existiert.

Infolgedessen können sie einander ganz und gar nicht verstehen. Von dem, was ihn unbedingt beschäftigt, weiß sie überhaupt nicht, daß es das gibt; und wollte er ihr das sagen, so würde es sie nicht mehr beschäftigen, als wenn er von Sanherib und Salmanassar erzählte. Sie verlangt es auch gar nicht; und dies ist liebenswert an ihr, vor allem, falls die Aufgabe die entgegengesetzte gewesen wäre, daß sie sich, um ihm dienlich zu sein, darum nicht scherte. Sie begreift natürlich auch nicht, daß ihr Begehren und ihr Dispens Ideen gegenüber nicht von Gewicht sind, daß ein die Idee nicht Ausdrücken ihn nicht bloß stört, sondern daß er es für eine Kränkung ihrer Person hält.

So denkt er denn also. Und das vermag er zu denken, daß er einen Mord auf sein Gewissen bekommen kann, aber daß er die Idee nicht ausdrücke, das vermag er nicht zu denken. Was für ein
VI 403 Mädchen die Ehre ist, das ist für einen Denker die Folgerichtigkeit und die Idee und für einen Selbstdenker das Festhalten daran. Hat er ihre Ehre auf seinem Gewissen, so hat sie auf dem ihren seine denkende Existenz gehabt. Natürlich hat sie das nicht geahnt.

4. Er ist ethisch-dialektisch — sie ist aesthetisch unmittelbar

Von jedem dieser beiden Standpunkte her ist das, was man unter Leiden versteht, gänzlich verschieden. Er vermag nicht zu verstehen, was wesentlich ihr Leiden wird (falls denn überhaupt etwas daraus wird), nämlich den Besitz eines andern Menschen verlieren; sie versteht ganz und gar nicht, was da wesentlich sein Leiden wird, die Verantwortung und die Schuld.

So werden sie beide unglücklich, und das eine Teil hat für das andre das Beste getan hinsichtlich des Unglücklichwerdens: er mit dem Bruch des Verhältnisses, sie damit, daß sie einen Mord auf sein Gewissen legt. Ihm wäre dies allerdings ohnehin widerfahren, aber sie tut es doch.

5. Er ist sympathetisch – sie im Sinne der Unmittelbarkeit auf unschuldige Weise selbstliebend

Die unschöne Selbstliebe ist stets kenntlich an einer Reflexion. Etwas der Art findet sich bei ‚ihr' nicht, dahingegen sehr wohl jener Selbsterhaltungstrieb, der von einigen griechischen Philosophen zum Moralprinzip erhoben worden ist. Der Fehler bei diesen ist gewesen, daß dies sich ohne Reflexion nicht bewerkstelligen läßt, ‚sie' hingegen ist ohne Reflexion, darum ist diese Selbstliebe nicht unschön und ist Zeichen einer natürlichen Gesundheit.

Trotz der Vorliebe, mit der er ansonst sie auffaßt, tut er ihr doch gewissermaßen Unrecht, wenn er sagt, es sei an ihr keine Spur von Resignation. Nicht daß er mit seiner Aussage Unrecht hätte, denn es ist durchaus wahr; aber der Grund ist, daß sie überhaupt nicht begreift, was das heiße, und dies kann zugleich ihre Gesundheit bedeuten, vielleicht aber auch eine erotische Bescheidenheit. Zudem hindert er sie daran, es zu begreifen. Er gebraucht den Betrug, um seine eignen Leiden zu verdecken, damit sie nicht sympathetisch bewegt wird. Aber nun vergißt er, den Betrug in die Abrechnung einzusetzen, daß nämlich dieser sie daran hindert, auf die Antriebe der Sympathie aufmerksam zu VI 404
werden. Indes, findet sich hier ein Widerspruch, so ist seine dialektische Stellung hier auch so schwierig, so zweideutig, daß man annehmen darf, ebenso ungern, wie er um ihrer selbst willen sie sympathetisch bewegt sehen will, ebenso ungern möchte er um seiner selbst willen eine energische Äußerung ihrer Hochherzigkeit haben. Dies hat er jedoch selber eingesehn, denn er sagt, er habe ihr Gelegenheit geboten, ihm die Freiheit zu geben, und er hat es

auch getan, daraus folgt nun aber nicht, daß er an dieser Stelle rein sympathetisch ist, sondern eher, daß er sich unter das beugt, was er für Pflicht hält. Sofern er dies Angebot gemacht hat, ist er davor bewahrt, dämonisch auf das Böse hin zu werden, was er an diesem Punkte hätte werden können; aber er ist auch nicht rein religiös, will heißen, es ist möglich. Das Unglück ist, daß sie ihn nicht verstehen, sondern lediglich jede neue Entdeckung betreffs seines Gefühls für sie dazu benutzen will, um auf ihn mit ihrer Hingabe loszustürzen.

Sympathie für sie, wohlzumerken in dem Sinne wie folgerichtigerweise Sympathie in seiner Individualität sein kann (denn seine Sympathie vermag natürlich nicht, ihre Sprache zu sprechen) ist es, was ihn zu den Schritten begeistert, die er ansonst kaum gewagt hätte. Ich hätte es daran genug sein lassen können, jedoch um ihn zu beleuchten, lasse ich in ihn den Gedanken Eingang finden, und diesem die Wirklichkeit günstig sein, es werde dennoch auf ganz natürliche Weise damit enden, daß sie durch eine Einsetzung in den früheren Zustand (restitutio in integrum) wiederum frank und frei werde. Hier muß es sich zeigen, ob er sympathetisch ist; oder vielmehr sintemal er sympathetisch angelegt ist, es wird sich zeigen, daß er nunmehr beinahe am meisten leidet, weil es ihm so scheint, daß sie an idealer Existenz einbüße. Seine Sympathie erweist sich hier am allerstärksten, und so wie sie bei einem Denkenden sein muß, welchem die ideale Existenz das Einzige ist – hätte er Kenntnis der Welt und des andern Geschlechts besessen, so wäre er besser davongekommen, will heißen, falls er sich um dies Wissen gekümmert hätte.

So vollzieht er denn den Bruch, und die Trauung tut den sonderbaren Dienst, das Trennende zu werden. Das Mißverständnis zeigt sich abermals in dem später Geschehenen. Sie ist, wie oben gesagt, allbereits im Begriff, geheilt zu werden, als er sie verläßt und wird nun allmählich geheilt; er leidet am allermeisten hinterdrein. Er ist der Handelnde, sie die Leidende, so scheint es, es ist jedoch umgekehrt, er ist der Leidende, der nicht gewagt hatte, was sie gewagt, nämlich eine derartige Verantwortung auf einen andern Menschen zu legen. Sie meint, er habe sie beleidigt und
VI 405 gekränkt mit dem Abbrechen des Verhältnisses, und doch hat er sie lediglich dadurch gekränkt, daß er die Sache angefangen hat.

Der Bruch geschieht in sympathetischer Begeisterung für sie. Abgesehen davon, daß er angefangen hat, ist seine Schuld die, in Beziehung auf sie einen zu großen Maßstab anzulegen, und eben dies ist seine Ehre. Er ist schuldig, sie durchaus unschuldig, so meint er. Es ist jedoch nicht an dem: ist er dadurch schuldig, daß er angefangen hat, so ist sie dadurch schuldig, daß sie die ethische Seite des Verhältnisses benutzt, um ihn an sich zu binden und Schritte zu wagen, deren Folgen sie weder ahnen noch übersehen kann. Er sieht das Komische, jedoch mit Leidenschaft, so daß er von daher das Tragische wählt (dies ist das Religiöse und was ich nicht verstehen kann, der ich beide Momente im Gleichgewicht erblicke); sie sieht das Tragische und zwar so deutlich, daß sie es komisch macht. Er bringt im Äußeren überhaupt keine Wirkung hervor, abgesehen von dem, was jedwede Mannsperson ebenso gut vollbringen könnte, daß ein Mädchen sterben will usw., er vermag noch nicht einmal, ein Mädchen unglücklich zu machen; sie bringt eine ungeheuerliche Wirkung hervor. Daran denkt sie ganz und gar nicht, denn sie denkt, falls sie Erlaubnis bekommen hätte, ihn glücklich zu machen, so wäre das etwas gewesen. An das Erste denkt er nicht, denn er muß denken, daß er sie zerschmettert hat. Einer Sache ist er gewiß: daß es des Mädchens Ruin werde, mit ihm vereint zu werden; vielleicht ist das Mädchen klüger, wenn sie meint, sie könnte ihn schon gebrauchen. Sie ist dessen sicher, ihn allgemach glücklich machen zu können, gleichwohl wäre dies, soviel ist sicher, unbedingt sein Untergang gewesen. Er wird zum Narren vermöge seiner demütigen Ehrerbietung, sie wird zur Närrin durch ihre großen Worte.

Wie aber ist er denn dazu gekommen anzufangen? Ich glaube, dies habe ich deutlich angelegt. Er fängt mit einer ganzen Lebensanschauung an, die er sich gebildet hat. Ich muß die Annäherung an eine religiöse Individualität aus ihm herausbekommen, daher hat die Anschauung eine aesthetisch-ethische in Illusion sein müssen. So ist seine Anschauung auch beschaffen, und es ist ganz in der Ordnung, daß sie seine Individualität hat befriedigen müssen. Er sieht das Mädchen, empfängt einen erotischen Eindruck, aber auch nicht mehr. Sie ist in seine Existenz aufgenommen, und er will, so spricht er, sie nicht kränken, indem er sie näher kennen lernt. Man sieht sogleich den Schwärmer, und ein

Schwärmer soll er sein, aber er soll in eine andre Sphäre hinein. So geht denn die Zeit hin, er ist entschlossen, aber dem Erotischen ist sein Recht ganz und gar nicht widerfahren. Nun ist er in ihm drin, und er packt die Sache ethisch an, indessen in seiner Seele
VI 406 die religiöse Möglichkeit sich fort und fort vertieft, wie diese denn bereits in seiner ersten Lebensanschauung vorhanden gewesen ist, ohne daß er davon wußte. Das Ethische wird ihm nunmehr in der Wirklichkeit klar und er scheitert. Die Kränkung, die er begeht, ist nicht, daß er abbricht, sondern sie hat darin bestanden, daß er bei einer solchen Lebensanschauung verliebt sein wollte. Die Stadien sind folgendermaßen angelegt: eine aesthetisch-ethische Lebensanschauung in Illusion mit der aufdämmernden Möglichkeit des Religiösen; eine ethische Lebensanschauung, die ihn richtet; er sinkt in sich selbst zurück, und er ist da, wo ich ihn haben will.

Ich habe in aller Kürze einen Rundgang um mein Experiment getan. Ständig bewege ich mich um es herum; denn ich begreife wohl die Einheit des Komischen und des Tragischen, jedoch nicht, woher er die neue höhere Leidenschaft empfängt, welche das Religiöse ist. Sollte es etwa die Ethik sein, welche vermöge ihres negativen Drucks ihm am Metaphysischen vorbeihilft (denn in diesem liege ich) ins Religiöse hinein? Ich weiß es nicht.

Das Ergebnis des ganzen Prozesses des Mißverstehens ist eigentlich, daß sie doch nicht lieben. Dies aber kann man zu Anfang schlechterdings nicht sagen, und es bleibt auch immer noch dies übrig, daß jeder von beiden sein Teil von den Momenten der Liebe hat. Er liebt nicht, denn er ermangelt der Unmittelbarkeit, in welcher des Erotischen tiefster Grund liegt. Hätte er der Ihre werden können, er wäre doch bloß ein Geist geworden, der alles tun will, ihren Wünschen nachzukommen, jedoch kein Liebender. Indes, besitzt er die Unmittelbarkeit nicht, so besitzt er das ethische Moment, auf das sie sich schlechterdings nicht versteht, um das sie sich schlechterdings nicht kümmert. Sie liebt nicht; sie hat nämlich der Unmittelbarkeit Antriebe und Ausdauer; aber um zu lieben müßte sie ja auch die Resignation besitzen, auf daß es deutlich werde, daß sie nicht sich selbst liebt.

Hiermit ist das Experiment abgeschlossen; in einem andern Sinne jedoch ist es auch in seiner weitläuftigeren Ausführung nicht

fertig oder zu Ende gebracht. (Über den Grund, den dies hat, weiter unten mehr.) Nähme ich an, es sei eine Tatsache und geschehen, was er ahnt und was nahe genug liegt, nämlich daß sie sich aufs Neue verliebte, was wäre dann? Dann würde er am Ende von seiner Abirrung loskommen. Ich versetze mich fortwährend in ihn und sehe freilich sehr wohl ein, daß er sich nicht hilft, wie ich mir an seiner Stelle längst geholfen hätte. Darüber will ich nicht streiten, ich will experimentieren. Seine Abirrung ist, daß er von ‚ihrer' Wirklichkeit sich darin stören läßt, sich als ein Reuender in sich zusammen zu schließen, daß er in seiner Reue nicht Ruhe bekommen kann, weil ‚sie' die Reue für ihn dialektisch macht. (Hierüber unten mehr.) Sobald sie daher überseit ist, wird er einzig und allein mit sich selber zu schaffen haben, die Reue wird ungehemmt die Idealität erhalten, die ihm nötig ist, ohne gestört
zu werden von pathetischer Leidenschaft des Handelnwollens, oder VI 407
von komischen Gesichten, die er nicht selber hervorbringt. Eine Individualität zum Abschluß bringen und ein Ergebnis, ein Fazit aufstellen, das ist etwas für die großen systematischen Denker, welche so vielerlei zu bestellen haben; diese Individualität in ihrer ganzen Möglichkeit entstehen lassen ist das, was den Experimentator interessiert. Ich könnte mir daher sehr gut denken, daß er, wenn ich selbst mir dies aufgäbe, noch einmal mehr dialektisch würde. Falls dies geschieht, bringt er es so weit, dämonisch zu sein. Nicht das Dialektische macht einen Menschen dämonisch, weit davon, sondern dies, daß er darin bleibt.

Der Leser, welcher das kleine Buch von Constantin Constantius gelesen hat, wird ersehen, daß ich mit jenem Schriftsteller eine gewisse Ähnlichkeit habe, jedoch recht verschieden bin, und wer experimentiert, tut jederzeit gut, sich selbst zu formen je nach Maßgabe des Experiments.

§ 3

Daß das Tragische stärker zum Geschichtlichen hindrängt als das Komische; Schwinden dieses Unterschieds im „Experiment"

Es hat mich des öfteren beschäftigt, daß der tragische Dichter, um den Eindruck auf die Zuschauer sich richtig zu sichern, um dem Stück deren Vertrauen und Glauben, der Aufführung deren Tränen zu erobern, sich auf die geschichtliche Tatsache stützt, daß sein Held das Große wirklich vollbracht habe, möge gleich der Dichter nicht rein und bloß das Geschichtliche wiedergeben. Daß es sich so verhält, wird gewiß niemand leugnen, und sich nicht etwa wider mich auf Lessing[394] berufen, sintemal Emilia Galotti als Ausnahme die Regel bestätigt und so manche Äußerung des Verfassers dieses Trauerspiels beweist, daß er selber es gerade so angesehen hat. Das weit überwiegende Gewöhnliche ist, das Geschichtliche zu benutzen und beträchtliche Vorbehalte zu machen bei der Auslegung des Aristotelischen Satzes, daß der Dichter ein größerer Philosoph sei als der Geschichtsschreiber, weil er zeige, wie es sein soll, nicht wie es ist. Der komische Dichter dagegen bedarf solch eines geschichtlichen Rückhalts nicht. Er nenne seine
VI 408 Personen wie er wolle, er lasse die Szene spielen, an welchem Ort er wolle, wenn nur die komische Idealität vorhanden ist, so lacht man schon; und umgekehrt, er gewinnt nichts damit, daß er die traditionellen Figuren Harlequin und Pierrot benutzt, falls er nichts als ihre Namen zu verwenden weiß.

Ist dies nun so, weil die Menschen mehr geneigt sind, die schwachen Seiten der Leute zu entdecken als das Große zu gewahren, ist es so, weil es eher angeht, ohne verläßliche Bürgschaft über etwas zu lachen als darüber zu weinen, gleich als ob es keine Giltigkeit hätte, daß nur ein Tor über ein Nichts lacht? Oder liegt der Grund vielleicht darin, daß auf der einen Seite das Komische leichtbewaffnet am Ethischen vorüber nach der Sorglosigkeit des Metaphysischen trachtet und durch das Offenbarwerdenlassen des Widerspruchs nichts als das Gelächter wecken möchte; auf der andern Seite dagegen das Tragische mit seiner schweren Rüstung in einer ethischen Schwierigkeit stecken bleibt, daß nämlich die Idee freilich siegt, der Held aber untergeht, was für den Zuschauer recht trostlos ist, sofern er ebenfalls Held sein möchte, und recht spitzig, falls er bedenkt, er für sein Leben habe nichts zu fürchten, sintemal bloß die Helden sterben?

Indes sei nun der Grund, welcher er wolle, mich beschäftigt nicht der Grund, sondern die Tatsache, daß das Tragische beim Geschichtlichen Rückhalt sucht. Dies bedeutet doch: die Dichtung meint nicht, aus eigner Kraft imstande zu sein, die Idealität beim Zuschauer zu wecken, meint nicht, daß der Zuschauer sie habe, wohl aber, daß das Geschichtliche, d. h. der Umstand, daß es geschichtlich ist, ihm helfen werde, die Idealität zu gewinnen. Betreffs des Komischen hingegen kommt es dem Dichter niemals bei, sich auf das Geschichtliche zu berufen, oder den komischen Helden mit Hilfe der Geschichte zu stützen; denn der Zuschauer meint ganz mit Recht: stell ihn uns komisch dar, so schenken wir dir das Geschichtliche.

Hilft es denn nun aber zum Glauben an das Große, daß man weiß, es ist geschichtlich? Nein, ganz und gar nicht. Dies Wissen hilft einem bloß in eine Sinnestäuschung hinein, welche durch das Stoffliche sich betören läßt. Was weiß ich geschichtlich? Das Stoffliche. Die Idealität weiß ich aus mir selber, und wenn ich sie nicht aus mir selber weiß, so weiß ich sie gar nicht, alles geschichtliche Wissen hilft nichts. Idealität ist nicht fahrende Habe, die vom einen zum andern gebracht werden kann, oder etwas, das mit in den Kauf geht, wenn man größere Partien abnimmt. Weiß ich, daß Cäsar groß gewesen, so weiß ich schon was das Große ist, und auf dies sehe ich, ansonst weiß ich nicht, daß Cäsar groß gewesen ist. Der Bericht der Geschichte, zuverlässige Männer versicherten, daß mit der Annahme dieser Meinung kein Risiko verknüpft sei, sintemal es gewiß sei, daß er ein großer Mann gewesen, daß der Erfolg es beweise, dieser Bericht hilft ganz und gar nicht. Auf eines andern Wort hin die Idealität glauben, heißt: gleichsam über einen Witz VI 409
lachen, nicht, weil man ihn verstanden hat, sondern weil ein andrer gesagt hat, das sei witzig. Solchenfalls könnte im Grunde für den in Kraft von Glaube und Respekt Lachenden der Witz ebenso gut ungesagt bleiben; der Mann könnte mit der gleichen Emphase lachen.

Der Leser wird aus der Überschrift des Paragraphen leichtlich ersehen, daß ich nicht im Aesthetischen zu bleiben gedenke, sondern daß ich zum Religiösen hinwill. Was im Aesthetischen der tragische Held ist, das ist für das religiöse Bewußtsein das religiöse Vorbild (ich denke hier natürlich bloß an fromme Männer usw.). Hier ist der Dichter ein Redner. Man nimmt hier nun abermals zum Geschichtlichen seine Zuflucht. Das Vorbild wird dargestellt, und alsdann erklärt der Redner: ‚es ist gewiß, denn es ist geschichtlich', und die gläubige Gemeinde glaubt alles, sogar, daß der Redner[395] weiß was er sagt.

Um die Idealität zu erfassen, muß ich das Geschichtliche in die Idealität auflösen können, oder (um einen frommen Ausdruck für das, was Gott an einem Sterbenden tut, zu gebrauchen) es ‚verklären'. Umgekehrt komme ich in die Idealität nicht hinein, indem ich das historische Plapperwerk wiederhole. Wer daher in Beziehung auf das Gleiche nicht ebenso gut den Schluß von Möglichkeit (posse) auf Dasein (esse) begreift wie den von Dasein (esse) auf Möglichkeit (posse), der begreift die Idealität in diesem Gleichen nicht. Er wird lediglich mit Einbildungen hochgepäppelt. Die Idealität als das beseelende Prinzip wird nicht ohne weiteres geschichtlich. Was mir überliefert werden kann, ist eine Vielfältigkeit von Daten, welche nicht die Idealität sind, und insofern ist das Geschichtliche jederzeit Rohmaterial, das nun der, welcher es sich aneignet, in ein ‚posse' aufzulösen und als ein ‚esse' sich einzuleiben weiß. Es gibt auf dem religiösen Gebiet darum nichts Törichteres, als die verständige Frage zu vernehmen, die bei dem, was gelehrt wird, fragt: ‚ist das nun auch wirklich derart zugegangen', denn alsdann will man es glauben. Ob es wirklich derart zugegangen ist, will heißen so ideal, wie es dargestellt wird, kann allein an der Idealität überprüft werden, diese aber ist nicht historisch auf Flaschen abgefüllt erhältlich.

Dies hab ich mir zum Bewußtsein gebracht, indem ich jene Leidensgeschichte bildete, die ich als ein Experiment ausgeführt habe. Ach, wo ich ein berühmter Schriftsteller wäre, so würde eine Lesewelt, welche im Glauben tätig ist[396], unermüdlich tätig, in der Klemme sein, denn sie würde sich um das Buch kümmern und fragen: ‚ist das nun aber auch wirklich — denn alsdann wollen wir
VI 410 es schon glauben'. Was ist es, das sie glauben will? Daß es wirklich ist. Ja, auf dem Wege kommt man nicht sehr weit. Wofern ein Redner auf diesen Punkt nicht achtet, so wird er freilich auf seine

Hörer tiefen Eindruck machen können, ebenso aber auch das Wort des Sokrates[397] über die Beredsamkeit, daß sie nämlich eine betrügerische Kunst sei, zu einer satirischen Wahrheit wider ihn selber machen. Je mehr hervorgehoben wird, daß es geschichtlich sei und darum usw., um so mehr betrügt er; und hat er bloß ein bescheidenes Einkommen, so daß es sich nicht lohnt von dem Geld, das er bekommt, zu reden, so ist es ebenso sicher, daß er Geschwätz, vielleicht viel Geschwätz bietet — ach, für ein geringes Entgelt. Solch ein historisierender Redner tut lediglich das Seine dazu, daß die Lernenden geistlos werden. Es ist nämlich Geist, nach zwei Dingen zu fragen: 1. ist das was da gesagt wird möglich? 2. kann ich es tun? Geistlos aber ist es, nach zwei Dingen zu fragen: 1. ist es wirklich? 2. hat mein Nachbar, Christophersen, es getan, hat er es wirklich getan? Und der Glaube ist eine Idealität, welche ein ‚esse' in sein ‚posse' auflöst und alsdann in Leidenschaft den Schluß umkehrt. Ist des Glaubens Gegenstand das Absurde, so ist es doch nicht das Geschichtliche, welches geglaubt wird, sondern der Glaube ist dann jene Idealität, welche ein ‚esse' in ein ‚non posse' auflöst und dies nunmehr glauben will.

Um noch darüber hinaus das religiöse Paradigma sicher zu stellen, hält man das Religiöse in rein pathetischen Kategorien der Unmittelbarkeit. Es geht dem Redner hier ebenso, wie es dem Dichter mit seinem tragischen Helden geht. Man traut sich durchaus nicht, das Komische zu Tage treten zu lassen. Deshalb weiß der Zuhörer bestimmt, daß es ernst ist, und wenn es Ernst ist, so kann er es getrost glauben. Gesetzt nun aber, dieser Ernst wäre Scherz. Der religiöse Ernst ist wie das Religiöse die aus der Einheit des Komischen und des Tragischen hervorgehende höhere Leidenschaft. Dies weiß ich eben daher, daß ich nicht religiös bin und diesen Standpunkt (den der Einheit) erreicht habe, ohne etwas Voranliegendes zu überspringen und ohne das Religiöse in mir zu finden. — Verhält es sich dergestalt, so soll das Geschichtliche sich keine Ungelegenheiten machen, denn wie es niemals zu einer Idealität verhelfen kann, so denn am allerwenigsten zu einer dialektischen Idealität. Wäre ich ein Mann, auf den Verlaß ist, so sähe es schlimm aus für die Lesewelt, welche nicht im voraus in Erfahrung bringen kann, ob es Scherz ist oder Ernst. Ich würde zu einer Erklärung genötigt — es ist doch immer zu etwas gut, wenn man nicht verläßlich ist.

Man verbürgt das Religiöse ebenso wie das Aesthetische mittels eines Ergebnisses — und mein Experiment ist ja nicht abgeschlos-
VI 411 sen. Es gibt somit kein Ergebnis — „ich bitte ein hochverehrtes denkendes Publikum zu bedenken, was es bedeutet, ein Buch herauszugeben, das kein Ergebnis hat. Glücklicherweise liest es niemand, da es von einem obskuren Schriftsteller ist", so wird ein Rezensent sprechen, obwohl ich ihn doch so inständig gebeten habe, auf Äußerung zu verzichten — nicht etwa gerade auf diese Äußerung zu verzichten, denn muß er zu guter Letzt doch reden, so darf es ganz gewiß gleichgiltig sein, was er sagt. Mithin, das Ergebnis, von dem jeder rastlose Leser mit Billigkeit verlangen kann, daß er es voraus in die Hand bekomme, das kommt überhaupt nicht. O, daß diese Betrachtungen dafür eine kleine Entschädigung sein möchten.

Die Dichtung liegt innerhalb der Angemessenheit des Äußeren zum Inneren, und sie weist darum das Ergebnis im Sichtbaren auf. Das Ergebnis ist fix und fertig zum Anziehn. Eine gewisse Vorsicht schadet indes nichts, denn das Ergebnis hat die gleiche Dialektik wie die Idealität. Das Religiöse liegt im Inneren. Hier kann also das Ergebnis nicht im Äußeren aufgewiesen werden. Aber was tut der Redner? Er steht für das Ergebnis ein. Eine solche Bürgschaft muß in jeder Hinsicht angesehen werden als zuverlässig — für den ernsthaften und positiven Mann.

Das aesthetische Ergebnis liegt im Äußeren und kann aufgewiesen werden. Es kann aufgezeigt werden und gesehen werden, sogar von Kurzsichtigen mit Hilfe eines Opernglases, daß der Held siegt, daß der Hochherzige in der Schlacht fällt und tot hereingetragen wird (natürlich nicht beides zugleich) usw. Dies eben ist am Aesthetischen die Unvollkommenheit. — Das ethische Ergebnis kann bereits weniger gut aufgezeigt werden, oder richtiger, es wird eigentlich abgefordert mit einer solchen Geschwindigkeit, daß man keine Zeit bekommt, sich umzusehen, bevor es da ist. Wenn ich also alles andre fortdenke, und allein das Ethische denke, so fordre ich ethisch richtig, daß ich das Gute siegen sehe mit unendlicher Geschwindigkeit, daß ich die Strafe das Böse einholen sehe mit unendlicher Geschwindigkeit. Dies ließe sich nun nicht darstellen, am allerwenigsten in 5 Akten, und darum hat man das Aesthetische und das Ethische kombiniert. Man hat den ethischen Ge-

samtgedanken bewahrt und die unendliche Geschwindigkeit mittels aesthetischer Kategorien (des Schicksals — des Zufalls) verlangsamt, und nun im ethischen Gesamtgedanken am Schluß eine Weltordnung gesehen, eine Lenkung, die Vorsehung. Dies Ergebnis ist aesthetisch-ethisch, und kann darum in einem gewissen Maße im Äußeren aufgewiesen werden. Mittlerweile ist an diesem Ergebnis eine Mißlichkeit; denn das Ethische kann das Aesthetische nicht anders respektieren, als indem es eine unmittelbare Vereinigung mit ihm als eine Mesalliance betrachtet. (Deshalb sicherlich ist Boethius so böse auf dichterische Darstellungen, erstes
Buch S. 9, deshalb sicherlich hat Solon das Schauspiel als Trugwerk VI 412
verboten, deshalb sicherlich hat Plato gewollt, daß die Dichter aus seinem Staat ausgeschlossen werden[398]. Das Ethische fragt nur nach Schuldig oder Nichtschuldig, ist selber Manns genug, um mit den Menschen abzurechnen, bedarf keines Äußerlichen und Sichtbaren, geschweige einer solchen dialektischen Zweideutigkeit wie Schicksal und Zufall, oder der Handgreiflichkeit irgend eines Gerichtsaktes. Das Ethische ist stolz und spricht, ‚hab ich meinen Spruch getan so bedarf es nichts weiter.' Dies bedeutet, daß das Ethische sich geschieden zu sehen wünscht vom Aesthetischen und von jener Äußerlichkeit, welche des Aesthetischen Unvollkommenheit ist, es begehrt danach, eine herrlichere Verbindung einzugehn, nämlich die mit dem Religiösen.

Das Religiöse spielt nun, jedoch als das Höhere, die gleiche Rolle wie das Aesthetische, es streckt die unendliche Geschwindigkeit des Ethischen in die Länge und die Entwicklung geht vor sich; indes die Bühne ist im Inneren, in Gedanken und Sinn, etwas, das man nicht sehen kann, nicht einmal mit einem Nachtfernrohr. Des Geistes Prinzip ist, daß das Äußerliche und Sichtbare (die Herrlichkeit oder die Erbärmlichkeit der Welt für den in ihr Lebenden; ein äußerer Erfolg oder dessen Ausbleiben für den Handelnden) da ist, um den Glauben zu versuchen, mithin nicht, um zu betrügen, sondern damit der Geist darin erprobt werde, es in die Indifferenz zu setzen und sich selbst zurückzunehmen. Das Äußere tut nichts ab, nichts zu — und das Ergebnis ist erstens in dem Inneren und zweitens fort und fort vertagt.

Der aesthetische Erfolg liegt in dem Äußeren, und das Äußere gewährt die Sicherheit, daß der Erfolg da ist; man sieht, der Held

hat gesiegt, hat jenes Land erobert, und nun sind wir fertig. Der
religiöse Erfolg ist gleichgiltig gegen das Äußere, allein gesichert
im Inneren, d. h. im Glauben. In seiner Gleichgiltigkeit gegen das
Äußere, dessen das Aesthetische bedarf (daß es große Männer,
große Gegenstände sein müssen, große Ereignisse, so daß es ko-
misch wird, wenn es sich um kleine Leute handelt oder um zwei
Mark und acht Groschen), ist das Religiöse angemessen für den
größten Menschen, der je gelebt und für den jämmerlichsten, und
zwar gleich angemessen; angemessen für den Wohlstand der Na-
tionen und für einen Heller und zwar gleich angemessen. Das Re-
ligiöse ist einzig und allein qualitativ dialektisch und verschmäht
die Quantität, an der die Aesthetik ihre Aufgabe hat. In seiner
Gleichgiltigkeit gegen das Äußere, dessen das Aesthetische im Er-
VI 413 gebnis bedarf, verschmäht das Religiöse dergleichen und verkün-
det allen und jedem, jedem und allen: wer da glaube, daß er fertig
ist (will heißen, es sich einbilde, denn dergleichen läßt sich nicht
glauben, sintemal der Glaube eben die Unendlichkeit ist) — der
habe verloren.

Und nun der Redner, welcher in Ergebnissen macht, was tut er; er tut eben alles, was ihm möglich ist, um die Zuhörer zu betrügen. Jedoch der Redner ist positiv. Ganz recht, er nimmt ja auch Geld für das was er sagt, und bereits dies flößt ein gewisses Zutrauen zu ihm ein, denn sofern ein Mensch Geld zusetzte oder sein Ansehen verlöre um wahr zu reden, welches Zutrauen könnte man dann zu ihm haben, er widerlegt sich ja selbst, denn sollte das die Wahrheit sein, das einem Menschen Geld, Ansehen und alles dergleichen nicht verschaffte!

Wo jemand spräche, schwimmen heiße, auf dem festen Erdboden liegen und herumkugeln, so würden ihn wohl alle für verrückt halten. Glauben aber heißt eben das Gleiche wie schwimmen; und anstatt einem ans Land zu helfen, soll der Redner ihm hinaushelfen auf die Tiefe; gesetzt mithin, jemand spräche, ‚glauben heißt auf dem festen Erdboden liegen und herumkugeln, des Ergebnisses sicher', so sagt er das Gleiche, aber man merkt es vielleicht nicht.

Was hier betreffs des dem Religiösen eigenen Mangels an Ergebnis ausgedrückt ist, kann ich auch folgendermaßen deutlich machen: das Negative ist höher denn das Positive. Welch ein Glück, ein obskurer Schriftsteller zu sein, wenn man in solchen Gedanken

experimentiert; ein ansehnlicher Verfasser käme in Verlegenheit, denn auf Grund seines Ansehens dürften die Positiven vermutlich rasch einsehn, daß es ein positives Ergebnis sei, zu dem er gelangt ist, und sein positives Ansehen würde noch größer werden. Jene Positiven, oder um noch bestimmter zu bezeichnen, was ich meine, die schlechthin Positiven[399], haben eine positive Unendlichkeit. Das ist durchaus richtig, ein Positives ist fix und fertig, und wenn man es erst einmal gehört hat, ist man ebenfalls rasch fertig. Hier ist Ergebnis im Überfluß. Möchte man bei dem Meister Hegel[400] Aufklärung suchen, was unter einer positiven Unendlichkeit zu verstehen ist, so lernt man viel, man gibt sich Mühe, man versteht ihn; das einzige, das ein Nachzügler vielleicht nicht versteht, ist, wie denn ein lebendiger Mensch oder ein Mensch bei Leibesleben ein solches Wesen zu werden vermag, daß er zur Ruhe gelangen kann in dieser positiven Unendlichkeit, die ansonst der Gottheit vorbehalten ist und der Ewigkeit und den Toten. Insofern kann ich nichts andres verstehen, als daß es hier noch an einem Ergebnis fehlt, welchem die Negativen, die nicht fertig sind, nebenbei ja gerne entgegenblicken können: wie weit nämlich etwa es der Astro- VI 414
logie gelingen möge, nachdem das System schon lange fertig ist, auf jenen fernen Himmelskörpern neue Wesen zu entdecken, welche für das System Verwendung haben. Was noch übrig bleibt, muß dann Sache der höheren Wesen sein; für Menschen jedoch gilt die Vorsicht, nicht allzu positiv zu werden, denn dieses würde eigentlich heißen, daß man vom Dasein zum Narren gehalten wird. Das Dasein ist tückisch, und hat mancherlei Zaubermittel, mit denen es dem Abenteurer nachstellt; und wer gefangen wird, ja, wer gefangen wird, aus dem macht es nicht eben ein höheres Wesen.

Für ein endliches Wesen, und dies ist doch der Mensch, so lange er in der Zeitlichkeit lebt (vgl. das Religionslehrbuch von Balle), ist die negative Unendlichkeit das Höchste, und die positive eine mißliche Beruhigung. Eine Geistesexistenz, zumal die religiöse, ist nicht leicht; der Gläubige liegt fort und fort auf der Tiefe, hat siebzigtausend Faden Wassers unter sich. Wie lange er auch da draußen liege, dies bedeutet doch nicht, daß er so nach und nach dahin kommt, auf dem Lande zu liegen und sich zu strecken. Er kann ruhiger werden, erfahrener, eine Sicherheit finden, welche den Scherz und Frohsinn liebt — bis zum letzten Augenblick jedoch liegt er auf einer Tiefe von siebzigtausend Faden Wassers. Soll die Unmittelbarkeit fort, wonach ja alle schreien, so tritt dies ein. Es wird für alle im Leben Schwierigkeiten genug geben. Laß die armen Leute den harten Druck der Armut und der Nahrungssorge empfinden: wer da in Kraft des Religiösen des Geistes Existenz wählt, wird den Trost haben, dessen er, wie ich verstehe, bedarf, daß auch er am Dasein leidet und daß es vor Gott kein Ansehen der Person[401] gibt. Denn daß man positiv wird, verschafft kein persönliches Ansehen in Gottes Augen, mag dies auch eine Weisheit geworden sein seit jener Zeit, da die Spekulation sich des Religiösen annahm, indem sie ihm das Leben nahm.

Dies habe ich sehr wohl verstanden, obwohl ich selber nicht religiös bin, freilich mir auch nicht anmaße, das Religiöse mit Gewalt zu nehmen[402], sondern lediglich es experimentierend zu verstehen mit der Lust der Beobachtung. Das Religiöse sucht keinen Rückhalt am Geschichtlichen, noch weniger als das Komische es tut, und aus einem höheren Grunde als dieses, es setzt die Einheit des Komischen und des Tragischen in Leidenschaft voraus, und mit einer neuen Leidenschaft oder mit der gleichen wählt es das Tragische, ein Verhalten, welches einen geschichtlichen Rückhalt abermals nichtssagend macht; das Religiöse ist nie fertig, zumindest
VI 415 nicht in der Zeit, und kann deshalb allein vermöge einer Täuschung abgeschlossen dargestellt werden. Wo z. B. jemand, welcher ständig in religiösen Angelegenheiten einem Redner gefolgt wäre, zu diesem ginge und spräche: ‚meinen Sie nicht, daß ich nunmehr den Glauben habe, nunmehr, da ich Sie so getreulich gehört habe', so würde der Redner in einem Anfall von dem, was man Gutmütigkeit, besorgte Teilnahme nennt (wofür man im Lokalanzeiger seinen Dank ausspricht), vielleicht erwidern: „Ei, gewiß ist dies meine Meinung, seien Sie ganz ruhig, nur versäumen Sie meine Predigten nicht und kommen Sie nur unbefangen zu mir, falls Sie abermals in Zweifel fallen sollten usw." Meine experimentierende Beobachtung ist, ohne alle Gutmütigkeit und besorgte Teilnahme, der Meinung, daß er besser antworten würde: „Mein Lieber, wollen Sie mich höhnen, nicht einmal für mein Weib getraue ich mich einzustehn, ja, so sogar für mich selber nicht, denn ich liege auf der Tiefe von siebzigtausend Faden Wassers."

Daß mich jetzt nur nicht einer versuchen möge, vielleicht mir

Gold und grüne Wälder, der Mädchen Gunst und der Rezensenten Beifall verheiße, dann aber auch Antwort auf die Frage heische, ob mein Experiment eine wirkliche Geschichte ist, ob ihm etwas Wirkliches zu Grunde liegt. Ja, sicherlich liegt etwas Wirkliches zu Grunde, — die Kategorien nämlich. Indes für einen unbekannten Schriftsteller wird die Versuchung vielleicht geringer sein, jedermann wird leicht sehn, daß das Ganze ein Narrenstreich ist, was es doch wieder nicht ist, denn es ist ein Experiment. Das Tragische hat das Interesse der Wirklichkeit, das Komische die metaphysische Uninteressiertheit, das Experiment aber liegt in der unsichtbaren Einheit von Scherz und Ernst. Die dialektische Spannung zwischen Form und Inhalt, Inhalt und Form steht jedem unmittelbaren Verhältnis dazu im Wege, und in dieser Spannung entzieht das Experiment sich dem biederen Händedruck des Ernstes und der Gesellschaft des Scherzes mit lustigen Brüdern, das Experiment sagt zum Leser unentwegt ‚Sie'. Der dichterische Held will begeistern mit seinem Siege, will bedrücken mit seinem Leiden (will das Interesse der Wirklichkeit haben), der komische Held will Gelächter wecken, aber der Quidam des Experiments will überhaupt nicht, ist ohne jeglichen Anspruch auf jegliche Weise zu Diensten, er kann niemand lästig werden, denn auch in der Hinsicht ist er zu Diensten, daß man ihn ohne das geringste Risiko ignorieren darf, und dies um so mehr, als es schlechthin unbestimmbar bleibt, ob jemand, der etwa auf ihn achtete, dadurch gewönne oder Schaden hätte.

§ 4

Die Reue dialektisch an ihrer Grundlegung verhindert, die letzte Grenzscheide zwischen dem Aesthetischen und dem Religiösen liegt im Psychologischen VI 416

Die Reue kann von der Dichtung nicht gebraucht werden; sobald sie gesetzt ist, spielt die Szene im Innern. Das System kann die Reue natürlich auch nicht brauchen; denn es soll ja fertig sein, je eher desto lieber; und erst wenn es fertig ist, ist es reuelos, und um fertig zu werden, trachtet es, die Reue los zu werden. Die systematische Abkürzung der pathologischen Lebensmomente ist, sobald sie eine andere als bloß metaphysische Bedeutung haben will, eine reine Lächerlichkeit. Das System ist darum einzig Metaphysik, und insofern ist es in Ordnung, aber es ist kein das Dasein umfassendes System, denn alsdann müßte das Ethische mitgenommen sein, und das Ethische der Abkürzung unterwerfen heißt es zum Narren halten.

Auf der systematischen „Rutschbahn", wie der Quidam des Experiments sich ausdrückt[403], geht es folgendermaßen her: § 17 die Reue, § 18 die Versöhnung § ... System fertig, schließlich einige Winke an den Buchbinder betreffs des Einbandes. In Halbleder ist es nämlich die Metaphysik, in Ganzleder das System. Man bleibt mithin bei der Reue nicht stehen. Das soll man nicht sagen können, ein § ist denn doch keine Ewigkeit, nicht einmal für den, welcher äußerst eilige Geschäfte hat. Ich hingegen gedenke einen kleinen Augenblick bei der Reue stehen zu bleiben, ein Experimentator hat eher Zeit.

Das Dämonische am Quidam des Experiments ist eigentlich dies, daß er sich nicht zurücknehmen kann in Reue, daß er an der äußersten Spitze in einem dialektischen Verhältnis zur Wirklichkeit hängen bleibt (siehe oben). Juno entsandte bekanntlich eine Bremsfliege, welche Latona verfolgte, so daß sie nicht zum Gebären gelangte: ebenso ist die Wirklichkeit des Mädchens eine Bremsfliege, ein Vielleicht, das ihn neckt, eine Nemesis der Wirklichkeit, eine Mißgunst des Daseins, die ihm nicht erlaubt, heraus- und damit unbedingt hinein in das Religiöse zu schlüpfen.

Wenn die Reue minder systematisch, d. h. mehr gründlich entwickelt wird, hat man im Allgemeinen doch das Auge vor allem
VI 417 geöffnet, um die Versöhnung zu Gesicht zu bekommen. Das mag recht gut sein, aber die Existenzschwierigkeiten liegen auch an andrer Stelle. Wenn die Reue gesetzt ist, so muß die Schuld gegeben sein als klar und sicher festgestellt. Aber die Schwierigkeit kommt eben zum Vorschein, wenn dies dialektisch wird. Daher habe ich vorhin gesagt: falls der Quidam des Experiments eine tatsächliche Sünde auf sich gehabt hätte, so wäre er viel leichter herauszuklären gewesen, denn alsdann hätte man das Dialektische vermieden.

Ob dergleichen in der Wirklichkeit nun selten vorkommt oder ganz und gar nicht, das nimmt dem Experiment nichts und gibt ihm nichts. Es dürfte jedoch möglich sein, daß das Dialektische am allerhäufigsten vorkommt, aber daß aus ihm schlechterdings nichts wird; denn das schlechtweg Normale kommt vielleicht einzig und allein in Handbüchern vor, oder in Vorlesungen von Männern, welche weder in sich selbst existieren, noch das Leben und andre Menschen zu belauschen verstehen.

Das Experiment hat dem Existierenden die Stellung so dialektisch wie möglich gemacht. Er kann einen Mord auf sein Gewissen bekommen, das Ganze kann Wind sein, er hat den Mord auf sich, sofern das Mädchen ihn auf ihn legt, und wenn dies dann bloß ein bißchen Gallimathias sein sollte, so hat er keinen Mord auf sich. Was soll darüber bestimmen? Das soll die Wirklichkeit. Die Wirklichkeit aber hat ein bißchen Zeit nötig, und wenn ich experimentiere, halte ich nichts von Paragraphenhastwerk. Wie existiert er somit während jener Zeit? Es ist für die Reue zum Verzweifeln. Mit mir ist es ein ander Ding, denn ich sitze in bester Laune über meinen Berechnungen und sehe zugleich das Komische und das Tragische. Das tragische Mädchen, das stirbt, und den komischen Sünder, der Mörder wird, den tragischen Sünder, der leidet und das komische Mädchen, das lebt. Ein Wort ist ein Wort, und ein Mann ist ein Mann, dies gilt bloß für Männer, welche darum mit Reden vom Tod vorsichtig sein müssen. Es ist nämlich allerdings wahr, was ein Verstorbener vom Tode gesagt hat, daß er keinen Stand, kein Alter kenne, jedoch daraus folgt nichts im voraus.

Ein dialektischer Leser wird sogleich darauf aufmerksam sein, daß hier eine Schwierigkeit ist, auf welche der Quidam des Experiments nicht, oder doch nicht zureichend, achtet. Er will mittels eines Betruges dem Mädchen jeden Eindruck entwinden, den sie von ihm haben kann. Diesen Betrug verwirklicht er, aber nun vergißt er, ihn einzukalkulieren. Er hat Kraft, um den Schrecknissen der Wirklichkeit zu trotzen, sich selbst gegenüber aber besitzt er nicht die Stärke, dies festzuhalten. Er ist höher denn die Wirklichkeit, dies zeigt er im Betruge, sofern er keinem Argument sich entzieht, sondern es aushält. Auf Grund des Betrugs muß jedoch das Argument anders ausfallen als es sonst täte. In dem Augenblick, da der Betrug mit Sicherheit verwirklicht wird, führt er das VI 418 Mädchen irre, reizt sie dazu, sich unsympathetisch zu äußern; sie ahnt nichts davon, daß er selber leidet, sie muß annehmen, er sei lediglich darauf bedacht, das Ende des Verhältnisses zu sehen, und dann zu triumphieren. Es gibt somit nichts, das ihre Äußerungen zurückzuhalten vermöchte. Insofern hat er selber Schuld daran, daß der Schrecken so wird wie er wird. Nur muß man sich daran erinnern, daß er selber einen milderen Weg versucht hat, bevor er zum Betruge greift. Der Umstand aber, daß er selbst durch den Betrug dazu beiträgt, sich selber alles noch schrecklicher zu machen, daß er sich somit durch den Betrug nicht einen Vorteil sondern eine Niederlage verschafft, ist mir im Experiment sehr wichtig. Im äußeren Sinne hat er gesiegt, die Gewalt, mit der ihm die Wirklichkeit die Spitze bietet, vermag wider ihn nichts — aber dann, ein halbes Jahr darnach, hebt er in sich selber wieder an, von jenem Begebnis verwundet, und nun muß er verloren geben. Dies eben beleuchtet das Religiöse. Jene Religiosität, welche geradenwegs von der Wirklichkeit empfangen wird, ist zweifelhafte Religiosität, es kann gut sein, daß aesthetische Kategorien angewandt werden, Lebensweisheit erworben wird; indes wenn die Wirklichkeit es nicht vermocht hat zu zermalmen, und das Individuum also für sich selber[404] fällt, so ist das Religiöse deutlicher.

Ich sehe hier nun in demjenigen, das er selbst nicht hinreichend beachtet, wiederum die Einheit des Komischen und des Tragischen; das Komische ist nämlich nicht, daß er ein Großmaul wäre, denn alsdann müßte es die Wirklichkeit sein, die mit ihm ein Ende machte, sondern daß er in der Krise der Wirklichkeit besteht und dann für sich selber fällt. Es ist eine Aufgabe für das Aesthetische, jemand, der sich einbildet etwas zu sein, in der Wirklichkeit nach seiner ganzen Nichtigkeit offenbar werden zu lassen; hat das Aesthetische ihm jedoch zugestanden, daß er in der Wirklichkeit etwas Großes ist, so hat das Aesthetische über ihn keine höhere Gewalt und muß ihn als Helden anerkennen, da aber spricht das Religiöse: ja, Pustekuchen, laß uns ein bißchen näher nachsehen, wie es in seinem Innern steht. Mich beschäftigt diese Frage rein nach Art der Griechen. Ich denke mir, die seligen Götter schüfen so einen Menschen, um daran den Genuß der dialektischen Freude zu haben. Sie gewähren ihm Kräfte, welche der Wirklichkeit an-

gemessen sind, so daß er in dieser siegt, dann aber eine Innerlichkeit, in der er selber irre geht. Er vermag wirklich das Große, aber sobald er es vollbracht hat, redupliziert sich die Begebenheit in ihm selber und er fällt um. Und ich denke mir, daß die Götter zueinander sprechen: „wir müssen doch etwas für uns selber haben, und noch nicht einmal für die Göttinnen ist das etwas, die es nicht begreifen, und wo sie es begriffen, nicht ohne Mitleid wären, es ist nicht zum Lachen, wie man über die Erfindungen eines Dichters lacht, welche wir mit dem Lohn unsres Gelächters beehren, und es ist nicht zum Weinen, wozu wir auch bereit sind, wenn etwas der Tränen wert ist, sondern es ist der festliche dialektische Genuß VI 419
des Gleichgewichts. Er kann über uns nicht klagen, denn wir haben ihn ja groß gemacht und eigentlich sehen einzig wir Götter im gleichen Augenblick auch seine Nichtigkeit."

Der Quidam des Experiments sieht es nicht auf diese Art, denn in seiner Leidenschaft hält er im Glauben den Gott[405] fest, und sieht in seiner eigenen Vernichtigung nicht wie ich die negative Einheit des Komischen und des Tragischen und weiter nichts, sondern sieht seine eigene Erhebung, er sieht sich selber nicht von der Hand der Wirklichkeit sondern von der Gottes fallen, und daher erhoben. In religiöser Sprache müßte ich mich anders ausdrücken, wiewohl ich da in einer fremden Zunge rede[406]: die Vorsehung, welche sich um einen jeden unendlich kümmert, stattet einen bestimmten Menschen aus, welchem sie ungewöhnliche Kräfte der Wirklichkeit gegenüber gibt; ‚aber', spricht die Vorsehung, ‚auf daß er nicht zu viel Schaden anrichte, binde ich diese Kraft in Schwermut und verberge sie dadurch vor ihm selbst. Was er vermag, soll er nie zu wissen bekommen, aber ich will ihn brauchen; er soll von keiner Wirklichkeit gedemütigt werden, und insofern ist er mehr verwöhnt als andre Menschen, in sich selber aber soll er die Vernichtigung empfinden, wie andre Menschen sie nicht empfinden. Erst da soll er mich verstehen und da allein, dann aber auch sicher sein, daß ich es bin, den er versteht.' Experimentierend kann ich dies wohl verstehen, sonst aber nicht, denn ich bin nicht zur Ruhe gekommen in Leidenschaft, sondern in Leidenschaftslosigkeit.

Die Reue ist ihm somit dialektisch geworden, und bleibt es ihm, weil er auf die Aufklärung der Wirklichkeit darüber, was er

eigentlich verschuldet hat, warten muß. Der dialektische Leser wird natürlich viele Beispiele für eine solche dialektische Reue bilden können. Ich will nur eines hinwerfen. David[407] hat beschlossen, daß Uria auf hinterlistige Weise aus dem Wege geschafft werden soll, damit Bathseba sein werden könne. Ich nehme an, er habe einen Boten mit geheimem Befehl an den Feldherrn gesandt, ich nehme an, daß solch ein Bote drei Tage reisen muß, um das Feldlager zu erreichen. Die geschichtliche Wirklichkeit macht hier nichts aus. Was geschieht? Als David in der gleichen Nacht, da der Bote abgegangen ist, die Ruhe des Schlafes suchen will, findet er sie nicht, sondern den Schrecken auf der Wacht, der ihn packt, und er versinkt in der Reue — im nächsten Paragraphen kommt ja die Versöhnung. Nein halt! Im gleichen Augenblick sieht David ein, daß es doch vielleicht möglich wäre, den Mord zu verhindern. Der Eilbote wird ausgesandt und David bleibt zurück. Ich nehme an, daß wiederum fünf Tage verstreichen. Fünf Tage, wieviel ist das? Das ist ja noch nicht einmal ein Satzstück in einem Paragraphen, es ist zuallerhöchst eine Partikel, das Wörtchen ‚unterdessen', welches bloß einen neuen Absatz beginnt; aber fünf Tage können einen Mann gut und gern grauhaarig machen. Es ist ja doch ein großer Unterschied, ob man Mörder hat sein
VI 420 wollen oder ob man es ist. Nun ist David in der dialektischen Schwebe und der Experimentator, der seinen Zustand psychologisch schildern will, kann viele viele Paragraphen brauchen. — Mittlerweile sieht jedermann leicht, daß dies gleichwohl ein weit einfacherer Fall ist als mein Experiment. Er hat doch den Willen gehabt, eines Mordes schuldig zu werden; der Quidam des Experiments aber will doch gerade retten, in der Begeisterung reiner Sympathie wagt er das Äußerste, und siehe, er bekommt einen Mord auf sein Gewissen, oder richtiger, er gerät in die dialektische Not. Diese ist hier auch mehr dialektisch als in der Lage Davids, weil bei David das Komische überhaupt nicht zum Vorschein kommen kann. Für David könnte es eine Linderung werden, wenn es ihm gelänge Urias' wirklichen Tod zu verhindern, denn ein Scherz wird nie daraus. Der Quidam des Experiments hingegen kann nahezu lächerlich werden, falls er den Hieb nicht pariert mit Hilfe der Idee.

Die dialektische Form der Reue ist hier folgende: er kann zur

Reue nicht hingelangen, weil es gleichsam noch unentschieden ist, was eigentlich er bereuen soll; und er kann nicht Ruhe finden in der Reue, weil es gleichsam so ist, als ob er immerfort ans Handeln gehen, alles noch einmal anders machen müßte, falls es möglich sein sollte. — Daß er dem nachgibt, ist das Dämonische; er soll nur ja auf die Möglichkeit achten und die Reue ganz aus ihr herausnehmen. Sofern es der erste Grund (daß es noch nicht entschieden ist, was er bereuen soll) ist, der ihn in der Schwebe (in suspenso) hält, ist er ironisch; sofern es der zweite Grund ist (daß er immerfort handeln soll), ist er rein sympathetisch. — In seiner reuenden Situation ist noch ein drittes Moment. Im System bereut man ein für allemal in § 17, und geht dann über zu § 18. Soll aber für den Existierenden Heilung eintreten, so muß der Augenblick kommen, da man das Werk der Reue fahren läßt. Dies hat in einem bestimmten Augenblick täuschende Ähnlichkeit mit Vergessen. Aber die Schuld vergessen ist eine neue Sünde. Hier liegt die Schwierigkeit. Die Schuld festhalten, das ist der Reue Leidenschaft, und stolz und begeistert verachtet sie des Vergessens lange Rede von Linderung, und besorgt ist sie mißtrauisch wider sich selbst; und der Quidam des Experiments meint sogar, das Mädchen damit zu ehren, ein verführerischer Gedanke, eben weil er schön ist; die Schuld fahren lassen, sie in die Ferne rücken, so daß man sie nicht jeden Augenblick gleich nahe hat, ist nötig für die Heilung. Solch ein inwendiges wirkliches dialektisches Wassertreten bleibt unbemerkt, wenn alles so geruhsam abgeht, wie daß § 18 folgt auf oder nach § 17.

Beilage VI 421

Ein Seitenblick auf Shakespeare's Hamlet

Börne hat eine kleine Anzeige des Hamlet geschrieben[408]. Lediglich eine Schlußäußerung von ihm, von der ich noch nicht einmal wissen kann, ob er ihr so sehr viel Wert beilegt, eine einzige Äußerung, beschäftigt mich. Überhaupt sind Börne, Heine, Feuerbach und andere Schriftsteller der Art Individualitäten, die für einen Experimentator von großem Interesse sind. Sie wissen gewöhnlich über das Religiöse sehr gut Bescheid, d. h. sie wissen mit Bestimmtheit, daß sie damit nichts zu tun haben wollen. Dies ist ein großer Vorzug vor den Systematikern, welche, ohne zu wissen wo das Religiöse eigentlich liegt, bald untertänig, bald hochmütig, aber jederzeit unglücklich sich der Erklärung des Religiösen annehmen. Ein unglücklicher, ein eifersüchtiger Liebhaber kann über das Erotische ebenso gut Bescheid wissen wie ein glücklicher, und ebenso weiß auch einer, der Ärgernis genommen hat, auf seine Weise ebenso gut mit dem Religiösen Bescheid wie ein Gläubiger. Da nun unsre Zeit nur selten einen im echten Sinne Gläubigen aufzuweisen hat, so muß man immer darüber froh sein, daß es einige recht behende Geärgerte gibt. Wenn man über einen Punkt ganz bestimmte Aufklärung wünscht und das Glück hat, daß ein im Sinne des siebzehnten Jahrhunderts streng Gläubiger und ein im neunzehnten Jahrhundert Geärgerter beide das Gleiche sagen — in dem Sinne nämlich, daß der eine sagt: ‚es ist so und so, das weiß ich sehr wohl, und darum lehne ich es ab', der andre sagt: ‚so und so ist es, darum glaube ich es', und dies ‚so und so' ganz und gar übereinstimmt —, so kann man getrost eine Beobachtung zum Abschluß bringen. Zwei übereinstimmende Zeugen dieser Art gewähren eine Zuverlässigkeit, die den Juristen unbekannt ist.

Börne sagt von Hamlet, daß es ein christliches Drama ist. Dies ist meines Dafürhaltens eine besonders gute Bemerkung. Ich setze dafür lediglich das Wort ‚ein religiöses Drama' ein, und will also sagen: ‚der Fehler ist nicht, daß Hamlet das ist, sondern, daß Hamlet das nicht geworden ist, oder richtiger, daß er überhaupt kein Drama sein dürfte.' Wenn Shakespeare nicht etwa Hamlet religiöse Voraussetzungen geben will, die sich wider ihn verschwören in religiösen Zweifeln (womit das Drama aufhört), so ist Hamlet wesentlich ein Unentschlossener, und das Aesthetische
VI 422 fordert eine komische Auffassung. Hamlet hat, wie er sagt, seinen großen Plan empfangen, der Rächer zu sein, dem die Rache gebührt; wofern man ihn nun nicht gleichen Augenblicks unter diesem Plan zusammensinken sieht (womit die Szene sich ins Innere verlegt, und seine unpoetischen Bedenklichkeiten eine in psychologischem Betracht bemerkenswerte Form dialektischer Reue werden, sofern die Reue gleichsam zu früh kommt), so verlangt man rasches Handeln, denn alsdann hat er einzig und allein mit dem

Äußeren zu tun, in welchem ihm der Dichter keine Schwierigkeiten in den Weg stellt. Steht der Plan sicher, so ist Hamlet ein Nusselpeter, welcher nicht zu handeln versteht, steht der Plan nicht sicher, so ist Hamlet eine Art von Selbstquäler, welcher sich selber darum und damit plagt, daß er etwas Großes sein will; mit keiner dieser Möglichkeiten hat das Tragische zu schaffen. Rötscher[409] hat ihn ganz mit Recht zu einem Reflektiersüchtigen gemacht. Rötschers Darlegung ist ausgezeichnet, und hat zugleich auch sonst Interesse für den, welcher zu sehen wünscht, wie Systematiker genötigt sind Existenzkategorien zu brauchen.

Wird Hamlet innerhalb rein aesthetischer Kategorien gehalten, so ist das, was man zu sehen wünscht, daß er dämonische Kraft hat, einen solchen Entschluß auszuführen. Seine Bedenklichkeiten haben schlechterdings kein Interesse; sein auf morgen Schieben und Verzögern, sein Vertagen und sein selbstbetrügerisches Genießen des erneuerten Vorsatzes zu eben der Zeit, da es kein von außen kommendes Hindernis gibt, setzen ihn lediglich herab, so daß er ein Held in aesthetischem Sinne nicht wird, und so wird er doch überhaupt nichts. Wird er religiös angelegt, so haben die Bedenklichkeiten sehr großes Interesse, denn diese stellen sicher, daß er ein religiöser Held ist. Mitunter hat man einen durchaus äußerlichen Begriff von einem religiösen Helden. Im Katholizismus z. B., vor allem im Mittelalter, hat vielleicht so mancher gelebt, der für die Kirche begeistert gewesen ist ebenso wie ein Römer für sein Vaterland, tragischer Held geworden ist um der Kirche willen ebenso wie ein Römer für sein Vaterland, und nunmehr für einen religiösen Helden gehalten worden ist, d. h. auf Grund rein aesthetischer Kategorien das religiöse Examen bestanden hat. Nein, das Religiöse liegt in dem Inwendigen, und darum haben die Bedenklichkeiten hier ihre wesentliche Bedeutung.

Sollte Hamlet religiös aufgefaßt werden, so müßte man entweder ihn den Plan haben fassen lassen, und nun die religiösen Zweifel ihm den Plan entwinden lassen, oder aber man müßte, und das setzte meines Dafürhaltens das Religiöse besser ins Licht (denn im ersteren Fall könnten sich doch Zweifel einmischen, die darauf gehen, ob er seinen Plan in der Wirklichkeit wohl auszuführen vermöge), ihm dämonische Kraft verleihen, seinen Plan VI 423 entschlossen und gewaltig auszuführen, und ihn dann in sich selbst und im Religiösen zusammensinken lassen, bis daß er allda Frieden fände. Daraus kann natürlich nie ein Drama werden, für einen Dichter ist diese Aufgabe nicht zu brauchen, denn diese müßte mit dem Ende beginnen und den Anfang durchschimmern lassen.

Man kann an einem einzelnen Punkte Shakespeare gegenüber einen Zweifel, eine andre Meinung hegen und doch mit sich selber in der einen Meinung einig sein, welche die Meinung von ein und zwei und drei Jahrhunderten gewesen ist, daß Shakespeare unerreicht dasteht — den Fortschritten zum Trotz, welche die Welt machen soll; daß man also jederzeit von ihm lernen kann und das um so mehr, je mehr man ihn liest.

§ 5

Held — Leiden — die Tragödie will durch Furcht und Mitleid die Leidenschaften reinigen — das Mitgefühl des Zuschauers ist verschieden je nach den verschiedenen Weltanschauungen

Der aesthetische Held ist dadurch groß, daß er siegt, der religiöse Held dadurch, daß er leidet. Freilich leidet der tragische Held ebenfalls, doch auf die Art, daß er gleichzeitig im Äußeren siegt. Dies ist es, was den Zuschauer erhebt, während er für den Sterbenden Tränen hat.

Wäre der Quidam des Experiments eine Art von aesthetischem Helden gewesen, so müßte er es im Dämonischen werden (mit Richtung auf das Böse) und auf die Art könnte er es auch werden; denn das Aesthetische ist nicht so stofflich, daß es wesentlich achtet auf Blutvergießen oder auf die Zahl der Ermordeten, um danach zu bestimmen, ob jemand Held ist. Es sieht wesentlich auf Leidenschaft, nur daß es, weil es sich vom Äußeren nicht emanzipiert hat, nicht zu jenem rein qualitativen Bestimmen vorzudringen vermag, welches dem Religiösen vorbehalten ist, allwo ein Heller ebenso viel gilt wie Reiche und Lande. Sollte mithin der Quidam Held sein, so müßte er handeln auf Grund folgender Betrachtung: ‚ich sehe, die Idee meiner Existenz scheitert an diesem Mädchen, also

muß sie fort, über ihren Untergang hinweg geht mein Weg zu einem großen Ziel.' Es ist auch nicht schwer, für ihn die eine oder andre glanzvolle Idee auszudenken, die er verwirklichen wird. Man müßte also sehen, wie er das Ziel erreicht, und wie dann wieder die Weltordnung die Nemesis über ihn kommen läßt. Er müßte vor allem egoistisch seiner selbst sicher sein, und was man erblickte, wäre seine Unerschrockenheit, und auf welche Art er übernatürlich VI 424
wird, nicht so wie der Religiöse es wird durch Bringen von Opfern, sondern so wie der in Richtung auf das Böse, Dämonische es wird durch Heischen von Opfern. Vor allem aber dürfte er nicht, wie er es im Experiment ist, eine sympathetische Natur sein, denn alsdann begreift die Aesthetik seinen Konflikt nicht, und vor allem darf er nicht, wie im Experiment, gerade umgekehrt das für die Hauptsache halten, daß er mehr dazu kommt zu leiden als ‚sie', und dessen, was er wünscht, sicher sein, daß der Schritt nicht des Mädchens Untergang wird, sondern sein eigener. Die Quaedam des Experiments liegt wesentlich im Bereich des Aesthetischen. Das Ungewöhnliche, das eine aesthetische Heldin ausmacht, würde hier sein, daß sie in sich soviel Idealität hat, an ihrer Liebe festzuhalten, in dieser Kraft, welche die Liebe bewahrt, zu etwas Außerordentlichem gesteigert wird und dergestalt selber als eine Nemesis über ihn kommt. Ein Mädchen von solcher Qualität war im Experiment nicht zu brauchen, wo es darauf ankommt im Besonderen ihn ins Licht zu stellen und die Einheit des Komischen und des Tragischen als Gesetz für den Aufbau zu bewahren. Ich habe darum ein Mädchen von gewöhnlicherer Art gewählt. Seine sympathetische Natur soll von allen Seiten her beleuchtet werden, und darum mußte ich eine weibliche Gestalt haben, welche es vermag, ihm das Ganze so dialektisch wie möglich zu machen und unter anderm ihn auch in die Pein zu versetzen, daß er sieht, wie sie das tut, was er mit der Idee brechen nennt, obwohl sie doch, falls sie es tut, nichts anderes tut, als daß sie ohne Zorn und Parteilichkeit (sine ira et studio), ohne ihre weibliche Liebenswürdigkeit zu verlieren, sich einen neuen Kavalier für des Lebens Ball verschafft; kriegt man nämlich den einen nicht, so nimmt man den andern, von idealer Umständlichkeit nicht behelligt und eben darum liebenswert. Dies hätte ihm jedermann voraussagen können, aber das nützt ihm nichts. Natürlich hat ‚sie', wie jedes Mädchen, eine Möglichkeit das Große

zu werden gehabt, und es gibt in beider Verhältnis Augenblicke, wo ich erwartet habe, ich könne mich vor ihr neigen; denn ich, der ich ein Beobachter und insofern auf dichterische und weltmännische Art (poetice et eleganter) ein Aufsichtsbeamter bin, ich finde eine große Freude darin, mich zu verbeugen, und habe Napoleon nie seine Größe geneidet, wohl aber den zwei Kammerherren, die ihm die Tür auftaten, das Glück, der eine zu sein, welcher die Flügeltür aufreißt, sich tief verbeugt und ‚der Kaiser' sagt. Um des Verhältnisses willen hat sich das nicht machen lassen, und eben an dem Verhältnis habe ich meine dialektische Befriedigung. Wie beide, jedes Teil für sich, dazu gekommen sind, ihren Schicksalsweg zu beginnen, das ist mein Interesse nicht. Im gleichen Augenblick
VI 425 müßte ich von seiner Leidenschaft eine wesentliche Einwirkung erfahren, und das Gleichgewicht ist dahin. Sobald ich Leidenschaft zusetze, und beide je für sich sowie sein Schicksal betrachte, muß ich *von ihm* sagen, er sei derjenige, dem es widerfahre am meisten zu leiden. Er hat angefangen und ist damit, daß er angefangen hat, ihr zu nahe getreten, sintemal er die spezifische Eigenheit einer weiblichen Existenz nicht begriffen hat, er hat angefangen, und darum leidet er verdientermaßen. Von *ihr* möchte ich sagen, sie sei diejenige, welcher das Dasein im Experiment am meisten Unrecht tut, sie erscheine dadurch, daß sie sich mit ihm eingelassen hat, ständig in einem verkehrten Licht, gerade von dem Augenblick an, da er sie durch den Betrug verhindert, die etwa in ihr liegende Sympathie zu äußern. Sie mag tun was sie will, sogar wenn sie sich dafür entschiede, ihm treu zu bleiben, fällt da ein komisches Licht auf sie, weil er im Betrug existiert. Dies Unrecht wider sie empfindet er sehr wohl, gleichwohl handelt er von seinem Standpunkt aus in sympathetischer Leidenschaft, und es ist eine der Springfedern in seinem Leiden, daß er von seinem Standpunkt aus das Alleräußerste und gleichwohl das Allerverkehrteste tut, weil sie keinen gemeinsamen Standpunkt haben; er bildet mit ihr keinen benachbarten Winkel. Weder von seinem noch von ihrem Standpunkt her steht es gleich auf gleich: weiblicher Liebreiz, Anmut — und eine Geistesexistenz in Kraft des Dialektischen. Seine allerverzweifeltste Anstrengung nützt nichts, füllt das Mißverhältnis nicht aus, denn weiblicher Liebreiz hat einen Anspruch, der eben auf das geht, was ihm fehlt. Hier liegt sein Leiden. Auf der

andern Seite gilt das Umgekehrte, daß eine Geistesexistenz in Kraft des Dialektischen in Beziehung auf weiblichen Liebreiz fragen muß wie ein Mathematikus: und was beweist das? Dies tut er jedoch nicht, denn er ist nicht in des Geistes Gleichgewicht sondern in Leidenschaft, und sorgt sich darum um das Erste, und wählt hier sein Leiden.

Leiden bekommt er zur Genüge, aber das Aesthetische hat, was Leiden angeht, seine eignen Gedanken, der Äußerlichkeit wegen, in der es liegt. Die Aesthetik erklärt ganz richtig, das Leiden selber habe keine Bedeutung und kein Interesse; allein, wenn es sich zur Idee verhalte, verdiene es Aufmerksamkeit. Dies ist eine unbestreitbare Wahrheit, und es ist daher durchaus richtig, daß die Aesthetik solche Leiden wie den Zahnschmerz und das Zipperlein verschmäht. Sobald aber die Aesthetik sich näher darüber erklären soll, was es denn heiße, sich zur Idee verhalten, muß etwas in § 1 schon Berührtes abermals offen zutage treten, nämlich, daß die Aesthetik allein einem unmittelbaren Verhältnis ihre Aufmerksamkeit schenkt, mit andern Worten, daß das Leiden von außen her kommen, sichtbar sein muß, nicht im Individuum selber sein darf. Es ist daher eine von tüchtigen Aesthetikern ausgezeichnet entwikkelte Betrachtung, welche allmählich sogar für den erbärmlichsten VI 426
Zeitungsschmierer Gemeingut geworden ist: daß nicht jedwedes Leiden aesthetische Aufmerksamkeit verdient, z. B. nicht Krankheit.

Dies ist durchaus richtig, und das Ergebnis solcher Erwägungen ist folgendes: der aesthetische Held muß, indem er durch seinen quantitativen Unterschied an sich hervorragt, in Besitz der Bedingungen für den Sieg sein, muß gesund sein, in Vollkraft sein usw.; nunmehr kommen von außen her die Schwierigkeiten. Ich erinnere mich an einen kleinen literarischen Streit[410], der aus diesem Anlaß in Deutschland geführt worden ist: dabei berief die eine Seite sich auf die Griechen und die griechische Aesthetik wider ein Schauspiel, in welchem Blindheit als eine Art von tragischem Motiv benutzt worden war. Die andre Seite antwortete mit der Berufung auf des Sophokles Ödipus in Kolonos. Vielleicht hätte sie mit mehr Recht sich auf den Philoktet des Sophokles berufen können, welcher gewissermaßen eine Ausnahme von dem allgemeinen aesthetischen Begriff macht, jedoch auf eine Art, daß er diesen keineswegs umstoßen sondern eher selber fallen wird.

Dies steht somit in der Aesthetik fest. Wenn ich nunmehr das
Aesthetische verlasse, so nehme ich das Äußere fort, nehme aber
den richtigen Grundsatz auf: nur dasjenige Leiden hat Interesse,
welches im Verhältnis zur Idee steht. Dies bleibt in alle Ewigkeit
wahr; wird in dem Leiden ein Verhältnis zur Idee nicht sichtbar, so
ist es auf dem aesthetischen Gebiet zu verschmähen, auf dem reli-
giösen zu verwerfen. Da das Religiöse aber lediglich qualitativ
dialektisch ist, und allem angemessen und zwar gleich angemessen
ist, so kann ohne weiteres jedes Leiden Interesse gewinnen, eben
weil jedes Leiden ein Verhältnis zur Idee gewinnen kann.

Man hat viel davon gesprochen, daß die Dichtung mit dem Leben
versöhne; weit eher müßte man sagen, daß sie einen wider das
Leben empöre; denn die Dichtung ist in ihrem Quantitieren wider
die Menschen ungerecht, sie kann allein die Auserwählten brau-
chen, das aber ist eine höchst mäßige Versöhnung. Ich will den
Fall der Krankheit nehmen. Die Aesthetik erklärt stolz und durch-
aus folgerichtig: Krankheit ist nicht zu brauchen, die Dichtung soll
kein Spital sein. Das ist richtig, so soll es sein, es gibt Pfuschwerk,
wenn man dergleichen aesthetisch behandeln will. Hat man nun
das Religiöse nicht, so ist man in Verlegenheit. Die Aesthetik gip-
felt letztlich in jenem Grundsatz über Krankheit, den Friedrich
Schlegel in seiner Lucinde ausgesprochen hat: ‚nur die Gesundheit
ist liebenswürdig.' Ebenso muß die Dichtung wider die Armut
(falls man sie nötigt, dem Menschen Rede zu stehn, wobei jedoch in
der Nötigung ein Fehler seitens der Menschen liegt, wie später
VI 427 berührt werden wird), um nicht in Geheul und Tränenstücke zu
entarten, dekretieren: nur Reichtum ist liebenswürdig, oder ist die
unerläßliche Bedingung (conditio sine qua non), daß ich die Gestal-
ten verwenden kann; es wäre denn etwa, daß ich eine Idylle machte,
aber auch hier ist nicht Armut.

Wohl wahr, die Dichtung, gastfrei und freundlich wie sie ist,
lädt jedermann ein, sich an sie zu verlieren und solchermaßen ver-
söhnt zu werden, indes, sie setzt doch den Unterschied, sofern sie
sich nur mit den begünstigten Leiden abgibt, mithin von den in
den nicht bevorzugten Leiden des Lebens Versuchten mehr ver-
langt, nämlich mehr Kraft, sich an die Dichtung zu verlieren. Und
hier hat die Dichtung bereits sich selber unterminiert; denn man
kann ja nicht leugnen, daß jemand, welcher der nicht bevorzugten

Bedrückung seines Lebens zum Trotz sich an die Dichtung verlieren kann, größer ist als der, welcher das Gleiche tut, aber nicht dermaßen leidet, und gleichwohl muß die Poesie erklären, daß sie in dem Ersteren einen Gegenstand dichterischer Erfassung nicht finden kann, obschon er größer ist.

Sobald man die Dichtung hinter sich läßt, welche als eine freundliche Macht göttlicher Herkunft, weit entfernt davon jemand kränken zu wollen, ihr Allerbestes tut, um zu versöhnen, sobald ich den aesthetischen Grundsatz von den umhegten Privatländereien der Dichtung in die Wirklichkeit überführe, verrät solch ein Grundsatz, wie z. B. daß allein Gesundheit liebenswürdig sei, durchaus einen verächtlichen Menschen. Solch ein Mensch ist verächtlich, weil er ohne Sympathie ist, und weil er in seiner Selbstsucht feige ist.

In dieser Not, wenn das, was man von der Dichtung gelernt hat, einen mit der Wirklichkeit nicht versöhnt, zeigt sich das Religiöse und spricht: ‚jedes Leiden hat Angemessenheit zur Idee, und sobald das Verhältnis zur Idee gegeben ist, hat es Interesse, sonst ist es zu verurteilen, und es ist des Leidenden eigne Schuld. Ob das Leiden darin besteht, daß man seine großen Pläne nicht verwirklicht sehen kann, oder daß man einen Buckel hat, tut schlechthin nichts zur Sache; ob es darin besteht, von einem treulosen Liebhaber betrogen zu sein, oder derart unglücklich mißgestaltet zu sein, daß selbst ein guter Mensch, wenn er einen sieht, sich des Lachens nicht erwehren kann, wo es denn also niemand einfallen kann, sich in einen zu verlieben: das tut schlechthin nichts zur Sache.

Dergestalt habe ich experimentierend das Religiöse verstanden. Von welchem Ideeverhältnis aber kann denn wohl die Rede sein? Natürlich von einem Gottesverhältnis. Das Leiden ist in dem Menschen selber, er ist kein aesthetischer Held und verhält sich da zu Gott. Es muß jedoch darwider gehalten werden, denn ansonst wird das Religiöse so eigenwillig, daß es zu dem geradenwegs ent- VI 428
gegengesetzten Extrem übergeht und spricht: „Hinkfüßige, Krüppel, Arme, das sind meine Helden, nicht die Bevorzugten", und das wäre unbarmherzig vom Religiösen, welches doch die Barmherzigkeit selber ist.

Daß es vom religiösen Standpunkt aus gesehen sich dergestalt mit dem Leiden verhält, weiß ich daher, daß ich zwei Menschen neben einanderstellen kann, welche das Gleiche sagen. Feuerbach[411], welcher dem Gesundheitsprinzip huldigt, sagt, die religiöse Existenz (vor allem die christliche,) sei eine fortwährende Leidensgeschichte, er bitte einen nur, Pascals Lebensweise zu betrachten; und er habe genug. Pascal sagt ganz und gar das Gleiche: ‚Leiden ist eines Christen natürlicher Zustand' (ebenso wie Gesundheit der des sinnlichen Menschen) und er war ein Christ geworden und sprach aus der christlichen Erfahrung.

Eine „Leidensgeschichte" hat auch ein Verhältnis zu einem Leser (nur beachte man die dialektischen Schwierigkeiten, die in §3 hervorgehoben und in der Form des „Experiments" zum Bewußtsein gebracht sind), ebenso wie das aesthetische Erzeugnis dies hat. Betreffs des Verhältnisses des Trauerspiels zu den Zuschauern sind die Worte des Stammvaters Aristoteles[412] die folgenden: „durch Mitleid und Furcht eine Reinigung solcher Leidenschaften vollbringend" (δὶ ἐλέου καὶ φόβου περαίνουσα τὴν τῶν τοιούτων παθημάτων κάθαρσιν). Gleich wie ich im Vorhergehenden, indem ich das Äußerliche aus der Aesthetik fortgenommen, im Religiösen doch den Grundsatz festgehalten habe, ebenso können auch diese Worte in Giltigkeit bleiben, müssen indes näher verstanden werden. Der Sinn, den sie bei Aristoteles haben, ist leicht genug. Es wird beim Zuschauer die Afficierbarkeit vorausgesetzt, und zu dieser verhilft das Trauerspiel, indem es Furcht und Mitleid weckt, nimmt dann aber wiederum in dem derart afficierten Zuschauer das Egoistische fort, so daß er sich an das Leiden des Helden verliert, indem er sich in diesem vergißt. Ohne Furcht und Mitleid wird er im Theater sitzen wie ein Klotz; sammelt er jedoch in sich nur selbstische Furcht, so sitzt er da als ein unwürdiger Zuschauer.

Dies ist nicht schwer zu verstehen; bereits hiermit aber ist angedeutet, daß Furcht und Mitleid von einer bestimmten Beschaffenheit sein müssen, und daß nicht jeder, der sich fürchtet und mit-
VI 429 leidig ist, deshalb schon ein Trauerspiel zu sehen vermag. Der rein sinnliche Mensch hat schlechthin keine Furcht vor dem, was den Dichter beschäftigt, mithin fühlt er weder Furcht noch Sympathie. Laß ihn sehen, wie ein Mann auf gespanntem Seil zu Schloß Rosenborg hinübergeht, so hat er Furcht, und mit einem, der hingerichtet werden soll, hat er Mitleid. Der Zuschauer bei einem Trauerspiel muß somit ein Auge für die Idee haben, alsdann sieht er das Dich-

terische, und seine Furcht und sein Mitleid werden von allen niedrigen egoistischen Bestandteilen gereinigt.

Indes der Religiöse hat wiederum einen andern Begriff von dem, was da Furcht weckt, und sein Mitleid liegt daher an andrer Stelle. Krankheit und Armut beschäftigen den Aesthetiker nicht, er hat mit Leiden dieser Art keine Sympathie, er empfindet damit keine Gemeinschaft, wie Börne[413] irgendwo sagt: „er fühlt sich gesund und hat nicht Lust, darauf zu hören." Alle Arznei aber, Dichtung wie Religion, ist allein für die Kranken[414], weil sie nur durch Furcht und Mitleid hindurch heilt. Die letzte Äußerung sollte Börne nicht getan haben; denn hier ist das Aesthetische allbereits mit Beziehung auf die Wirklichkeit bestimmt, und somit ist es Borniertheit oder Verstocktheit, davon nichts wissen zu wollen. Wenn das Aesthetische in seiner reinen Idealität gehalten wird, hat man mit dergleichen gar nichts zu tun, das ist richtig, und der Dichter kränkt niemand. Darum ist es eine Fehlweisung des Religiösen, der Dichtung zu zürnen; denn die Dichtung ist und bleibt liebenswert. Mit dem Zuschauer ist es ein ander Ding, wenn er davon weiß, daß es dergleichen gibt. Es ist natürlich Albernheit oder feige Verstocktheit, darüber unwissend sein zu wollen, daß es Armut und Krankheit gibt, weil man selber gesund ist; denn wenn der Dichter es auch nicht zeigt, so weiß doch jedermann, der auch nur zwei gesunde Gedanken über das Dasein gedacht hat, daß er den nächsten Augenblick in jener Lage sein kann. Es ist vom Zuschauer nicht verkehrt, daß er sich an die Dichtung verlieren will, es ist eine Freude, die sich belohnt; aber der Zuschauer darf die Schaubühne und die Wirklichkeit nicht verwechseln, auch nicht sich selber mit einem Zuschauer, der überhaupt nichts andres ist als Zuschauer bei einer Komödie.

Im Religiösen soll nun abermals durch Furcht und Mitleid hindurch eine Reinigung dieser Leidenschaften erwirkt werden. Indes, die Furcht ist eine andre geworden, somit denn auch das Mitleid. Der Dichter will nicht, daß der Zuschauer fürchte, was der rohe Mensch fürchtet, und er lehrt ihn, das Schicksal zu fürchten und
Mitleid mit dem zu haben, welcher unter diesem leidet, aber der VI 430
Gegenstand muß groß sein und quantitativ in die Augen fallen.

Der Religiöse hebt an andrer Stelle an, er will den Zuhörer[415] lehren, das Schicksal nicht zu fürchten, sich nicht aufzuhalten durch

Mitleid mit dem, welcher dem Schicksal zum Opfer fällt. Für ihn hat alles Derartige an Bedeutung verloren, weshalb er denn auch, was der Aesthetiker nicht tut, alle Menschen den Schlägen des Schicksals preisgegeben sieht: Groß und Klein. Aber nun spricht er: „was du fürchten sollst, ist die Schuld, und dein Mitleid soll bei dem sein, der auf diese Art fällt, denn hier erst ist die Gefahr. Dein Mitleid darf jedoch nicht irre gehn, so daß du über einem andern Menschen dich selbst vergäßest." Er wird den Hörenden das Leid tragen lehren, gleich wie der Küster[416], dieser geringe Diener, gemäß vorgeschriebener Ordnung mit der inneren Bewegtheit eines demütigstolzen hochwürdigen Hohenpriesters spricht: „daß wir Leid tragen mögen über unsre Sünden", was der Küster natürlich nicht zu den hochehrwürdigen Vorgesetzten, den Dozenten auf der Kanzel, sagen darf. Die Furcht und das Mitleid sollen erweckt werden durch die Darstellung, diese Leidenschaften sollen auch gereinigt werden von der Selbstsucht, jedoch nicht dadurch, daß man sich in Beschaulichkeit verliert, sondern dadurch, daß man in sich selber ein Verhältnis zu Gott entdeckt. „Es ist nämlich Selbstsucht", spricht der Dichter, „falls du den Schlag des Schicksals, wie er dich getroffen hat, nicht solltest vergessen können, wenn du den tragischen Helden siehst; es ist Egoismus, wenn du beim Anblick des Helden ein Schneider wirst, der bange heimkehrt" — „aber bei seiner eignen Schuld verweilen", spricht der Religiöse, „der eignen Schuld halben sich fürchten, das ist keine Selbstsucht, denn eben damit ist man in einem Verhältnis zu Gott." Für den Religiösen sind die Furcht und das Mitleid etwas anderes und werden nicht gereinigt, indem man sich nach außen, sondern indem man sich nach innen kehrt. Die aesthetische Heilung besteht darin, daß der einzelne Mensch, indem er sich in das aesthetische Schwindligwerden hineinstarrt, sich selber entschwindet, gleich einem Atom, einem Staubkörnchen, das mit in den Kauf geht, in das, was aller Menschen, was der Menschheit gemeinsames Los ist, ja, entschwindet in der Sphärenharmonie des Daseins als unendlich kleiner Bruchteil eines mitschwingenden Tons. Die religiöse Heilung besteht umgekehrt darin, die Welt und Jahrhunderte und Generationen und Millionen von Zeitgenossen in ein Entschwindendes zu verwandeln, Jauchzen und Beifall und aesthetische Heldenehre in eine störende Zerstreuung und das Fertigsein in einen gaukelnden Sinnentrug, so daß das einzig Übrigbleibende der einzelne Mensch selber ist, ja, dieser bestimmte einzelne Mensch, der unter der Bestimmung: schuldig — nicht schuldig in sein Gottesverhältnis eingesetzt ist. VI 431

So verhält es sich mit dem Religiösen gemäß dem, dessen ich experimentierend mich vergewissert habe; ich selber sehe es nicht dergestalt, denn ich erblicke in dem Verhältnis zwischen dem Aesthetischen und dem Religiösen abermals die Einheit zwischen dem Komischen und dem Tragischen, welche von diesen gebildet wird, wenn man sie zusammenfügt. Ebenso sehe ich bei der Armut das Tragische darin, daß ein unsterblicher Geist leidet, das Komische darin, daß es sich um zwei Silbergroschen handelt. Weiter als bis zur Einheit des Komischen und des Tragischen im Gleichgewicht des Geistes gehe ich nicht. Ich habe die Vermutung, daß ich, falls ich weiterginge und mit dem Religiösen begönne, nicht eben in die Schwierigkeit geriete, daß es zweifelhaft wäre, ob ich schuldig sei, deshalb halte ich mich aus dem Spiel. Ich habe kein Ärgernis genommen, keineswegs, aber religiös bin ich auch nicht. Das Religiöse beschäftigt mich als Phänomen und zwar als dasjenige Phänomen, das mich am meisten beschäftigt. Nicht daher um der Menschen willen, sondern um meinetwillen tut es mir leid, daß die Religiosität im Schwinden ist, denn ich möchte Stoff zur Beobachtung haben. Ich trage kein Bedenken, das zu sagen, und ich habe dazu auch gut Zeit; denn ein Beobachter hat reichlich Zeit. Anders mit einem Religiösen. Wenn er redet, ist das lediglich Monolog; einzig mit sich selber beschäftigt, redet er laut, das nennt man predigen; sind Hörer da, so weiß er nichts von seinem Verhältnis zu ihnen, außer dem einen, daß sie ihm keinen Dank schulden, denn was er ausrichten soll, ist, daß er selber erlöst werde. Solch ein hochehrwürdiger Monolog, welcher christlich Zeugnis gibt, wenn er in seiner Bewegtheit den Redenden bewegt, den Zeugnis Gebenden, weil der über sich selbst redet, heißt eine Predigt. Weltgeschichtliche Übersichten, systematische Ergebnisse, Gestikulationen und Abtrocknen des Schweißes, Stimmstärke und Faustkraft, mitsamt der reflektierten Anwendung dieser, um etwas *auszurichten*, sind aesthetische Reminiszenzen, die es noch nicht einmal verstehen, im Sinne des Aristoteles Furcht und Mitleid richtig zu betonen. Denn weltgeschichtliche Übersichten erwecken nicht

Furcht, ebenso wenig wie systematische Ergebnisse, und Stimmstärke erschüttert die Seele nicht, sondern höchstens das Trommelfell, und Schweißabtrocknen erweckt lediglich sinnliches Mitleid mit dem Schwitzenden. Ein religiöser Redner, der da nicht in sich selbst bewegt über sich selbst redet, wohl aber über alles sonst, der möge denken an Holbergs Geert Westphaler, den schwatzhaften Barbier. Geert konnte eben über alles reden, wußte viel und war äußerst vervollkommnungsfähig (perfektibel)[417], so daß er es vielleicht dahin gebracht hätte, alles zu wissen, nur ein Ding be-
VI 432 kam er nicht zu wissen, daß er selber ein Schwätzer sei. Indes ist Geert der Reue quitt, denn er hat sich nicht für einen religiösen Redner ausgegeben.

Der religiöse Redner, welcher durch Furcht und Mitleid hindurch diese Leidenschaften reinigt, tut nicht das Erstaunliche, daß er im Lauf der Rede die Wolken wegreißt, um den Himmel offen zu zeigen, im Vordergrund das jüngste Gericht, im Hintergrund die Hölle; sich selber samt den Auserwählten im Triumph; er tut das Schlichtere, Einfältigere, das dürftige Kunststück, das gar so leicht sein soll: er läßt den Himmel verschlossen, hält in Furcht und Zittern sich selber nicht für fertig, neigt das Haupt, indessen der Gerichtsspruch der Rede über Sinn und Gedanken schwebt. Er tut nicht das Erstaunliche, aus dem der Anspruch erwüchse, bei seinem nächsten Auftreten mit Klatschen empfangen zu werden, er donnert nicht, auf daß durch *seine* Rede die Gemeinde doch wach erhalten und errettet werde; er tut das Schlichtere, das Einfältigere, das dürftige Kunststück, das gar so leicht sein soll, er läßt Gott den Donner und die Gewalt und die Ehre behalten, spricht auf eine Art, daß er, und schlüge gleich alles fehl, dennoch dessen sicher ist, wenigstens einen Hörer zu haben, der im Ernst bewegt wird: den Redner selbst; daß da, und schlüge gleich alles fehl, doch ein Hörer ist, der gestärkt heimgeht: der Redner selbst; daß da, und schlüge gleich alles fehl und blieben gleich alle fort, doch einer ist, welcher aus den schweren Verwicklungen des Lebens heraus nach dem erbaulichen Augenblick der Rede sich sehnt: der Redner selbst. Er ist nicht freigebig, indem er aus dem Überfluß des Mundes und der Kenntnisse austeilt, sondern karg mit der Einkunft des Erbaulichen, genau rechnend achtet er darauf, daß die Ermahnung ihn selber verbinde, bevor sie zu irgend einem andern geht, daß der Trost und die Wahrheit nicht von ihm weiche – auf daß er um so verschwenderischer mitteilen könne. Und sähest du ihn also, spricht der Religiöse, einsam an entlegenem Ort, von allen verlassen und dessen sicher, daß er mit seiner Rede nichts ausrichte, ja, sähest du ihn allda, du würdest ihn ebenso bewegt finden wie je, falls du seine Rede hörtest, du würdest sie machtvoll wie immer finden, ohne Trug, ohne Berechnung, ohne emsiges Verrichten, du würdest begreifen, daß einen sie erbauen müsse: den Redner selbst. Er wird es nicht leid werden zu reden; denn Anwälte und Redner, welche weltliche Zwecke haben oder weltlich wichtig tun mit ewigen Zwecken, sie werden müde, wenn man nicht an den Fingern abzählen kann, was sie ausrichten, es sei denn, daß das listige Dasein sie mit der Sinnestäuschung, als ob sie etwas ausrichteten, betrügt; der religiöse Redner jedoch hat allezeit seinen Hauptzweck: den Redner selbst.

Dergestalt wird, gemäß dem, dessen ich mich experimentierend
vergewissert habe, das Religiöse durch Furcht und Mitleid hindurch
für die Veredelung dieser Leidenschaften wirken. Jede andere Wir-
kungsweise schafft Verwirrung, indem sie halb aesthetische Kate- VI 433
gorien erzeugt: indem sie dem Redner aesthetische Wichtigkeit gibt
und dem Hörer dazu verhilft hinzutaumeln in einer aesthetischen
Verlorenheit an etwas Allgemeines.

Beilage

Die selbstgemachten Leiden – Selbstquälerei

Aesthetisch gesehen ist ein jeder Selbstquäler (Heautontimorumenos) komisch. In dieser Hinsicht erzeugen die verschiedenen Zeitalter verschiedene Typen. Unsre Zeit ist nicht die schäbigste; denn es ist gleichsam, als ob die ganze Generation sich mit der fixen Idee quälte, daß sie zum Außerordentlichen berufen sei, daß da jeden Augenblick durch eine Abordnung aus dem Rat der Götter Botschaft zu ihr kommen könne, damit sie in der Ratsversammlung Platz nehme, denn so viel ist gewiß: vertraut mit der ganzen Zukunft der Menschheit als Aufgabe fühlt diese Generation jeden Augenblick so, als müsse sie gleich Hermann von Bremenfeld[418] losgehen, um Gott ins Ohr zu raunen, was das Richtigste wäre. Und wie beklagenswert ist es nicht auch gewesen, daß Hermann v. Bremenfeld keine Gelegenheit hatte, mit dem Kurfürsten von Sachsen zu reden. Zugleich ist unsre Generation gleich allen, die an fixen Ideen leiden, überaus geneigt, überall Spionage, Verfolgung, zu erblicken; und gleich wie Gichtleidende überall Zug spüren, ebenso spürt sie allenthalben Unterdrückung, Mißbrauch der Macht, und versteht es auf befriedigende Weise, die schwachen Lebensäußerungen des allgemeinen Geistes nicht daraus zu erklären, daß dessen Stärke lediglich scheinbar und eingebildet ist, sondern daraus, daß er von den Regierungen vergewaltigt wird, darin durchaus dem „Übergeschäftigen" Holbergs ähnlich, welcher die Tatsache, daß er den ganzen Tag nichts schafft, nicht aus seiner Übergeschäftigkeit erklärt, sondern aus den vielen Geschäften, die über ihn herstürzen. Doch genug davon.

Eben weil es aesthetisch richtig ist, daß alle Selbstquälerei komisch ist, tut man psychologisch wohl daran, unter den Verhältnissen der Wirklichkeit die komische Sonde zu brauchen, bevor man die Selbstquälerei auf andre Weise behandelt. Man bringt den Patienten natürlich nicht dahin, daß er über seine fixe Idee sofort lacht, aber man
VI 434 rückt ihm mit Analogien immer näher auf den Leib. Lacht er leicht und beweglich über die Analogien, so ist es möglich, ihn mit einem Handstreich zu überrumpeln. Näher ausgeführt werden kann dies jedoch allein in der Praxis, in der Praxis aber gibt es nichts Lächerlicheres, als wenn man mit tiefem und dummem Ernst religiöse Kategorien angewendet sieht, wo man launig und scherzhaft aesthetische Kategorien brauchen sollte. — Der Quidam des Experiments hat, ohne davon zu wissen, sich sehr richtig benommen. Mit ungeheuerlicher Leidenschaft faßt er den Plan, sein gesamtes Liebesverhältnis in den Augen des Mädchens zu einem Narrenstreich zu machen. Worüber ich von meinem Standpunkt aus lachen muß, ist seine ungeheuerliche Leidenschaft; im Übrigen hat er Recht. Es ist nicht allezeit Lebensgefahr vorhanden, weil ein Mensch Zeter schreit. Wäre die Quaedam des Experiments tragisch leidend gewesen, so hätte sie ihm die Gelegenheit abgeschnitten, Betrug anzuwenden. Sie hätte sich in sich selbst gesammelt und sich zurückgehalten. Phänomene solcher Art sind stets gefährlich. Stattdessen ist sie gerade zu dem entgegengesetzten Extrem gelangt, nämlich den Mund so

voll zu nehmen wie möglich, sich selbst damit zu quälen, in denkbar größtem Maßstabe eine unglücklich Liebende zu sein. Eben dies aber deutet darauf hin, daß eine komische Behandlung angemessen ist; denn eine unglücklich Liebende in größtem Maßstabe, die ist stumm. Wäre sie unter religiösen Kategorien gehalten gewesen, so hätte sie so nicht gehandelt; sie hätte alsdann um ihrer selbst willen gefürchtet, und deshalb am meisten die Verantwortung gefürchtet, welche sie sich etwa zuzöge, indem sie ihm die Sache so schwer als möglich macht und das noch nicht einmal durch ihre Persönlichkeit, sondern durch eine erotische Fälschung, welche das Ethische und das Pflichtverhältnis in Beschlag nimmt. — Hätte der Quidam des Experiments im Gleichgewicht des Geistes verstanden, was er tat, so wäre er ein ganz andrer Mensch gewesen. Aber seine bekümmerte Leidenschaft macht ihn tragisch im Gebrauch des Betrugs, und ich sehe die Einheit des Komischen und des Tragischen, eben weil er das Richtige tut, jedoch nicht aus dem Grunde, den er glaubt: daß er in seiner sympathetischen Begeisterung die Kraft haben müßte, ihr eine wirkliche Liebe wegzunehmen. Nein, das Komische ist eben, daß der Grund für den Sieg seiner tragischen Tollkühnheit darin liegt, daß ihre Liebe nicht eben viele Klafter lotet.

Warum das Aesthetische durchaus folgerichtig alle Selbstquälerei komisch behandelt, ist leicht einzusehn, eben, weil es folgerichtig ist. Die Aesthetik hält ihren Helden in ungebrochenem Zustande auf Grund des unmittelbaren Verhältnisses zwischen Kraft und Leiden (innen — außen). Sie betrachtet daher jede Richtung nach innen zu als ein Desertieren, und da sie den Deserteur nicht erschießen lassen kann, macht sie ihn lächerlich.

Ich verlasse nun das Aesthetische und gehe über zum Religiösen. Ich setzte experimentierend lediglich die Kategorien in Bewegung,
um ganz unbefangen zu sehen, was diese heischen, ohne mich VI 435
darum zu kümmern, wieweit jemand es getan oder vermag, ob Peter es unterlassen, weil er zu schwach war, Paul, weil er zu klug war, Mads, weil er sah, andre unterließen es auch, und er könne somit es ohne Risiko unterlassen und geliebt und geachtet sein, sintemal er nicht besser sein wolle als andre: kurz, ohne mich um die das Leben versichernde Weisheit zu scheren, deren Ergebnis ist: läuft das eine Schaf ins Wasser, so tut das andre es auch, was das eine Rindvieh tut, tut das andre auch.

Das Religiöse liegt nicht in einem unmittelbaren Verhältnis zwischen Kraft und Leiden, sondern im Innern, sofern dies sich zu sich selber verhält. Daß auf das „Selbst“ hier der Ton gelegt ist, reicht bereits zu, um zu beweisen, daß Selbstquälerei nunmehr anders zu betrachten ist; es reicht aber nicht zu, sagt der Religiöse, um zu rechtfertigen, daß solche Menschen, die ihre ganze Existenz im Aesthetischen haben, etwas zusammenpfuschen, und daß religiöse Redner allen Redensarten und heiligen Worten zum Trotz keine reinen Kategorien besitzen.

Sofern Selbstquälerei, aesthetisch gesehen, komisch ist, ist sie, religiös gesehn, zu verurteilen. Eine religiöse Heilung wird nicht durch das Gelächter erreicht, sondern durch die Reue: daß die Selbstquälerei eine Sünde ist wie andre Sünden.

Während aber das Aesthetische, weil es mit dem Inneren nichts zu schaffen hat, die Selbstquälerei ganz allgemein als komisch abtut, kann das Religiöse nicht ebenso verfahren. Die Furcht des religiösen Menschen ist doch eben Furcht für sich selber; die religiöse Heilung besteht zuerst und vor allem darin, diese Furcht zu wecken; und man ersieht daraus leicht, daß die Sache hier schwieriger wird. Wie aber kommt der einzelne Mensch dazu, sich selber zu fürchten, ohne daß er *aus sich selber* die Gefahr entdeckt, in der er steht. Eine pfiffige Religiosität benimmt sich allerdings anders. Sie spricht: „man soll die Gefahren nicht selber hervorrufen, der Herrgott kann sie schon senden, wenn es nötig wird.“ Das läßt sich gut sagen, es geht aber nicht an, Amen zu sprechen und damit fertig zu sein, denn die Rede ist zweideutig. Dem religiösen Ausdruck „der Herrgott“ zum Trotz, an dessen Stelle am Ende jemand, um noch religiöser zu sprechen (so, als ob das Religiöse in gewissen Worten und Wendungen läge) „der Heiland“ sagen möchte, sind die Kategorien doch halb aesthetisch. Obwohl die Rede religiös ist, ist das Individuum in einem rein äußerlichen Verhältnis zu Gott gesehn, nicht in einem inneren Verhältnis zu sich selbst. Die Rede ist ungefähr folgende: ‚der Herrgott kann freilich Gefahr und Jammer über dein Haus bringen, er kann dir ja dein Vermögen, deine Geliebte, deine Kinder nehmen, und er wird es schon tun, wenn es dir dienlich ist — also, da er es nicht
VI 436 getan hat, besteht keine Gefahr.‘ Dies ist Aesthetik mit unechter religiöser Vergoldung. Religiös gesehn ist es die höchste Gefahr,

daß man nicht entdeckt, nicht allezeit entdeckt, daß man in Gefahr ist, und hätte man gleich im Übrigen Vermögen, das schönste Mädchen und reizende Kinder und wäre König im Land oder ein still für sich Lebender, aller Kümmernisse ledig.

Wie gesagt, es läßt sich gut sagen, aber man darf nicht Amen sprechen und damit fertig sein; denn alsdann betrügt man. Dies zeigt sich abermals, wenn man die Rede des Näheren betrachtet. Mithin da ist ein Mann, so recht ein Glückspilz (dies Wort paßt ausgezeichnet in solch eine religiöse Rede), der da gehegt und gehätschelt wird, und ohne die Gefahr zu kennen, erbaut er sich an der Betrachtung, daß der Herrgott schon ... falls ... Ach, was für ein glücklicher Aesthetiker, der zu aller aesthetischen Heiterkeit noch eine religiöse Verbriefung dazukriegt! Ein jeder Mensch hat erstlich doch so etwas, das man Phantasie nennt; mithin, unser Glücklicher hört davon sprechen, daß es in der Welt Leid und Jammer gebe. Nun, er ist gern bereit, etwas zu geben und sich dafür loben zu lassen. Aber damit ist die Phantasie nicht zufrieden. Sie malt ihm das Leiden in schrecklichen Farben, und in dem Augenblick, da sie am allerschrecklichsten ist, schlägt der Gedanke zu, und eine Stimme spricht: ‚das könnte ja auch dir widerfahren'. Falls in ihm ritterliches Blut ist, spricht er: ‚weshalb sollte ich vor andern davon freigestellt sein?' (Dies hat Tieck irgendwo in einer Novelle behandelt, in der ein reicher Jüngling wegen seines Reichtums verzweifelt, nicht aus Spleen, sondern aus Mitgefühl mit den Menschen.) Hiervon hat die Rede überhaupt nicht gesprochen, und doch liegt hier die Grenzscheide zwischen der aesthetischen Verstockung, die nichts davon wissen will, daß es das gibt, und der religiösen Erhebung durch Leiden hindurch. Daß es solch eine Wegscheide geben dürfte, daß man sich nicht loskauft, indem man Armensteuer zahlt und noch etwas drüber her gibt, davon ist nicht gesprochen worden: unser Glückspilz sollte vergnügt sein, bis daß der Herrgott, falls es sich als nötig erweisen sollte, die Gefahr senden würde. Was tut hier der Redner? Er betrügt. Anstatt ihn hinaus zu bringen in die Gefahr, hilft der Redner dem Mann dazu, sich in religiöser Einbildung vor dem Leben zu drücken. Jedweder Versuch, den empfänglichen Sinn dafür, daß man in Gefahr ist, zu verstopfen, ist aesthetische Fehlweisung, nicht zur Dichtung hin, sondern zum Aesthetischen hin, wie dies im Verhältnis zur Wirklichkeit eben ist, d. h. zur Verstockung.

Wofern der Redende ein mehr religiöser Redner ist, bewegt er sich mit Leichtigkeit in dieser Schwierigkeit und hilft dem Hörenden in diese hinaus. Er spricht mit dem Scherz der Religiosität
VI 437 von Schicksal und Wechselfällen: unserm Glückspilz wird ein wenig bange und der Redner hat ihn nicht betrogen. Nunmehr wird er erbaut durch die Verläßlichkeit des Glaubens, und der religiös begeisterte Redner ruft sich selbst und ihm zu: ein Religiöser ist allezeit fröhlich[419]. Dies ist das stolzeste Wort, das je gesagt worden in der Welt, wofern es nämlich sich so verhält, daß niemand, niemand auf Erden und im Himmel so gut weiß, was Gefahr ist und was es heißt in Gefahr zu sein, wie der Religiöse, der da weiß, daß er allezeit in Fährnis ist.[420] Wer darum zugleich mit Wahrheit spricht, er sei allezeit in Gefahr und allezeit fröhlich, der sagt zugleich das verzagteste und das hochgemuteste Wort, das je gesprochen worden. Und ich, der ich bloß ein Beobachter, auf dichterische und weltmännische Weise (poetice et eleganter) ein Aufsichtsbeamter bin, ich werde mich allbereits glücklich preisen, wenn ich mich vor so einem verneigen darf, indes, um in meinen eignen Kategorien von mir zu reden: haben die Götter mir gleich das Große versagt, dasjenige, das unendlich viel höher ist, als was ich vermag, so haben sie mir doch eine ungewöhnliche Gescheitheit im Beobachten der Menschen geschenkt, so daß ich weder den Hut abnehme, bevor ich den Mann sehe, noch den Hut abnehme vor dem Unrechten.

Es gibt so manchen, der „immer lustig“[421] gewesen ist, und doch steht er so niedrig, daß sogar die Aesthetik ihn komisch nimmt. Es kommt also darauf an, daß man nicht an unrechter Stelle fröhlich geworden ist; und wo ist die rechte Stelle? In der Gefahr. Auf einer Tiefe von 70 000 Faden Wassers viele viele Meilen fort von aller menschlichen Hilfe fröhlich sein, ja, das ist groß! In der Gesellschaft von Watenden im Seichten schwimmen, das ist nicht das Religiöse.

Nunmehr sieht man leicht, was religiös unter Selbstquälerei verstanden werden muß. Es gilt aus sich selber die ganze Möglichkeit der Gefahr zu entdecken, und aus sich selber jeden Augenblick deren Wirklichkeit zu entdecken (dies würde

der Aesthetiker Selbstquälerei nennen, und der aesthetische Vortrag mit unechter religiöser Vergoldung würde einen daran hindern), aber alsdann gilt es, im gleichen Augenblick fröhlich zu sein. Wo liegt somit die Selbstquälerei? Sie liegt auf dem halben Wege. Sie liegt nicht im Ersten, denn alsdann rede ich aesthetisch, sondern sie liegt darin, daß man nicht durchzudringen vermag zur Fröhlichkeit. Und das ist nicht komisch, spricht der Religiöse, es ist auch nicht, um aesthetische Tränen zu wecken, denn es ist zu verurteilen, und man s o l l hindurch; jeder, der nicht hindurchdringt, ist selber schuld daran, denn hier sind nicht hartherzige Väter, wie sie in der Tragödie gegen die unglücklich Liebenden stehen, hier ist nicht des Feindes Übermacht, vor der im Trauerspiel der Held zusammenbricht, hier ist nicht Verrat dessen, dem man am meisten getraut, so daß der Ausgezeichnete in der Schlinge sich fängt, hier ist nur ein einziger, der Verräter sein kann: man selbst und nächst einem selber, jedoch in unendlich weitem Abstande, der Redner, der einen zur Unterlassung bringen will, wo doch das einzige, das er tun kann, dies ist, daß er einem hinaus- VI 438
hilft auf die Tiefe von 70 000 Faden. Und wenn dies nun geschehen ist und er einsieht, daß er mehr nicht tun kann, mehr auch dem Menschen nicht helfen kann, den er etwa höher liebt denn sein eigen Leben (wie man dies in der Fabel des Schauspiels vermag), sondern in dieser Betrübnis lediglich entdecken kann, daß er selber 140 000 Faden unter sich hat, so kann er doch E i n e s noch, er kann der Geliebten zurufen: „sofern du nun nicht fröhlich wirst, so wisse, so wisse, es ist deine eigne Schuld."

Obwohl es vieler Meinung ist, falls sie etwa auf das hier Dargelegte aufmerksam würden, daß solch ein Redner als eine Landplage betrachtet werden müsse, und daß es das Törichtste von allem sei, ihn auch noch zu bezahlen, weil er einen unglücklich mache, ist dies doch meine Meinung nicht. Mit Freuden würde ich ihn bezahlen, und falls ich selber ein solcher würde, unbefangen Geld dafür nehmen, aber nicht meinen, ihn zu entlohnen und nicht meinen, entlohnt zu werden, weil Geld ohne jedes Verhältnis zu solch einer Unterweisung ist, und noch nicht einmal so viel wert, daß man polemisch, wie Sokrates dies getan, indem man es nicht empfangen will, einen Ton darauf legen dürfte.

Soviel von der Selbstquälerei. Es ist ganz einfach, jedermann

weiß es, und eben darin erblicke ich wiederum die Einheit des Komischen und des Tragischen, wenn ich bedenke: daß *jedermann* weiß, was der Mensch *ist*, und der Beobachter weiß, was
VI 439 jedermann ist.* Es ist nämlich nicht aesthetisch komisch, weil es sich um mehr als um ein unmittelbares Verhältnis handelt (denn das Komische liegt in dem Mißverhältnis zwischen einer eingebildeten Möglichkeit und der Wirklichkeit). Holbergs ‚Diedrik Menschenschreck' ist komisch, weil seine Courage eine eingebildete Möglichkeit ist, und deshalb löst sich seine Wirklichkeit ins Nichts auf. Jene Möglichkeit für jeden Menschen aber ist keine eingebildete Möglichkeit, sondern eine wirklich gegebene Möglichkeit, er vermag, so spricht der Religiöse, das Höchste zu werden, weil er auf das Höchste zu angelegt ist. Es ist tragisch, daß er es nicht ist, aber komisch, daß er es gleichwohl ist, denn er kann jene von Gott selbst angelegte Möglichkeit nicht austilgen. So weiß z. B. jedermann, daß der Mensch unsterblich ist, der Beobachter weiß, was jedermann *ist*, und gleichwohl ist und bleibt jedermann doch unsterblich. Seine Unsterblichkeit wäre also keine eingebildete Möglichkeit wie Diedrik Menschenschrecks Courage; und anderseits: wer da in allen Schrecknissen des Lebens und, der List von Zeit und Gewohnheit zum Trotz, den Glauben an die Unsterblichkeit gegenwärtig in sich festhält, wird nicht etwa unsterblicher als jedermann sonst.

Der Quidam des Experiments hat etwas von einem Selbstquä-

---

* Obwohl ich ansonst Äußerungen von Rezensenten nicht begehre, könnte ich sie hier mir beinahe wünschen, falls sie, weit entfernt, mir zu schmeicheln, darauf abzielten, mir die unverblümte Wahrheit zu sagen: „daß jedermann weiß, was ich sage, jedes Kind, und der Gebildete unendlich viel mehr." Steht nämlich auch nur dies fest, daß jedermann es weiß, so ist mein Standpunkt in Ordnung, und ich werde schon damit fertig werden mit Hilfe der Einheit des Komischen und des Tragischen. Gäbe es jemand, der es nicht weiß, so müßte ich aus meinem Gleichgewicht gerissen werden durch den Gedanken, daß ich ihn am Ende die erforderlichen Vorkenntnisse lehren könne. Eben was die Gebildeten in unsrer Zeit sagen, nämlich, daß jedermann weiß, was das Höchste ist, beschäftigt mich so sehr. Dies ist nicht der Fall gewesen im Heidentum, nicht im Judentum, nicht in den ersten siebzehn Jahrhunderten des Christentums. Heil dem neunzehnten Jahrhundert! Jedermann weiß es. Welch ein Fortschritt gegen jene Zeiten, da nur wenige es wußten! Sollte das Gleichgewicht am Ende heischen, daß man annähme, zum Entgelt gebe es schlechterdings keinen, der danach tue?

ler. Seine erste Bewegung ist gut und korrekt, aber er bleibt in der Ausfallsstellung hängen, er nimmt sich nicht behende genug zurück in der Fröhlichkeit, um alsdann jene Bewegung zu wiederholen. Indes ist der Augenblick, in dem ich ihn erfaßt habe, ja auch seine Krise; es ist möglich, daß es für ihn leichter gehen wird, wofern er vernünftig genug ist, ein ganzes Leben als für einen Kursus passend anzusehn, indem er sich darein findet, ein Zauderer zu sein unter denen, welche geschwinde fertig sind, ein Stehenbleiber unter denen, welche unendlich weiter gehen. — Daß das Mädchen ihm behilflich ist, auf die unendliche Tiefe hinaus zu gelangen, ist außer Zweifel, und von meinem Standpunkt aus gesehen muß ich sagen, sein ganzes Verhältnis zu ihr ist ein glückliches Verhältnis; denn in glücklicher Liebe steht allemal jener Mann, der ein Mädchen bekommt, das gerade darauf berechnet ist, ihn zu entwickeln. So ist z. B. Sokrates mit Xantippe glücklich verheiratet gewesen; er hätte in ganz Griechenland ihresgleichen nicht gefunden; denn der alte Großmeister der Ironie bedurfte solch einer Frau, um sich zu entwickeln. Ist Xantippe daher oft in der Welt gescholten worden, so glaube ich, daß sie vielmehr den Triumph hat, daß er — das Oberhaupt der Ironie, das eines Hauptes länger war als alles Volk — keinem Menschen so viel zu danken hatte als er der Haushaltung Xantippes zu danken hatte, allwo Sokrates ironisch für den höchsten Grad in der Ironie (pro summis in ironia honoribus) die Promotionsdisputation hielt und
dabei sich das ironische Vermögen und Gleichgewicht andispu- VI 440
tierte, mit denen er die Welt überwunden. — Ebenso paßt das Mädchen gerade für den Quidam, so wie es sich ziemt im Experiment. Sie ist liebreizend genug, um ihn zu bewegen, aber auch schwach genug, ihre Macht wider ihn zu mißbrauchen. Das Erste ist es, das ihn bindet, das Letzte ist es, das ihm hinaushilft auf die Tiefe, aber auch ihm zum Heil wird. Wäre das Mädchen mehr geisthaft und minder weiblich liebenswert bestimmt gewesen, wäre sie sehr hochherzig gewesen, hätte sie, als er da mitten im Betruge saß, zu ihm gesagt: ‚Lieber, du betrübst mich mit deiner Hinterhältigkeit, ich verstehe dich nicht und weiß nicht, ob du so leichtsinnig bist, mich verlassen zu wollen, weil du in die Welt hinaus willst, oder ob du mir etwas verbirgst und vielleicht besser bist als du scheinst, aber möge dies nun sein wie es wolle, ich sehe

ein, du mußt deine Freiheit haben; ich fürchte für mich selbst, falls ich sie dir nicht geben sollte, und ich liebe dich doch viel zu sehr, um sie dir zu weigern. So empfange sie denn, ohne jeden Vorwurf, ohne Erbitterung zwischen uns beiden, ohne Dank von deiner Seite, aber auf meiner Seite mit dem Bewußtsein, daß ich das Beste mir Mögliche getan': ja, wäre das geschehen, so wäre er zerschmettert gewesen, er wäre vor Beschämung in die Erde gesunken, denn mit seiner Leidenschaft vermag er alles Böse vortrefflich zu ertragen, wenn er sich besser weiß, aber er könnte nicht vergessen, daß er bei einer solchen Hochherzigkeit Schuldner geworden, deren Großheit er eben mit dämonischem Scharfsinn entdecken würde. Es wäre Unrecht gegen ihn gewesen, denn er meinte es von seinem Standpunkt aus ebenfalls gut. Im Experiment wird er nicht von einem Menschen gedemütigt sondern vor Gott.

Wer ansonst Sinn und Neigung hat experimentierend mit Kategorien zu rechnen, ohne dazu der Aufzüge, schöner Gegenden, vieler Personen „und dann der Kühe" zu bedürfen, wird sehen, wie viele neue Konstruktionen sich von diesem Punkt her entwerfen ließen, indem man ‚ihn' oder ‚sie' ein bißchen verändert und wird sehen, was daraus für ihn und für sie sich ergäbe, wie er hätte beschaffen sein müssen, um sie zu zerschmettern, (wenn er etwa z. B. grausam sie für sein Leben verantwortlich gemacht und sie vielleicht dermaßen erschreckt hätte, daß sie es nie hätte verwinden können), was er ganz und gar nicht vermag, oder wie beide hätten beschaffen sein müssen, um beide zerschmettert zu werden (wenn er etwa z. B. keine religiösen Voraussetzungen besessen und schließlich vielleicht verzweifelt in seinem Stolze ihrer beider Vereinigung mit einem Selbstmord zelebriert hätte), wohingegen jetzt beiden geholfen ist. Romanleser erheben natürlich andre und größere Forderungen, und meinen: wenn alles sich um Zwei drehe, so müsse es langweilig sein, und das ist es auch, wenn es sich nicht zugleich um die Kategorien dreht. Wenn Letzteres der Fall ist, kann allbereits ein Einziger unterhaltsam sein, und 6 Billionen 477 378 785 Menschen können sich doch nicht um mehr drehen. Ein Romanleser ist natürlich nur dann belebt und
VI 441 angeregt, wenn es eine Aufregung zu erleben gibt, z. B. wenn ein Auflauf zu sehen ist. Gesetzt nun aber, der Auflauf drehe sich um nichts, so wäre da ja gar nichts zu erleben.

§ 6

Nichts bereuen ist die höchste Weisheit – die Sündenvergebung

Im Gespann mit negativen Grundsätzen wie denen, nichts zu bewundern, nichts zu erwarten u.s.f. läuft der negative Grundsatz, nichts zu bereuen, oder, wenn man ein andres Wort gebrauchen will, welches vielleicht nicht derart ethisch störend wirkt, nichts zu bedauern.[422] Das Geheimnis dieser Weisheit ist eigentlich, daß man einen aesthetischen Grundsatz aufgeschminkt und ihm das Aussehen eines ethischen gegeben hat. Von einem ethischen Standpunkt her aesthetisch verstanden ist das durchaus wahr, denn den ganzen Umfang des Aesthetischen soll der freie Geist nicht für so hoch erachten, daß er etwas bedauert. So heißt es z. B., falls einer arm geworden ist, ganz richtig: ‚Nichts bedauern ist die höchste Weisheit', will heißen: ‚handle in Kraft des Ethischen'. Der Grundsatz hat dann den Sinn: fort und fort die Brücke des Vergangenen hinter sich abzubrechen, um fort und fort im Augenblick handeln zu können. Hast du bester Überlegung gemäß einen Plan gefaßt und scheint alsdann der Erfolg zu erweisen, daß dein Plan verkehrt gewesen ist, so gilt es, nichts zu bedauern, sondern in Kraft des Ethischen zu handeln. Ganz unleugbar wird in der Welt viel Zeit vertan mit solch einem Rückwärtsblicken, insofern mag der Grundsatz lobenswert sein.

Ist der Plan aber nicht nach bester Überlegung gefaßt, ist Betrügliches in ihm gewesen, was dann? Gilt es auch dann, nichts zu bereuen, um nicht aufgehalten zu werden? Es kommt darauf an, was für einen Aufenthalt man fürchten könnte. Fürchtet man etwa Aufenthalt und Hemmung darin, immer noch tiefer zu sinken, so dürfte es allerdings das Beste sein, laut zu rufen, daß man nichts bereut, und das Wort des Dichters: nulla pallescere culpa[423] von der Frechheit zu verstehen, welche der Schuld halben nicht erbleicht; alsdann aber ist der Grundsatz im höchsten Maße unethisch. Mittlerweile gibt es viele Menschen, welche mit dem VI 442
Hasten der Angst durchs Leben stürzen. Nichts fürchten sie mehr als das Dialektische, und wenn sie, im Hinblick auf das Vergangene, ‚nichts bereuen' sprechen, so können sie im Hinblick auf das

Künftige mit gleichem Recht sprechen: ‚nichts überlegen'. So sagt ein lustiger Geselle bei Scribe nicht ohne Witz, er habe, da er nie einen Plan gefaßt habe, auch nie den Kummer gehabt, ihn mißlingen zu sehn; Frauenzimmer handeln oft ebenfalls derart ohne Überlegung und kommen sehr gut davon. In andrer Weise handelt zuweilen gerade ein sehr kluger Mensch ohne Überlegung oder aus Desperation, um einen Maßstab zu gewinnen. Wenn man an einer Stelle festsitzt und weder aus noch ein weiß, wenn alles dermaßen tödlich relativ ist, daß es ist, als ob man ersticken sollte, so kann es zweckmäßig sein, plötzlich an einem einzelnen Punkte zu handeln, bloß um Bewegung und Leben in die ganze leblose Masse zu bringen. Ein Untersuchungsrichter z. B., wenn der Verstand den Dienst versagt und alles gleich wahrscheinlich ist, legt die Vernehmung plötzlich auf einen bestimmten Einzelnen an, nicht etwa, weil gegen diesen am meisten Verdacht bestünde, denn eben an einem entscheidenden Verdachte fehlt es ihm, er verfolgt diese willkürliche Spur mit aller Leidenschaft: zuweilen kommt dann die Erleuchtung, aber an andrer Stelle. Wenn man nicht weiß, ob man krank oder gesund ist, wenn dieser Zustand anfängt, sich als ewiges Gewäsch zu verfestigen, so tut man wohl, plötzlich etwas Desperates zu wagen. Wiewohl man aber ohne Überlegung handelt, ist da doch eine Art von Überlegung.

Sonst gilt es mit Überlegung als Vortritt und der Reue als Folge das Dialektische auszuhalten. Erst, wer in der Überlegung das Dialektische erschöpft hat, erst er handelt, und erst, wer in der Reue das Dialektische erschöpft, erst er bereut. Insofern scheint es unerklärlich, daß der gewaltige Denker Fichte[424] hat annehmen können, es bleibe dem Handelnden keine Zeit zu bereuen, und zwar um so unerklärlicher als dieser energische und in edlem griechischem Sinne aufrichtige Philosoph einen großen Begriff davon hatte, daß das Handeln eines Menschen allein im Inneren statt hat. Vielleicht erklärt sich dies doch daraus, daß er bei seiner Energie (zum mindesten in seiner früheren Zeit) nicht darauf aufmerksam geworden ist, daß dies innere Handeln wesentlich ein Leiden ist; daß daher das höchste innere Handeln eines Menschen ist zu bereuen. Bereuen ist keine positive Bewegung von etwas
VI 443 fort oder zu etwas hin, sondern eine negative Bewegung nach

innen zu, nicht ein Tun, sondern ein durch sich selbst sich etwas widerfahren Lassen.

Es gibt drei Existenzsphären: die aesthetische, die ethische, die religiöse. Das Metaphysische ist die Abstraktion, und es gibt keinen Menschen, der metaphysisch existiert. Das Metaphysische, das Ontologische i s t, aber es i s t nicht d a, denn wenn es da ist, so ist es im Aesthetischen, im Ethischen und im Religiösen, und wenn es i s t, so ist es die Abstraktion von dem Aesthetischen, dem Ethischen und dem Religiösen oder ein Prius, das diesen vorhergeht. Die ethische Sphäre ist bloß Durchgangssphäre, und daher ist ihr höchster Ausdruck die Reue als eine negative Handlung. Die aesthetische Sphäre ist die der Unmittelbarkeit, die ethische ist die der Forderung (und diese Forderung ist so unendlich, daß der einzelne Mensch stets Bankrott macht), die religiöse Sphäre ist die der Erfüllung, jedoch wohlzumerken, nicht einer Erfüllung wie der, daß man Gold in einen Stock oder in eine Tasche füllt, denn die Reue hat eben unendlich Raum geschafft, und daher denn der religiöse Widerspruch: zugleich auf 70 000 Faden Wassers zu liegen und dennoch fröhlich zu sein.

Da die ethische Sphäre ein Durchgang ist, den man jedoch nicht ein für allemal durchgeht, da die Reue ihr Ausdruck ist, so ist die Reue das am meisten Dialektische. Kein Wunder darum, daß man sie fürchtet, denn gibt man der Reue einen Finger, so nimmt sie die ganze Hand. Gleich wie im Alten Testament[425] Jehovah der Väter Vergehen an den Kindern heimsucht bis in die spätesten Geschlechter, ebenso greift die Reue zurück, indem sie fort und fort den Gegenstand ihrer Untersuchung voraussetzt. In der Reue ist der Ruck der Bewegung und darum alles umgekehrt. Dieser Ruck bedeutet eben den Unterschied zwischen dem Aesthetischen und dem Religiösen, als den zwischen dem Äußeren und dem Inneren. Diese unendlich vernichtende Gewalt der Reue ersieht man am besten daraus, daß sie auch sympathetisch dialektisch ist. Das beachtet man selten. Ich will hier nicht erst sprechen von solchen Erbärmlichkeiten wie der, daß man eine einzelne Handlung bereuen und dann wieder ein frischer Geselle sein will, oder daß man es getan haben will und dann Vertrauen beansprucht, obwohl doch jede derartige Äußerung ein hinreichender Beweis dafür ist, daß der sich Entschließende, der Versichernde, der Trauende keinen

Begriff von Sinn hat; aber sogar tüchtigere Erörterungen der Reue übersehen die dialektische Seite in Richtung auf das Sympathetische. Ein Beispiel, um dies näher zu erklären. Ein Spieler ist zum Stehen gekommen, die Reue ergreift ihn, er entsagt allem Spiel; obwohl er dem Abgrund nahe gewesen ist, hält ihn die Reue, und es scheint zu gelingen. Wie er nun also zurückgezogen dahinlebt,
VI 444 vielleicht gerettet, sieht er eines Tages, wie man einen Toten aus der Seine herauszieht, einen Selbstmörder, und dieser ist ein Spieler gewesen, gleich wie er selbst es einmal war; und dieser Spieler hatte doch, das wußte er, dagegen angekämpft, einen verzweifelten Kampf geführt, um der Lust zu widerstehen. Mein Spieler hatte diesen Menschen geliebt, nicht, weil der auch Spieler war, sondern weil er besser war als er. Was nun? Romane und Novellen braucht man nicht erst zu befragen, doch selbst ein religiöser Redner würde meine Erzählung vielleicht etwas früher abbrechen, und damit enden lassen, daß mein Spieler, durch den Anblick erschüttert, nach Haus gegangen sei und Gott gedankt habe für seine Rettung. Halt! wir müssen erst eine kleine Erklärung bekommen, ein Urteil über den andern; jegliche Existenz, die nicht gedankenlos ist, ist von selbst mittelbar urteilend. Wäre der andre verstockt gewesen, so könnte mein Spieler ja schließen, jener habe nicht gerettet werden wollen. Aber das war der andre nicht. Mein Spieler ist nun ein Mensch, welcher das alte Wort verstanden hat: „die Geschichte handelt von dir" (de te narratur fabula[426]), er ist kein moderner Narr, welcher meint, jeder solle um die ungeheure objektive Aufgabe buhlen, etwas herplappern zu können, was die ganze Menschheit angeht, bloß nicht ihn selbst. Mithin, welch ein Urteil soll er fällen, und er vermag es nicht zu unterlassen, dies ‚von dir' (de te) ist ihm des Daseins heiligstes Gesetz, weil es der Humanität Verbündnis ist. Sollte ein religiöser Redner, welcher in Ermangelung des Denkens das Schwatzen versteht, in Menschenfreundlichkeit und tiefer Rührung ihm mit halben Kategorien helfen wollen, so ist mein Spieler gereift genug, um das Blendwerk zu durchschauen — mithin, er muß hindurch. Er steht in dem Augenblick, da er urteilen soll, bei dem demütigen Ausdruck einer Prädestinationslehre (der hochmütige Ausdruck liegt im Aesthetischen mit unechter religiöser Vergoldung), falls er auf seine eigne Rettung hofft. Wer nicht Sympathie sondern Wasserscheu besitzt,

findet es natürlich ungereimt, sich das Schicksal eines andern Menschen so nahe gehen zu lassen; jedoch dies nicht tun ist Mangel an Sympathie und lediglich entschuldbar, sofern der Grund Dummheit ist. Das Dasein muß ja doch seine Gesetze haben, die sittliche Ordnung der Dinge ist kein Hurlumhei, wo einer dem Verkehrtesten gut, ein anderer dem Besten schlecht entwischen kann. Jetzt aber das Urteil. Die Meinung ist hier natürlich nicht, daß es Verdammungssucht sei, die ihn zur Krampfhenne macht. Aber er kann nicht durch einen Zufall freikommen, das ist Gedankenlosigkeit, und sagt er von dem andern, er sei trotz seinem guten Willen untergegangen, so geht er selbst unter, und sagt er: der andre habe also nicht gewollt, so schaudert es ihn, weil er an jenem doch VI 445 das Gute gesehen hat, und weil es so aussieht, als ob er selbst besser sein wolle.

Ich habe mit Fleiß die Sache auf die Spitze getrieben. Vermöge des Dialektischen an der Reue in Richtung auf das Sympathetische gerät ein jeder Mensch, der nicht dumm ist, alsogleich auf Grund. Ob ich gleich kein Spieler bin, jenes Phänomen reicht zu, wofern ich kein Engel bin. Habe ich noch so wenig Schuld auf meinem Gewissen, habe ich auch nur ein bißchen Gedanken im Hirn, so brechen alle menschlichen Spinnweben, alle geschwätzigen Rettungsversuche zwischen Krethi und Plethi, gleich Seidenfäden, bis daß ich das Gesetz des Daseins finde. Ein Mann, der da unverdrossen durchs Leben geht, auf die Kategorie hin, daß er kein Verbrecher ist, freilich auch nicht rein, der ist natürlich komisch, und man muß dem Aesthetischen behilflich sein, daß er diesem zur komischen Behandlung ausgeliefert werde, falls er sich in das Religiöse verdrückt, um dort mit dabei zu sein.

Es ist recht putzig zu sehen, wie ein Schriftsteller, welcher zwar auf die Dialektik der Reue in Richtung auf das Sympathetische nicht aufmerksam ist, aber doch auf etwas Ähnliches, auf eine Äußerung von Sympathie aufmerksam ist, – wie solch ein Schriftsteller dies Leiden heilt, indem er die Krankheit nur noch schlimmer macht. Im Gedanken daran, daß man in kleinen Städten so leicht Menschenfeind werde, oder vielleicht gar ein Gotteslästerer und Aufrührer wider die weise Lenkung der Vorsehung, erklärt Börne allen Ernstes und nicht ohne eine gewisse Bewegtheit: in Paris trügen die statistischen Übersichten über Leiden und Verbre-

chen dazu bei, daß man von dem Eindruck geheilt werde, wie diese denn vermutlich dazu beigetragen haben, daß Börne ein Menschenfreund ward. Ja, was sind die statistischen Übersichten für eine köstliche Erfindung, eine herrliche Frucht der Kultur, ein bezeichnendes Gegenstück zu dem antiken: de te narratur fabula. Schleiermacher[427] erklärt so begeistert, das Wissen störe die Frömmigkeit nicht, und der Fromme stehe nicht mit dem Gefühl der Sicherheit unter einer Wetterstange und spotte Gottes; jedoch mit Hilfe der statistischen Übersichten verlacht man das ganze Dasein. Und gleich wie Archimedes, in seine Berechnungen vertieft, dasaß und nicht merkte, daß er erschlagen ward, ebenso, denke ich, sitzt Börne da, in Statistiken vertieft, und merkt nicht — was sag ich da, ei nein, eine so zartbesaitete Natur wie Börne wird es schon ent-
VI 446 decken, falls das Leben ihm zu nahe treten sollte; solange man aber selber vor Unglück bewahrt ist (denn vor der Sünde kann Börne sich ja nachgerade bewahren mittels einer nichtsokratischen Unwissenheit), schuldet man sein Wohlbehagen ja dem Umstand, daß man Mittel hat, mit denen man das Erschrecken fernhält. Vor dem Armen kann man ja seine Tür schließen, und sollte jemand vor Hunger umkommen, so kann man ja in der Statistik nachschlagen, wie viele jährlich vor Hunger sterben — und man ist getröstet.*

* Als Beispiel für eine der Beachtung nicht unwürdige Art von Mystifikation, bei welcher Sympathie mit Egoismus vertauscht wird, will ich die Stelle abschreiben. (Börne, Sämtl. Werke, 8. Bd. S. 96) Börne spricht von dem Gefährlichen des Wohnens in kleinen Städten und fährt nun fort: „große Verbrechen geschehen so selten, daß wir sie für freie Handlungen erklären, und die Wenigen, die sich ihrer schuldig machen, schonungslos verdammen. [Das ist doch nicht nötig, falls man nicht egoistisch feige oder sehr dumm ist. Und die göttliche Gerechtigkeit läßt sich nicht wie ein Kriegsgericht von einer Meuterei imponieren, welche allen Verzeihung verschafft, weil man doch nicht alle hinrichten kann.] . . . Aber ganz anders ist es in Paris. [Allda glaubt man nämlich an die rettende Kraft der Meuterei.] Die Schwächen der Menschen erscheinen dort als Schwächen der Menschheit [ja, möge die getrost so etwas haben, sie ist, vor allem, wenn Börne spricht, eine fingierte Größe, die man unbefangen en canaille behandeln kann, denn Börne läßt sich gewiß nicht behelligen von der schwierigen Frage, auf welche Weise das Menschengeschlecht aus den Individuen und aus der Reciprocität resultiert]; Verbrechen und Mißgeschicke [das eine ebenso gut wie das andere] als heilsame Krankheiten, welche die Übel des ganzen Kör-

Einem experimentierenden Psychologen ist nicht gedient mit statistischen Übersichten; aber dann bedarf er auch keines so ungeheuren Zusammenströmens von Menschen. VI 447

Ich habe nun abermals für das Religiöse experimentierend ein Problem zurechtgelegt: die Sündenvergebung. Es mag wohl vielen beikommen, Unmittelbarkeit und Sündenvergebung in einem unmittelbaren Verhältnis zusammenzubringen; sie können wohl auch davon reden, warum denn nicht, sie können wohl auch andre zu dem Glauben bewegen, sie hätten selbst etwas Derartiges erlebt, und auf diese Art existiert, sie können vielleicht sogar viele bewegen, das Gleiche tun zu wollen und meinen zu wollen, sie hätten das Gleiche getan, warum denn nicht! Die einzige Schwierigkeit dabei ist, daß es eine Unmöglichkeit ist. In Beziehung auf den leiblichen Gang des Menschen, hat man doch nicht so viel Narrenfreiheit, und wo jemand sagen wollte, er ginge auf einem Arm, oder

---

pers, diesen zu erhalten, auf einzelne Glieder werfen. [Und Börne hat sich eingebildet, als Demagog verfolgt zu werden! Er ist dermaßen aristokratisch, daß er hier offenbar spottet über die Rede des Volkstribunen, daß der ganze Leib leide, wenn ein Glied leide.] Wir erkennen dort [in Paris] die Naturnotwendigkeit des Bösen [„Gott behüte, wie ist doch in Paris alles groß, nichts ist dort so wie es gewöhnlich ist, sondern alles ganz genau wie bei uns in Kopenhagen in der Zeit der Landpartien zum Wildpark"][428] und die Notwendigkeit ist eine bess're Trösterin als die Freiheit [insbesondere für die, welche aufgehört haben, Leid zu tragen und daher nicht getröstet werden müssen.][429] Wenn in kleinen Städten ein Selbstmord vorfällt, wie lange wird nicht darüber gesprochen, wie viel wird nicht darüber vernünftelt! [Doch glaube ich, man wird schneller fertig, als wenn man in VI 447
diese Weisheit Vernunft zu bringen hätte. Armes Paris! Wofern es nicht etwa auch so ist: wenn ein Cujon, der sich im Menschengewimmel versteckt gleich wie ein Bürschlein unter seiner Mutter Schürze, da etwas schreibt, worin er nicht wie sonst witzig und unterhaltsam sondern belehrend ist, so geht es ihm ebenso wie dem Selbstmörder, man beachtet ihn nicht.] . . . Liest man aber in Paris die amtlichen Berichte über die geschehenen Selbstmorde . . . wie so viele aus Liebesnoth sich tödten, so viele aus Armuth, so viele wegen unglücklichen Spiels, so viele aus Ehrgeiz, — so lernt man Selbstmorde als Krankheiten [ja dem Vorhergehenden zufolge als heilsame Krankheiten!] ansehen, die wie Sterbefälle durch Schlagfluß oder Schwindsucht in einem gleichbleibenden Verhältnis jährlich wiederkehren!" Und wenn man das gelernt hat, so ist man ein Menschenfreund geworden, ein Frommer, der Gottes nicht spottet und sich nicht am Ende gar empört gegen seine weise Ordnung. Denn in Paris wohnt die Frömmigkeit und Börne ist Seelsorger!

wohl gar, alle gingen so, so würde man bald entdecken, daß er ein Lügendrescher sei, aber ein Drescher[430] in des Geistes Welt ist ungenierter.

Ein unmittelbares Verhältnis zwischen Unmittelbarkeit und Sündenvergebung will besagen, daß die Sünde etwas Einzelnes ist, und dies Einzelne wird denn also von der Vergebung fortgenommen. Aber dies ist nicht Sündenvergebung. Ein Kind weiß somit nicht, was Sündenvergebung ist, denn das Kind glaubt, es sei im Grunde ein braves Kind, wenn bloß die Sache gestern nicht gewesen wäre, und die Vergebung nimmt diese Sache fort, und das Kind ist ein braves Kind. Soll aber die Sünde durchgreifend sein — eine Entdeckung, die man der Reue schuldet, welche der Vergebung allezeit vorangeht — so will dies doch eben besagen, daß die Unmittel-
VI 448 barkeit als das nicht Giltige gesehen wird; soll sie aber auf diese Art gesehen werden, so muß sie doch wohl aufgehoben sein.

Wie aber verhält man sich, indem man in Kraft einer solchen Idee existiert, dies etwas konkreter verstanden (denn etwas herleiern ist nicht schwer)? — Ich sehe sehr wohl ein, daß Spekulanten und prophetische Seher, welche die Zukunft der ganzen Menschheit betrachten, mich höchstens für einen Seminaristen halten werden, welcher vielleicht tauglich wäre, einen katechetischen Kommentar zu einem Lehrbuch für Volksschüler zu schreiben. Das mag nun so sein, es ist immerhin etwas. Wenn dann nur nicht die Seminaristen mich aus ihrer Gemeinschaft ausschließen wollen, weil sie doch unendlich viel mehr wissen; und wenn dann nur schließlich nicht, falls ich damit zufrieden wäre, Schulkind zu sein, der aufgeklärte Seminarist, der um die Weltgeschichte besorgte Küster sagen würden: das ist so recht ein Dämlack, er tut so törichte Fragen. Mich geht dies recht wenig an, ich bin allein darauf bedacht, mich einmal in Zwiesprache jenem griechischen Weisen nähern zu dürfen, den ich bewundere, jenem griechischen Weisen, der sein Leben gelassen hat für das, was er verstanden hatte, und sein Leben mit Freuden abermals daran wagen würde, mehr zu verstehen, weil er es für das Schrecklichste hielt, in einem Irrtum befangen zu sein; und ich bin gewiß, Sokrates würde sprechen: ‚sicherlich ist das, danach du fragst, ein schwierig Ding, und es hat mich stets gewundert, daß so viele meinen, sie hätten diese Lehre verstanden; noch mehr aber hat es mich gewundert, daß einige sogar noch weit mehr verstanden haben. Mit diesen Letzteren würde ich gerne in Zwiesprache kommen, und wiewohl es sonst nicht meine Gewohnheit ist, selbst ein Gastmahl zu geben und die Musikanten zu bezahlen, so hätte ich doch für solch ein Gastmahl das Geld zusammengebracht, um in ihre hohe nicht bloß übermenschliche sondern gleichsam übergöttliche Weisheit eingeweiht zu werden. Denn Gorgias und Polos und Thrasybulos und die Übrigen, welche zu meiner Zeit auf dem Markt in Athen Buden hatten, sie waren doch bloß übermenschliche Weise, den Göttern gleich; von diesen indes, welche auch den Göttern überlegen sind, und welche deshalb wohl nicht bloß Geld entgegennehmen, sondern auch Anbetung, von diesen könnte man wohl viel lernen.‘

Was an der Sündenvergebung das Schwierige ist, wenn sie nicht auf dem Papier abgemacht werden soll oder mit den Versicherungen eines gesprochenen Worts, die bald in Wonne, bald in Weinen bewegt sind, entschieden sein soll, nun, das besteht darin, sich dermaßen durchsichtig zu werden, daß man weiß, man existiere an keinem einzigen Punkt in Kraft von Unmittelbarkeit, ja sogar der- VI 449
maßen, daß man ein andrer Mensch geworden ist, denn ansonst fällt Sündenvergebung mit meinem Standpunkt zusammen, mit der Einheit des Komischen und des Tragischen.

Dieweil aber Unmittelbarkeit zwar auch etwas Einzelnes, zugleich aber etwas höchst Zusammengesetztes ist, so ist mit dieser ersten Schwierigkeit (aufgehoben zu sein) sowie mit der zweiten, welche dieser ersten gleich ist (daß die Unmittelbarkeit sogar als Sünde aufgehoben ist), das Signal zu den difficilesten Fragen gegeben, welche sämtlich in der einen Frage befaßt sind: inwiefern eine Unmittelbarkeit zurückkehren kann (oder ob etwa das Aufgehobensein der Unmittelbarkeit für den Existierenden bedeutet, daß er gar nicht mehr da ist,)* inwiefern eine solche Unmittelbar- VI 450

* Während man zu hundert Malen liest, die Unmittelbarkeit sei aufgehoben, findet man keine einzige Äußerung darüber, wie ein Mensch sich dabei benimmt, auf solche Art zu existieren. Daraus dürfte man am Ende den Schluß ziehen, daß die so Schreibenden einen zum Narren halten und selber ganz verstohlen in Kraft der Unmittelbarkeit existieren, und nebenbei davon leben, daß sie Bücher über das Aufgehobensein der Unmittelbarkeit schreiben. Vielleicht ist das System dennoch nicht so schwer zu verstehen; was aber die Aneignung so schwierig macht, ist, daß man sämtliche Zwischenbestimmungen übersprungen hat: so z. B. wie der einzelne Mensch

keit von einer früheren sich unterscheidet, was da verloren ist, und was da gewonnen ist, was die erste Unmittelbarkeit tun kann und die zweite nicht darf, was die erste Unmittelbarkeit liebt und die zweite nicht lieben darf, welches die Weisheit der ersten Unmittelbarkeit ist, die der zweiten abgeht, welches der ersten Freude ist, die der zweiten abgeht usw., denn das ist eine überaus weitläuftige Sache. In anderm Sinne ist sie leicht erledigt, wenn man das sokratische Erschrecken davor, in einem Irrtum zu sein, nicht hat, sondern stattdessen die moderne Dreistigkeit zu meinen, daß man, wenn man es nur sagt, auch schon ist: gleichwie man im Märchen mit dem Aussprechen gewisser Worte ein Vogel wird.

Ich bin freilich ansonst nicht zum Wünschen geneigt, und weit davon, glauben zu wollen, daß mir mit der Erfüllung des Wunsches geholfen wäre; dennoch möchte ich wünschen, daß ein mit

---

plötzlich ein metaphysisches Ich-Ich wird, wieweit es tunlich ist, wieweit es zulässig ist, wieweit nicht etwa das ganze Ethische beiseite geschoben ist, wieweit die ewige Wahrheit des Systems nicht etwa (in Richtung auf das Existentielle, Psychologische, Ethische, Religiöse), mangels einer andern Einleitung, eine unvermeidliche kleine Lüge zur Voraussetzung hat, und wieweit der himmlische Text des Systems nicht etwa ziemlich schäbige Anmerkungen mitsamt einer zweideutigen Überlieferung zur Erklärung braucht, womit denn die Eingeweihten davon dispensiert sind, etwas Entscheidendes sogar bei dem Allerentscheidendsten zu denken. Ein unmittelbares Genie kann Dichter werden, bildender Künstler, Mathematiker usw.; ein Denkender indes muß doch sein Verhältnis zum menschlichen Dasein kennen, auf daß er nicht (mit Hilfe des reinen Seins, welches ein Unding ist) allen deutschen Schriften zum Trotz ein von der Sprache ‚ein Undeutscher' genanntes Ungeheuer werde.[431] Er muß ja wissen, wie weit es ethisch und religiös zu verantworten ist, sich metaphysisch einzuschließen, nicht den Anspruch respektieren zu wollen, welchen das Dasein hat — nicht auf seine beglückenden vielen Gedanken, nicht auf sein eingebildetes Ich-Ich, wohl aber auf sein menschliches ‚Du', möge das Dasein nun zu Lust und Freude und Genießen rufen, oder zu Zittern und Entsetzen, denn gedankenlos darauf nicht aufmerksam geworden sein, ist ebenso mißlich. Und vermag er dies gedankenlos zu übersehen, so mach mit solch einem Denker ein Experiment, setz ihn nieder in Griechenland: er wird ausgelacht werden in jenem auserwählten Lande, das glücklich ist durch seine liebliche Lage, glücklich durch seine reiche Sprache, glücklich durch seine unerreichte Kunst, glücklich durch des Volkes frohen Sinn, glücklich durch seine schönen Mädchen, glücklich zuerst und zuletzt durch Denker, welche sich selber und sich selbst im Dasein zu verstehen suchten und strebten, bevor sie daran gingen, das ganze Dasein zu erklären.

sokratischer Genauigkeit rechnender Mann solch eine existierende Gestalt vor unsern Augen entstehen ließe, so daß man den Menschen damit, daß man ihn hörte, sehen könnte. Es ist keineswegs meine Meinung, daß ich, auch wenn ich solch eine Erzählung hundert Mal läse, einen einzigen Schritt weiterkäme, es sei denn daß ich selber leidend das Gleiche erreichte. Gepriesen sei das gerechte Regiment, welches in des Geistes Welt Recht und Unterschied wahrt und nicht zuläßt, daß der eine in Lebensgefahr, mit äußerster Anstrengung kümmerlich erwerbe, was der andere sich gedankenlos in Dummheit anschläft.

Indes das Problem selber, die Idee der Sündenvergebung liegt außerhalb der Aufgabe, welche das Experiment sich gestellt hat, denn der Quidam dieses Experiments ist lediglich eine dämonische Gestalt in Richtung auf das Religiöse, und das Problem übersteigt sowohl meinen Verstand wie meine Fähigkeiten. Ich will mich nicht davor drücken, indem ich sage, es sei hier der rechte Ort nicht, so als ob es mir an Ort und Zeit und Platz auf dem Papier fehlte; vielmehr denke ich wie folgt: hätte ich selber das Problem verstanden, so fände ich wohl auch Ort und Zeit und Platz für die Darstellung.

Schlußwort

Mein lieber Leser! — doch zu wem rede ich? Vielleicht ist überhaupt niemand übrig geblieben. Es ist mir wohl umgekehrt ergangen wie jenem edlen König, welchen die Trauerbotschaft die Eile lehrte, dessen stürmischen Ritt zu der in Todesgefahr stehenden VI 451
Geliebten das unvergeßliche Volkslied unvergeßlich hat werden lassen, wenn es singt von den hundert Rittern, die ihm von Skanderborg aus folgten, von den fünfzehn, die mit ihm über die Heide von Randbøl ritten, als er aber über die Brücke von Ribe kam, da war der Herr allein — ebenso ist es wohl, umgekehrt und aus entgegengesetztem Grunde mir ergangen, der ich, von einem einzigen Gedanken gefesselt, nicht von der Stelle gekommen bin: alle sind von mir fortgeritten. Zu Anfang hat der wohlwollende Leser wohl seinen raschen Renner angehalten und gemeint, daß ich einen Zelter ritte; aber als ich überhaupt nicht von der Stelle kam, wurde

das Pferd (das des Lesers nämlich) oder wenn man so will, der Reiter ungeduldig und ich blieb allein zurück: ein Nichtreiter oder Sonntagsreiter, dem alle davonreiten.

Insofern gibt es denn nichts, dem ich nachzuhasten hätte, ich habe die Zeit und den Tag für mich allein, und kann ungestört, ohne jemand lästig zu fallen, mit mir selber über mich selbst reden. Meiner Anschauung zufolge ist der Religiöse der Weise. Wer sich aber einbildet es zu sein, ohne es zu sein, ist ein Tor; derjenige jedoch, der nur eine Seite des Religiösen sieht, ist ein Sophist. Von diesen Sophisten bin ich einer, und selbst wenn ich fähig wäre, die andern zu fressen, würde ich doch nicht fetter werden, und das ist nicht so unerklärlich wie die Geschichte mit den magern Kühen in Ägypten[432], denn die Sophisten sind hinsichtlich des Religiösen nicht fette Kühe, sondern magere Heringe. Ich sehe das Religiöse von allen Seiten, und insofern habe ich stets eine Seite mehr als der Sophist, der nur eine Seite sieht, dasjenige aber, das mich zum Sophisten macht, ist, daß ich der Religiöse nicht werde. Der Kleinste im Reich der Religiosität ist unendlich viel größer denn der größte Sophist.[433] Meinen Schmerz darüber haben die Götter gelindert, indem sie mir so manche schöne Betrachtung vergönnt und mich mit einem gewissen Maße von Witz gewappnet haben, welcher mir genommen werden wird, wofern ich ihn wider das Religiöse brauche. — Die Sophisten sind auf drei Klassen zurückzuführen. 1. Diejenigen, welche vom Aesthetischen her ein unmittelbares Verhältnis zum Religiösen gewinnen. Die Religion wird hier Dichtung, Geschichte. Der Sophist selbst ist für das Religiöse begeistert, jedoch dichterisch begeistert; in dieser Begeisterung ist er zum Bringen jedes Opfers bereit, setzt wohl sogar das Leben dran, wird aber darum nicht der Religiöse. Im Maximum des Ansehens verwechselt er sich selbst, und läßt sich verwechseln, mit einem Propheten und einem Apostel. 2. Diejenigen, welche von dem unmittelbar Ethischen in ein unmittelbares Verhältnis zum
VI 452 Religiösen treten. Für diese wird die Religion eine positive Pflichtenlehre, wo doch die Reue das höchste Tun des Ethischen und gerade negativ ist. Der Sophist wird nicht erprobt in der unendlichen Reflexion, wird ein Tugendmuster in einem positiven Inbegriff. Hier liegt seine Begeisterung, und ohne Arg macht er sich eine Freude daraus, andre zum Gleichen zu begeistern. 3. Diejeni-

gen, welche das Metaphysische in ein unmittelbares Verhältnis zum Religiösen setzen. Die Religion wird hier die Geschichte, welche fertig ist, der Sophist ist fertig mit der Religion und wird in seinem Maximum Erfinder des Systems. — Der Grund, warum die Sophisten von der Menge der Menschen bewundert werden, liegt darin, daß die hochgemuten sich um sich selbst nicht bekümmern der dichterischen Intuition gegenüber, an die der erste sich verliert, dem positiven Streben zu einem Ziel, das außerhalb seiner ist, gegenüber, welches den zweiten lockt, dem ungeheuren Ergebnis gegenüber, welches der Dritte, durch Zusammenfügung des Fertigen, gewinnt. Das Religiöse jedoch liegt eben darin, daß man sich religiös unendlich um sich selbst bekümmert, und nicht um Gesichte, daß man sich unendlich um sich selbst bekümmert und nicht um einen positiven Zweck (was negativ und endlich ist, sofern das unendlich Negative die einzige angemessene Form für das Unendliche ist); daß man sich unendlich um sich selbst bekümmert und mithin sich selbst nicht fertig wähnt (was negativ und Verlorenheit ist). Dies weiß ich, aber ich weiß es im Gleichgewicht des Geistes und bin darum ein Sophist wie die andern, denn dies Gleichgewicht ist eine Versündigung an der heiligen Leidenschaft des Religiösen. Indes dies Gleichgewicht in der Einheit des Komischen und des Tragischen, welches das unendliche sich um sich selbst Kümmern im griechischen Sinne ist (nicht die unendliche religiöse Bekümmerung um sich selbst), ist nicht ohne Bedeutung für die Beleuchtung des Religiösen. In gewissem Sinne bin ich somit dem Religiösen weit ferner als die drei Klassen von Sophisten, die alle damit einen Anfang gemacht haben; in anderm Sinne aber bin ich ihm näher, weil ich deutlicher sehe, wo das Religiöse liegt, und somit nicht fehlgreife, indem ich etwas Einzelnes greife, wohl aber fehle, indem ich es nicht ergreife.

Solchermaßen verstehe ich mich selbst. Mit dem Geringeren zufrieden — darauf hoffend, daß das Größere mir vielleicht einmal vergönnt sein werde, mit den Mühen des Geistes beschäftigt, an denen meiner Meinung nach jeder Mensch überreichlich genug hat auch in dem längsten Leben, selbst wenn dieses aus lauter längsten Tagen gebildet wäre, — bin ich des Daseins froh, der kleinen Welt froh, die meine Umgebung ist. Einige meiner Landsleute meinen freilich, Kopenhagen[434] sei eine langweilige Stadt

und eine kleine Stadt. Mir erscheint Kopenhagen vielmehr, so wie es von dem Meere, an dem es liegt, erfrischt wird und selbst im
VI 453 Winter die Erinnerung an den Buchenwald nicht zu vergessen ver-
mag, der glücklichste Aufenthaltsort zu sein, den ich mir wünschen könnte. Es ist groß genug, um eine größere Stadt zu sein und klein genug, daß es keinen Marktpreis für Menschen gibt; so kann der statistische Trost, wie man ihn in Paris über so und so viele Selbstmörder hat und die statistische Freude, die man in Paris über so und so viele Ausgezeichnete hat, sich nicht störend eindrängen und nicht den Einzelnen in einem Sausewind hinwirbeln, so daß das Leben seine Bedeutung verliert, der Trost seinen Ruhetag, die Freude ihren Feiertag, weil alles dahinfährt im Inhaltslosen oder allzu Inhaltsreichen. Einige meiner Landsleute finden die Menschen, welche in dieser Stadt wohnen, nicht lebhaft genug; nicht rasch genug bewegt. Mir scheint dies nicht so. Die Geschwindigkeit, mit der in Paris Tausende einen Auflauf um einen herum bilden, mag jenem Einen wohl schmeicheln, um den sie sich sammeln, ob sie aber nicht erkauft wird mit dem Verlust des stilleren Sinns, welcher den Einzelnen empfinden läßt, daß er doch auch einige Bedeutung habe? Eben weil die einzelnen Menschen nicht ganz und gar im Preis gefallen sind, als kämen da so und so viele Dutzend auf einen Menschen, eben weil die Bevölkerung zum Glück zu schwerlebig ist, um jene Halbstundengelehrsamkeit zu begreifen, die allein Verzweifelten und Verblendeten schmeichelt, eben darum ist das Leben in dieser Hauptstadt so unterhaltend für den, welcher sich an den Menschen freuen will, und das hält besser vor und gewährt reichere Ausbeute, als daß man tausend Menschen dahin bringt, eine halbe Stunde über einen selbst zu jubeln. Der Fehler ist hier vielleicht eher, daß ein Einzelner von fremden Orten träumt, ein andrer Einzelner in sich selbst verloren ist, ein dritter Einzelner engherzig und separatistisch usw., mithin daß alle diese Einzelnen sich selber daran hindern, zu empfangen, was so reichlich geboten wird, zu finden, was im Überfluß vorhanden ist, wenn es gesucht wird. Wer etwa ganz und gar nichts unternehmen wollte, könnte gleichwohl, falls er ein offenes Auge hätte, ein genußreiches Leben führen, indem er nichts tut als auf andre zu achten; und wer auch seine eigene Arbeit hat, tut wohl daran, darauf zu achten, daß er nicht zu sehr

gefesselt werde. Wie traurig aber, wenn es ihrer viel würden, die sich entgehen ließen, was nichts kostet, kein Eintrittsgeld, keine Ausgaben für ein Gastmahl, keinen Beitrag zum geselligen Leben, keine Ungelegenheit und Schererei, was den Reichen und den Armen gleich wenig kostet und dennoch der reichste Genuß ist, die sich also eine Unterweisung entgehen ließen, wie sie nicht von einem bestimmten Lehrer empfangen wird, sondern von einem beliebigen Menschen im Vorübergehen, von einem Unbekannten in der Unterhaltung, von jedermann in der zufälligen Berührung. Worüber man in Büchern vergebens Belehrung gesucht, darüber geht einem plötzlich ein Licht auf, wenn man ein Dienstmädchen mit einem andern Dienstmädchen reden hört; einen Ausdruck, den man vergebens seinem eignen Hirn hat abquälen wollen, ver- VI 454
gebens in Wörterbüchern gesucht hat, selbst in den wissenschaftlichen, den hört man im Vorübergehen: ein Landwehrmann gebraucht ihn und läßt sich nichts davon träumen, wie reich er ist. Und gleich wie jemand, der in einem großen Walde dahingeht, sich des Ganzen verwundernd, zuweilen einen Zweig bricht, zuweilen ein Blatt pflückt, zuweilen nach einer Blume sich bückt, jetzt einem Vogelruf lauscht: ebenso geht man unter der Volksmenge, sich über der Sprache wunderbare Gabe verwundernd, pflückt jetzt den einen, jetzt den andern Ausdruck im Vorübergehen, freut sich daran, und wird nicht so undankbar zu vergessen, wem man ihn dankt; ebenso geht man unter der Menschenmenge, gewahrt jetzt die Äußerung eines Seelenzustandes, jetzt eines andern, lernt und lernt und wird nur um so lernbegieriger. So läßt man sich denn nicht von Büchern täuschen, als wäre das Menschliche so selten zu finden, so liest man auch nicht in Zeitungen davon; das Beste an der Äußerung, das Reizendste, der kleine psychologische Zug wird mitunter doch nicht aufbewahrt. — Einige meiner Landsleute meinen, die Muttersprache sei doch wohl nicht fähig, schwierige Gedanken auszudrücken. Dies bedünkt mich eine absonderliche und undankbare Meinung, so wie es mich auch absonderlich und übertrieben bedünkt, für die Muttersprache eifern zu wollen, so daß man beinahe an ihr sich zu freuen vergißt, eine Unabhängigkeit so eifrig verfechten zu wollen, daß der Eifer beinahe darauf zu deuten scheint, daß man sich bereits abhängig fühlt, und das strittige[435] Wort zuletzt das die Spannung Erzeu-

gende wird und nicht der Sprache Ergötzlichkeit das Erquickende. Glücklich macht mich das Gefühl, an meine Muttersprache gebunden zu sein, gebunden, wie es vielleicht nur wenige sind, gebunden wie Adam es an Eva gewesen, weil da ein anderes Weib nicht war, gebunden, weil es mir unmöglich gewesen ist, eine andre Sprache sprechen zu lernen, und ich daher der Versuchung durchaus enthoben bin, wider die angeborene Sprache stolz und vornehm zu tun, aber auch dessen froh, daß ich an eine Muttersprache gebunden bin, welche reich an innerer Ursprünglichkeit ist, wo sie die Seele ausweitet und wollüstig im Ohre tönt mit ihrem süßen Klang; eine Muttersprache, welche nicht in dem schwierigen Gedanken sich verfangend stöhnt, und eben deshalb glaubt wohl der und jener, sie könne diesen nicht ausdrücken, weil sie die Schwierigkeit, indem sie sie ausdrückt, leicht macht; eine Muttersprache, welche nicht angestrengt keucht und ächzt, wenn sie vor dem Unaussprechlichen steht, sondern damit sich zu schaffen macht in Scherz und in Ernst, bis es ausgesprochen ist; eine Sprache, welche nicht in der Ferne findet, was nahe liegt, oder unten in der Tiefe sucht, was gerade bei der Hand liegt, weil sie in einem glücklichen Verhältnis zu ihrem Gegenstande aus- und eingeht gleich einer
VI 455 Elfe, und den Gegenstand an den Tag bringt, so wie ein Kind die glückliche Bemerkung, ohne es recht zu wissen; eine Sprache, die heftig und bewegt ist, jedesmal, wenn der rechte Liebhaber es versteht, der Sprache weibliche Leidenschaft zu entflammen, selbstbewußt und sieghaft im Gedankenstreit, jedesmal, wenn der rechte Herr und Gebieter sie anzuführen weiß, geschmeidig wie ein Ringer, jedesmal, wenn der rechte Denker sie nicht losläßt und den Gedanken nicht losläßt; eine Sprache, welche, auch wenn sie an vereinzelter Stelle arm scheint, es doch nicht ist, sondern nur gering geachtet wie eine bescheidene Liebende, die doch den höchsten Wert hat und vor allem nicht verschandelt ist; eine Sprache, welche nicht ohne Ausdruck ist für das Große, das Entscheidende, das Auffallende, jedoch eine anmutige, eine zierliche, eine glückselige Vorliebe hat für den Zwischengedanken und den Nebenbegriff und das Beiwort, und das Flüstern der Stimmung, und das Raunen des Übergangs, und die Innigkeit der Beugung und die verborgene Üppigkeit des heimlichen Wohlseins; eine Sprache, welche Scherz fast besser versteht als Ernst: eine Muttersprache, welche ihre

Kinder fesselt mit einer Fessel, welche „leicht zu tragen ist — ja,
aber schwer zu brechen“. — Einige meiner Landsleute meinen,
Dänemark zehre von einer alten Erinnerung. Dies bedünkt mich
eine absonderliche und undankbare Meinung, welche niemand bil-
ligen kann, der lieber freundlich und fröhlich als quer und wider-
spenstig sein will, denn dies allein zehrt. Andre meinen, es stehe
Dänemark eine unvergleichliche Zukunft bevor, einige, die sich
verkannt und unerkannt wähnen, trösten sich auch mit einer bes-
seren Nachwelt. Wer aber mit dem Gegenwärtigen glücklich ist,
und behende und erfinderisch ist, wenn es gilt, an diesem sich ge-
nügen zu lassen, hat nicht viele Augenblicke frei zu unvergleich-
lichen Erwartungen, und so wenig wie er nach ihnen greift, ebenso
wenig läßt er von ihnen sich verwirren. Denn sogar, wenn es rich-
tig wäre, daß er unerkannt ist, und sogar, wenn es richtig wäre,
daß er in einer Nachwelt bekannt werden wird, die ihn preist, es
ist doch ungerecht und befangen, von dieser Nachwelt zu sagen,
daß sie deshalb besser ist als die Gegenwart, deshalb nämlich, weil
sie besser denkt von ihm. So groß ist der Unterschied nicht zwi-
schen dem einen Geschlecht und dem andern; eben das Geschlecht,
das er tadelt, ist ja in der Lage, daß es preist, was ein vorher-
gehendes Geschlecht von Zeitgenossen verkannt hat. — Einige
meiner Landsleute meinen, Schriftsteller in Dänemark sein sei ein
ärmlicher Lebensunterhalt und ein kümmerlicher Beruf. Sie mei- VI 456
nen, dies sei nicht bloß der Fall mit einem so zweideutigen Schrift-
steller wie ich es bin, der da keinen einzigen Leser hat und nur
sehr wenige bis zur Mitte des Buchs, an den sie darum bei ihrem
Urteil auch nicht denken, sondern sie meinen, es sei auch der Fall
mit den Ausgezeichneten. Nun, das Land ist ja nur klein. Aber
ist es ein so kümmerlicher Beruf gewesen in Griechenland, Obrig-
keit zu sein, obwohl es Geld kostete es zu sein! Gesetzt, es ver-
hielte sich so, gesetzt, es würde so, daß es zuletzt das Los eines
Schriftstellers in Dänemark würde, eine gewisse Summe jährlich
für die Mühe, daß man Schriftsteller ist, bezahlen zu müssen: nun
wohlan denn, möge es sich denn so verhalten, daß ein Fremder
sagen müßte: ‚in Dänemark ist es eine teure Sache, Schriftsteller
zu sein, es gibt darum auch nicht Schriftsteller in größerer Zahl,
dafür aber hat man auch nicht, was wir Ausländer Pfennigfuchser
nennen, etwas, was der dänischen Literatur so unbekannt ist, daß

die Sprache noch nicht einmal einen Ausdruck dafür hat.' – Wofern es denkbar sein sollte, was ich nicht angenommen habe, daß wirklich ein Leser ausgehalten hätte und also auch dahin käme, dies zu lesen (daran habe ich nicht gedacht, sonst hätte ich es nicht geschrieben), wofern er von dem Gelesenen dann zu andern spräche, so werden vielleicht einige meiner Landsleute sagen: ‚beachtet solch einen Schriftsteller nicht, hört auf ihn nicht, er ist ein Verführer.' Und einer von den so Sprechenden führe vielleicht folgendermaßen fort: „Bei einem Verführer denkt man gewöhnlich an ein Verhältnis zum Weib und auch dann stellt man ihn meistens als in wilder dämonischer Leidenschaft versteckt und arglistig dar. Indes, sogar im Verhältnis zum Weibe ist dies nicht die gefährliche Art von Verführern. Nein, soll ich mir einen Verführer vorstellen, so will ich mir einen jungen Menschen mit viel Phantasie und großer geistiger Begabung vorstellen. Er begehrt keines Weibes Gunst, und diese Gleichgiltigkeit ist kein Deckmantel heimlicher Leidenschaft, durchaus nicht; er stellt keinem Mädchen nach, aber er ist ein Schwärmer. Er geht nicht mit den Mädchen zu Tanze, in dieser Beziehung ist er weit im Hintertreffen; aber er sucht seinen Platz im Kabinett neben dem Ballsaal und im Winkel der Wohnstube. Wenn dann die jungen Mädchen ein bißchen müde vom Tanzen sind, oder wenn die Abenddämmerung einfällt, und die Arbeit ruht und der Gedanke will umherflattern, so sitzt er da, jetzt ist seine Zeit. Dann hören sie auf seine Rede, und mit seiner Phantasie verlockt er sie zu verführerischen Idealen, und spannt die Erwartung der sehnsüchtigen
VI 457 Seele und das Verlangen der Ahnung im Laufe seiner Rede. Für sich selbst begehrt er nichts. Und sie gehen wiederum der Lust des Tanzes nach, und die Emsigkeit nimmt wiederum ihren Anfang, heimlich aber sinnen sie doch dem Erhabenen nach, davon er gesprochen, und sie sehnen sich abermals, den betäubenden Trug in sich zu trinken. Er selbst bleibt unverändert, denn seine Freude ist allein der Rede und des Gedankens Verlangen nach dem Idealen. Und wenn er verstummt, so ist ihm, als wäre da in seiner Seele eine tiefe Trauer, in seiner Schwermut erscheint er sich als ein blinder Greis, welchen die Rede einem Kinde gleich durchs Leben hin geleitet. So lauschen denn die jungen Mädchen, und nach und nach sind sie verführt, sie suchen vergebens, was er be-

schrieben, suchen es vergebens bei ihm, vergebens bei sich selbst, und dennoch sehnen sie sich nach der Rede und altern, indem sie sie hören. Und wenn die alte Tante zuvor zu den Mädchen gesagt hat: ‚nehmt euch in Acht, meine Kinder, hört nicht auf ihn, er ist ein Verführer', so haben sie gelächelt und erwidert: ‚er! er ist der beste Mensch, und in seinem Umgang so behutsam mit uns, so zurückhaltend, als sähe er uns gar nicht, oder als wäre ihm vor uns bange, und was er spricht, ist so schön, o, so schön.' Solch ein Verführer kann ein Dichter wohl sein. Kräfte solcher Art besitzt dieser Schriftsteller nun freilich nicht, ebenso wie er auch den Frauen nicht nachstellt, in einem andern Bereich jedoch ist er ein Verführer. Wesentlich hat er nichts zu sagen, ist er weit davon, gefährlich zu sein; nicht aus diesem Grunde warne ich vor ihm, denn gleich wie ein tiefsinniger philosophischer Freund zu mir gesagt hat: Wer ihn mit echt spekulativem Blick betrachtet, sieht mit halbem Auge, daß er, selber vom Leben dadurch betrogen, daß er bloß Beobachter ist, nicht zum Betrüger sondern zum Betrug geworden ist, zum objektiven Betrug, zur reinen Verneinung. Einzig in einer Zeit, in welcher die Gemüter so stark bewegt sind, daß es zwiefach gilt ‚wer nicht dafür ist, ist darwider', einzig in einer Zeit, in welcher die einzelnen Menschen, gesteigert durch die großen Krisen und die großen Entscheidungen die bevorstehen, so leicht Schaden nehmen können sogar durch das Unbedeutende, einzig in solch einer Zeit könnte man versucht sein, ein Wort an die Warnung vor ihm zu verschwenden, wenn anders es nötig ist. Er ist in einem andern Bereich ein Verführer. Im Gewande des Spottes und dadurch täuschend, ist er im Innersten ein Schwärmer. Er sitzt auch ständig ganz nahebei, wo Versammlung ist, er liebt auch den stilleren Augenblick, da des unerfahrenen Jünglings Ohr gern die falsche Lehre trinkt. Selbst von Träumen berauscht und von Einbildungen gestärkt, erstorben wie ein Beobachter, will er jedermann vorgaukeln, daß der Einzelne eine unendliche Bedeutung VI 458
habe, und daß dies des Lebens Giltigkeit sei. Darum höret nicht auf ihn, denn ohne daß er eine böse Absicht hätte, die ihn gefährlich macht, hat er den Willen, euch zu verführen, daß ihr in einer Gärungsperiode stille sitzt in der nie gewechselten Wohnung des Quietismus, in der müßigen Vorstellung, jeder solle auf sich

selber achten; er wird euch dahin bringen, die großen Aufgaben zu hintergehen, welche vereinter Kräfte bedürfen, aber auch allen reichlichen Lohn gewähren. Seht, weil er dies nicht verstanden hat, weil er des Ernstes und der Positivität ermangelt, darum ist seine Existenz lediglich Augenverblendung, seine Rede jedoch kraftlos und ohnmächtig gleich der eines Gespenstes, und seine ganze Darstellung doch lediglich, wie der Dichter[436] sagt, ‚wie Perlenglanz an einem alten Tor, wie Schnee in eines Sommers Rinnsal.' Ihr aber, die ihr lebendig seid und Kinder der Zeit, spürt ihr nicht, daß das Dasein bebt, hört ihr nicht die Kriegsmusik, die lockt, vernehmt ihr nicht des Augenblickes Eile, so daß noch nicht einmal der Stundenzeiger folgen kann! Woher denn wohl dies Brausen, außer weil es in der Tiefe kocht, woher denn diese fürchterlichen Wehen, wenn die Zeit nicht schwanger wäre! Glaubet ihm darum nicht, höret auf ihn nicht, denn er würde wohl auf seine spöttische und weitschweifige Art, die sokratisch sein soll, erwidern, man könne aus Wehen keinen unmittelbaren Schluß ziehen auf das, was bei der Geburt zum Vorschein kommen werde, da es mit Wehen ebenso stehe wie mit Blähungen, die am schlimmsten sind bei leerem Magen. Es ist auch nicht sicher, daß jede, die einen gespannten Unterleib hat, deshalb eine Gebärende wäre, es könnte sich ja auch um einen Gasbauch handeln; desgleichen nicht, daß jeder, der einen überlasteten Unterleib hat, deshalb ein Gebärender wäre, sintemal es etwas ganz anderes sein könnte, woran Sueton wohl erinnert mit dem, was er über einen der römischen Kaiser sagt: „seine Miene war die eines, der drückt" (vultus erat nitentis[437]). So kümmert euch überhaupt nicht um ihn, laßt euch durch ihn nicht verwirren, er hat sich nicht auszuweisen vermocht als Bevollmächtigter der Zeit, er ist nicht der Mann, der auch nur auf das Allergeringste verfallen könnte, was die Zeit fordern könnte, ist nicht imstande, einen einzigen Vorschlag zu machen, oder mit positivem Ernst in besorgter Haltung hervorzutreten mit dem Gedanken an die große Aufgabe des Augenblicks; aber reizt ihn nicht, denn alsdann könnte er am Ende gefährlich werden, laßt ihn laufen als das was er ist, ein Spötter und ein Schwärmer in einem Atem (in uno), alles in allem (in toto) ein Spießbürger, ein
VI 459 Betrüger, die reine Verneinung. Tut ihr so, dann ist er kein Ver-

führer." Ach, ach, ach, was für ein Glück, daß da kein Leser ist, welcher ganz zu Ende liest; und stünde es so, so ist der Schade, daß man die Freiheit hat, sich selbst überlassen zu bleiben, wenn dies doch das einzige ist, das man wünscht, wohl der Strafe gleich, welche die Schildbürger vollzogen, als sie den Aal ins Wasser warfen. Dixi.

ANMERKUNGEN DES ÜBERSETZERS

Vorbemerkung

Wo im Text eine für Kierkegaard bezeichnende lateinische oder griechische Redeblume und eine Verdeutschung dieser fremdsprachlichen Wendung nebeneinanderstehen, bietet der dänische Urtext mit sehr seltenen Ausnahmen allein die lateinischen oder griechischen Worte. Auch die heutigen dänischen Herausgeber von Kierkegaardschriften halten eine Anpassung an die veränderten Bildungsvoraussetzungen für nötig und geben regelmäßig unter dem Strich eine dänische Übersetzung.

214 Der angegebene Ort (ein Kirchdorf) liegt etwa vier km vom Sunde entfernt, nicht allzu weit von der östlichen Nordspitze Seelands. Der von Kierkegaard erwähnte See ist heute zu Moor geworden.
+215 Der Entwurf zeigt von hier ab bis zum Ende des Absatzes eine etwas ausführlichere Fassung, von welcher der Anfang hier wiedergegeben sei (Papirer V B 143,1): „... vor Gottes Angesicht, und niedergelegt, um am großen Tage des Gerichts hervorgeholt zu werden. Es schauderte mich beinahe, daß ich so Unordnung brachte in die Archive der himmlischen Gerechtigkeit. Doch jetzt ist es zu spät, ich bitte den Himmel und den Unbekannten um Verzeihung. Er ist vermutlich tot, oder er hat sich selbst als einen Toten betrachtet, seine Rechenschaft abgeschlossen, und sein letzter Gedanke ist wohl gewesen, daß er dermaleinst beim ersten Schall der Posaune des Gerichts, wo er auch sich befinde, zu jenem stillen Wasser mit seinem tiefen Grunde eilen werde, um mit seinem Schatz unter dem Arme vorzutreten ..." Die noch folgenden Abweichungen sind unwesentlich.
216 Kierkegaard hat in die Leidensgeschichte des Quidam zahlreiche anekdotische Kleinzüge eingewoben, welche Regine an die Verlobungszeit mit ihm erinnern konnten und sollten. Das wichtigste Beispiel dafür ist, daß

der in der Leidensgeschichte unten S. V. VI 308f sich findende Entlobungsbrief wortgetreu den ersten Entlobungsbrief Kierkegaards an Regine wiedergibt (diese deutsche Kierkegaardausgabe 35. Abtl. Brief Nr. 32). Auch „die verwelkte Rose in silberglänzender Kapsel", von der hier gesprochen wird, ist ein Regine bekanntes Stück, vgl. diese deutsche Kierkegaardausgabe 35. Abtl. Brief Nr. 29. Das „weiße und reine Grab der Rose", von dem der Brief spricht, ist demnach genauer als silberglänzende Kapsel zu bestimmen.

+217 Ursprünglich ist der Sommer 1843, d. h. der Sommer, in dem Regines Verlobung mit Schlegel bekannt wurde und Kierkegaard in seine tiefe religiöse Krise stürzte, genannt gewesen. Die Änderung dient dem Verwischen. Die Schwierigkeiten, welche für den entstehen, der diese Bekanntmachung mit dem auf Januar 1845 datierten Vorwort des Buchbinders Hilarius zu den Stadien zusammenreimen will, beleuchten noch einmal die ursprüngliche Selbständigkeitder Schrift „Schuldig?" – „Nichtschuldig?"; vgl. hier Anm. 6+.

+218 Kierkegaards Vater ist am 12. XII. 1756 getauft, d. h. gegen Ende des Jahrs, in dem der Siebenjährige Krieg ausbrach, geboren. Ursprünglich hatte Kierkegaard das Jahr 1756 selber genannt; vgl. Papirer V B 143,6 (unter Berichtigung eines Druckfehlers). Die versteckte Beziehung auf den Vater entspricht ganz dem sonstigen Tenor der Leidensgeschichte. Die nachträgliche Verwischung ist so geschehen, daß eine schwer erkennbare Hindeutung auf das Geburtsjahr des Vaters stehen blieb. Für den mit Kierkegaards schriftstellerischer Art Vertrauten sind die in den Text gekommenen dummen Witze ein untrügliches Kennzeichen, daß hier etwas Persönliches verwischt worden ist.

219 Hamann, Brief an Lindner, Königsberg, 2. V. 1764 (Schriften, herausgegeben v. Roth, III 224). – In der folgenden Leidensgeschichte sind die Worte „sie" und „ihr" vom Übersetzer überall da in Häkchen gesetzt, wo sie die Geliebte des Quidam meinen, diese Beziehung aber nicht ohne weiteres deutlich ist. Das Dänische hat bei seinem größeren Reichtum an Pronominalformen diese Hilfe nicht nötig.

+220 Für die persönlichen Hintergründe dieses ersten Einlagestücks sind wichtig zwei während der Lektüre eines Stücks von Gregors moralia gemachte Tagebuchaufzeichnungen, von denen die erste auf den 20. VII. 1839 datiert ist, die zweite als Randbemerkung zur ersten sich darstellt. Papirer II A 484: „Was wir in bestimmter Richtung mit dem Worte ‚Spleen' bezeichnen, was die Mystiker unter dem Namen ‚Die matten Augenblicke' kennen, das kennt das Mittelalter unter dem Namen acedia (ἀκηδία Schlaffheit) . . ."; Papirer II A 485: „es ist das, was mein Vater ‚eine stille Verzweiflung' nannte." Aus diesen Stellen haben manche Forscher geschlossen, daß dies erste Einlagestück einfache Wiedergabe einer persönlichen Jugenderinnerung Kierkegaards sei. Dieser Schluß verkennt die dichterische Art des Stücks. Die Wahrheit ist, daß Kierkegaard ein von seinem Vater für Depressionszustände gebrauchtes Wort zu einer freien Dichtung benutzt hat. Selbstverständlich ist diese Dichtung in einem nicht gegenständlichen Sinne ein freies ideales Bild einer Seite in dem Verhältnis zwischen Kierkegaard Vater und Sohn vor der Selbsterschließung, welche der alte Kierkegaard ein kleines halbes Jahr vor seinem Tode um die Zeit von Kierkegaards 25. Geburtstag (5. V. 1838) vorgenommen hat. Damit ist zunächst der zweite Teil des Einlagestücks als von der historischen Wirklichkeit abweichende Dichtung erwiesen; Kierkegaard Vater und Sohn haben sich ausgesprochen und sich dabei in der Tiefe christlicher Schuld- und Gnadenerfahrung gefunden. Hierdurch verändert sich aber auch der Sinn der ersten Hälfte. In der Dichtung Kierkegaards ist die stille Verzweiflung, als rätselhaft schwermütige Naturanlage von schlechthinniger Gegenstandslosigkeit, das Ganze und Wesentliche der beiden Gestalten von Vater und Sohn. In der Wirklichkeit dagegen hat sich der Vater wegen seiner Jugendempörung gegen Gott als ein schlechthin Schuldiger gewußt, und die stille Verzweiflung ist für ihn nur ein die tiefe Geschichte von Schuld und Gnade begleitender Akkord gewesen. – Der erste Versuch, aus dem Begriff der stillen Verzweiflung ein novellistisch lyrisches Stück zu gestalten, findet sich Papirer V A 33 (1844). Der Unterschied von der endgiltigen Fassung ist der, daß Vater und Sohn in dieser ersten „Erzählung" viel stärker als witzige, auch für andre anziehende Köpfe gemalt werden, und daß der zweite Teil mit der schwermütigen Erinnerung an den Vater, der Nachbildung der Stimme usw., noch fehlt. Die die Wirklichkeit überschreitende dichterische Produktion hat also in zwei Schüben stattgefunden.

221 Die Szene mit dem alten Swift vor dem Spiegel kennt Kierkegaard aus Hamann, „Wolken", 1761 (Hamanns Schriften, herausgegeben von Roth, II 62).

222 Alle diese Sätze über das „Übungsjahr" hat der Übersetzer in seinen Kierkegaardstudien als eine freie Wiedergabe von Kierkegaards innerem Erleben in den anderthalb Jahren zwischen dem bewußten Entschluß ‚sie oder keine' und der Werbung nachgewiesen. Gleichzeitig hat Kierkegaard in dieser Zeit auf die für die Werbung unerläßliche theologische Prüfung gearbeitet, was er auf eine für ihn bezeichnende Weise hier zugleich andeutet und aufhebt.

223 In seinem Brief an E. Boesen vom 31. X. 1841 aus Berlin (diese deutsche Kierkegaardausgabe 35. Abtl. Brief Nr. 39) bittet Kierkegaard den Freund, Regine auf ihren Gängen zu beobachten, nennt unter anderm genau die Tage und Stunden ihres Gangs zu und von der Musikstunde und macht auf eine bestimmte Conditorei als unauffälligen Beobachtungsposten aufmerksam. Die künstlerisch fragwürdige breite Ausführung der Kaffeegeschichte soll wahrscheinlich auf Regine wirken, welche sie aus den Erzählungen ihres Sören über die Vorverlobungszeit schon gekannt haben wird.

224 Diogenes der Hund nach einer Anekdote Diogenes Laertius VI 41.

225 Luk. 10,41 f.

226 Es sei ausdrücklich angemerkt, daß die aus Kierkegaards Tagebüchern genau bekannten Umstände der wirklichen Werbung um Regine völlig andere gewesen sind als die hier geschilderten.

227 Anspielung auf den Antaeus der griechischen Heraklessage.

[228] Anspielung auf das Märchen gleichen Titels in den Volksmärchen des Musäus.

[229] Nach Apostelgeschichte 3,6.

[230] Nach Horaz Ep. II 3 (De arte poetica) 78.

[231] Vgl. Entweder/Oder II, S. V. II 271.

[232] Psalm 6,6.

[233] Hier ist eine besonders leicht faßbare Abweichung der Seelengeschichte des Quidam von der Kierkegaards selbst. Kierkegaard hat umgekehrt gefürchtet, eine wirkliche Selbsterschließung an Regine müsse sie bei ihrem Mangel an religiösen Voraussetzungen zermalmen. Der Leser möge sich an diesem Beispiel klar machen, daß auch der Quidam, obwohl er ebenso wie Kierkegaard ein Schwermütiger ist und obwohl er in den äußeren Bewegungen manches von Kierkegaard entliehen hat, dennoch eine Maske und nicht das echte Gesicht Kierkegaards ist.

[234] Rebekka, nicht Rahel; vgl. 1. Mose 25,22 (Typischer Fall der bei Kierkegaard so häufigen reinen Gedächtniszitate ohne Nachschlagen.)

[235] Anspielung auf den Titel der von Kierkegaard in deutscher Übersetzung gelesenen und öfter erwähnten Schrift von Edward Young († 1765).

[236] Der Gegensatz: gemeint ist der Gegensatz zur pathetischen Kanzeldeklamation.

[237] Anspielung auf ein Märchen Andersens.

[238] Von den vier genannten Figuren sind Harlekin und Pierrot allgemein europäische Hanswurstnamen, Hieronymus ist ein von Holberg in seinen Lustspielen vielfach gebrauchter Name für eine meist mehr am Rande stehende bürgerliche Gestalt. Cassander ist nicht nachgewiesen.

+[239] Das Wort „logisches" ist vom Übersetzer statt des völlig sinnlosen „theologisches" eingesetzt worden. Es ist irgendein Schreib- oder Lesefehler anzunehmen.

[240] Das Shakespeare-Zitat auch bei Kierkegaard deutsch (wörtlich nach Schlegel/Tieck).

[241] In dem (in der Einleitung zu Entweder/Oder I dieser deutschen Kierkegaardausgabe mitgeteilten) ersten Plan zur Leidensgeschichte nimmt Kierkegaard ausdrücklich in Aussicht, den Schwermütigen von seiner doch ganz andern seelischen Grundhaltung aus die gleichen Bewegungen wie den Verführer des Tagebuchs machen zu lassen. An dieser Stelle ist nun die Gleichläufigkeit zwischen dem Tagebuch des Schwermütigen und dem des Verführers besonders leicht zu greifen. Beide stimmen überein in dem mit Mangel an Unmittelbarkeit verschwisterten Willen, die Geliebte erotisch korrekt zu behandeln.

[242] Vgl. Begriff Angst, S. V. IV 339f, wo Kierkegaard sich mit der zu Grunde liegenden Stelle aus Xenophons Memorabilien auseinandersetzt.

[243] Anklang an Matth. 6,2. 5. 16.

[244] Der Schluß aus der Unrichtigkeit des Vordersatzes auf die Unrichtigkeit des Folgesatzes ist nach der auf Aristoteles sich zurückführenden Lehre von den Schlüssen in keiner Weise zwingend.

[245] Gal. 1,16.

[246] Vergil, Aeneis I 204.
[247] Jes. 40,6f; Psalm 90,5f.
[248] Phil. 4,7.
[249] Der folgende Vers (unterlegter Text zum Abendsignal der Kaserne) auch bei Kierkegaard deutsch.
[250] Lichtenberg, Vermischte Schriften, Gö. 1844 I S. 56 (Mitteilg. der dänischen Herausgeber).
[251] Kierkegaard hat in der Zeit der Krise, in die ihn Regines neue Verlobung mit einem andern versetzte, nach seinem eignen Zeugnis unendlich viel in der Bibel und in Erbauungsschriften gelesen. Von den Erbauungsschriften, die er dabei gelesen hat, hat Johann Arnds „Wahres Christentum" starke Spuren in seiner gleichzeitigen erbaulichen Schriftstellerei zurückgelassen.
[252] Joh. 16,4f und 12.
[253] Gemeint ist Hamlet.
+[254] Simon der Aussätzige ist eine Matth. 26,6 erwähnte Person, über die nichts Näheres bekannt ist. Kierkegaard stellt sie in die Situation Markus 5,2f hinein und kombiniert außerdem noch mit der Geschichte von den zehn Aussätzigen Luk. 17,12ff (Evangelium des 14. Sonntags nach Trinitatis). Er läßt den aussätzigen Simon in seinem Monodram 1. Mose 2,18 zitieren und benutzt aus der Geschichte von der Erschaffung des Weibes den Kontrast der Tiere, welche keine Gesellschaft für den Menschen sind, mit Eva als einem von Adam als seinesgleichen anerkannten Wesen. Vielleicht spielt hier auch noch Markus 1,13 hinein. Damit sind alle für die dichterische Kombination wesentlichen biblischen Elemente zusammengestellt. Die Aufführung von mindestens einem weiteren halben Dutzend in den Worten Simons stärker oder schwächer anklingenden Bibelstellen ist unnötig. – Der Plan zur „Selbstbetrachtung eines Aussätzigen" geht auf den Mai 1843 zurück, ist damals aber von der Wiederholung und Furcht und Zittern verdrängt worden. Die beiden ersten Aufzeichnungen über den Plan seien vollständig wiedergegeben. Papirer IV A 110: „Was von düsteren Gedanken und schwarzen Leidenschaften noch in mir wohnt, das will ich los zu werden suchen in einer Schrift, die heißen soll: „Selbstbetrachtung eines Aussätzigen". Papirer IV A 111: „Es soll eine Szene zwischen zwei Aussätzigen werden, der eine ist sympathetisch und will sich nicht zeigen, um die Menschen nicht zu ängstigen, der andre will sich rächen, indem er Angst einjagt. Der eine hat Brüder, hat erst später entdeckt, daß es mit ihnen ebenso stand, die ganze Familie ist dem Aussatz anheimgefallen." Als Kierkegaard sich bis dahin nicht von ihm gebrauchte novellistische Skizzen aus seinen Tagebüchern zur Bereicherung der Mitternachtsstücke der Leidensgeschichte zusammensuchte, notierte er sich auch diesen liegen gebliebenen Entwurf; vgl. Papirer V B 124. Bei der Ausarbeitung hat sich ihm der ursprünglich geplante Dialog zum Monodram verschoben, d. h. der sympathetische Aussätzige wird die Hauptfigur und der menschenfeindliche erscheint nur noch als Kontrastschatten. Verdichtungspunkt für das Monodram ist dann der Einfall mit der Salbe geworden Papirer V B 126. Aus der endlichen Ausarbeitung (Papirer V B 129) sei

notiert der Schlußsatz, dessen zweite Hälfte dann unterdrückt und durch Pünktchen ersetzt worden ist: „... aber ein bißchen Typhus in einem Hause, so getraut man sich nicht, es zu betreten.“ – Diese Nachweise sind deshalb so lehrreich, weil sie eines der Einlagestücke als in allen äußerlichen Momenten völlig phantastische dichterische Darstellung einer Seelenstimmung Kierkegaards erweisen und damit für die Interpretation sämtlicher Einlagestücke den Grundsatz festlegen, daß man bei dem Rückschluß auf Kierkegaard selbst auf sämtliche gegenständliche und der Phantasie einen faßbaren Anhalt bietenden Momente zu verzichten hat. Der Übersetzer verdeutlicht dies nun durch eine Rückübersetzung der Selbstbetrachtung eines Aussätzigen in Kierkegaards Persönlichkeit. Kierkegaard ist sich bewußt, daß er als ein von ererbter Schwermut zerquälter und durch persönliche Empörung wider Gott am Fluch seiner Familie Anteil habender Mensch gleichsam seelisch aussätzig ist, daß er aber in seiner hochentwickelten reflektierten Verschlossenheit gleichsam die Salbe besitzt, welche diesen Aussatz für jedes Auge verbirgt. Er ist sich weiter bewußt, daß er, wenn er in dauernde Lebensgemeinschaft mit Regine träte, trotz der Salbe der Verschlossenheit sie mit dem Hauch seiner schwermutskranken und schuldgeängstigten Seele selber anstecken, d. h. in einen nur religiös ertragbaren schrecklichen Umtrieb seelischen Leidens hineinziehn würde. Indem er dies nicht tut, sondern sein einsames Leben zwischen den Gräbern der Toten führt, handelt er an Regine wie der Simon seines Monodrams und wird ihr nicht zum Manasse. Was er so an Regine erlebt, wird ihm aber zum Symbol seines ganzen Verhältnisses zu den Menschen. In dieser Lage nun ist es sein Trost zu Gott, daß er seinen Weg als ein Freiwilliger geht. Für diese Rückübersetzung enthält nun das ganze Monodram einen einzigen tiefversteckten Hinweis, d. h. die Zitierung von 1. Mose 2,18 durch Simon. Im Übrigen versteht es sich für den Kierkegaardkenner von selbst, daß man auch bei richtiger, auf alles Gegenständliche verzichtender Rückübersetzung nicht die ganze Seele Kierkegaards greift, sondern lediglich ein isoliertes Moment aus ihr. Dadurch, daß bei Simon die Frage einer Schuld an seinem Aussatz überhaupt ausgeschaltet ist, wird er eine idealere Gestalt, als Kierkegaard selbst in seinen eignen Augen gewesen ist, bleibt jedoch im Vergleich mit Kierkegaard auch in einer flacheren Existenzsphäre stecken, d. h. Kierkegaard hat nur solche Momente seines inneren Lebens verdichtet, die er mit dem Quidam gemeinsam hat. Auch bei der richtigen Art der Rückübersetzung lüftet sich dem Leser der letzte Schleier nicht.

[255] Matth. 10,29; zum Folgenden vgl. auch Ps. 90,4 und 10. – Die Partnerin des Quidam der Leidensgeschichte wird in religiöser Hinsicht genau nach dem Bilde, welches Kierkegaard von der Religiosität Regines hatte, gezeichnet.

[256] Vgl. für Kierkegaard selbst Gesichtspunkt S. V. XIII 556.

[257] Luk. 18,10. Die Rede des Pharisäers wird von Kierkegaard nach seiner Art frei und unter Einmischung andrer Stellen wiedergegeben.

[258] Shakespeare, Macbeth 5. Akt, 3. Szene.

[259] Es sei bemerkt, daß der ganzen Geschichte mit dem Briefwechsel nichts Wirkliches in dem Verhalten Kierkegaards gegen Regine nach der Entlobung zugrunde liegt.

[260] Dieser Satz darf als eine historisch treue Kennzeichnung von Kierkegaards Verhalten in den zwei Monaten des Kampfes um die Entlobung (8./9. VIII. bis 11. X. 1841) gelten.

[261] dialektisch: d. h. im Mehrsinn schwebend.

[262] 1. Kor. 4,10.

[263] Matth. 6,24.

[264] 2. Kor. 3,6.

[265] Laut Nachweis der dän. Herausgeber Figur aus einem älteren Lustspiel (Einbein mit einem verpflasterten Auge).

[266] Der Mittwoch ist in der Verlobungszeit für Kierkegaard und Regine Trefftag und Schreibetag gewesen. Im Übrigen sei bemerkt, daß das Verhalten der Partnerin des Quidam an dieser Stelle die erste klar greifbare Abweichung von dem Verhalten Regines nach der Entlobung zeigt.

+[267] Die Keimzelle zu dem Einlagestück „Salomos Traum" sind nach Kierkegaards eigner Notiz (Papirer V B 124) zwei Tagebuchaufzeichnungen aus dem Jahre 1843. Die erste von beiden bezieht sich auf die Neudichtung der Antigonegestalt in Entweder/Oder I; vgl. S. V. I 130ff. Beide Aufzeichnungen seien in vollem Wortlaut wiedergegeben. Papirer IV A 114: „Ich muß mir noch einmal meine Antigone vornehmen. Es wird dann die Aufgabe sein, die Ahnung der Schuld psychologisch zu entwickeln und zu motivieren. – Zu dem Ende hab ich an Salomo und David gedacht, an Salomos Jugendverhältnis zu David; denn es ist durchaus gewiß, daß sowohl Salomos Verständigkeit (das Überlegsame darin) wie seine Wollust Folgen des Großen an David sind. Er hat ziemlich früh die ungeheure Bewegung in David geahnt, nicht gewußt, was für Schuld auf ihm ruhen könne, und doch gesehen, wie dieser tief gottesfürchtige Mann seiner Reue einen so ethischen Ausdruck gab; denn anders hätte es gestanden, wenn David Mystiker gewesen wäre. Diese Vorstellungen, diese Ahnungen ersticken das Energische (außer in der Form der Phantasie), wecken das Verständige, und diese Verknüpfung des Phantastischen und des Verständigen, dabei das Willensmoment fehlt, ist eigentlich das Wollüstige." – Papirer IV A 144: „Ich könnte vielleicht die Tragödie meiner Kindheit, die schreckliche heimliche Erklärung des Religiösen, welche bange Ahnung mir in die Hand spielte, und welche meine Phantasie aushämmerte, mein Ärgernis am Religiösen dichterisch darstellen in einer Novelle mit dem Titel: die rätselhafte Familie. Der Anfang müßte durchaus patriarchalisch idyllisch sein, so daß niemand [d. h. kein Leser] etwas ahnte, bis plötzlich jenes Wort in die Erzählung hineinklänge und alles ins Schreckliche hinein erklärte." – Zu diesen beiden in sich ursprünglich nicht zusammenhängenden und erst durch die Notiz Papirer V B 124 nachträglich verknüpften dichterischen Entwürfen ist von der Forschung noch ein drittes Stück gefügt worden, welches der kleinen religiösen Autobiographie von September 1839 angehört und in der Forschung kurz unter dem Stichwort „Das Erdbeben" geht. Vgl. für die richtige Datierung, Anordnung und Interpretation dieser kleinen Autobiographie E. Hirsch, Kierkegaardstudien 1931/33 I 119ff. Kierkegaard bezeichnet dort seine religiöse Kindheit mit dem deutschen Verse: „Halb Kinderspiele, halb Gott im Herzen" und beschreibt das Ende der religiösen Kindheit folgendermaßen (Papirer II A 805): „Da war es, daß das große Erdbeben eintrat, die fürchterliche Umwälzung, die plötzlich mir ein neues unfehlbares Deutungsgesetz aller Phänomene aufnötigte. Da ahnte ich, daß das hohe Alter meines Vaters nicht ein göttlicher Segen, sondern eher ein Fluch war; daß die ausgezeichneten Geistesgaben unsrer Familie nur dazu da waren, einander gegenseitig aufzureiben; da fühlte ich die Stille des Todes um mich zunehmen, wenn ich in meinem Vater einen Unglücklichen sah, der uns alle überleben sollte, ein Grabkreuz auf dem Grabe aller eignen Hoffnungen. Eine Schuld mußte auf der ganzen Familie ruhen, eine Strafe Gottes mußte über ihr sein; sie sollte verschwinden, ausgestrichen werden von Gottes gewaltiger Hand, ausgetilgt werden wie ein mißglückter Versuch, und nur zuweilen fand ich etwas Erleichterung in dem Gedanken, daß mein Vater die schwere Pflicht empfangen hatte, uns mit dem Trost der Religion zu beruhigen, uns alle zu bereiten, so daß doch eine bessere Welt uns offen stehen sollte, wenn wir auch alles in dieser verlören, wenn auch die Strafe uns treffen sollte, welche die Juden immer über ihre Feinde gewünscht haben: daß unser Gedächtnis gänzlich sollte ausgetilgt werden, daß man uns nicht finden sollte." Man hat dies Erdbeben, durch die (im ersten Druck durch Barfod verschuldete) irrige Anordnung der sechs Teile jener Autobiographie verführt, auf das 25. Lebensjahr Kierkegaards setzen wollen, und dadurch ist die Forschung eine Zeitlang völlig verwirrt worden. In Wahrheit ist dies Ende der religiösen Kindheit weit früher anzusetzen. Es liegt vor der Jugendempörung des Studenten gegen den christlichen Ernst und Lebensstil des Vaterhauses. Auf das Erdbeben läßt jene kleine Autobiographie zur Bezeichnung des nächstfolgenden Moments einen trutzigen Vers von Christian Winther folgen, Papirer II A 803: „Betteln – das tun wir nicht, Jugend den Weg sich bricht, kräftig den Schatz sich erzwinget." Daran schließen sich dann der Zusammenbruch der Jugendempörung in der Verzweiflung, die Selbstoffenbarung des Vaters an den Sohn und die dadurch bedingte Rückwendung des Sohns in den christlichen Glauben mit seinem tiefen Buß- und Gnadenerlebnis. Nach dem allen ist nun unzweifelhaft, daß Salomos Traum eine aus der Erinnerung an das Erdbeben gestaltete freie dichterische Produktion Kierkegaards ist, und daß kein einziger von der Schilderung des Erdbebens abweichender oder zu ihm hinzutretender Zug als autobiographisch echt gelten darf. Wer die Wurzel von Kierkegaards Jugendkrise in dem Ärgernis an der Religiosität des Vaters aufdecken will, hat sich allein an das Erdbeben zu halten und auf die Verwendung von Salomos Traum völlig zu verzichten. Alle Phantasien der Forschung über ein nächtliches Belauschtwerden des alten Kierkegaard durch den Sohn und ein Aufspüren der Geheimnisse des Alten durch den Sohn sind unverantwortliche blanke Erfindungen. Der echte Biograph Kierkegaards muß das Erdbeben in jener der romanhaften Phantasiestützen entbehrenden Gestalt stehen lassen, in der Kierkegaard es allein uns mitgeteilt hat. Für jeden Psychologen ist dabei klar, daß es sich um einen längeren wesentlich in Grübeleien sich vollziehenden Prozeß in der Seele des jungen Kierkegaard gehandelt hat, der allein für den nachverstehenden Blick Kierkegaards sich als ein Moment im Lebensprozeß zur Einheit zusammenzog. Eine Stütze findet diese Erklärung in der Beobachtung der Stufen, welche die dichterische Konzeption von Salomos Traum durchlaufen hat. In den beiden Stücken Papirer IV A 114 und 144, von denen her Kierkegaard Salomos Traum gestaltet hat, ist von einem nächtlichen Erlebnis des Sohns überhaupt noch keine Rede. Auch als Kierkegaard Papirer V B 124 diese beiden Stücke als Grundlage zu einem zu schaffenden dichterischen Einlagestück notierte, war ihm das Ganze noch nicht zu dem dichterischen Bilde des Nachtstücks zusammengeronnen. Erst nachträglich (Papirer V B 125) hat er an den Rand des Notats die Bemerkung geschrieben: „Dies Stück könnte ‚Salomos Traum' genannt werden, und es enthielte einen schwermütigen Jugendeindruck [Salomos] von David, daß dieser nicht wirklich Gottes Auserwählter sei, sondern nur zum Scheine, während inwendig an ihm das böse Gewissen nagte." Damit ist dann der Weg zur dichterischen Gestaltung betreten. Es ergibt sich hier wieder wie bei den ersten Einlagestücken die Beobachtung, daß alle äußerlich gegenständlichen Momente der Novelle rein dichterisch sind und eine historische Entsprechung nicht haben. Außerdem aber wird der Leser, welcher Salomos Nachterlebnis nach der inneren Seite mit dem Erdbeben des jungen Kierkegaard vergleicht, sofort sehen, daß sehr wesentliche Verschiebungen aus einer tieferen in eine flachere Sphäre des Erlebens stattgefunden haben. Bezeichnend ist, daß Kierkegaard beim Durchfeilen der Niederschrift in der Beschreibung der Erschütterung des jungen Salomo gerade den Satz gestrichen hat, welcher dem Tiefsten seiner eignen Jugendempörung wirklich gemäß ist: „. . . und er nahm Ärgernis an Gott" (Papirer V B 130,4).

[268] 1. Kön. 3,16ff. Die zahllosen Anklänge an die Sprache der Bibel sind hier nicht im einzelnen notiert.

[269] Dichterische Ausweitung dessen, was 1. Kön. 1,8ff über Nathans Rolle in der Frage der Nachfolge Davids erzählt wird.

[270] Hebr. 4,12.

[271] Dieser Selbstvergleich mit Simon Stylita hat der schwedischen Schriftstellerin Frederika Bremer den Stoff für ihre Verhöhnung Kierkegaards geliefert; vgl. diese deutsche Kierkegaardausgabe 35. Abtl. Brief Nr. 100 nebst Erläuterungen.

[272] Matth. 25,1ff.

[273] Nach einem Wort Kierkegaards auf dem letzten Lager zu E. Boesen hat er (vor der neuen Verlobung Regines) tatsächlich Sorge gehabt, Regine könne ins Gouvernantendasein eingehen; vgl. diese deutsche Kierkegaard-Ausgabe 35. Abtl. Anhang Nr. 134 S. 266.

[274] Man beziehe das Gleichnis auf den Kurs der Schiffe, nicht etwa auf den Börsenkurs.

[275] Die Stelle bietet ein unübersetzbares Wortspiel. Das hier mit Satz wiedergegebene Wort hat auch die Bedeutung Sinn. Man muß also als zweiten Sinn hineinhören: „in ein gegebenes Wort einen Sinn hineinzulegen."

[276] Shakespeare, Richard III. 5. Akt 4. Szene.

[277] Eine der Spitzen gegen Grundtvig und seine volkstümliche optimistische Weltchronik! Auch das gegen „die Erweckten" Gesagte geht gegen den Grundtvigianismus, der eine volkstümlich und nationalistisch ausgeprägte Abart der Erweckungsbewegung gewesen ist.

[278] Das grimmige Pathos der Indignation findet nach Kierkegaard seinen Ausdruck in der (nach der Aesthetik dem Komischen zugehörigen) Satire.

[279] Wohl Anspielung auf das „Heute" Hebr. 3 und 4.

[280] Vgl. 1. Sam. 15,22.

[281] Hebr. 12,29.

[282] Der bekannte Ausspruch des Archimedes bei der Entdeckung des Hebelgesetzes.

[283] Kierkegaard hat gelegentlich das lange Tragen an einem Kummer mit dem Treten des Spinnrads oder dem Nähen eines Hemdes verglichen.

[284] 1. Mose 3,16.

[285] Shakespeare, König Lear 5. Akt, 3. Szene.

[286] Nach den Selbstzeugnissen Kierkegaards letzte Bitte Regines bei der endgiltigen Trennung zwischen beiden 11. X. 1841.

[287] Kierkegaard zitiert Ossian auf Dänisch nach der Übersetzung St. St. Blichers (Kopenhagen 1807/09 I 38), jedoch gemäß seiner Art abwandelnd (Mitteilung der dänischen Herausgeber).

[288] Shakespeare, Viel Lärm um Nichts, 5. Akt 4. Szene.

[289] Lateinische Übersetzung eines griechischen Verses unbekannter Herkunft, der in einem Scholion zu Sophokles' Antigone 620 überliefert ist.

[290] Kierkegaard hat in der Verlobungskrise angeboten, daß die Auflösung für die Öffentlichkeit von Regine und der Familie Olsen ausgehen und mit einem negativen Urteil über ihn begründet werden sollte.

[291] Präjudikat ist Vorentscheidung. Frei könnte man etwa übersetzen: „. . . so würde meine Geringachtung ihrer vielleicht wirklich die Achtung vor ihr verringern."

[292] Auch im Dänischen steht ein nicht literaturfähiger Ausdruck, der nahe an das deutsche „beschissen" herankommt.

[293] Sonderling: auch bei Kierkegaard deutsch.

[294] Vgl. dazu Furcht und Zittern, S. V. III 95.

[295] Zu Kierkegaards Zeit mußten die Dissertationen an der Universität Kopenhagen noch in akademischer Disputation verteidigt werden. Kierkegaard bildet die lateinische Formel nach, mit welcher der Promovend sich zu dieser Verteidigung öffentlich erbot. Das Wort thesis in dieser Formel bedeutet oft die gesamte Dissertation.

+[296] Der Novelle „Eine Möglichkeit" liegen zu Grunde zwei verschiedenartige novellistische Entwürfe aus dem Jahre 1843, welche sich Kierkegaard bei seinem Durchsuchen der Tagebücher nach für die Einlagestücke der Leidensgeschichte brauchbaren Entwürfen unter dem gemeinsamen

Titel „Der Vaterkummer“ (Papirer V B 124) notiert hat. Beide Entwürfe seien im vollen Wortlaut mitgeteilt. 1. Papirer IV A 65 (März 1843): „Entwurf. Ein Mensch hat in seiner früheren Jugend in einem exaltierten Zustande sich einmal dazu hinreißen lassen, eine öffentliche Dirne zu besuchen. Das Ganze ist vergessen. Jetzt will er sich verheiraten. Da wacht die Angst auf. Die Möglichkeit, daß er Vater sein könnte, daß irgendwo in der Welt ein Geschöpf leben könnte, welches ihm das Leben verdankt, peinigt ihn Tag und Nacht. Er kann niemand darin einweihen, er besitzt seinerseits noch nicht einmal eine verläßliche Gewißheit der Tatsache. — Es muß daher bei einer öffentlichen Dirne geschehen sein, in der wilden Rücksichtslosigkeit der Jugend; wäre es eine kleine Liebelei gewesen, oder eine wirkliche Verführung, so wäre es undenkbar, daß er unwissend sein kann; jetzt aber ist eben diese Ungewißheit die Unruhe in seiner Pein. Auf der andern Seite kann der Zweifel, eben wegen der Leichtsinnigkeit des ganzen Begebnisses, erst richtig in Bewegung geraten, indem er sich wirklich verliebt.“ — 2. Papirer IV A 147 (August 1843): „Ein Geisteskranker, der umherging und alle Kinder betrachtete; denn er hatte, wie er glaubte, einmal ein Mädchen geschwängert, wußte aber nicht, wo sie abgeblieben war, und war nunmehr einzig darum bekümmert, womöglich das Kind zu entdecken. Niemand vermochte sich die unbeschreibliche Teilnahme zu erklären, mit der er ein Kind betrachten konnte.“ — Bei dem Versuch, aus diesen Entwürfen die Novelle zu gestalten, entstand — unter Schwanken zwischen den Titeln „Eine Möglichkeit“ und „Der verlorene Sohn“ — ein dritter Entwurf. 3. Papirer V B 131 (1844): „In einem kleinen ländlichen Ort, da lebte ein sehr hochgewachsener und magerer Mann. Jeden Tag verließ er zu bestimmten Zeiten sein Haus, alle Kinder kannten ihn. Einige behaupteten, er sei in seiner Jugend in eine Kaiserin von Rußland verliebt gewesen. — Zu bestimmten Zeiten des Jahrs aber unternahm er eine Reise; besonders, wenn der Storch wiederkam, reiste er fort. Dann reiste er weit herum, und wenn er zu Hause war, so beschäftigte ihn ganz allein ein Ding. — Die Kinder betrachtete er so genau, daß es zum Erschrecken war, ging nach Hause und sah in großen Büchern nach, und rechnete und rechnete. Denn er hatte eine sehr große Bibliothek, jedoch nur von physiologischen Werken. — Er glaubte, er sei Vater, — ein Jugendfehltritt — wußte nicht, wo das Mädchen abgeblieben war, oder wer sie war, oder ob da ein Kind war. Nunmehr studierte er das Gesetz für die physiologischen Verhältnisse, für Familienähnlichkeit usw. — Es war in seiner ‹frühesten› Jugend gewesen. Es waren einige Jahre hingegangen, ehe er richtig an die Sache gedacht hatte, da stand das Ganze plötzlich so lebhaft vor ihm. Nun zog er sich von der Welt zurück und versank in Grübeleien. Sein einziger Verwandter war ein alter Oheim. Dieser war ein ziemlich lebenserfahrener Mann, war jetzt alt, und nicht eben ehrwürdig, besaß aber den Altmännerwitz, der grauen Haaren so übel ansteht. Er sprach häufig von solchen Dingen und pflegte ständig zu sagen, niemand könne wissen, wie viele Kinder er habe. — So wurde jener geisteskrank und lebte nun auf die geschilderte Weise. — Alle vierzehn Tage ging er in den Klub und sprach mit einem alten Schiffskapitän, welcher meinte, jener sei sechzig Jahre alt, obwohl er doch erst neununddreißig Jahre war." Zu diesem Entwurf sind dann eine Reihe von Randbemerkungen gemacht, welche die Wohnung des Schwermütigen nach Christianshavn verlegen, ihn wegen seines Verhältnisses zu Kindern einen Rattenfänger nennen, auch ausdrücklich angeben, daß er durch diese Idee geisteskrank geworden sei und zu dem Wort „Klub" folgende Notiz bringen: „. . . bei einem Konditor in Christianshavn, da hab ich ihn lachen sehn." Zu dem alten Schiffskapitän verweist Kierkegaard auf eine Tagebuchaufzeichnung von Mai 1843 (Papirer IV A 105): „Der einzige Mensch, mit dem ich jemals liederlich gesprochen habe, ist eigentlich der alte Chinakapitän, mit dem ich bei [Conditor] Mini, (Kongens Nytorv Kopenhagen) mich unterhalte, und der meint, ich sei vierzig Jahre alt. Indes ist diese Unterhaltung mehr humoristisch. So wenn er anfängt, davon zu erzählen, wie in Manila jeder ein Mädelchen hat, oder von dem Umgang, den er in seiner Jugend in London mit den Mädelchen (dies ist sein Lieblingsausdruck) gehabt hat, die man mit einem Glas Grog bewirtet, ‚denn das haben sie so gerne'. — Die Situation ist recht humoristisch. Ein alter Chinakapitän, 74 Jahre alt, spricht von derlei auf diese Art mit mir. Im Übrigen hat er selber gewiß nicht so sonderlich viel damit zu tun gehabt; denn es ist noch immer eine Reinheit in ihm, die für ihn zeugt; sein Ausdruck ist daher eher humoristisch als liederlich." — Aus einer Notiz, die vor der dritten Fassung zu liegen scheint (Papirer V B 127) geht hervor, daß Kierkegaard auch erwogen hat, die Wahnvorstellung in dem Witzemacher selber, gewissermaßen also als Rache eines ständig wiederholten Witzes an seinem Urheber, entstehen zu lassen. — Die Entstehungsgeschichte der Novelle stellt sich danach folgendermaßen dar. Im März 1843 (Entwurf 1), als Kierkegaard an seiner Schrift De omnibus dubitandum est arbeitet und die lebensvernichtende Macht des Zweifels darstellen will, hat er den Einfall, als Beleg dazu sich einen Menschen auszudenken, welcher von dem gegenstandslosen Zweifel, ob er nicht Vater geworden sei, einem Zweifel, den er weder bestätigen noch widerlegen kann, an einer Eheschließung gehindert wird. Dabei ergibt sich als rein logische Ausrechnung der Möglichkeit solch eines Zweifels der in exaltiertem Zustand geschehene Besuch bei einer öffentlichen Dirne in weit zurückliegenden Jugendtagen. Alles ist blasse, dialektisch-psychologische Konstruktion. Individuell-Persönliches schwingt nicht mit. Die seelische Unähnlichkeit des konstruierten Modells mit Kierkegaard ist überwältigend groß. Für das konstruierte Modell sind lange Jahre, in denen er an den für ihn unbedeutenden Vorfall nicht gedacht hat, wesentlich. Außerdem ist wesentlich, daß das Modell über die Tatsache des Exzesses selber noch nicht einmal volle Gewißheit besitzt. Für Kierkegaards Seelengeschichte hingegen ist bezeichnend eine scharfe, zusammenhängende, ihn nie einen Augenblick verlassende Erinnerung, welche von der gesamten Jugendempörung durch alle Wenden und Krisen hindurch stetig das Bewußtsein einer bestimmten religiösen Schuld in ihm wachhält. Im August 1843 (Entwurf 2) sieht Kierkegaard ein, daß die dichterische Ausführung des Modells dazu zwingt, den Betreffenden konkret als eine Art

Kindernarr hinzustellen und ihn als „plötzlich“ von einer Wahnidee befallenen Geisteskranken zu erklären. Mindestens mit Letzterem wird die seelische Ferne zu Kierkegaard noch größer, weil die Kierkegaard ganz fremde Diskontinuierlichkeit des Seelenlebens sich aufs Äußerste steigert. Bei der Ausführung 1844 (Entwurf 3 mit Randbemerkungen) verbindet sich nun die poetische Idee mit der hochgewachsenen hageren Gestalt eines Geisteskranken, den Kierkegaard in einer Conditorei in Christianshavn gesehen und lachen gehört hat. Dies Lachen bringt ihn auf den Einfall, den schwierigen Punkt der Konzeption, nämlich das plötzliche Auftreten der Wahnidee, als Rückwirkung eines ständig repetierten Witzes auf die Phantasie zu erklären. Er sieht aber sofort ein, daß dies psychologisch zu gewagt ist, und macht einen alten Onkel zu dem ständig jenen Witz repetierenden Gesellen, womit der Witz als bloßes Incitament einer latenten kranken Anlage nur sekundäre Bedeutung behält. Gleichzeitig aber verleiht Kierkegaard der so gebildeten Gestalt dann einen anekdotischen Zug aus dem eigenen Leben: auch dieser geistig Erkrankte wird so, wie es Kierkegaard selbst widerfahren ist, von einem alten Seebären für viel älter gehalten, als er wirklich ist. — Das zweifelsfreie Ergebnis dieser Analyse ist, daß einmal in allem Konkret-Gegenständlichen der Novelle, abgesehn von der Begegnung mit dem alten Seebären, kein einziger Zug aus der eigenen Lebensgeschichte Kierkegaards steckt, sodann aber, daß zwischen dem Helden der Novelle und Kierkegaard die schärfsten Unterschiede des individuellen Seelenlebens bestehen. Die biographischen Rückschlüsse P. A. Heibergs und anderer Kierkegaardforscher aus dieser Novelle sind, vorsichtig gesprochen, eine wissenschaftlich nicht zu verantwortende Unbegreiflichkeit. — Wer die wahren Beziehungen der Novelle in ihrer endgiltigen seelisch ungeheuer vertieften Gestalt zu Kierkegaard erkennen will, geht am besten von dem Zusammenhang des Einlagestücks mit den ihm vorhergehenden Mitternachtsstücken des Tagebuchs aus. Diese Mitternachtsstücke zeigen den Quidam in dem zermürbenden Spiel mit der „Möglichkeit“, daß die Geliebte wahnsinnig werden könne, und stellen dabei klar, daß ein unbedingter ethisch-religiöser Ernst durch das Verstandesurteil, diese Möglichkeit sei eine Unwahrscheinlichkeit, die ein vernünftiger Mensch nicht ernst nimmt, nicht zur Ruhe kommen kann. Dieser Quidam verdichtet sich nunmehr das von ihm durchschaute, aber nicht durchbrochene Spiel mit der Möglichkeit in einer Novelle und gibt als lösenden Schluß dabei an, daß im Sterben die gespenstige Macht der Möglichkeit über die gequälte Seele sich aufhebt. Die Identität des Quidam mit dem Buchhalter der Novelle bezieht sich einzig und allein auf dies „Gequältwerden von der Möglichkeit“. Der Quidam hat sich nie einen sexuellen Exzeß in exaltiertem Zustande zuschulden kommen lassen. Der Quidam aber, der als Dichter der Novelle erscheint, hat von Kierkegaards Seele weit mehr in sich als der Buchhalter der Novelle. Dadurch, daß Kierkegaard den Quidam die Novelle dichten läßt, löscht er für den, welcher schriftstellerische Werke zu lesen versteht, alle gegenständlich historischen Beziehungen zwischen dem Buchhalter und ihm restlos aus. Es bleibt demgemäß aus der ganzen Novelle allein die Beziehung auf Kierkegaard übrig, daß Kierkegaard bei seiner Mischung von Phantasie und Reflexion stets zerquält worden ist von der Möglichkeit, sowohl in dem Sinne der möglichen Folgen seiner Handlungen als auch in dem Sinne möglicher künftiger seelischer Katastrophen der eignen Seele. Für das Gequältwerden von der Möglichkeit im ersten Sinne vgl. man Entweder/Oder II S. V. II 11 ff (mögliche schreckliche Folgen eines unbedacht im Scherz gegebenen Almosens). Für die Möglichkeit im zweiten Sinne vgl. man die Stelle über das „in der Möglichkeit Versinken" im fünften Kapitel des Begriffs Angst, S. V. IV 424.

297 Die Lange Brücke (Langebro), welche Kopenhagen mit der Inselvorstadt Christianshavn verbindet, ist die bekannteste, von Dichtern oft verwendete Brücke Kopenhagens.

298 Poscimur: „man fordert uns auf" (Horaz, Ode I 32, Z. 1 „An die Leier").

299 Mit diesem Satze gibt der Quidam (hierin Kierkegaard ähnlich) versteckt dem Bewußtsein Ausdruck, daß seine außerordentliche Fähigkeit, das eigene Innere zu verbergen, beinahe etwas Geisteskrankes hat.

300 Figur aus E. T. A. Hoffmanns Märchennovelle „Die Königsbraut".

301 Pred. Sal. 11,9.

302 Die seelische Situation dieses Abendessens ist von dem Gastmahl, welches sich mit einiger Wahrscheinlichkeit als Gipfel und Endpunkt von Kierkegaards Jugendausbruch erschließen läßt, völlig abweichend. Kierkegaard ist viel jünger, hat nach Geist und Phantasie unter den Jugendgenossen die führende Stellung, ist auch von ganz andern Gewalten des Zweifels und des Drangs nach ganzer echter Menschlichkeit umgetrieben. Das zu erschließende Gastmahl aber stellt man sich am besten so vor, daß er es seinen aesthetischen Jugendgenossen zum Abschied gibt in dem Augenblick, da er das Mißlingen seines Empörungsversuchs schon mit verzweifelter Klarheit weiß und in die Totenstarre einer völligen Resignation eingeht, in der er die Monate vor seiner Heimkehr in den Glauben gelebt hat.

303 Kierkegaard folgt dem antiken Begriff, nach dem man mit vierzig Jahren ein Mann wird. Im Entwurf (Papirer V 131) läßt er den Buchhalter 39 Jahre alt sein.

304 Anklang an eine ältere Fassung von Pred. 1,14 und 4,16.

305 Offbg. Joh. 14,13.

306 Luk. 3,16. Joh. 1,27.

307 Bei Shakespeare, König Heinrich IV., 1. Teil, 5. Akt 4. Szene fällt Falstaff in der Schlacht zwischen Heinrich IV. und Percy, gegen Douglas fechtend, scheinbar tot zu Boden, um nach einer pathetischen Zwischenrede Heinrichs wieder aufzustehn und zu erklären: „... die Maske des Todes annehmen, wenn man dadurch sein Leben erhält, heißt das wahre und vollkommene Bild des Lebens sein".

308 Refrainwort aus einem Sauflied in Holbergs „Jeppe vom Berge" 1. Akt 6. Szene.

309 Das „alles in einem gewissen Maße tun" und das „beim Glauben nicht

stehen bleiben, sondern weitergehn“ sind bei Kierkegaard häufig vorkommende polemische Kennzeichnungen des von dem jungen christlichen Hegelianer H. Martensen projektierten Systementwurfs. Der Satz ist bezeichnend für Kierkegaards Urteil, daß erotische Charakterlosigkeit und philosophisch-christliche Spekulation für den unbedingten sittlichen Ernst auf einer und der gleichen Stufe stehn. Zu dem Stichwort „Alltagsgeschichten“ vgl. man die „Literarische Anzeige“ (diese deutsche Kierkegaardausgabe 17. Abtl.).

[310] Figuren aus einem possenhaften Singspiel Joh. Ludw. Heibergs.

[311] Aufnahme einer von dem Dichter Baggesen gebrauchten Redewendung für wiederkehrende Tote.

[312] Kierkegaard nimmt den Krieger als Gleichnis des Ehemanns, den daheim Bleibenden als Gleichnis des Junggesellen. Der Leser denke also bei „Daheim“ an die stille Zurückgezogenheit der Junggesellenbude, nicht an ein Daheim für eine ganze Familie. Sehr schwer ist es, die verschobenen Erinnerungen Kierkegaards an den doppelten Orden in Preußen historisch richtigzustellen. Einen Orden, der „für den guten Willen“ heißt, hat es in Preußen nicht gegeben. Vielleicht ist daran gedacht, daß es vom eisernen Kreuz auch eine zweite, durch das andere Band sich unterscheidende Gestalt gegeben hat, die für zivile Verdienste während der Kriegszeit verliehen werden konnte. Die Bezeichnung „für den guten Willen“ könnte als spöttische Bezeichnung dieses zweiten eisernen Kreuzes aufgekommen und von Kierkegaard mißverstanden worden sein.

[313] Die in Häkchen gesetzten Worte auch bei Kierkegaard deutsch.

[314] Herodot V 105 (Darius).

[315] Bekanntlich hat (Papirer IV A 97) am 16. IV. 1843 ein Zunicken Regines beim Ostersonntagabendgottesdienst in der Frauenkirche, also in der von Kierkegaard am meisten besuchten Kirche, die Krise des Sommers 1843 eingeleitet. Kierkegaard nimmt dies Motiv unter Veränderung aller äußeren und inneren Umstände dichterisch auf. Der Leser hüte sich davor, das äußere und innere Geschehen in der Dichtung als historischen Vorgang zu nehmen.

[316] Mit der Steigerung der Zeitlichkeit, in der die Geliebte gerettet wäre, ist ein Leben als Künstlerin (Schauspielerin, Schriftstellerin) gemeint.

[317] Mark. 12,42. Die Modernisierung der eingelegten Münze ist von Kierkegaard geschehn.

+[318] Vgl. das Mitternachtsstück des 5. Mai. Das von Kierkegaard gemeinte Wort stammt von Fénélon; vgl. die Tagebuchaufzeichnung Papirer V A 45 (1844): „In Fénélons [kurzen] Lebensbeschreibungen und Lehrsätzen [der alten Welt-Weisen] Franckfurt und Leipzig 1748 lese ich im Abschnitt über Periander etwas, das ich nie zuvor gelesen habe und das äußerst interessant und poetisch ist. Die Stelle geht von S. 80 unten bis S. 87 unten.“ Diese Fénélonstelle ist nach Papirer V B 124 die Keimzelle zu dem Einlagestück des 5. Mai über Periander. Die vorwegnehmende Hindeutung des Quidam auf Periander beweist, daß der Quidam in einem gewissen reflektiert-symbolischen Sinne sich in Periander wiedererkennt.

[319] Gal. 1,16.

[320] Nach Plutarch Perikles 36.

[321] Der zweite Teil dieses Satzes ironisiert eine im Leben häufiger vorkommende Halbherzigkeit, welche mit größter Unbefangenheit (Stärke) über eine bestimmt abgegebene Erklärung weitergeht zum Gegenteil. Vgl. auch Anm. 309.

[322] Charlotte Stieglitz, Gattin des mittelmäßigen Schriftstellers Heinrich Stieglitz, gab sich am 29. XII. 1834 den Tod, um ihrem Gatten durch den tiefen Schmerz den nötigen poetischen Aufschwung zu geben.

[323] Anspielung auf die seinerzeit berühmt gewesene Komödie „Liebe ohne Strümpfe" (1772) des norwegischen Schriftstellers Joh. Herm. Wessel.

+[324] Zu dem folgenden Einlagestück vgl. oben S. V. VI 289f und hier Anm. 318+. Aus den Entwürfen Kierkegaards (Papirer V B 136) geht hervor, daß Kierkegaard den Bericht des Diogenes Laertius I 7,94 ff über Periander in deutscher Übersetzung bei der Ausarbeitung ständig zu Rate gezogen hat. Ein Vergleich mit der verworrenen, einzelne Nachrichten sinnlos zusammenhäufenden Darstellung des Diogenes zeigt Kierkegaards künstlerische Meisterschaft. Er hat wesentlich nichts an Tatsachen dazu erfunden, aber der Gestalt des Periander erst ein Gesicht und eine Seele verliehen. — Bei keinem Einlagestück muß die naiv plumpe Art mancher Kierkegaardforscher, aus dichterischen Stücken Kierkegaards gegenständliche biographische Notizen über Kierkegaards eignes Leben herauszuholen, zu so tollen Phantasien und Fehlgriffen führen wie bei dem Stück über Periander. Das Opfer der Forscher ist in diesem Falle dann nicht Kierkegaard selbst sondern sein Vater, indem man die Untaten Perianders umsetzt in dunkle Vorgänge aus dem Leben des alten Kierkegaard. An dem allen ist schlechterdings nichts. — Sieht man sich die Art an, auf die Kierkegaard das Stück über Periander in die Leidensgeschichte eingebettet und dem Leser durch die Vorweisung S. V. VI 289f über die Beziehung zwischen Periander und Quidam eine Hindeutung gegeben hat, so ist klar, daß Quidam im Periander sich selber eine Lektion erteilt durch Hinzeichnen einer grausigen Gestalt, die einen bestimmten Wesenszug mit ihm gemeinsam hat und insofern als ein im reflektiert symbolischen Hohlspiegel aufgefangenes Zerrbild seiner selbst gelten darf. Quidam quält sich in den vorhergehenden Tagebuchaufzeichnungen damit ab, ob er nicht mit seinem sich nichts abdingen lassenden ethisch-religiösen Ernst, der von jedem rücksichtslos das Höchste fordert, der Geliebten und auch sich selbst in verkehrtem Stolz zum furchtbaren Verhängnis werde. Sofern Kierkegaard nach einer bestimmten Seite hin Momente aus der eigenen Seele in Quidam hineingespiegelt hat, gilt dies nun selbstverständlich auch für Kierkegaard selbst. Er hat dies dadurch betont, daß er das Einlagestück über Periander auf seinen eigenen Geburtstag gesetzt hat. Man darf aus dem Stück über Periander, wenn man es als Bruchstück einer großen dichterischen Konfession liest, über Kierkegaard nur eine einzige völlig ungegenständliche Aussage entnehmen: Kierkegaard bekennt mit ihm gleichsam, „gegen sich den Verdacht zu haben, lieber sich und mittelbar auch seine Geliebte zu vernichten als sich so der Reue zu geben, daß seine Ehre vor einem Menschen zuschanden wird" (E. Hirsch, Kierkegaardstudien I 190f). Perianders seelische Verkehrtheit darf so bestimmt werden: „schwermütige Verschlossenheit als Wille zur Selbstvernichtung gegenüber dem Ethos als die Ehre vernichtendem Schicksal" (E. Hirsch, ebenda I 189). Auch dies Bekenntnis aber darf der Leser nicht als letztes, endgiltiges Urteil Kierkegaards über sein Verhalten gegen die Braut verstehen, sondern lediglich als unerbittliches Sichklarmachen eines in einem letztlich anders begründeten Verhalten mitschwingenden zweideutigen Moments.

[325] Fénélon, vgl. Anm. 318+.

+[326] Zur Erklärung vgl. Kierkegaards Tagebuchaufzeichnung Papirer IV A 26 (1842/43): „Leibniz erzählt von einem Baron André Taifel, welcher in seinem Wappen einen Satyr und folgende spanische Inschrift führte: mas perdido y menos arrepentido (plus perdu et moins repentant), sowie, daß später ein Graf Villamedina, der in die Königin verliebt war, den gleichen Wahlspruch hatte, um eine hoffnungslose Leidenschaft, die man doch nicht aufgeben will, zu bezeichnen. Vgl. Leibniz, Opera, herausgegeben von Joh. Ed. Erdmann, Berlin 1840, S. 652 b." Der Bericht Kierkegaards über Leibniz' Angaben ist genau, nur daß Leibniz statt „Satyr" sagt: „Teufel oder Satyr".

[327] Vgl. dazu den angeblichen Brief des Thrasibulos an Periander, den Diogenes Laertius I 7, 100 mitteilt, unbekümmert um die Sinnwidrigkeit, daß der Brief die stumme Rätselantwort in eine plauderhafte Schwätzerei verwandelt: „Thrasibulos an Periander. Deinem Herold habe ich keinen Bescheid mit Worten gegeben; wohl aber führte ich ihn auf ein Getreidefeld, und schlug die besonders hervorragenden Ähren mit meinem Stabe ab, in seinem Beisein. Er wird dir auf Befragen melden, was er gehört und gesehen hat. Du also mußt, wenn du deine Tyrannenherrschaft aufrecht erhalten willst, demgemäß handeln: du mußt die Spitzen der Bürgerschaft beseitigen, gleichviel ob einer dir als Feind erscheint oder nicht. Denn einem Tyrannen sind auch manche Genossen verdächtig." Wenn man an die Stelle des Köpfens der Weizenähren das Köpfen der Mohnköpfe im Garten setzt, hat man diejenige Gestalt der Wanderanekdote, welche als stumme Antwort des Tarquinius Superbus an seinen Sohn überliefert ist. Kierkegaard setzt Leser voraus, welche die Antwort des Tarquinius Superbus aus dem Gymnasialunterricht kennen, und meint daher mit dem Verweis auf Tarquinius sich den genauen Bericht der Antwort des Thrasibulos ersparen zu können.

+[328] Nach der Tagebuchaufzeichnung Papirer X 1 A 667 (1849) ist der folgende Brief wortgetreu derjenige Brief, mit dem Kierkegaard etwa am 8./9. VIII. 1841 seiner Braut den Ring zurückgeschickt hat, und die verzweifelte Reaktion Regines auf diesen Lösungsversuch hat ihn dann zu jenen zwei Monaten des Betrugs und Grauens veranlaßt, an deren Ende der endgiltige Bruch steht. Auch die Schilderung der Reaktion der Partnerin des Quidam auf diesen Brief ist der Wirklichkeit nachgebildet. Zum Vergleich sei die Schilderung der Reaktion Regines auf den Brief Papirer X 1 A 667 mitgeteilt: „Anstatt die Sache nun entschieden sein zu lassen, geht sie in meiner Abwesenheit auf mein Zimmer und schreibt mir ein ganz und gar verzweifeltes Billet, in dem sie mich um Jesu Christi willen und bei der Erinnerung an meinen verstorbenen Vater beschwört, sie nicht zu verlassen." Um ein Mißverstehn des Lesers zu verhüten, sei ausdrücklich bemerkt, daß der vom Quidam der Leidensgeschichte ausgedrückte Zweifel an Jesus Christus auf Kierkegaard nicht zutrifft, sondern gerade den Unterschied zwischen der dichterischen Gestalt des Quidam und dem wirklichen Kierkegaard scharf markiert. Der Quidam der Leidensgeschichte ist ein vor der Reue in die Schwermut Flüchtender, Kierkegaard ist auch in der Zeit des Bruchs mit Regine ein in Reue und Glauben Stehender. — Vgl. auch diese deutsche Kierkegaardausgabe 35. Abtl. Brief Nr. 32.

329 Augustin, De doctrina Christiana III 27.

330 Anklang an Röm. 12,11.

331 Anspielung auf das aus der Antike stammende, durch einen Vers von Young und ein Talleyrand zugeschriebenes Bonmot wirksam gewordenes Scherzwort, daß die Sprache zum Verbergen der Gedanken da sei.

332 Figur aus Holbergs Lustspiel Erasmus Montanus.

333 Mark. 1,3 (von Johannes dem Täufer gesagt).

334 Die dänischen Herausgeber weisen nach, daß die in Anführungsstrichen stehenden Worte Zitat aus einem Singspiel Johann Ludwig Heibergs sind (König Salomo und Jürgen Hattemaker, 26. Szene).

335 Gemeint ist Sokrates.

336 Pred. Sal. 1,9.

337 Freie Abwandlung von Horaz, Briefe I 1,46; für den richtigen Horaztext vgl. S. V. II 182.

338 Ähnlich hat es Kierkegaard wirklich gemacht. Er ist gleich nach Aufhebung der Verlobung nach Berlin gefahren und schon nach wenig mehr als vier Monaten ganz wider Erwarten nach Kopenhagen zurückgekehrt. Allgemein sei bemerkt, daß in der Partie der Leidensgeschichte vom 8. Mai an die Morgenstücke allerlei Historisches enthalten, die Mitternachtsstücke jedoch — entsprechend der Abweichung der Innerlichkeit des Quidam von der Kierkegaards — so gut wie reine Dichtung sind. Kierkegaard hat z. B. nie versucht, der früheren Braut durch Dritte briefliche Mitteilungen in die Hände zu spielen.

339 Laut Nachweis der dänischen Herausgeber eine Figur aus Joh. Ludw. Heibergs Singspiel „Recensenten og Dyret", 16. Szene. Kierkegaard hat „reiten" eingesetzt, wo es in dem possenhaften Singspiel „singen" heißt.

340 Joh. 6,68.

341 Joh. 15,16.

342 Reminiszenz aus Chamissos Peter Schlemihl.

343 Shakespeare, Richard III. 1. Akt 2. Szene.

344 Shakespeare, König Heinrich IV. 1. Teil, 5. Akt 1. Szene (verkürzt).

345 Offb. Joh. 21,1.

[346] Kierkegaard meint die große Sünderin Luk. 7,37ff, welche in der legendären kirchlichen Weiterbildung der evangelischen Geschichte gern mit Maria Magdalena gleichgesetzt wird.
[347] König Pyrrhus von Epirus nach dem Sieg über die Römer 279 v. Chr. (Plutarch, „Leben des Pyrrhus" c 21).
[348] Das in Anführungsstrichen Stehende auch bei Kierkegaard deutsch nach Shakespeare, Heinrich VI., 2. Teil, 3. Akt 2. Szene.
[349] Aus einer Tagebuchaufzeichnung geht hervor, daß Kierkegaard hier an Hamann denkt. Die Tatsache, daß ein frommer Mann wie Hamann in Konkubinat gelebt hat, hat einen tiefen Eindruck auf ihn gemacht.
[350] Epigramm: verstehe Spottvers.
+[351] Zwischen Mai und Juli 1843, vermutlich um die Zeit, da er die neue Verlobung Regines erfuhr, notierte Kierkegaard in seinem Tagebuch folgende tief selbstironisch gemeinte literarische Idee (Papirer IV A 119): „Erinnerungen aus meinem Leben von Nebukadnezar, ehedem Kaiser, später ein Ochse. Herausgegeben von Nikolaus Notabene." Eben weil der Sturz Nebukadnezars vom Kaiser zum Ochsen für ihn ein reflektiert symbolischer Ausdruck für das eigene Genarrtsein von Regines leidenschaftlichen Erklärungen und von seiner eigenen Angst um Regine geworden war, war die Idee geeignet, zu einem gerade an diese Stelle der Leidensgeschichte passenden Einlagestück umgearbeitet zu werden. Der erste Entwurf der wirklichen Ausarbeitung (Papirer V B 132) lautet: „Nebukadnezar. Sitzt auf seinem Thron. Die Weisen werden aufgerufen um zu erklären, wie es zuging, daß er ein Ochse wurde, sie konnten es nicht. — Darauf läßt er einen genauen Bericht darüber aufsetzen, sich selber abbilden, und ein Sklave mußte ständig um ihn herum sein, der ihn vorstellte, wie er ausgesehen hatte, als er ein Ochse war. — Er befiehlt, daß ein großes, alle Jahre zu feierndes Fest eingeführt wird zur Erinnerung daran, daß er ein Ochse gewesen war." Am Rande dazu steht, die ersten drei Worte in deutscher Sprache, noch folgende Notiz: „Was ich erlebte, als ich ein Ochse war." Die wirkliche Ausarbeitung hat ursprünglich (Papirer V B 137) die Überschrift getragen: „Nebukadnezars letzter Wille und Tod." Die Stellen aus der Bibel, an welche Kierkegaard anknüpft, sind Daniel 2 und 4. Die Gestalt der Schwermut, welche dies letzte Einlagestück dichterisch darstellt, darf näher folgendermaßen definiert werden: „schwermütige Verschlossenheit als Erfahrung der eignen Vernichtung durch den in seinen Möglichkeiten unberechenbaren, verborgenen Herrn des Schicksals, der auch des größten Menschen Ehre nicht schont, und gegen den es keine Hilfe gibt" (E. Hirsch, Kierkegaardstudien 1931/33 I 189). Dies ist die tiefste Gestalt ethisch-religiös bedingter Schwermut vor der Grenze der Reue, mithin die größtmögliche Annäherung des Quidam an Kierkegaards eigene, durch Reue und Gnade bestimmte Religiosität. — Das Stück ist erfüllt von unzähligen biblischen Anklängen und Wendungen, deren Einzelnachweis zu weit führen würde.
[352] Terenz, Heautontimorumenos I 1,25.
+[353] Die in Häkchen stehenden Worte auch bei Kierkegaard und bei Hol-

berg deutsch. Mit ihnen kapituliert Jakob von Thyboe in Holbergs gleichnamiger Komödie vor einem schreienden Frauenzimmer. Kierkegaard hat diese hier hypothetisch der Partnerin des Quidam in den Mund gelegten Worte gegen Regine gebraucht in dem die zwei Monate des Betrugs einleitenden Briefe, mit dem er ihrem Protest gegen die Rücksendung des Rings nachgibt; vgl. diese deutsche Kierkegaard-Ausgabe 35. Abtl. Brief Nr. 33.

[354] Vgl. Anm. 334.

[355] 1. Kor. 8,4.

[356] Hegel, Wissenschaft der Logik, Werke Jub. Ausgabe IV 656; vgl. auch Victor Eremitas Vorrede zu Entweder/Oder I, S.V.I S.V.

[357] Grundtvig hat die seine Bewegung tragende Idee, daß das Apostolikum die eigentliche und völlig zureichende göttliche Offenbarung sei, welcher die vom Protestantismus der heiligen Schrift zugewiesene Stellung gebühre, eine „unvergleichliche Entdeckung" genannt. Auch im Folgenden sind für den zeitgenössischen Leser Kierkegaards deutliche Spitzen gegen die Grundtvigische Volkskirchenbewegung bemerklich gewesen.

[358] Kierkegaard läßt ein altes Volkslied frei anklingen.

[359] Gemeint ist der erste Absatz des oben S. V. VI 308 f eingerückten echten Briefs.

[360] Plutarch, Caesar 54 (frei zitiert).

[361] Lessing, Faustfragment 2. Aufzug 3. Szene (von Kierkegaard sinntreu, aber frei benutzt). — Das im gleichen Satz folgende in Häkchen gesetzte Wort ‚Zugleich' auch bei Kierkegaard deutsch.

[362] Anklang an Pred. Sal. 1,13.

[363] 3. Mose 21,10.

+[364] Es ist eine gewisse Störung der künstlerischen Ebenmäßigkeit, daß Kierkegaard dem siebenten und letzten Monatsfünften nicht so wie den übrigen sechs Monatsfünften ein poetisches Einlagestück zugewiesen hat. An sich hatte er ein siebentes Einlagestück geplant; vgl. Papirer V B 124. Es sollte Abaelard behandeln. Übrig geblieben ist von diesem Plan allein die Erwähnung von Abaelards Schicksal in der Zuschrift des Frater Taciturnus, siehe unten S. V. VI 380. In den Tagebüchern von 1844 findet sich über Abaelard folgende Eintragung (Papirer IV A 177): „Abaelard muß ich doch einmal verwenden. Er muß ganz und gar modernisiert werden. Die Konflikte in seiner Seele dürfen nicht sein die zwischen der päpstlichen und kirchlichen Autorität und seinem Wissen, sondern die zwischen der Sympathie in ihm, welche gerne die bestehende Ordnung aufrecht erhalten will, — und dann Heloise —." Diese Tagebuchaufzeichnung verweist dann zurück auf eine Tagebuchnotiz von Anfang 1843 (Papirer IV A 31), welche auf die Möglichkeit, Abaelard dramatisch zu behandeln, hinweist. Von sachlichem Belang ist dabei nur ein einziger Satz: „. . . Heloise ist nicht bloß in Abaelard verliebt gewesen, sondern philosophisch vergafft in ihn, stolz auf seine Berühmtheit, eifersüchtig auf seine philosophische Ehre."

[365] Freie Variation des oben S. V. VI 193 zitierten lateinischen Verses.

[366] Ein auf den jüngeren Celsus (um 100 n. Chr.) zurückgehender Grundsatz des römischen Rechts.

[367] Joh. 6,63; zum Folgenden vgl. 2. Kor. 4,16 und Röm. 8,22.

[368] unter den Druckfehlern: verstehe: auf dem kleinen, lose eingelegten farbigen Zettel, welcher die Druckfehler verzeichnet. – Was das gleich erwähnte Unkraut „stolzer Heinrich" anlangt, so gibt es etwa acht verschiedene an Rainen wachsende Pflanzen, die im Volke so heißen. Am häufigsten heißt so der „Baldgreis" (Senetio vulgaris L.), die schönste so heißende Pflanze ist der Natterkopf (Echium vulgare L.)

[369] Nicht nachgewiesen.

[370] Durch diesen Anfang will Kierkegaard den Leser darauf aufmerksam machen, daß Frater Taciturnus ein reiner skeptischer Intellektualist ist, für den die Leidensgeschichte des Quidam nichts ist als ein Anreiz, interessante Probleme theoretisch darzulegen.

[371] Das von Kierkegaard öfter zitierte Scherzwort: „Sprich, daß ich dich sehen möge" (loquere ut videam te) ist in seinem Ursprung nicht nachgewiesen.

[372] Die dänischen Herausgeber weisen nach, daß es sich um eine Äußerung Ludwig Börnes (Gesammelte Schriften, I 77) handelt, die dieser als pariserisch etikettiert.

[373] Freie Wiedergabe eines Ausspruchs, den das Dienstmädchen Pernille bei Holberg, Jakob von Tyboe 3. Akt 2. Szene zu ihrem Fräulein tut. Die gute Erziehung, für welche Pernille dankbar ist, besteht nebenbei gesagt darin, daß sie schon mit sieben Jahren über das kokette Liebesspiel Bescheid wußte und sich durch „Fleiß und Betriebsamkeit" auf diesem Gebiet eine ganze Menge hübscher Geschenke erworben hat.

[374] Von den beiden lateinischen Bezeichnungen ist die erste üblicher Titel des Scholastikers Bonaventura, die zweite des zu den Vorreformatoren gezählten Johann Wessel von Groningen.

[375] Börne, Gesammelte Schriften III 241 ff (Mitteilung der dänischen Herausgeber). Tontine ist der Name für eine Gesellschaft zu gegenseitiger Beerbung.

[376] Oehlenschlägers „Axel und Walborg" ist einmal berühmt gewesen und hat in der romantischen Zeit einer ganzen Generation von Lesern und Leserinnen Tränenströme entlockt.

[377] Luk. 17,37.

[378] Wahrscheinlich Hindeutung auf den Einbruch politischer Tendenzen in die Dichtung des sogenannten „Jungen Deutschland".

[379] Anklang an Jak. 2,10.

[380] In dieser Form bei Aristoteles nicht nachgewiesen.

[381] Matthias Claudius, Die Audienz (Werke, 13. Aufl. Gotha 1902 I 158).

[382] Frater Taciturnus nimmt Platos Phaidon naiv für einen streng geschichtlichen Bericht. Macht man sich klar, daß der Phaidon eine späte freie kühne Dichtung Platos ist, so beweist die Darstellung von Sokrates' Tod im Phaidon gerade, daß die von Frater Taciturnus der Dichtung gezogenen Grenzen unrichtig sind.

383 Heiterkeit: auch bei Kierkegaard deutsch.

384 Lessing, Nathan der Weise, 4. Akt, 4. Szene.

385 König Johann, 3. Akt, 4. Szene. (Das Zitat ist merkwürdig genau.)

386 Gemeint ist ihre schriftliche religiöse Beschwörung nach Empfang seines ersten Scheidebriefs, sowie ihr gesellschaftlich unmögliches Eindringen in sein Zimmer.

387 Wiedergänger: Dies früher auch im Deutschen üblich gewesene, im Dänischen noch häufiger gebrauchte Wort für „Gespenst" ist von der Übersetzung um des Wortspiels willen festgehalten.

388 Nach Kierkegaards Psychologie ist die Möglichkeit in jeder, auch der gesunden menschlichen Seele etwas dunkle Angst Weckendes.

389 Gemeint ist die breite mit kleinrealistischer Komik ausgewalzte Szene der Begegnung mit dem Arzt im Kreis einer andern Familie (S. V. VI 228 f). Kierkegaard hat somit selbst empfunden, daß diese Szene künstlerisch etwas aus dem Stil des Ganzen herausfällt, und sucht dies nun zu rechtfertigen. Immerhin dürfte außer dem von ihm angegebenen Grunde seine Vorliebe für Lustspielszenen mit am Werke gewesen sein.

390 Gemeint ist die Erwiderung im dramatischen Dialog.

391 Hier gibt Kierkegaard den Standort des Pseudonyms Frater Taciturnus mit dialektischer Genauigkeit an. Frater Taciturnus ist ein Nihilist, welcher rein intellektuell als Sachverständiger für das Religiöse gelten darf und deshalb Hegel und den Hegelianern mit ihrem Satz über das Ineinsfallen des Äußeren und des Inneren turmhoch überlegen ist, obwohl er dem Religiösen persönlich viel ferner steht als der Quidam der Leidensgeschichte. Die Zuschrift des Frater Taciturnus an den Leser will und soll daher nichts anderes sein als ein Rechenexempel des Verstandes.

392 Mit diesem Satze, welcher die möglichen Folgen eines Sieges der Partnerin über Quidam angibt, spricht Kierkegaard aus, was nach seiner in der Krise von 1843/44 errungenen tieferen religiösen Einsicht die unausweichliche Folge eines Sieges von Regine über ihn gewesen wäre.

393 sich bedenkt: verstehe, sich umbesinnt.

394 Die Zuschrift des Frater Taciturnus verrät in all ihren Aussagen über das Drama ein genaues Studium von Lessings Hamburgischer Dramaturgie. Die Verweise auf Aussagen des Aristoteles sind durch Lessing vermittelt. Die Hauptstellen über dramatische Dichtung und Geschichte, auf Aristoteles Bezug nehmend, finden sich im 19. und 23. Stück.

395 Redner: verstehe, wie meist bei Kierkegaard, Prediger.

396 Anklang an Gal. 5,6.

397 Plato, Gorgias 57.

398 Die dänischen Herausgeber machen hierzu folgende Anmerkung: „Boethius, De consolatione philosophiae, 1. Buch, Prosa 1 (Die zitierte Ausgabe ist Agriae 1758 in Quart erschienen), allwo ‚Philosophia' die Musen u. a. als ‚Theaterdirnen' bezeichnet und sie vom Krankenlager des Verfassers verscheucht." Solon: „nach Plutarchs Solon Kap. 29 hat Solon Schauspiel als Trugwerk verurteilt, welches für die Moral gefährliche Fol-

gen zeitigen könne, aber verboten hat er es nicht." „Plato, Politeia X 1 ff, vor allem X 8."

399 Die Stelle hat etwas frei übersetzt werden müssen. Für „jene Positiven" heißt es im Dänischen „de Positive"; für die „schlechthin Positiven" heißt es im Dänischen „Positiverne". Das Erste hat den auch bei vorübergehend substantivierten Adjektiven zulässigen getrennten Artikel; das Zweite hat den nur bei klar zu Substantiven geronnenen Worten zulässigen angehängten Artikel. „Positiverne" markiert also die feste äußere Abgrenzung, die unwiderrufliche Prägung.

400 In Hegels Philosophie ist dem Begriff der Unendlichkeit in seinem vielfältig sich bestimmenden Sinn besondere Aufmerksamkeit gewidmet. Dabei ist die Unterscheidung der schlechten und der wahrhaften Unendlichkeit, von denen die erste negativ, die zweite affirmativ ist, die Hauptunterscheidung; vor allem ist zu vergleichen Wissenschaft der Logik, Werke Jub. Ausgb. IV 157–183.

401 Apostelgesch. 10,34.

402 Matth. 11,12.

403 Vgl. oben S. V. VI 273 (Kierkegaard zitiert auch sich selber ungenau).

404 für sich selber: andere mögliche Übersetzung „von der eignen Hand". Das gleiche gilt von der gleich folgenden Wiederholung der Redewendung.

405 Kierkegaard schreibt hier „den Gott", obwohl der Quidam kein griechischer Heide ist, um den Übergang aus der griechischen in die christliche Welt nicht allzu schroff fühlbar zu machen.

406 Was Kierkegaard nunmehr den Frater Taciturnus unter klar markierter Überschreitung der Grenzen, die dieser Skeptiker und Nihilist hat, sagen läßt, das ist eine höchst persönliche, in schweren inneren Kämpfen errungene Deutung des Widerspruchs, daß Gott ihm, Kierkegaard, zugleich die Hochbegabung und die Schwermut zum Schicksal gemacht hat.

407 2. Sam. 11.

408 Börne, Gesammelte Schriften, Hamburg 1829 II 172–198 (Nachweis der dänischen Herausgeber).

409 Rötscher, Die Kunst der dramatischen Darstellung II (Berlin 1844) S. 99 ff (Nachweis der dän. Herausgeber).

410 Die dänischen Herausgeber verweisen auf Börne, Gesammelte Schriften II 132 ff, 161 ff. Es handelt sich um einen Streit zwischen Börne und dem Tübinger Literaturblatt über Ernst v. Houwalds (†1845) Schicksalstragödie „Das Bild".

411 Kierkegaard bezieht sich auf Feuerbachs Wesen des Christentums (zuerst 1841 erschienen), insbesondere auf 1. Teil Kap. 6: Das Geheimnis des leidenden Gottes. Das Pascalwort ist ihm durch Feuerbach vermittelt.

412 Kierkegaards Erläuterung des Aristoteleswortes ist gewonnen durch eine Auseinandersetzung mit dessen berühmter ausführlicher Erklärung in Lessings Hamburgischer Dramaturgie.

413 Die dän. Herausgeber verweisen auf eine Äußerung Börnes, Gesammelte

Schriften II 144 ff, welche den Sinn des von Kierkegaard Gesagten deckt, im Wortlaut jedoch völlig abweicht.

414 Anklang an Markus 2,17.

415 Der Gebrauch des Wortes Zuhörer zeigt deutlich, daß Kierkegaard unter dem Stichwort des Religiösen dem Dichter den idealen Prediger gegenüberstellt.

416 Kierkegaard gebraucht für den Küster hier eine eben damals neu aufkommende Bezeichnung: Kirchensänger. Nach der damals in Dänemark üblichen liturgischen Ordnung hatte der Küster vor Beginn des Gottesdienstes ein Gebet zu verlesen, in welchem die von Kierkegaard im Folgenden angeführten Worte vorkommen.

417 Die neologische Reformtheologie um die Wende vom 18. zum 19. Jahrhundert hat gern und viel von der Perfektibilität des Christentums gesprochen.

418 Hermann v. Bremenfeld ist der Name von Holbergs politischem Kannegießer. Die Äußerung, auf die Kierkegaard anspielt, 2. Akt 1. Szene, wird aber nicht vom politischen Kannegießer selbst, sondern von einem Genossen getan. Sie spricht übrigens weder von Gott, noch vom Kurfürsten von Sachsen, sondern vom Kurfürsten zu Mainz.

419 Anklang an 1. Thess. 5,16.

420 Kierkegaard denkt wohl an ein Lied des Gesangbuchs: „Ich geh in Fährnis, wo ich geh . . .“ (Jeg gaar i Fare, hvor jeg gaar).

421 immer lustig: auch bei Kierkegaard deutsch.

422 Das Dänische hat zwei Worte für bereuen, angre und fortryde, die im Sinn kaum verschieden sind, nur daß angre mehr der hohen, fortryde mehr der planen Sprache zugehört und letzteres Wort mit etwas andern Konstruktionen in den Bereich von „sich verdrießen lassen“ hinabgeht. Die Übersetzung von fortryde mit „bedauern“ ist ein Notbehelf.

423 Die lateinischen Worte stammen aus Horaz, Ep. I 6,1 und sind, rein grammatisch aufgefaßt, doppelsinnig. Sie können heißen „keiner Schuld halben erbleichen“ in dem Sinne, in dem dies ein schuldig Gewordener spricht. Sie können aber auch heißen „sich keiner Schuld zu schämen haben“ in dem Sinne, in dem das ein Unschuldiger spricht.

424 Vgl. Begriff Angst, S. V. IV 385 f samt dem Nachweis dazu in dieser deutschen Kierkegaardausgabe 11. und 12. Abtl. Anm. 192.

425 2. Mose 20,5 (als Beschluß der zehn Gebote in Luthers kleinen Katechismus aufgenommen!).

426 Horaz, Sat. I 1,69 f.

427 Schleiermacher, Reden über die Religion, Werke 1. Abtl. 1. Band S. 219. Da Schleiermacher den Blitzableiter Wetterstange nennt, hat es der Übersetzer auch getan.

428 Laut Nachweis der dänischen Herausgeber Zitat aus einem Singspiel J. L. Heibergs „Die Dänen in Paris“, 2. Akt 4. Szene. Im Dänischen ist das Zitat ein Vers.

429 Anklang an Matth. 5,4.

430 Die Worte Lügendrescher und Drescher sind notdürftiger Versuch, ein

Wortspiel des Dänischen wiederzugeben. Kierkegaard schreibt für das erste Wort Rygter, für das zweite Wort Røgter. Røgter ist der Kuhknecht. Wenn man ihn, was auch sonst vorkommt, aber Rygter schreibt, so schafft die orthographische Schrulle eine Erinnerung an das Wort Rygte (Gerücht). Kierkegaard will also, daß der Leser zwischen den Bedeutungen Gerüchtemacher und plumper Kerl hin- und hergerissen wird.

431 Das Wort „Utydske", wörtlich „Undeutscher", hat im älteren Dänisch die Bedeutung „Ungeheuer", „Gespenst" gehabt. Kierkegaard benutzt diese sehr seltene, mehr der Volkssprache angehörende Bedeutung zu einem Scherz. Ein dänischer Intellektueller, welcher sich von der deutschen Hegelischen Philosophie hinnehmen läßt und damit den Boden gesunder menschlicher Existenz unter den Füßen verliert, wird damit gerade ein – Utydske.

432 1. Mose 41,20 f.

433 Matth. 11,11.

434 Kopenhagen hatte noch im Jahre 1863 nicht mehr als 180 000 Einwohner. – Die folgende Schilderung Kopenhagens durch Frater Taciturnus gibt das einzig vorhandene gute Bild von der Art, wie Kierkegaard seine Vaterstadt vor der Zerstörung des Verhältnisses zu ihr, die der Korsarenstreit brachte, empfunden hat.

435 strittige: dän. stridige. Der Übersetzer hat von den möglichen Bedeutungen des Worts die passive gewählt, den Satz also gefaßt als Hindeutung auf die damals in Dänemark aufkommende Neigung, die Sprache von nicht echt dänischen, vor allen Dingen von aus dem Deutschen eingedrungenen Worten zu befreien. Kierkegaard hat sich selbst mit jedem Jahre mehr darum bemüht, seiner Sprache ein echt dänisches Gepräge zu geben, hat jedoch den ursprünglich aus dem Deutschen stammenden und ins Dänische umgeformten Wörtern gegenüber eine größere Unbefangenheit bewahrt als z. B. Grundtvig. Seine Sprache wimmelt daher, dem Wortschatz (nicht der Satzbildung) nach betrachtet, für das heutige durch Grundtvig entscheidend beeinflußte dänische Sprachgefühl von Germanismen.

436 Laut Mitteilung der dänischen Herausgeber Baggesen (Dänische Werke VI, 1845, S. 135).

437 Suetonius, De vita Caesarum, lib. VIII Divus Vespasianus 20. Von Kierkegaard auch zitiert im Brief an Boesen vom 31. X. 1841 (diese deutsche Kierkegaardausgabe 35. Abtl. Brief Nr. 39).

Sören Kierkegaard Gesammelte Werke in GTB Siebenstern

600 Entweder/Oder – Erster Teil, Band 1
601 Entweder/Oder – Erster Teil, Band 2
602 Entweder/Oder – Zweiter Teil, Band 1
603 Entweder/Oder – Zweiter Teil, Band 2
604 Furcht und Zittern
605 Die Wiederholung · Drei erbauliche Reden 1843
606 Erbauliche Reden 1843/44
607 Philosophische Brocken
608 Der Begriff Angst · Vorworte
609 Erbauliche Reden 1844/45
610 Stadien auf des Lebens Weg, Band 1
611 Stadien auf des Lebens Weg, Band 2
612 Abschließende unwissenschaftliche Nachschrift zu den Philosophische Brocken / Erster Teil
613 Abschließende unwissenschaftliche Nachschrift zu den Philosophischen Brocken / Zweiter Teil
614 Eine literarische Anzeige
615 Erbauliche Reden in verschiedenem Geist

Sören Kierkegaard Gesammelte Werke in GTB Siebenstern

616 Der Liebe Tun, Band 1
617 Der Liebe Tun, Band 2
618 Christliche Reden 1848
619 Kleine Schriften 1848/49
620 Die Krankheit zum Tode (Bereits erschienen als GTB 422)
621 Einübung im Christentum
622 Erbauliche Reden 1850/51 · Zur Selbstprüfung der Gegenwart anbefohlen · Urteilt selbst
623 Erstlingsschriften
624 Über den Begriff der Ironie mit ständiger Rücksicht auf Sokrates, Band 1
625 Über den Begriff der Ironie mit ständiger Rücksicht auf Sokrates, Band 2
626 Kleine Aufsätze 1842–1851 · Der Corsarenstreit
627 Die Schriften über sich selbst
628 Der Augenblick
629 Briefe
630 Das Buch über Adler
631 Registerband

Die gesamte Reihe wird 1984 vollständig vorliegen

006 B

Gütersloher Verlagshaus Gerd Mohn